W0048142

Deutsches und Europäisches Strafprozessrecht
und Polizeirecht

herausgegeben von

Prof. Dr. Mark A. Zöller, Ludwig-Maximilians-Universität
München

Band 17

Sandra Carina Wittmer

Straftaten und Strafverfolgung im Darknet

Nomos

Onlineversion
Nomos eLibrary

Die Deutsche Nationalbibliothek verzeichnet diese Publikation in
der Deutschen Nationalbibliografie; detaillierte bibliografische
Daten sind im Internet über http://dnb.d-nb.de abrufbar.

Zugl.: Osnabrück, Univ., Diss., 2022

ISBN 978-3-7560-0325-9 (Print)
ISBN 978-3-7489-3629-9 (ePDF)

1. Auflage 2023
© Nomos Verlagsgesellschaft, Baden-Baden 2023. Gesamtverantwortung für Druck
und Herstellung bei der Nomos Verlagsgesellschaft mbH & Co. KG. Alle Rechte, auch
die des Nachdrucks von Auszügen, der fotomechanischen Wiedergabe und der Über-
setzung, vorbehalten. Gedruckt auf alterungsbeständigem Papier.

Für Fabian

Vorwort

Die vorliegende Arbeit ist im Rahmen meiner Tätigkeit als wissenschaftliche Mitarbeiterin im interdisziplinären, BMBF-geförderten Forschungsprojekt „PANDA: Parallelstrukturen, Aktivitätsformen und Nutzerverhalten im Darknet" entstanden, das an der Technischen Universität Darmstadt und dem Fraunhofer Institut für Sichere Informationstechnologie angesiedelt ist.

Die Anfertigung dieser Arbeit war für mich eine Herausforderung und persönlich bereichernde Erfahrung zugleich. An dieser Stelle möchte ich mich daher bei denjenigen Menschen bedanken, die die Fertigstellung meiner Dissertationsschrift überhaupt erst ermöglicht haben.

Mein besonderer Dank gilt zunächst meinem Doktorvater, Herrn Professor Dr. Prof. h.c. Arndt Sinn, für seine hervorragende Unterstützung und sein persönliches Engagement bei der Betreuung der vorliegenden Arbeit. Durch seine konstruktiven Anmerkungen und Hinweise hat er entscheidend zum Gelingen dieser Dissertationsschrift beigetragen. Ebenfalls herzlich bedanken möchte ich mich bei Herrn Professor Dr. Roland Schmitz für die freundliche Übernahme des Zweitgutachtens sowie bei Herrn Professor Dr. Ralf Krack für sein Mitwirken in der Prüfungskommission.

Außerdem möchte ich mich bei Prof. Dr. Martin Steinebach sowie meinen Kolleg*innen aus der Abteilung Media Security und IT Forensics des Fraunhofer-Instituts für Sichere Informationstechnologie bedanken. Durch die aufschlussreichen Gespräche und Diskussionen an meiner Arbeitsstelle konnte ich mir eine technische Basis erarbeiten, die unentbehrlich war, um an der Schnittstelle zwischen Informatik und Recht zu forschen. Für die großzügige Übernahme der Druckkosten durch das Forschungsprojekt „PANDA: Parallelstrukturen, Aktivitätsformen und Nutzerverhalten im Darknet" möchte ich mich ebenfalls herzlich bedanken.

Von ganz besonderem Wert war für mich außerdem die Unterstützung meiner Familie und meiner Freunde, denen ich für ihren Zuspruch und ihre Geduld während der letzten vier Jahre danken möchte. Euer Rückhalt hat mir gezeigt, dass ich für alles gewappnet bin, was mich nach der Fertigstellung meiner Dissertation erwarten mag. Ich weiß diese Erfahrung sehr zu schätzen – und verspreche euch, diese Unterstützung zurückzugeben, wann immer ihr sie braucht. Ihr habt im wesentlichen Maße zum

Gelingen dieser Dissertationsschrift beigetragen und mich aufgebaut und aufgemuntert, wenn dies notwendig war. Gleiches gilt für meinen Lebensgefährten Dr. med. Fabian Hofmann, der mir während der gesamten Promotionszeit beigestanden hat und auf den ich in jeder Lebenslage zählen kann. Ihm widme ich diese Arbeit.

Frankfurt am Main, im November 2022
Dr. Sandra Carina Wittmer, LL.M. (Trinity College Dublin)

Inhaltsverzeichnis

Abbildungsverzeichnis

§ 1 Einleitung

Während der Begriff Darknet bei den meisten Menschen bedrohliche Assoziationen hervorruft, ist es für andere ein Ort, dem in Zeiten der Snowden-Enthüllungen rund um die umfangreichen Überwachungs- und Spionagetätigkeiten der NSA die Hoffnung auf ein „besseres" Internet zugrunde liegt. Zu größerer Bekanntheit gelangte es hierzulande, nachdem im Juli 2016 die Hintergründe des Anschlags vor dem Olympia-Einkaufszentrum in München ans Licht gekommen waren. Ein 18-jähriger Schüler hatte dort mit einer Waffe, die er über das deutschsprachige Darknet-Forum „Deutschland im DeepWeb" erworben hatte, neun Menschen erschossen und vier weitere verletzt. Seitdem ist das Darknet in den Fokus der medialen Berichterstattung gerückt und die Forderung, letzteres dürfe kein „rechtsfreier Raum" werden, dominiert die netzpolitischen Debatten. Doch was genau ist eigentlich das Darknet und welche technische Infrastruktur steht dahinter? Eröffnet es neuartige Betätigungsfelder für Cyberkriminelle, auf die es auf legislatorischer Ebene zu reagieren gilt? Ist das Darknet ein rechts- beziehungsweise ermittlungsfreier Raum? Welche Straftatbestände werden dort typischerweise verwirklicht? Und besteht ein gesetzgeberischer Handlungsbedarf dahingehend, die existierenden Ermittlungsbefugnisse der Strafverfolgungsbehörden auszuweiten?

Die genannten Fragestellungen sind von hoher Aktualität und stellen sowohl Strafrechtspraxis als auch Rechtspolitik zunehmend vor Herausforderungen. In der Zwischenzeit ist eine Fülle an Reformvorhaben und Gesetzanträgen hervorgebracht worden, die die strafrechtliche Bekämpfung von Kriminalität im sogenannten Darknet erleichtern sollen. Dennoch fehlt es bislang an einer wissenschaftlichen Ausarbeitung, die technische, telemedienrechtliche, materiell-strafrechtliche und strafprozessuale Aspekte vereinigt. Dies soll sich mit Anfertigung der vorliegenden Arbeit ändern. Ziel ist es, die Forschung an der Schnittstelle zwischen Technik und Recht voranzutreiben und das Darknet aus strafrechtswissenschaftlicher Perspektive zu durchleuchten.

Als Grundlage für die nachfolgende Untersuchung wurde das Tor-Netzwerk als größtes Darknet ausgewählt. Zu Beginn der Ausarbeitung wird in § 2 auf die Bedeutung und inhaltliche Abgrenzung der Begriffe Internet, Clear- und Darknet sowie Surface, Deep und Dark Web eingegangen. Anschließend werden sowohl legitime als auch illegitime Nutzungsweisen von Darknet-Technologien aufgezeigt. Sodann wird die technische Konzeption der Tor-Software vorgestellt, indem das Prinzip des Onion Routing zur Anonymisierung von Internet-Datenverkehr erläutert wird. Ausführungen zum Tor-Browser und *onion services* runden die Einführung in Grundlagen und Funktionsweise des Tor-Netzwerks ab.

Um einen Überblick über die dort verwirklichten Straftatbestände und einschlägigen Deliktsgruppen zu geben, werden in § 3 die Erscheinungsformen und Ausprägungen von darknetspezifischer Kriminalität vorgestellt. Dazu wird zunächst auf die *modi operandi* der im Tor-Netzwerk agierenden Straftäter*innen eingegangen. Der Fokus liegt dabei auf Online-Plattformen im Tor-Netzwerk, über die inkriminierte Waren und Dienstleistungen vertrieben und kinderpornografische Dateien ausgetauscht werden. Im Anschluss folgt eine materiell-strafrechtliche Analyse des Tor-Netzwerks, in deren Rahmen die dort typischerweise verwirklichten Straftatbestände vorgestellt werden.

In § 4 wird sodann die strafrechtliche Verantwortlichkeit der Plattform-Betreiber*innen im Tor-Netzwerk untersucht. Zu Beginn wird ein Überblick über die Genese des § 127 StGB gegeben, der am 01.10.2021 in Kraft getreten ist und den Betrieb von kriminellen Online-Plattformen und Foren im Tor-Netzwerk eigenständig unter Strafe stellt. Anschließend werden die telemedienrechtlichen Haftungsprivilegierungen der §§ 8–10 TMG vorgestellt und geprüft, ob sie die strafrechtliche Verantwortlichkeit der Plattform- und Foren-Betreiber*innen begrenzen oder sogar gänzlich ausschließen. In Hinblick darauf, dass der neu eingeführte Straftatbestand des § 127 StGB eine formelle Subsidiaritätsklausel enthält und nur zur Anwendung kommen wird, wenn die Tat nicht in anderen Strafvorschriften mit schwererer Strafe bedroht ist, folgt sodann eine Untersuchung der strafrechtlichen Verantwortlichkeit der Plattform- und Foren-Betreiber*innen auf Grundlage des sonstigen Kern- und Nebenstrafrechts. Anschließend wird die Einführung des § 127 StGB rechtlich gewürdigt und hinterfragt, ob die darin vorgesehenen materiell-strafrechtlichen Änderungen tatsächlich eine effektivere Kriminalitätsbekämpfung im Tor-Netzwerk bewirken können.

In § 5 wird sodann der Frage nachgegangen, wie sich die Aufklärung von strafbaren Aktivitäten im Tor-Netzwerk auf strafprozessualer Ebene vorantreiben lässt. Um eine praxisorientierte Auseinandersetzung mit den konkreten Problemkreisen und Herausforderungen bei der Strafverfolgung im Tor-Netzwerk zu ermöglichen, wird in einem ersten Schritt aufgezeigt, warum „klassische" Ermittlungsmaßnahmen, die im Clearnet standardmäßig zur Anwendung kommen, im Tor-Netzwerk erfolglos verlaufen. Anschließend werden die derzeit existierenden Ermittlungsbefugnisse der Strafverfolgungsbehörden untersucht und analysiert, wie es Ermittler*innen trotz Onion Routing und der Anonymisierung von IP-Adressen gelingen kann, tatverdächtige Tor-Nutzer*innen in der Offline-Welt zu identifizieren. Auf diese Weise soll der *status quo* strafprozessualer Ermittlungsmöglichkeiten im Tor-Netzwerk aufgezeigt und ein Überblick über die einschlägigen strafprozessualen Ermächtigungsgrundlagen gegeben werden.

Zum Schluss werden in § 6 die in dieser Arbeit gewonnenen rechtstatsächlichen, telemedienrechtlichen, materiell-strafrechtlichen und strafprozessualen Erkenntnisse zusammengefasst.

§ 2 Technische Grundlagen

Tor – ursprünglich ein Akronym für „The Onion Router" – ist eine Darknet-Technologie zur Anonymisierung von Internet-Datenverkehr. Obwohl das Programm inzwischen zur weltweit meistgenutzten Anonymisierungssoftware herangewachsen ist, wird den meisten deren technische Konzeption und die verschiedenen Verwendungsmöglichkeiten weitgehend unbekannt sein. Im folgenden Abschnitt soll daher zunächst ein Überblick über Terminologie, Grundlagen, Funktionsweise und Verwendungszwecke von Darknet-Technologien gegeben werden.

A. Terminologie

Das Internet als Ganzes lässt sich, auch wenn die Grenzen nicht gänzlich trennscharf gezogen werden können, in zwei Teilbereiche – nämlich Clearnet und Darknet – untergliedern. Die Unterscheidung dieser Teilbereiche wurde in der Vergangenheit jedoch sowohl in der medialen Berichterstattung, als auch auf Seiten der Behörden verkannt.[1] Daher ist es wichtig, zunächst die unterschiedliche Bedeutung der Begriffe Internet, Clear- und Darknet sowie Surface Web, Deep Web und Dark Web herauszuarbeiten.

---

1 Als im Frühjahr 2017 ein 19-Jähriger aus Herne zwei Menschen ermordete, verlautbarte ein Sprecher der Polizei Bochum beispielsweise, der Verdächtige habe ein Video seiner Tat „in einem streng abgeschotteten Bereich des Internets", und zwar „dem sogenannten Darknet" veröffentlicht. Tatsächlich hatte der Täter die Aufnahmen jedoch über WhatsApp an einen Bekannten versandt, der diese kurze Zeit später über die Webseite „4chan.org" veröffentlichte. Der falsche Wortgebrauch führte dazu, dass in der Presse zwischenzeitlich sogar vom „Darknet-Mord in Herne" die Rede war, vgl. *Böhm*, Darknet-Killer ohne Darknet, Spiegel Online (13.03.2017), https://www.spiegel.de/netzwelt/netzpolitik/herne-die-geschichte-vo m-darknet-killer-ohne-darknet-a-1138492.html (letzter Zugriff: 30.01.2022).

I. Internet

Das Internet ist ein Zusammenschluss aus miteinander verbundenen elektronischen Geräten zum Zweck der Datenkommunikation. Die Kommunikation zwischen den einzelnen Endgeräten erfolgt auf Grundlage von standardisierten Netzwerkprotokollen und ist nach dem sogenannten TCP/IP-Referenzmodell in Netzzugangs-, Internet-, Transport- und Anwendungsschicht unterteilt. Damit versendete Datenpakete korrekt adressiert und zugestellt werden können, wird jedem Router, der sich mit dem Internet verbinden will, eine weltweit einmalige IP-Adresse zugewiesen. Diese besteht aus einem 32-Bit-Wert (IPv4), der in Form von vier, durch Punkte getrennten Dezimalzahlen angegeben wird.[2] Die zu übertragenden Daten werden in einheitliche Pakete zerlegt und per Funk oder Kabel über mehrere Punkt-zu-Punkt-Verbindungen vom Versender zum Empfänger geleitet, was die Nutzung verschiedener internetbasierter Anwendungen möglich macht. Zu den wichtigsten zählt heutzutage das über die Protokolle HTTP und HTTPS übertragene „World Wide Web", welches umgangssprachlich häufig mit dem Internet gleichgesetzt wird. Als Beispiele für weitere bekannte Internetanwendungen, die nicht zum WWW gehören, können E-Mail-Dienste, IP-Telefonie sowie Instant-Messaging- und Filesharing-Programme genannt werden.

1. Clearnet

Als Clearnet wird derjenige Teilbereich des Internets bezeichnet, auf den ohne spezielle Anonymisierungssoftware zugegriffen werden kann. Da IP-Adressen bei der Datenübertragung unverschlüsselt in der Kopfzeile der zu transportierenden Datenpakete mitversandt werden, können grundsätzlich alle am Datentransfer beteiligten Netzwerkgeräte die IP-Adressen der Kommunikationspartner*innen mitlesen. Darüber hinaus ist es in vielen Fällen sogar möglich, IP-Adressen über Kundenbestandsdaten der Internetanbieter*innen konkreten Anschlussinhaber*innen zuzuordnen. Zwar kann auch im Clearnet durch das Zwischenschalten sogenannter Proxy- oder VPN-Server die Rückverfolgbarkeit von IP-Adressen erschwert werden, allerdings vermögen diese technischen Maßnahmen – anders als die

---

2 Bei der neuen Version IPv6 sind dies 128 Bit, die als acht durch Doppelpunkt getrennte Blöcke aus je vier hexadezimalen Ziffern angegeben werden, also beispielsweise „2001:0db8:85a3:08d3:1319:8a2e:0370:7344".

Verwendung von Darknet-Technologien – keine vollständige Anonymität der Internetnutzer*innen zu gewährleisten.[3]

2. Darknet

Der Begriff Darknet (als Kurzform für „dark internet"[4]) bezeichnet denjenigen Teilbereich des Internets, der nur über spezielle Anonymisierungssoftware erreichbar ist und größtmögliche Anonymität bei der Internetnutzung gewährleistet, indem IP-Adressen verschleiert und Kommunikationsinhalte verschlüsselt werden. Um dies zu ermöglichen, bilden Darknet-Technologien oberhalb der existierenden technischen Infrastruktur des Internets eigene Kommunikationsräume, die als „Overlay-Netzwerke" bezeichnet werden. Da verschiedene Anonymisierungsdienste wie Tor, I2P, Freenet, RetroShare, GnuNet und Goldbug existieren, kann man das Darknet – bildlich gesprochen – mit einer Vielzahl einzelner, verschlossener Räume vergleichen, die jeweils mit einem separaten Schlüssel (beziehungsweise der entsprechenden Software) betreten werden können.[5] Auf den mit Abstand größten Teil des Darknets kann mittels der Anonymisierungssoftware Tor zugegriffen werden, weshalb das Tor-Netzwerk umgangssprachlich häufig mit dem Begriff Darknet gleichgesetzt wird.

II. World Wide Web

Sowohl im Clear- als auch im Darknet existieren digitale Inhalte, welche mithilfe von interaktiven Anwendungsprogrammen – den sogenannten (Web-)Browsern – aufgerufen werden können. Der Zugriff auf solche Daten aus dem WWW beruht auf dem sogenannten „Client-Server-Modell". Clients sind dabei Computerprogramme oder Geräte, die Internetdienste

---

3 Da den Anbieter*innen von Proxy- oder VPN-Servern die IP-Adressen der beteiligten Kommunikationspartner*innen bekannt sind, liegt unabhängig davon, ob sie diese auch tatsächlich protokollieren oder herausgeben, keine vollständige Anonymität der Internetnutzer*innen vor.

4 Zur berechtigten Kritik am Präfix „dark" und den damit einhergehenden negativen Assoziations- und Deutungsrahmen vgl. *Bovermann*, Framing-Check: Darknet, Süddeutsche Zeitung (03.05.2019), abrufbar unter https://www.sueddeutsche.de/kultur/framing-darknet-tor-anonym-internet-silk-road-1.4367011 (letzter Zugriff: 30.01.2022).

5 Vgl. *Ihwas*, WiJ 2018, 138 (139).

von einem Server abrufen. Als Server bezeichnet man wiederum Programme oder Geräte, die Internetdienste für Clients zur Verfügung stellen. Hält ein Server HTML[6]-Dokumente zum Abruf bereit, wird er als Webserver bezeichnet. Einzelne Webserver sind anhand ihrer IP-Adressen für anfragende Webbrowser auffindbar. Da sich Menschen die IP-Adressen der Webserver nur schwer merken können, sind letzteren sogenannte Domainnamen zugeordnet. Die Zuordnung der Domainnamen zu den IP-Adressen übernimmt das Domain-Name-System (DNS), das wie eine Art „Telefonverzeichnis" für das WWW fungiert. Wenn Internetnutzer*innen eine URL[7] – zum Beispiel „www.panda-projekt.de" – in die Adresszeile ihrer Webbrowser eingeben, wird der angefragte Domainname über einen DNS-Server in die zugehörige IP-Adresse umgewandelt und führt im Beispielsfall zu dem Webserver mit der IP-Adresse „141.12.72.38". Diesem kann der Webbrowser sodann eine Anfrage nach der gesuchten Webseite übermitteln. Der Webserver beantwortet die Anfrage, indem er die angefragten Daten an die IP-Adresse des Webbrowsers zurückschickt. Auf diese Weise lassen sich Informationen in Form von Text-, Bild-, Ton- und Videodateien über das WWW austauschen.

1. Surface Web

Als Surface Web werden solche Webinhalte bezeichnet, die von gängigen Websuchmaschinen wie Google, Bing oder Yahoo gelistet werden und sich über Standard-Webbrowser wie Mozilla Firefox, Internet Explorer oder Safari aufrufen lassen. Die Indexierung dieser Webseiten basiert auf dem Prinzip, dass HTML Dokumente im WWW über Hyperlinks miteinander verbunden sind, an welchen sich sogenannte Webcrawler[8] „entlanghangeln" können, sodass theoretisch alle verlinkten und nicht für Webcrawler gesperrten Webseiten auffindbar sind und analysiert wer-

---

6 Die „Hypertext Markup Language" (HTML) ist eine maschinenlesbare Sprache für die Gliederung und Formatierung von Texten und anderen Daten im WWW.
7 Ein „Uniform Resource Locator" (URL) identifiziert und lokalisiert eine Ressource und den Ort einer Ressource in Computernetzwerken. Im allgemeinen Sprachgebrauch werden URLs entsprechend der umgangssprachlichen Gleichsetzung von Internet und WWW häufig als „Internetadresse" oder als „Webadresse" bezeichnet.
8 Webcrawler sind Computerprogramme, die automatisiert das World Wide Web durchsuchen, indem sie ausgehend von einem Startdokument allen darin enthaltenen Hyperlinks folgen und für jedes auf diese Weise gefundene Dokument diesen Prozess erneut durchlaufen.

den können. Um Internetnutzer*innen ein Suchen in den gesammelten Daten zu ermöglichen, werden den gecrawlten Webseiten Deskriptoren zur Erschließung der auf ihnen enthaltenen Inhalte zugeordnet. Dieser über gängige Websuchmaschinen recherchierbare und für gewöhnliche Internetnutzer*innen „sichtbare" Teil des WWW macht im Vergleich zum Deep Web allerdings nur einen kleinen Teil aller Webinhalte aus dem Internet aus.

2. Deep Web

Das Deep Web besteht aus Webseiten, welche – im Gegensatz zum Surface Web – nicht von Websuchmaschinen indexiert werden.[9] Das ist zum Beispiel der Fall, wenn Webseiten für Webcrawler gesperrt sind, dynamische Inhalte[10] aufweisen oder erst nach einem Login aufgerufen werden können. Dementsprechend verschiebt sich die Grenze zwischen indexierbaren und nicht indexierbaren Webinhalten ständig und hängt von der Funktionsweise der Websuchmaschinen ab. Beispielhaft für diesen Teilbereich des WWW können themenspezifische Online-Datenbanken oder Angebote von kostenpflichtigen Videostreaming-Diensten genannt werden. Alle Internetnutzer*innen, die schon mal in einem Bibliothekskatalog recherchiert oder auf geschlossene Foren in sozialen Netzwerken zugegriffen haben, waren also bereits im Deep Web unterwegs. Da man für das Surfen im Deep Web (größtenteils) keine spezielle Anonymisierungssoftware benötigt, lässt sich letzteres nicht mit dem Dark Web gleichsetzen.

3. Dark Web

Webinhalte im Darknet können – losgelöst vom Surface und Deep Web – nicht über gängige Webbrowser, sondern nur mittels spezieller Anonymisierungssoftware aufgerufen werden und bleiben herkömmlichen Internetnutzer*innen daher zunächst verborgen. Da solche Webseiten nicht von

---

9 *Parkar/Sharma/Yadav*, Introduction to Deep Web, IRJET 2017, Vol. 04, Issue 06, S. 5650.

10 Im Gegensatz zu statischen Webinhalten, die als HTML-Dokumente auf Webservern abgespeichert sind, werden dynamische Webseiten erst dann von einem Computerprogramm erzeugt, wenn ein Client auf die entsprechende Webseite zugreifen will. Das ist zum Beispiel dann sinnvoll, wenn eine Webseite aktuelle Informationen wie Börsenkurse oder Wettervorhersagen enthält.

Standard-Websuchmaschinen indexiert werden, ist das Dark Web wiederum ein Teilbereich des Deep Web. Der Zugriff auf die Webinhalte der verschiedenen Darknets ist abhängig von der im Einzelfall verwendeten Anonymisierungstechnologie.[11] Auf Webinhalte im Tor-Netzwerk kann beispielsweise über den Tor-Browser unter der Endung „.onion" zugegriffen werden, während „Eeepsites" im I2P-Netzwerk nach dem Download der entsprechenden Software unter der Endung „.i2p" erreichbar sind. Anders als bei Tor und I2P werden Webinhalte im Freenet-Darknet wiederum nicht auf Webservern gespeichert, sondern verschlüsselt und auf von Nutzer*innen der Software zur Verfügung gestellten Festplatten abgelegt. Der Begriff Dark Web bezeichnet also sämtliche Webinhalte aus dem Darknet, ohne im Einzelfall nach den verwendeten Anonymisierungstechnologien zu differenzieren (siehe *Abbildung 1*).

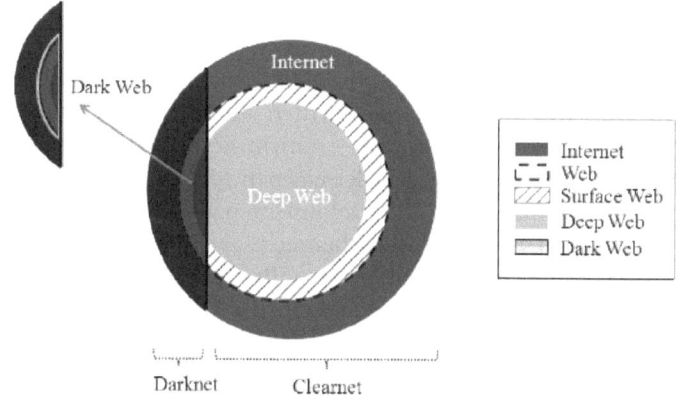

Abbildung 1: Skizze der verschiedenen Begriffe Internet, Clear- und Darknet

III. Darknet-Technologien in der Praxis

Die Nutzungsmöglichkeiten von anonymer Internetkommunikation sind vielschichtig. Jenseits der überwiegend negativen Berichterstattung hat die Verwendung von Darknet-Technologien zahlreiche „helle Seiten" und ist, wie nachfolgend dargelegt wird, unabhängig von der verwendeten Anonymisierungssoftware grundrechtlich geschützt.

---

11 Einen Überblick über die Charakteristika der drei führenden Darknet-Technologien Tor, I2P und Freenet bietet *Negi*, Comparison of Anonymous Communication Networks – Tor, I2P, Freenet, IRJET 2017, Vol. 04 Issue 07, S. 2542–2544.

1. „Helle Seiten" und verfassungsrechtlicher Schutz

Die Entscheidung, durch den Einsatz von Anonymisierungssoftware bei der Internetnutzung unerkannt bleiben zu wollen, wird verfassungsrechtlich vom Grundrecht auf informationelle Selbstbestimmung aus Art. 2 Abs. 1 i.V.m. 1 Abs. 1 GG geschützt.[12] Darüber hinaus gewährleistet auch das Fernmeldegeheimnis aus Art. 10 Abs. 1 Var. 3 GG die Vertraulichkeit von Telekommunikationsvorgängen, worunter neben den konkreten Inhalten der Kommunikation auch die näheren Umstände – also ob, wann und vor allem wer mit wem kommuniziert hat – fallen.[13] Die Möglichkeit, das Internet anonym zu nutzen, wird vom Gesetzgeber zudem in § 13 Abs. 6 TMG ausdrücklich begrüßt und soll dazu beitragen, dass Internetnutzer*innen ihre Meinung möglichst frei und ohne Angst vor persönlichen Anfeindungen oder Repressionen äußern können.[14] Durch die Nutzung von Anonymisierungstechnologien lässt sich außerdem staatliche Informationskontrolle und Internetzensur in autoritären Regimen umgehen.[15] Hinzu kommt, dass sogenannte „chilling effects", welche die Nichtausübung von Grund- und Freiheitsrechten aus Furcht vor Überwachung bezeichnen, durch den Einsatz von Anonymisierungssoftware vermieden werden können.[16] Das Verbergen der eigenen Identität bei der Veröffentlichung von Informationen und Dokumenten erleichtert außerdem die Arbeit von Journalist*innen, Menschenrechtsaktivist*innen und Whistleblower*innen weltweit. Ein prominentes Beispiel hierfür ist die Enthüllungsplattform „WikiLeaks", über welche die US-Amerikanerin Chelsea Manning im Jahr 2010 auf Kriegsverbrechen des US-Militärs im Irak und in Afghanistan aufmerksam machte. Gleiches gilt für die Journalist*innengruppe „Raqqa is being slaughtered silently", welche Darknet-Technologi-

---

12 *Rückert*, Politische Studien 479/2018, S. 12 (17).

13 *Rückert*, Politische Studien 479/2018, S. 12 (17); Ausführungen zur Nutzung der Tor-Software im Lichte internationalen und europäischen Rechts finden sich bei *Minárik/Osula*, Computer Law & Security Review 32/2016, S. 111–127.

14 *Pille*, NJW 2018, 3545 (3546).

15 Über die Tor-Software kann teilweise auf westliche Internetdienste zugegriffen werden, deren Inhalte in Ländern wie China oder Saudi-Arabien blockiert werden. Zur rechtlichen Stellung des Tor-Darknets im Ausland und generell zu dessen „hellen Seiten" vgl. *Watson*, Washington University Global Studies Law Review 2012, Vol. 11, Issue 3, S. 715–737.

16 *Bartl/Moßbrucker/Rückert*, Angriff auf die Anonymität im Internet, S. 18. Dort wird der Begriff der „chilling effects", welcher der anglo-amerikanischen Rechtstradition entspringt, näher erläutert.

en benutzte, um auf Menschenrechtsverletzungen des sogenannten „Islamischen Staates" in Syrien aufmerksam zu machen.[17]

2. Missbrauch zur Begehung von Straftaten

Dass das Darknet in freiheitlich-demokratischen Rechtsordnungen „keinen legitimen Nutzen" haben kann,[18] ist in Anbetracht des grundrechtlichen Schutzes von anonymer Internetkommunikation und der verschiedenen gesellschaftlich wünschenswerten Nutzungsmöglichkeiten somit zurückzuweisen. Stattdessen ist es als Privileg freiheitlich-demokratischer Gesellschaften anzusehen, dass Menschen fernab von staatlicher Überwachung im Internet miteinander kommunizieren können.[19] Oftmals werden Darknet-Technologien jedoch dafür genutzt, Straftaten im Internet möglichst anonym zu begehen. Über digitale Plattformen, auf denen die Beteiligten weitgehend unerkannt agieren, werden vor allem inkriminierte Waren gehandelt und kinderpornografische Inhalte ausgetauscht. Die Aufklärung dieser Straftaten ist schwierig, da klassische Ermittlungsinstrumente aufgrund der Anonymisierung von IP-Adressen erfolglos bleiben. Allerdings ist es nicht so, dass Ermittlungsbehörden kriminellen Aktivitäten im Darknet völlig hilflos gegenüberstehen, was erfolgreiche internationale Strafverfolgungsaktionen wie etwa die Operation „Onymous" (2014), „Bayonet" (2017) und „DisrupTor" (2020) belegen.[20]

---

17 Vgl. *Mihr*, Das Darknet als geschützter Raum gegen Überwachung und Selbstzensur, bpb (07.03.2017), abrufbar unter https://www.bpb.de/dialog/netzdebatte/23 9003/das-darknet-als-geschuetzter-raum-gegen-ueberwachung-und-selbstzensur (letzter Zugriff: 30.01.2022).

18 So etwa Günther Krings, der auf dem 22. Europäischen Polizeikongress in Berlin dem Darknet in freiheitlich-demokratischen Staaten jeglichen legitimen Nutzen absprach und forderte, dass sich diese „einfache Erkenntnis" auch in unserer Rechtsordnung widerspiegeln solle, vgl. *Borchers*, Europäischer Polizeikongress: Weg mit dem Darknet, Heise Online (20.02.2019), abrufbar unter https://www.h eise.de/newsticker/meldung/Europaeischer-Polizeikongress-Weg-mit-dem-Darkne t-4313276.html (letzter Zugriff: 30.01.2022).

19 Ausührlich zur Bedeutung von Anonymität in liberalen Verfassungsstaaten siehe *Kersten*, JuS 2017, 193–203.

20 Siehe zur „Operation Onymous" etwa *Europol*, Global action against dark markets on Tor network, Pressemitteilung vom 07.11.2014, abrufbar unter https:// www.europol.europa.eu/newsroom/news/global-action-against-dark-markets -tor-network; zur „Operation Bayonet" siehe *Europol*, Massive blow to criminal Dark Web activities after globally coordinated operation (Pressemitteilung vom 20.07.2017), abrufbar unter https://www.europol.europa.eu/newsroom/news/m

3. Forderung eines „Darknet-Verbots"

Nichtsdestotrotz hat sich im Nachgang des Anschlags vor dem Olympia-Einkaufszentrum in München eine regelrechte Hysterie um das Missbrauchspotential von Darknet-Technologien entwickelt, die zuletzt sogar in der Forderung gipfelte, die Verwendung von Anonymisierungssoftware in freiheitlich-demokratischen Staaten gänzlich zu verbieten.[21] Die praktische Umsetzung eines solchen „Darknet-Verbots" ist jedoch technisch nicht ohne weiteres möglich. Dies ist darauf zurückzuführen, dass neben der Tor-Software noch zahlreiche andere Anonymisierungsdienste existieren, die allesamt auf unterschiedlichen technologischen Konzepten basieren. Um ein „Darknet-Verbot" in der Praxis umzusetzen, müsste für jede einzelne dieser Darknet-Technologien eine eigene Strategie entworfen werden, um ihre Verfügbarkeit einzuschränken. Darknet-Technologien sind jedoch gerade darauf ausgerichtet, zensurresistent zu sein und werden aus diesem Grund dezentral betrieben. Die technische Infrastruktur der Anonymisierungssoftware Tor basiert beispielsweise auf knapp 7.000 verschiedenen Tor-Knoten, die über die ganze Welt verteilt sind.[22] Eine „Abschaltung" des Darknets wäre in der Praxis aus technischer Perspektive daher kaum umsetzbar.

B. *Die Anonymisierungstechnologie Tor*

Die Anonymisierungstechnologie Tor ist die derzeit wohl bekannteste Darknet-Technologie. Sie wurde Mitte der 1990er Jahre am US-amerikanischen „Naval Research Laboratory" mit dem Ziel entwickelt, geheimdienstliche und militärische Aktivitäten im Internet zu verbergen.[23] Damit

---

assive-blow-to-criminal-dark-web-activities-after-globally-coordinated-operation sowie zur „Operation DisrupTor" *Europol*, International sting against dark web vendors leads to 179 arrests, Pressemitteilung vom 22.09.2020, abrufbar unter https://www.europol.europa.eu/newsroom/news/international-sting-against-dark -web-vendors-leads-to-179-arrests (letzter Zugriff: 30.01.2022).

21 Vgl. *Borchers*, Europäischer Polizeikongress: Weg mit dem Darknet, Heise Online (20.02.2019), abrufbar unter https://www.heise.de/newsticker/meldung/Europ aeischer-Polizeikongress-Weg-mit-dem-Darknet-4313276.html (letzter Zugriff: 30.01.2022).

22 Vgl. *Tor Metrics*, Number of relays (Stand 30.01.2022), abrufbar unter https://metr ics.torproject.org/networksize.html (letzter Zugriff: 30.01.2022).

23 *Schulz*, SWP-Aktuell 28/19, S. 3.

die Benutzer*innen des Programms nicht automatisch als Angehörige der US-Regierung enttarnt werden konnten, wurde der Quellcode der Tor-Software später über eine Open-Source-Lizenz[24] veröffentlicht und auch der Zivilgesellschaft zugänglich gemacht. 2006 wurde Tor in eine unabhängige, gemeinnützige Organisation mit dem Namen „The Tor Project Inc." überführt, welche sich dem Schutz der Online-Privatsphäre seiner Nutzer*innen verschrieben hat.[25] Das Programm verzeichnet derzeit über 2,5 Millionen tägliche Nutzer*innen, wovon etwa 200.000 eine deutsche Internetverbindung aufweisen.[26] Im Verhältnis zu den circa 54 Millionen Nutzer*innen, die hierzulande täglich auf das Clearnet zugreifen,[27] ist diese Anzahl aber geradezu marginal. Dennoch zählt Deutschland mit knapp 9 % nach den Vereinigten Staaten von Amerika (20 %) und Russland (10 %) zu den drei Ländern mit den weltweit meisten Nutzer*innen der Tor-Software.[28]

I. Prinzip des Onion Routing

Die Verwendung der Tor-Software sorgt dafür, dass zu übertragende Datenpakete nicht direkt von den Versender*innen zu den Empfänger*innen geschickt, sondern zunächst über eine Abfolge von mindestens drei zufällig ausgewählten Tor-Knoten geleitet und mehrlagig verschlüsselt werden. Dieses mehrlagige Verschlüsselungsschema – jeder Tor-Knoten „schält" eine Schicht der Verschlüsselung ab und leitet den entschlüsselten Teil

---

24 Als Open Source wird Software bezeichnet, deren Quelltext öffentlich ist und von Dritten eingesehen, geändert und genutzt werden kann.

25 Trotz formaler Trennung vom US-amerikanischen Behördenapparat finanziert sich Tor weiterhin zu einem nicht unerheblichen Anteil aus staatlichen Forschungstöpfen der US-Regierung, was in der Vergangenheit bereits häufig kritisiert wurde. Im Jahr 2017 stammten etwa 51 % der Zuwendungen an Tor aus staatlichen Mitteln der US-Regierung, vgl. *The Tor Project*, Return of Organization Exempt From Income Tax, S. 43–44, https://www.torproject.org/static/findoc/2017-TorProject-Form990.pdf?h=abcabec7 (letzter Zugriff: 30.01.2022).

26 *Tor Metrics*, relay users, https://metrics.torproject.org/userstats-relay-table.html (Stand: 06.09.2021).

27 Vgl. *Statista*, Anzahl der täglichen Internetnutzer*innen in Deutschland in den Jahren 2017 bis 2021, https://de.statista.com/statistik/daten/studie/935294/umfrage/anzahl-der-taeglichen-internetnutzer-in-deutschland (letzter Zugriff: 30.01.2022).

28 *Tor Metrics*, Top-10 countries by relay users, https://metrics.torproject.org/userstats-relay-table.html (Stand: 30.01.2022).

an den nächsten Tor-Knoten weiter – ist dabei namensgebend für das Onion Routing („Zwiebelrouting"). Da eine Rückverfolgung der für die Weiterleitung des Datenverkehrs ausgewählten Tor-Knoten mit statistischen Methoden nicht möglich ist, wird die Zuordnung ein- und ausgehender Datenpakete zu den jeweiligen Versender*innen und Empfänger*innen erheblich erschwert. Allerdings bedeutet dies nicht, dass auch die Benutzung des Programms anonym ist. Denn obwohl der durch das Tor-Netzwerk geleitete Datenverkehr von der Software anonymisiert wird, bleibt grundsätzlich erkennbar, von welcher IP-Adresse aus eine Verbindung zu einem Tor-Knoten aufgebaut wird.[29]

1. Tor-Knoten zur Weiterleitung des Datenverkehrs

Bei den verwendeten Tor-Knoten, welche auch als Tor-Relays oder Tor-Nodes bezeichnet werden, handelt es sich um Rechner, die von Unterstützer*innen des Tor-Netzwerks freiwillig für die Weiterleitung des Datenverkehrs zur Verfügung gestellt werden.[30] Da ausführliche Anleitungen zur Einrichtung und Konfiguration von Tor-Relays existieren, kann grundsätzlich jede*r Interessierte mithilfe der Tor-Software einen solchen Knoten selbst betreiben. Inzwischen existiert ein Netzwerk aus knapp 7.000 unentgeltlich betriebenen Tor-Relays, die über die ganze Welt verteilt sind.[31] Über 60 % der Relays befinden sich aktuell in den drei Ländern Deutschland, Frankreich und den USA, wobei die Bundesrepublik mit circa 1.600 Tor-Knoten Spitzenreiterin bei der Bereitstellung von Tor-Infrastruktur ist.[32] Hinter vielen der Knoten über die hierzulande Tor-Datenverkehr abgewickelt wird, stehen universitäre oder zivilgesellschaftliche Projekte wie zum Beispiel die Nichtregierungsorganisation „Reporter ohne Gren-

---

29 Um dies zu vermeiden, können sogenannte „Bridge-Knoten" genutzt werden, die als nicht-öffentliche Einstiegspunkte in das Tor-Netzwerk dienen. Diese lassen sich wiederum mit sogenannten „Pluggable Transports" kombinieren, um sich mit dem Tor-Netzwerk zu verbinden, ohne dass die Nutzung der Tor-Software für Dritte – beispielsweise staatliche Stellen – erkennbar ist, vgl. *Tor Project*, Tor: Pluggable Transports, abrufbar unter https://2019.www.torproject.org/docs/pluggable-transports.html.en (letzter Zugriff: 30.01.2022).

30 *Negi*, Comparison of Anonymous Communication Networks – Tor, I2P, Freenet, IRJET 2017, Vol. 04, Issue 07, S. 2542.

31 Vgl. *Tor Metrics*, Number of relays, abrufbar unter https://metrics.torproject.org/networksize.html (Stand: 30.01.2022).

32 *Tor Metrics*, Relay Search, https://metrics.torproject.org/rs.html#aggregate/cc (Stand: 30.01.2022).

zen" oder der Tor-Unterstützerverein „Zwiebelfreunde e.V.".[33] Wegen der verschachtelten Verschlüsselung, dem Routing über verschiedenen Knoten und der niedrigen Bandbreite ist die Datenübertragung über das Tor-Netzwerk allerdings deutlich langsamer als im Clearnet.

2. Zufällige Routenwahl durch das Tor-Netzwerk

Bevor eine Auswahlentscheidung über die Weiterleitung des Datenverkehrs getroffen werden kann, lädt sich die Software nach dem Start eine Liste aller verfügbaren Tor-Knoten herunter. Diese wird von verschiedenen Tor-Servern, die als *directory authorities* bezeichnet werden, dezentral verwaltet und ständig aktualisiert. Um die Integrität der Verzeichnisdaten sicherzustellen, wird die Liste außerdem mit einer digitalen Signatur versehen.[34] Anhand der übermittelten Daten kann das Programm sodann eine zufällige Route durch das Tor-Netzwerk erzeugen. Auf diese Weise generierte Verbindungsketten werden als *circuits* bezeichnet und bestehen aus mindestens drei Tor-Knoten, können aber auch länger sein (siehe *Abbildung 2*).[35]

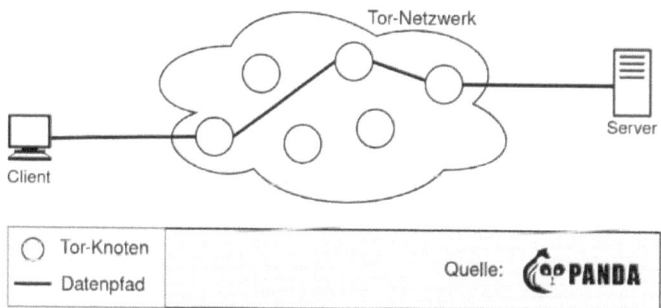

Abbildung 2: Datenpfad über das Tor-Netzwerk vom Client zum Server[36]

---

33 *Mey*, APuZ 46–47/2017, S. 5.

34 *Dingledine/Mathewson/Syverson*, Tor: the second-generation onion router, in: Proceedings of the 13th USENIX Security Symposium 2004, S. 2.

35 Vgl. *The Tor Project*, How often does Tor change its paths?, https://2019.www.torproject.org/docs/faq.html.en#ChangePaths (letzter Zugriff: 30.01.2022).

36 Die hier verwendete Abbildung stammt aus einem Beitrag von *Platzer*, Darknet – Licht im Dunkeln, Darknet-Serie Teil 1/3, IT-Daily (03.05.2021), abrufbar unter https://www.it-daily.net/it-sicherheit/cloud-security/28397-darknet-licht-im-dunkeln (letzter Zugriff: 30.01.2022).

II. TLS-Verschlüsselung der Datenpakete

Damit keiner der ausgewählten Tor-Knoten die vollständige Route der Datenpakete zurückverfolgen kann, werden diese – noch bevor sie auf den Weg durch das Tor-Netzwerk geschickt werden – mehrlagig verschlüsselt. Dabei kommt das Verschlüsselungsprotokoll TLS[37] zum Einsatz, welches symmetrische[38] und asymmetrische[39] Verschlüsselungsverfahren miteinander kombiniert. Da der Rechenaufwand für die asymmetrische Verschlüsselung von Daten deutlich höher ist, werden die Datenpakete beim Onion Routing zunächst mit einem symmetrischen Schlüssel verschlüsselt, welcher den beteiligten Tor-Knoten sodann asymmetrisch verschlüsselt übermittelt wird.

1. Entry-nodes

Der erste Knoten im Tor-Netzwerk, den die verschlüsselten Datenpakete passieren, ist der *entry-* oder *guard-node*. *Entry-nodes* sind schnelle und stabile Tor-Knoten, die von der Software für jeweils ein bis zwei Monate als Eintrittsserver ausgewählt werden. Der *entry-node* kennt zwar die IP-Adresse des Versenders der Datenpakete, besitzt aber lediglich denjenigen Schlüssel, der benötigt wird, um die erste der drei Verschlüsselungsschichten zu entfernen. So erhält er die Information, an welchen Tor-Knoten er die Datenpakete als nächstes weiterleiten muss. Aufgrund der zweiten und dritten Verschlüsselungsschicht, die der *entry-node* nicht entschlüsseln kann, hat er jedoch keine Kenntnis von dem Empfänger oder dem Inhalt der von ihm weitergeleiteten Nachricht.

---

37 Transport Layer Security (TLS) ist ein hybrides Verschlüsselungsprotokoll zur sicheren Datenübertragung im Internet. Es gewährleistet, dass Daten während der Übertragung nicht gelesen oder manipuliert werden können.

38 Bei symmetrischen Verschlüsselungsverfahren wird derselbe – geheime – Schlüssel zur Ver- und Entschlüsselung von Daten verwendet. Dieser muss zwischen den beteiligten Kommunikationspartner*innen ausgetauscht werden, was wiederum das Risiko in sich birgt, dass der Schlüssel unterwegs abgefangen und zur Entschlüsselung der Datenpakete eingesetzt werden kann.

39 Bei der asymmetrischen Verschlüsselung ist der Austausch eines solchen geheimen Schlüssels nicht erforderlich, da die Schlüsselpaare anhand von mathematischen Einweg-Funktionen berechnet werden. Sie werden als *public* beziehungsweise *private keys* bezeichnet, wobei der *public key* für das Verschlüsseln und der *private key* für das Entschlüsseln der zu übertragenden Datenpakete dient.

2. Middle-nodes

Als zweiter Tor-Knoten der Verbindungskette tritt der *middle-node* auf. Dieser sieht zwar die IP-Adresse des *entry-nodes*, von dem er das Datenpaket übermittelt bekommen hat, kennt aber weder die ursprünglichen Versender*innen der Daten, noch die Empfänger*innen oder den Inhalt der weitergeleiteten Nachrichten. Der *middle-node* besitzt den Schlüssel, mit dem sich die zweite der drei Verschlüsselungsschichten entfernen lässt. Dadurch erfährt er die IP-Adresse des *exit-nodes*, an welchen er die Datenpakete weiterleiten muss.

3. Exit-nodes

Exit-nodes treten als Endpunkte der *circuits* auf. Sie kennen die IP-Adressen der *middle-nodes*, von denen sie die Datenpakete übermittelt bekommen haben, nicht aber den *entry-node* oder die Versender*innen der Datenpakete. Nachdem ein *exit-node* mit seinem Schlüssel die letzte Verschlüsselungsschicht entfernt hat, erfährt er die IP-Adresse der Empfänger*innen der Datenpakete und kann diese an sie weiterleiten. Da nunmehr alle Tor-Verschlüsselungsschichten „abgeschält" sind, ist es wichtig, bei der Nutzung der Tor-Software eine Ende-zu-Ende-Verschlüsselung[40] einzusetzen. Andernfalls können die Betreiber*innen der *exit-nodes* Kenntnis vom Inhalt der weitergeleiteten Datenpakete erhalten oder diese manipulieren. Da *exit-nodes* stellvertretend für die eigentlichen Versender*innen der Datenpakete netzwerkexterne Verbindungen zulassen, können Rechtsverstöße mitunter zu deren Betreiber*innen zurückverfolgt werden. Durch das bloße Weiterleiten von Datenpaketen im Tor-Netzwerk setzen sich diese *de lege lata* jedoch keinem zivilrechtlichen oder strafrechtlichen Haftungsrisiko aus.[41] Auch etwaige gegen sie gerichtete Ermittlungsmaßnahmen laufen ins Leere, da von den *exit-nodes* keine Verkehrsdaten aufgezeichnet werden und den Betreiber*innen die Identität der Versender*innen sowie – im Falle von Ende-zu-Ende-Verschlüsselung der Datenpakete – auch

---

40 Ende-zu-Ende-Verschlüsselungsprogramme wie OpenPGP, S/MINE und OMEMO sorgen dafür, dass zu transportierende Datenpakete bei den Versender*innen verschlüsselt und erst bei den Empfänger*innen wieder entschlüsselt werden, sodass andere an der Datenübertragung beteiligte Stationen nicht auf die Kommunikationsinhalte zugreifen können.

41 Dazu ausführlich *Thiesen*, MMR 2014, S. 803–809; ebenso *Rückert*, Politische Studien 479/2018, S. 16–17.

die Inhalte der weitergeleiteten Nachrichten unbekannt sind. Wollen die Empfänger*innen der Datenpakete antworten, schicken sie ihre Antworten an den *exit-node*, der die Datenpakete dem *middle-node* zukommen lässt. Dieser leitet sie wiederum an den *entry-node* weiter, der die Nachricht an die ursprünglichen Versender*innen der Datenpakete schickt. Auf diese Weise kann über das Tor-Netzwerk anonym kommuniziert werden, ohne dass Versender*innen oder Empfänger*innen der Datenpakete Kenntnis von der IP-Adresse ihrer Kommunikationspartner*innen erhalten (siehe *Abbildung 3*).

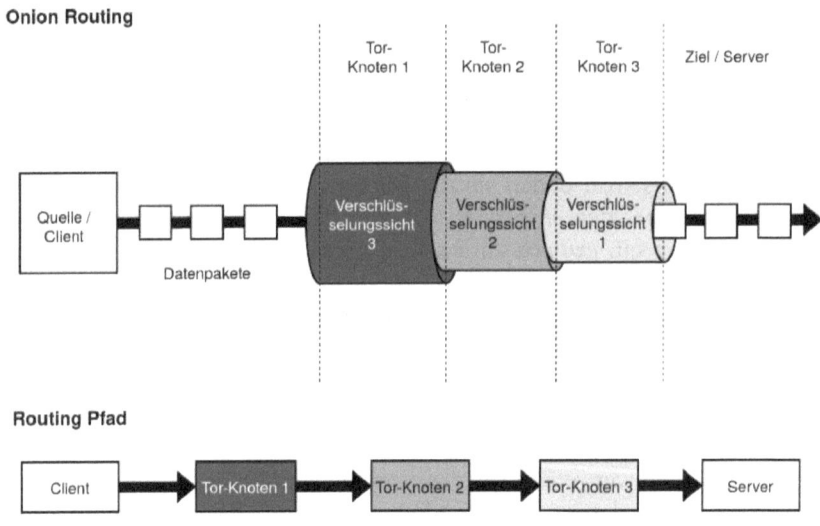

Abbildung 3:   Prinzip des Onion Routing

III. Möglichkeiten der Deanonymisierung

Vollständige Anonymität bei der Internetnutzung kann jedoch auch die Tor-Software nicht gewährleisten. Zum einen schützt sie nicht davor, dass sich Benutzer*innen durch die Preisgabe persönlicher Informationen eigenhändig deanonymisieren, indem sie beispielsweise Profilfotos von sich hochladen. Außerdem setzt sich nicht nur die Wissenschaft mit Möglichkeiten der Deanonymisierung im Tor-Netzwerk auseinander. Immer wieder gab es auch Berichte darüber, dass Geheimdienste und Behörden an Methoden arbeiten, um die im Tor-Netzwerk gewährleistete Anonymität der Internetnutzer*innen zu brechen.[42] Stehen sowohl *guard-* als auch *exit-node* eines *circuits* unter der Kontrolle ein und derselben – beispielsweise staatlichen – Stelle, können Datenpakete anhand statistischer Analysen korreliert und in vielen Fällen sowohl deren Versender*innen als auch Empfänger*innen ausfindig gemacht werden.[43] Im Rahmen solcher „Timing-Analysen" kann jedoch nur in Erfahrung gebracht werden, welche Personen über Tor miteinander kommunizieren. Wird von den Beteiligten eine Ende-zu-Ende-Verschlüsselung eingesetzt, bleiben die Kommunikationsinhalte selbst wiederum geheim. Hinzu kommt, dass nur eine global agierende, äußerst einflussreiche Institution im Stande wäre, ausreichend viele Tor-Knoten zu betreiben, um Zeitangriffe auf das Tor-Netzwerk erfolgreich umsetzen zu können. Nach derzeitigem Stand ist dies allerdings nicht der Fall.[44] Selbst geheimdienstliche Allianzen wie die „Five Eyes" wären somit lediglich in der Lage, einen kleinen, zufälligen Teil der über das Tor-Netzwerk gerouteten Datenpakete zu überwachen.[45] Auch die NSA äußerte sich in den von Edward Snowden geleakten „Tor Stinks"-Dokumenten[46] dahingehend, dass es in der Praxis wohl niemals möglich sein wird, alle Tor-Nutzer*innen zu jeder Zeit überwachen und deanonymisieren zu können.[47]

---

42 Vgl. *Meister*, Geheime Dokumente: Der BND hat das Anonymisierungs-Netzwerk Tor angegriffen und warnt vor dessen Nutzung, Heise Online (14.09.2017), https://netzpolitik.org/2017/geheime-dokumente-der-bnd-hat-das-anonymisierungs-netzwerk-tor-angegriffen-und-warnt-vor-dessen-nutzung/ (letzter Zugriff: 30.01.2022).

43 Zu den sogenannten „Korrelationsangriffen" auf das Tor-Netzwerk siehe etwa *Platzer/Schäfer/Steinebach*, Critical traffic analysis on the tor net-work, in: Proceedings of the 15th International Conference on Availability, Reliabilityand Security 2020, S. 1–10.

44 Vgl. *Fünfsinn/Ungefuk/Krause*, Kriminalistik 2017, 440 (444).

45 Vgl. *Nurmi/Niemelä*, Tor de-anonymisation techniques, in: International Conference on Network and System Security 2017, S. 657–671.

46 Einsehbar sind die geleakten „Tor Stinks"-Dokumente unter *The Guardian*, Tor Stinks presentation (04.10.2013), abrufbar unter https://www.theguardian.com/world/interactive/2013/oct/04/tor-stinks-nsa-presentation-document (letzter Zugriff: 30.01.2022).

47 „We will never be able to de-anonymize all Tor users all the time. (…) we can de-anonymize a very small fraction of Tor users, however, no success de-anonymizing a user in response to a TOPI request/on demand.", Tor Stinks presentation (04.10.2013), S. 2, abrufbar unter *The Guardian*, https://www.theguardian.com/world/interactive/2013/oct/04/tor-stinks-nsa-presentation-document (letzter Zugriff: 30.01.2022).

C. Onion Services und der Tor-Browser

Mithilfe der Tor-Software können verschiedene Internetanwendungen wie das WWW, E-Mail-Dienste sowie Chat- und Messagingprogramme anonym genutzt werden. Seit 2004 ermöglicht das Programm seinen Nutzern*innen außerdem, Server im Tor-Netzwerk aufzusetzen, über die Internetdienste anonym betrieben werden können. Im Herbst 2021 existierten knapp 140.000 solcher „versteckten Internetdienste", die als *onion services* oder *hidden services* bezeichnet werden.[48] Insgesamt machen diese jedoch nur einen kleinen Anteil des Datenverkehrs im Tor-Netzwerk aus.[49] Sofern die Server korrekt programmiert sind, ist eine gezielte Ausforschung des physischen Standortes, von dem aus sie betrieben werden, technisch nicht möglich. So kommt es, dass auf Onion-Seiten im Tor-Netzwerk inkriminierte Güter ganz offen angeboten werden, ohne dass die betreffenden Webserver von den Strafverfolgungsbehörden abgeschaltet werden können.

I. Onion Services

Um einen *onion service* im Tor-Netzwerk anbieten zu können, muss ein Server zunächst drei sogenannte *Introduction Points* auswählen und eine Verbindung zu ihnen aufbauen. Bei diesen *Introduction Points* handelt es sich um ganz normale Tor-Relays, über die später ein gemeinsamer „Treffpunkt" im Tor-Netzwerk vereinbart wird. Der Server veröffentlicht die Information, welche Tor-Relays er als *Introduction Points* für seinen anonymen Internetdienst ausgewählt hat, über einen sogenannten *directory server*. Dieser übermittelt jedem Client, der auf den *onion service* zugreifen möchte, die Informationen zu den dazugehörigen *Introduction Points*. Zeitgleich wählt der Client selbst einen Tor-Knoten aus, der als sogenannter *Rendezvous Point* bezeichnet wird. Über den *Introduction Point* teilt der Client dem Server mit, welchen *Rendezvous Point* er als gemeinsamen Treff-

---

48 *Tor Metrics*, Onion Services, https://metrics.torproject.org/hidserv-dir-onions-seen .html (Stand: 06.09.2021). Zur quantitativen Analyse und Kategorisierung dieser *onion services* siehe *Steinebach* et al., Proceedings of the 14th International Conference on Availability, Reliability and Security 2019, Article No. 66; *Owenson/Savage*, IET Information Security 2016, Vol. 10, Issue 3, S. 113–118 sowie *Biryukov* et al., Proceedings of the IEEE 34th International Conference on Distributed Computing Systems Workshops 2014, S. 188–193.
49 *Moore/Rid*, Cryptopolitik and the Darknet, Survival Vol. 58, No. 1, S. 16.

punkt im Netzwerk ausgewählt hat. Anschließend verbindet sich auch der Server mit diesem *Rendezvous Point*, über den Client und Server fortan Daten austauschen können. Da alle Verbindungen zu den *Introduction* und *Rendezvous Points* über mindestens drei Tor-Knoten aufgebaut werden, kennt weder der Client die IP-Adresse des Servers, noch kennt der Server die IP-Adresse des Clients, obwohl sie über den *Rendezvous Point* miteinander kommunizieren.

II. Tor-Browser

Um auf Webseiten zugreifen zu können, die als *onion service* im Tor-Netzwerk betrieben werden, wird ein spezieller Webbrowser benötigt. Bei dem Programm, das als Tor-Browser bezeichnet wird, handelt es sich um eine modifizierte Version des Open-Source-Webbrowsers „Mozilla Firefox", der vorinstallierte Browsererweiterungen wie das Add-on „NoScript"[50] oder das Plug-in „HTTPS Everywhere"[51] enthält.

1. Download und Installation

Um den Tor-Browser verwenden zu können, muss zunächst die entsprechende Software, die im Clearnet unter „www.torproject.org/download" kostenlos für alle gängigen Betriebssysteme verfügbar ist, heruntergeladen und installiert werden (siehe *Abbildung 4*).[52] Aufgrund der benutzerfreundlichen Konfiguration ist die Einrichtung des Tor-Browsers selbst für technisch wenig versierte Internetnutzer*innen ohne größeren Aufwand möglich.[53]

---

50 Das Add-on „NoScript" soll das Risiko verringern, dass Tor-Nutzer beim Surfen im WWW – zum Beispiel durch das Nachladen von dynamischen Webinhalten – unbeabsichtigt ihre IP-Adressen preisgeben.
51 Das Plug-in „HTTPS Everywhere" sorgt dafür, dass Verbindungen zu Webseiten automatisch verschlüsselt aufgebaut werden, wenn die jeweilige Webseite dies unterstützt.
52 Für den Fall, dass bereits das Herunterladen des Programms mit staatlichen Sanktionen verbunden ist, lässt sich dieses alternativ ohne vorherige Installation von einem Wechseldatenträger über das Live-Betriebssystem „Tails" (https://tails.boum.org/install/index.de.html) starten.
53 Befindet sich der Tor-Nutzer jedoch in einem Land, das die Verwendung der Software blockiert, muss der Browser nach der Installation noch konfiguriert werden. Für den Fall, dass der Verbindungsaufbau zum Tor-Netzwerk über die

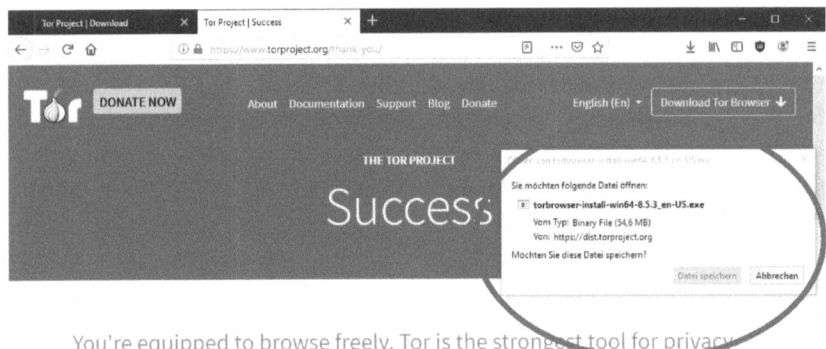

Abbildung 4:   Screenshot der Download-Seite des Tor-Browsers

2. Surfen im Surface und Deep Web

Im Gegensatz zu I2P, Freenet und Co. ist Tor keine reine Darknet-Techno-logie, was oft als Grund für den Erfolg der Software im Vergleich zu ande-ren Anonymisierungsdiensten gesehen wird.[54] Mit dem Tor-Browser kön-nen Webseiten aus dem Surface und Deep Web anonym aufgerufen wer-den, wobei sich aus Sicht der Benutzer*innen keinerlei Unterschiede zur Verwendung anderer Standard-Webbrowser ergeben (siehe *Abbildung 5*).

öffentlich gelisteten Tor-Knoten blockiert wird, können sogenannte *bridge relays* bei der Umgehung von Tor-Zensur helfen, vgl. *The Tor Project*, Bridges, https:/ /2019.www.torproject.org/docs/bridges.html.en (letzter Zugriff: 30.01.2022). Werden sämtliche über das Internet verschickte Datenpakete per Deep-Packet-In-spection überwacht und nach Tor-Indikatoren durchsucht (so wie es beispiels-weise in China der Fall ist), existieren sogenannte *pluggable transports*, die den Tor-Datenverkehr verschleiern sollen, vgl. *The Tor Project*, Pluggable Transports, https://2019.www.torproject.org/docs/bridges.html.en#PluggableTransports (letzter Zugriff: 30.01.2022).

54 Vgl. *Mey*, APuZ 46–47/2017, S. 8.

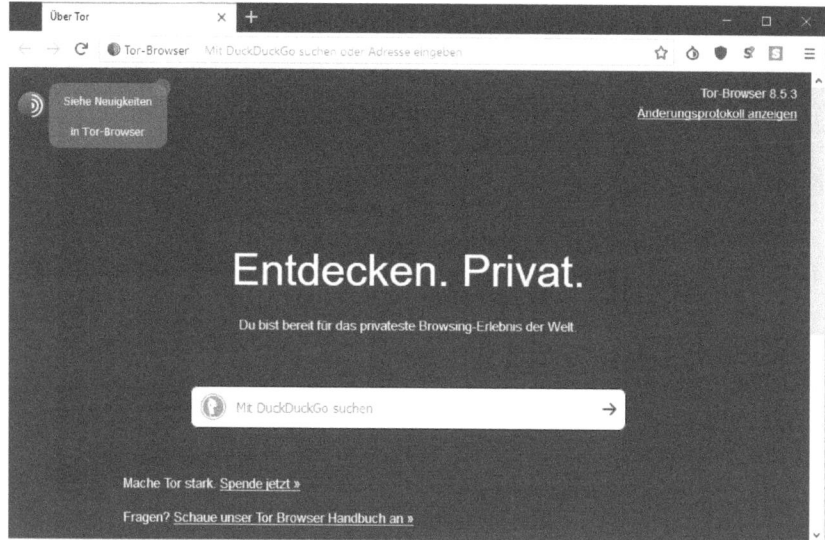

Abbildung 5:   Screenshot der Benutzeroberfläche des Tor-Browsers

Welche Tor-Knoten das Programm für die Anonymisierung des Datenverkehrs verwendet, kann eingesehen werden, indem das links der URL-Leiste gelegene Informationssymbol („Sicherheitsinformationen anzeigen") ausgewählt wird (siehe *Abbildung 6*). Eine Neuerzeugung der Route lässt sich jederzeit durch einen Klick auf das Zwiebel-Symbol rechts neben der Adressleiste manuell veranlassen.

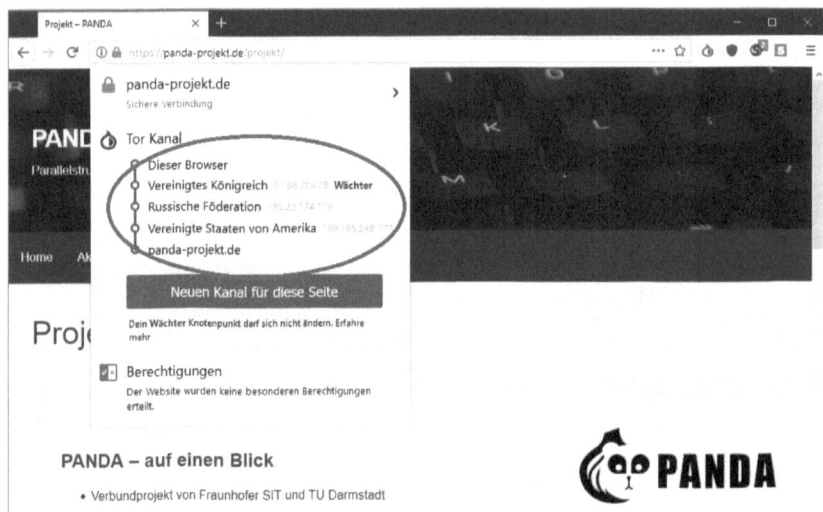

Abbildung 6: Beispiel für die Verbindungskette aus entry-, middle- und exit-node

Im Beispielsfall befindet sich der *entry-node* mit der IP-Adresse „51.68.206.28" im Vereinigten Königreich, der *middle-node* mit der IP-Adresse „185.22.174.119" in Russland und der *exit-node* mit der IP-Adresse „199.195.248.177" in den USA. Der *exit-node* ist letztlich also derjenige Server, der als Stellvertreter für den oder die Tor-Nutzer*in Kontakt mit der Webseite „panda-projekt.de" aufnimmt. Die IP-Adresse des Clients, der ursprünglich die Webseite über den Tor-Browser angefragt hat, bleibt infolge des Onion Routing jedoch verborgen.

3. Surfen im Tor-basierten Dark Web

Webadressen von Onion-Domains werden auf Basis von Hashfunktionen berechnet, weshalb sie sich aus einer 16- oder 56-stelligen Zeichenfolge zusammensetzen. Zwar ist die Erzeugung von Onion-URLs mit halbwegs aussprechbaren Domainnamen wie „blockchainbdgpzk.onion" oder „facebookcorewwwi.onion" unter Aufwendung der entsprechenden Rechenleistung möglich, aber eher selten. Da Onion-Seiten nicht von gängigen Websuchmaschinen wie Google, Bing oder Yahoo gelistet werden, existieren spezielle Dark Web-Suchmaschinen wie Ahmia (siehe *Abbildung 7*), Torch oder Grams, die das Navigieren im Tor-basierten Dark Web vereinfachen sollen. Allerdings lässt deren Funktionalität zu wünschen übrig. Darüber hinaus gibt es sowohl im Clear- als auch im Darknet Linksammlungen und Verzeichnisse wie „The Hidden Wiki" oder „Dark Fail", die Onion-Links nach Themen sortiert auflisten (siehe *Abbildung 8*). Allerdings ist auch über solche Linklisten nur ein Bruchteil aller existierenden Webadressen im Tor-Netzwerk auffindbar. Nicht selten wird das Darknet aufgrund der schwierigen Navigation und geringeren Datenübertragungsrate daher mit dem Internet der 1990er-Jahre verglichen.[55]

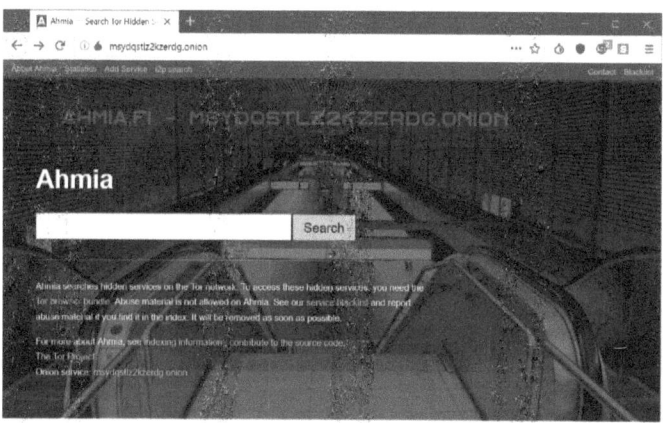

Abbildung 7:   Screenshot der Startseite der Darknet-Suchmaschine „Ahmia"

---

55 So etwa *Mey*, APuZ 46–47/2017, S. 7.

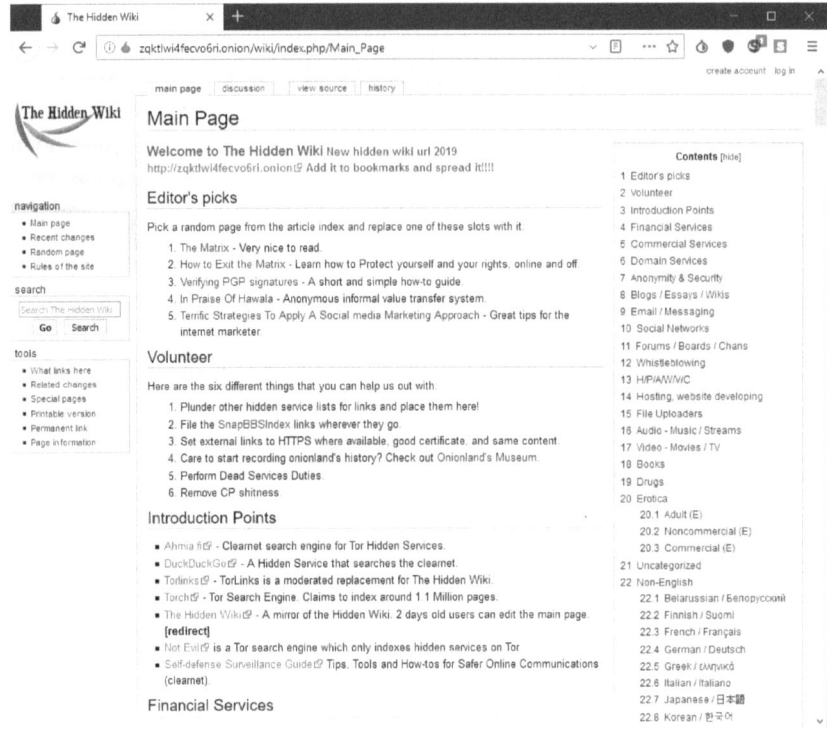

Abbildung 8:   Screenshot der Startseite von „The Hidden Wiki"

D. Zusammenfassung

Das Darknet bezeichnet einen Teilbereich der Internets, der nur über spezielle Anonymisierungssoftware erreichbar ist. Auf den mit Abstand größten Teil des Darknets kann mittels der Anonymisierungssoftware Tor zugegriffen werden, weshalb das Tor-Netzwerk umgangssprachlich häufig mit dem Begriff Darknet gleichgesetzt wird. Die Tor-Software gewährleistet größtmögliche Anonymität bei der Internetnutzung, indem sie die IP-Adressen ihrer Nutzer*innen verschleiert und sämtliche Kommunikationsinhalte verschlüsselt. Sie sorgt dafür, dass zu übertragende Datenpakete über eine Abfolge von mindestens drei zufällig ausgewählten Tor-Knoten geleitet wird, sodass eine Rückverfolgung der Datenpakete zu den jeweiligen Versender*innen und Empfänger*innen nicht mehr möglich ist. Auf diese Weise können Internetdienste im Tor-Netzwerk anonym genutzt und betrieben werden.

§ 3 Straftaten im Tor-Netzwerk

Seitdem Internetdienste mithilfe der Tor-Software anonym genutzt und betrieben werden können, hat sich eine Vielzahl neuartiger Kriminalitätsphänomene im Tor-Netzwerk etabliert. Die Erscheinungsformen und Ausprägungen darknetspezifischer Kriminalität sollen nachfolgend aufgezeigt werden, indem zunächst auf die *modi operandi* der im Tor-Netzwerk agierender Straftäter*innen eingegangen wird. Sodann folgt eine materiell-strafrechtliche Auseinandersetzung mit den beschriebenen Sachverhalten, im Rahmen derer die im Tor-Netzwerk typischerweise verwirklichten Straftatbestände aufgeführt werden. Auf diese Weise soll untersucht werden, ob die Anonymisierung von IP-Adressen im Tor-Netzwerk neuartige Betätigungsfelder für (Cyber-)Kriminelle eröffnet hat, auf die es auf legislatorischer Ebene zur Schließung von Strafbarkeitslücken zu reagieren gilt.

A. Rechtstatsächliche Untersuchung

Im Tor-Netzwerk existieren Webseiten, die ausschließlich dafür genutzt werden, illegale Handels- und Tauschgeschäfte anonym anbahnen und abwickeln zu können. Das Spektrum der über diese Online-Plattformen begangenen Straftaten ist außerordentlich vielschichtig und reicht von Verstößen gegen das BtMG und WaffG bis hin zum Austausch von kinderpornografischen Bild- und Videodateien. Bereits 2016 gab es im Tor-Netzwerk etwa fünfzig solcher Online-Plattformen, von denen zwanzig von Bedeutung für deutsche Strafverfolgungsbehörden waren.[56] Laut einem Bericht des European Monitoring Centre for Drugs and Drug Addiction (EMCDDA) ist diese Anzahl bis 2017 sogar auf über hundert aktive Webseiten angestiegen.[57] Infolge von zahlreichen Strafverfolgungsaktivitäten und der damit einhergehenden Schließung einiger bedeutender Plattfor-

---

56 Vgl. *Vogt*, Die Kriminalpolizei 2/2017, 4 (5); *Fünfsinn/Krause*, Plattformen zur Ermöglichung krimineller Handlungen im Internet. Überlegungen zur strafrechtlichen Erfassung *de lege lata* und *de lege ferenda*, in: FS Ulrich Eisenberg, 641 (644).

57 *European Monitoring Centre for Drugs and Drug Addiction* (EMCDDA), Drugs and the darknet: Perspectives for enforcement, research and policy, S. 16.

men ist jedoch davon auszugehen, dass die Anzahl strafrechtlich relevanter Webseiten im Tor-Netzwerk zuletzt wieder deutlich zurückgegangen ist.

I. Strafrechtlich relevante Plattformen

Die genannten Webseiten lassen sich aufgrund ihrer unterschiedlichen inhaltlichen Ausrichtung und Geschäftsmodelle in Handelsplattformen, Diskussionsforen und Tauschbörsen untergliedern.

1. Handelsplattformen

Handelsplattformen (auch „Kryptomärkte") im Tor-Netzwerk sind Webseiten, die einen weitgehend anonymen An- und Verkauf von inkriminierten Waren ermöglichen. Über sie wird ein Großteil des im Tor-Netzwerk angesiedelten Schwarzmarkthandels abgewickelt, wobei neben illegalen Handelsgütern wie Betäubungsmitteln, gefälschten Ausweisen und Banknoten auch illegale Dienstleistungen angeboten werden. Dieses noch relativ junge Kriminalitätsphänomen wird häufig als „Underground Economy" bezeichnet.[58]

a) Aufbau und Struktur

Kryptomärkte im Tor-Netzwerk funktionieren wie konventionelle E-Commerce-Plattformen im Clearnet, wohingegen – mit Ausnahme von kinderpornografischem Material – praktisch alles gehandelt wird, was sich im legalen Marktgeschehen nicht veräußern lässt.[59] Die Benutzeroberflächen der Webseiten ähneln denen gängiger Online-Marktplätze wie „Ebay" oder „Amazon" und sind in verschiedene Produktkategorien mit Angebotsbeschreibungen unterteilt, die Preis- und Versandinformationen für potentielle Kund*innen enthalten (vgl. *Abbildung 9* und *Abbildung 10*). Um auf solche Handelsplattformen zugreifen zu können, ist lediglich die Kenntnis ihrer Onion-URLs und das Anlegen eines Useraccounts mit Passwort erforderlich. Nicht selten verfügen Marktplätze im Tor-Netzwerk daher über

---

58 Vgl. *Safferling/Rückert*, Analysen & Argumente 291 (2018), S. 2.
59 *Fünfsinn/Ungefuk/Krause*, Kriminalistik 2017, 440 (442).

hunderttausende Mitglieder, die auf den Plattformen ausschließlich unter Pseudonymen agieren.[60]

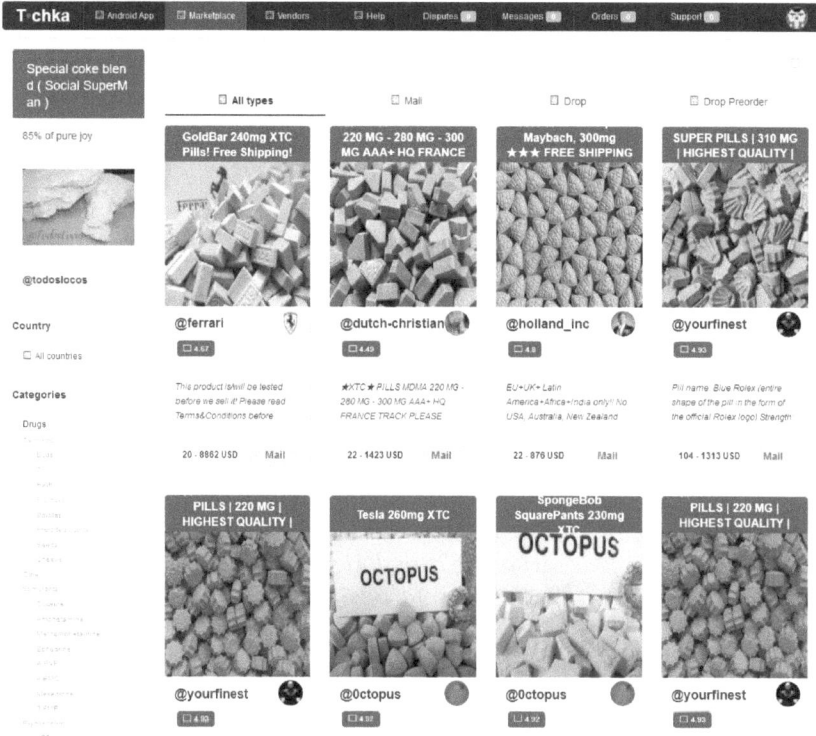

Abbildung 9: Angebote für Ecstasy-Tabletten auf „Tochka"

---

60 Im Falle der abgeschalteten Plattform „AlphaBay" waren es beispielsweise 200.000 User*innen, darunter 40.000 Verkäufer*innen und rund 350.000 gelistete Angebote, vgl. *Europol*, Massive blow to criminal Dark Web activities after globally coordinated operation, Pressemitteilung vom 20.07.2017, abrufbar unter https://www.europol.europa.eu/newsroom/news/massive-blow-to-criminal-dark -web-activities-after-globally-coordinated-operation (letzter Zugriff: 30.01.2022).

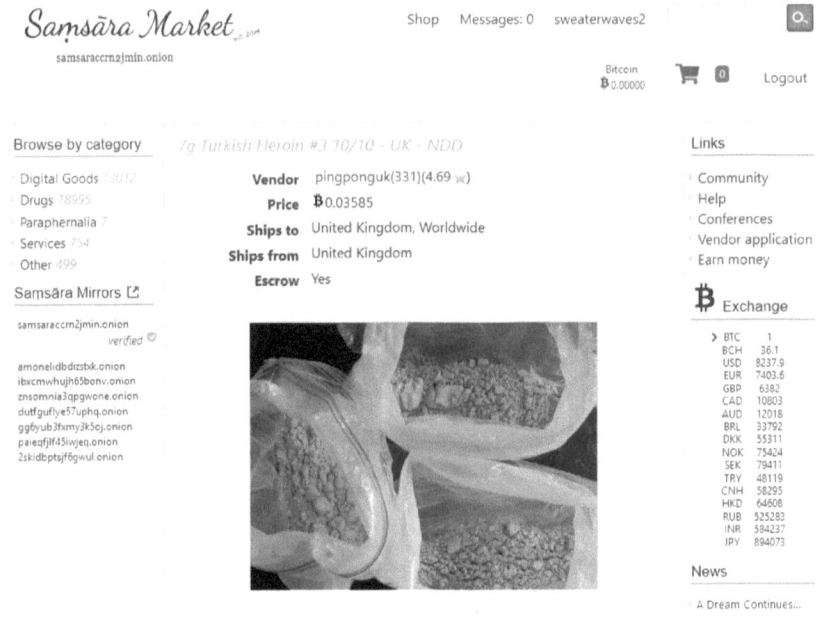

Abbildung 10: Angebotsseite ("7g Turkish Heroin") auf Kryptomarkt "Samsara"

b) „Post-Silk-Road-Ära"

Als Wegbereiter für die Entstehung solcher Kryptomärkte wird der US-amerikanische Handelsmarktplatz „Silk Road" gesehen, welcher zwischen 2011 und 2013 den Markt für Drogen im Tor-Netzwerk dominierte.[61] Bereits kurze Zeit nachdem das FBI die Plattform im Oktober 2013 abgeschaltet hatte, formierten sich neue Handelsmarkplätze wie „Black Market Reloaded", „Pandora", „Silk Road 2.0" und „AlphaBay", um die von „Silk Road" hinterlassene Marktlücke zu füllen.[62] Seitdem ist der Schwarzmarkthandel im Tor-Netzwerk durch mehr Wettbewerb zwischen den einzelnen Handelsmarktplätzen gekennzeichnet und von einer gewissen Austausch-

---

61 *Tzanetakis,* Zum Phänomen der Drogenmärkte im Darknet, in: Tzanetakis/Stöver (Hrsg.), Drogen, Darknet und Organisierte Kriminalität, S. 11.
62 *Tzanetakis,* Zum Phänomen der Drogenmärkte im Darknet, in: Tzanetakis/Stöver (Hrsg.), Drogen, Darknet und Organisierte Kriminalität, S. 11.

barkeit der Plattformen geprägt (sogenannte „Post-Silk-Road-Ära").[63] Regelmäßig verschwinden Plattformen vom Markt und neue Kryptomärkte kommen hinzu, was auch auf die Mitglieder, die auf diesen Webseiten agieren, zutrifft. Kommt es zur Abschaltung einzelner Plattformen durch Strafverfolgungsbehörden, weichen die Beteiligten häufig auf bereits existierende oder aber neu gegründete Plattformen aus.[64] Nachdem in den letzten Jahren bedeutende Kryptomärkte wie „Wall Street Market", „Agora" und „Dream Market" geschlossen haben, hat sich ein Großteil der Handelsgeschäfte auf die Plattform „Whitehouse Market" verlagert, welche derzeit mit knapp 45.000 geschalteten Angeboten zu den größten aktiven Kryptomärkten im Tor-Netzwerk zählt.[65] Weitere beliebte Handelsplattformen im Tor-Netzwerk sind „Monopoly Market", „ToRReZ Market" und „The Majestic Garden".[66]

c) Postversand der Waren

Ohne davon Kenntnis zu erlangen, übernehmen zumeist konventionelle Post- und Kurierdienstleister*innen die Zustellung der über Kryptomärkte gehandelten Waren. In den Angebotsbeschreibungen und auf den Profilseiten der Verkäufer*innen wird darüber informiert, welche Versandoptionen ausgewählt werden können und ob national, in ausgewählte Länder oder gar weltweit versendet wird. Im Gegensatz zum nationalen Versand ermöglichen internationale Lieferungen zwar den Zugang zu einem größeren Kund*innenstamm, allerdings steigt bei grenzüberschreitenden Sendungen auch das Entdeckungsrisiko durch den Zoll.[67] Um letzteres so gering wie möglich zu halten, ist für die Beteiligten von besonderer Bedeutung, die inkriminierten Waren unauffällig ins Postwesen einzuschleu-

---

63 *Tzanetakis*, Zum Phänomen der Drogenmärkte im Darknet, in: Tzanetakis/Stöver (Hrsg.), Drogen, Darknet und Organisierte Kriminalität, S. 12.
64 Vgl. *Décary-Hétu/Giommoni*, Do police crackdowns disrupt drug cryptomarkets? A Longitudinal Analysis Of The Effects Of Operation Onymous, in: Crime, Law and Social Change 2017, Vol. 67, Issue 1, S. 72.
65 Stand: 07.09.2021.
66 Für eine detaillierte Übersicht über alle Märkte, die zwischen 2010 und 2017 im Tor-Netzwerk betrieben wurden siehe *European Monitoring Centre for Drugs and Drug Addiction* (EMCDDA), Drugs and the darknet: Perspectives for enforcement, research and policy, S. 18–19.
67 *Tzanetakis*, Zu den Strukturen des Drogenhandels im Darknet, in: Tzanetakis/Stöver (Hrsg.), Drogen, Darknet und Organisierte Kriminalität, S. 126–127.

sen.[68] Damit sich illegale Lieferungen nicht von regulären Postsendungen unterscheiden, wird – insbesondere beim Versand von Drogen – Wert auf eine diskrete, geruchsneutrale Verpackung gelegt (siehe *Abbildung 11* und *Abbildung 12*).[69]

Abbildung 11: Postversand von über Kryptomärkte gehandelten Drogen[70]

Abbildung 12: Per Post verschickte DVD-Box mit Kokain und MDMA-Pillen[71]

---

68 *Kamphausen/Werse*, Digitale Figurationen des Onlinehandels mit illegalen Drogen. Eine Untersuchung von Drogenforen mit Handelsbezug, in: *Tzanetakis/Stöver* (Hrsg.), Drogen, Darknet und Organisierte Kriminalität, S. 171.

69 *Kamphausen/Werse*, Digitale Figurationen des Onlinehandels mit illegalen Drogen. Eine Untersuchung von Drogenforen mit Handelsbezug, in: Tzanetakis/Stöver (Hrsg.), Drogen, Darknet und Organisierte Kriminalität, S. 171.

70 *Rhumorbarbe* et al., Buying drugs on a Darknet market: A better deal? Studying the online illicit drug market through the analysis of digital, physical and chemical data, Forensic Science International 2016, Vol. 267, S. 181–182.

71 *Rhumorbarbe* et al., Buying drugs on a Darknet market: A better deal? Studying the online illicit drug market through the analysis of digital, physical and chemical data, Forensic Science International 2016, Vol. 267, S. 181–182.

Da unzustellbare oder verloren gegangene Postsendungen Ermittlungsansätze für Strafverfolgungsbehörden bieten, wird von den Kund*innen erwartet, für die Entgegennahme der Lieferungen eine geeignete Versandadresse zu hinterlegen. An die eigene Adresse liefern zu lassen, kann dazu führen, ein in der Szene als *„love letter"* bezeichnetes Schreiben zu erhalten, in welchem die Besteller*innen über die Beschlagnahme ihrer Postsendungen informiert werden.[72] Aus diesem Grund greifen die Beteiligten sowohl für den Empfang, als auch den Versand von Paketsendungen häufig auf DHL-Packstationen zurück. Da für die Abholung von Postsendungen an einer Packstation ein Kundenkonto angelegt werden muss, für dessen Aktivierung ein Ausweisdokument benötigt wird, kommen oftmals sogenannte „Fake-Accounts" zum Einsatz. Dabei handelt es sich entweder um Packstation-Benutzerkonten realer Personen, deren Zugangsdaten ausgespäht beziehungsweise „gehackt" wurden, oder aber um mit gefälschten Ausweisdokumenten neu angelegte Accounts.[73] Neben der Auslieferung an DHL-Packstationen richten Plattform-Kund*innen für die Entgegennahme der bestellten Waren aber auch sogenannte „Haus-" oder „Briefkastendrops" ein. Dafür halten sie in einem ersten Schritt über Online-Plattformen wie „www.immowelt.de" Ausschau nach leerstehenden Immobilien und übernehmen sodann die dortigen Briefkästen, indem sie diese mit fiktiven Personalien präparieren.[74] Sobald die bestellte Ware eingeworfen wird, können die Briefkästen von den Täter*innen aufgebrochen und die darin enthaltenen Sendungen entnommen werden. Wird ein Paket von den Nachbarn entgegengenommen, kann dieses unter Vorlage des Benachrichtigungsscheins abgeholt werden. Gelegentlich werden Paketsendungen auch an unbewohnte Einfamilienhäuser adressiert, um sie an einem „Wunschort" – beispielsweise auf der Terrasse oder im Kellereingang – ablegen zu lassen, wo sie von den Besteller*innen in Empfang genommen werden.

---

72 *Kamphausen/Werse*, Digitale Figurationen des Onlinehandels mit illegalen Drogen. Eine Untersuchung von Drogenforen mit Handelsbezug, in: *Tzanetakis/Stöver* (Hrsg.), Drogen, Darknet und Organisierte Kriminalität, S. 171–172.

73 Da für die Paketabholung ein Code benötigt wird, der nur über die DHL-App erhältlich ist, besitzen einige Täter*innen zudem eigens für die Entgegennahme von Postsendungen verwendete Smartphones mit anonymer SIM-Karte. Zwar gibt es seit dem 01.07.2017 eine Ausweispflicht für den Kauf von SIM-Karten, allerdings sind zahlreiche, vor diesem Datum gekaufte und bereits aktivierte Prepaid-Karten online erhältlich, so zum Beispiel auf „www.anonyme-simkarte.de".

74 *Fünfsinn/Ungefuk/Krause*, Kriminalistik 2017, 440 (443).

d) Bezahlung mit Kryptowährungen

Um auch bei der Bezahlung der gehandelten Waren unerkannt zu bleiben, werden von den Beteiligten fast ausschließlich virtuelle Kryptowährungen wie Bitcoin (BTC), Monero (XMR) und Litecoin (LTC) verwendet. Dabei handelt es sich um elektronische Zahlungsmittel, die in dezentralen Netzwerken geschöpft und kryptografisch legitimiert werden.[75] Kryptowährungen als solche, ihre Generierung und Verwendung sind grundsätzlich legal.[76] Da Kontoeröffnungen und Bezahlvorgänge unter Verwendung von Pseudonymen und ohne die Beteiligung von Banken abgewickelt werden, können Strafverfolgungsbehörden allerdings keine Informationen über einzelne Transaktionsbeteiligte und Zahlungsströme bei Finanzinstituten einholen, was die Ermittlungsarbeit im Rahmen der „Underground Economy" weiter erschwert.[77] Obwohl inzwischen eine Vielzahl an verschiedenen Kryptowährungen existiert, sind Bitcoins nach wie vor das am weitesten verbreitete Zahlungsmittel im Tor-Netzwerk. Sie lassen sich auf Online-Plattformen wie „Bitcoin.de" oder „Coinbase.com" erwerben und werden in einer Art digitalem Portemonnaie – dem sogenannten „Wallet" – aufbewahrt. Bei der Verwendung von Bitcoin werden sämtliche Überweisungen zwar in einer öffentlich einsehbaren Transaktionshistorie („Blockchain") dokumentiert, allerdings verbergen die Beteiligten ihre Identität hinter aus Zahlen und Buchstaben bestehenden Bitcoin-Adressen, sodass eine Identifizierung der Transaktionspartner*innen nicht ohne weiteres möglich ist.[78]

e) Escrow- und Depositsysteme

Da Plattform-Mitglieder auf Kryptomärkten anonym agieren und fast ausschließlich Rechtsgeschäfte eingehen, die gegen ein gesetzliches Verbot i.S.v. § 134 BGB verstoßen, sind die von den Beteiligten ausgehandelten

---

75 Zur Diskussion um den Einbezug von Bitcoins in den privatrechtlichen Geldbegriff siehe *Beck*, NJW 2015, 580 (581).
76 Eine ausführliche rechtliche Betrachtung verschiedener sogenannter „Distributed-Ledger-Technologien" und Kryptowährungen findet sich bei *Schlund/Pongratz*, DStR 2018, 598–604.
77 Vgl. *Krause*, NJW 2018, 678 (679).
78 Bei Bitcoins gibt es insofern also keine Anonymität, sondern eine Pseudonymität der Zahlungsbeteiligten. Für eine detaillierte Beschreibung der Bitcoin-Blockchain siehe *Pesch*, Cryptocoin-Schulden, S. 17–25.

Leistungsverpflichtungen im Regelfall nicht einklagbar. Für die in Vor-
leistung tretenden Geschäftspartner*innen besteht daher stets das Risiko,
die vereinbarte Gegenleistung nicht zu erhalten. In der Praxis haben sich
auf Kryptomärkten daher sogenannte „Escrow-" und „Deposit-Systeme"
etabliert, die als Treuhanddienste fungieren.[79] Um Betrugshandlungen
weitgehend auszuschließen, werden eingezahlte Kundengelder bei Treu-
händer*innen hinterlegt und erst nachdem die bestellten Waren eingetroffen sind, an die Verkäufer*innen weitergeleitet.[80] Escrow-Systeme bergen
jedoch ein gewisses Risikopotential in sich, da es sich bei den Treuhän-
der*innen nicht selten um die Betreiber*innen der Kryptomärkte handelt.
Dies hat in der Vergangenheit häufig dazu geführt, dass sogenannte *exit
scams* durchgeführt wurden. Darunter wird die plötzliche Abschaltung
von Marktplätzen durch ihre Betreiber*innen verstanden, die bei ihnen
hinterlegte Treuhandgelder entwenden.[81] Ein bekanntes Beispiel für einen
solchen *exit scam* stellt die Schließung des Kryptomarkts „Evolution" dar,
deren Betreiber*innen durch die Abschaltung der Plattform im März 2015
schätzungsweise 12 Millionen US-Dollar erbeutet haben.[82] Neben dem
beschriebenen Treuhandverfahren (*centralised escrow*) gibt es daher auch
eine betrugssichere Treuhandvariante, bei der mindestens zwei von drei
beteiligten Parteien der Freigabe des hinterlegten Geldbetrags zustimmen
müssen (*multisignature escrow*).[83] Etablierten Händler*innen kann der vereinbarte Geldbetrag aber auch zugeschickt werden, bevor die Ware ausge-
liefert wurde (*finalized early*).[84] Kommt es trotz Treuhandverfahrens zu
Auseinandersetzungen – etwa, weil eine Lieferung verspätet ist, überhaupt
nicht ankommt oder von der vereinbarten Quantität beziehungsweise
Qualität abweicht – gibt es auf einigen Plattformen außerdem die Möglichkeit, ein Schlichtungsverfahren zwischen den Beteiligten einzuleiten.[85]

---

79 *Barratt/Aldridge*, Everything you always wanted to know about drug cryptomar-
    kets* (*but were afraid to ask), International Journal of Drug Policy 25 (2016),
    S. 1.
80 *Fünfsinn/Krause*, Plattformen zur Ermöglichung krimineller Handlungen im In-
    ternet. Überlegungen zur strafrechtlichen Erfassung *de lege lata* und *de lege feren-
    da*, in: FS Ulrich Eisenberg, 641 (644).
81 *Fünfsinn/Ungefuk/Krause*, Kriminalistik 2017, 440 (445).
82 *Fünfsinn/Ungefuk/Krause*, Kriminalistik 2017, 440 (445).
83 *Tzanetakis*, Zu den Strukturen des Drogenhandels im Darknet, in: Tzaneta-
    kis/Stöver (Hrsg.), Drogen, Darknet und Organisierte Kriminalität, S. 122.
84 *Tzanetakis*, Zu den Strukturen des Drogenhandels im Darknet, in: Tzaneta-
    kis/Stöver (Hrsg.), Drogen, Darknet und Organisierte Kriminalität, S. 121.
85 *Tzanetakis*, Zu den Strukturen des Drogenhandels im Darknet, in: Tzaneta-
    kis/Stöver (Hrsg.), Drogen, Darknet und Organisierte Kriminalität, S. 122.

f) Auswirkungen der COVID-19-Pandemie

Ein Anstieg von verspäteten oder überhaupt nicht zugestellten Lieferungen war insbesondere nach dem Beginn der COVID-19-Pandemie im Frühjahr 2020 zu beobachten. Aufgrund des Ausfalls zahlreicher Flugverbindungen und geringerer Transportkapazitäten wurde der internationale Postversand kurzfristig stark eingeschränkt, was sich auch auf die Auslieferung von Waren auswirkte, die über Online-Marktplätze im Tor-Netzwerk gehandelt wurden. Einer im Herbst 2020 veröffentlichten Untersuchung zufolge trafen zwischen Januar und März 2020 nur noch ein Fünftel (21 %) der gehandelten Waren erfolgreich und pünktlich bei ihren Besteller*innen ein.[86] Gleichzeitig stiegen die Verkaufspreise der über das Tor-Netzwerk gehandelten Waren infolge der Logistik- und Lieferschwierigkeiten an und einige Händler*innen beschränkten den Versand ihrer Waren auf das Inland.[87] Nichtsdestotrotz geht aus einem Bericht des European Monitoring Centre for Drugs and Drug Addiction (EMCDDA) aus dem Mai 2020 hervor, dass es auf den Online-Marktplätzen „Agartha", „Cannazon" und „Versus" im gleichen Zeitraum einen leichten Anstieg an Bestellungen zu verzeichnen gab, der sich jedoch hauptsächlich auf Cannabisprodukte in Eigenbedarfsmengen beschränkte.[88] Aktuell ist wiederum davon auszugehen, dass sich die COVID-19-bedingten Unterbrechungen der Lieferketten durch Engpässe im internationalen Postverkehr normalisiert haben. In Zukunft ist daher nicht zu erwarten, dass die kurzzeitige Einschränkung des Online-Versandhandels mit illegalen Waren zu einem langfristigen Rückgang der Handelsaktivitäten auf Online-Marktplätzen im Tor-Netzwerk führen wird. *Europol* prognostizierte in seinem Internet Organised Crime Threat Assessment (IOCTA) vielmehr, dass der Online-Versandhandel mit illegalen Waren im Tor-Netzwerk weiter zunehmen wird.[89]

---

86 Vgl. *Bergeron/Décary-Hétu/Giommoni*, Preliminary findings of the impact of COVID-19 on drugs crypto markets, International Journal of Drug Policy 2020 (83), 102870 (102873).

87 *Bundeskriminalamt*, Sonderauswertung Cybercrime in Zeiten der Corona-Pandemie, S. 13.

88 Vgl. *European Monitoring Centre for Drugs and Drug Addiction* (2020), COVID-19 and drugs: Drug supply via darknet markets, S. 10.

89 *Europol*, Internet Organised Crime Threat Assessment (IOCTA) 2020, S. 59.

2. Diskussionsforen

Im Gegensatz zu Kryptomärkten sind Diskussionsforen im Tor-Netzwerk nicht ausschließlich auf den Handel von inkriminierten Waren und Dienstleistungen ausgerichtet, sondern stellen in erster Linie Treffpunkte für den anonymen Austausch über Nachrichten aus Politik und Wirtschaft, IT-Sicherheit und andere strafrechtlich irrelevante Themen dar (siehe *Abbildung 13*). Während das Mitlesen von Beiträgen auch nicht registrierten User*innen offensteht, können in der Regel nur registrierte Mitglieder eigene Posts verfassen und auf die Profile anderer Foren-Nutzer*innen zugreifen.

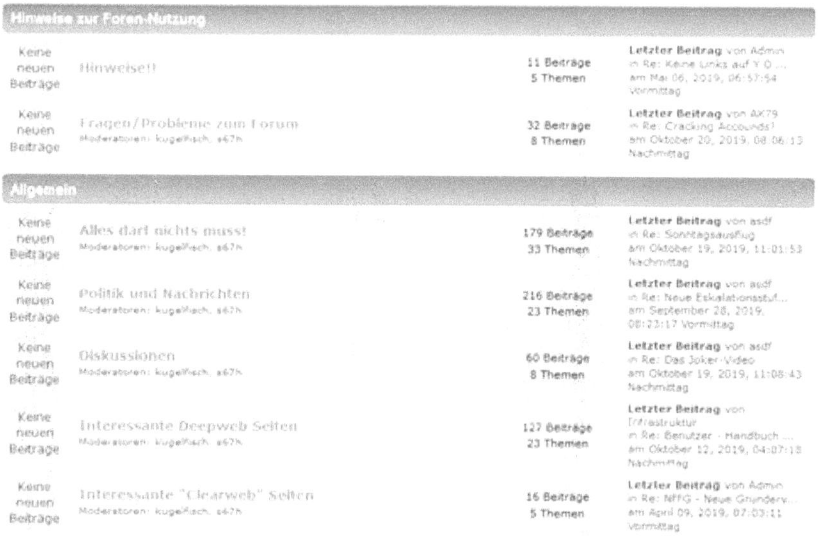

Abbildung 13:   Screenshot der Startseite des Forums „Deutsche Forengemeinschaft"

Allerdings dienen solche Diskussionsforen auch als Verabredungsorte für konkrete kriminelle Geschäfte, da sie oftmals über Marktplatzbereiche verfügen, über die illegale Waren angeboten werden.[90] Die Handelsgeschäfte werden zumeist außerhalb der öffentlichen Forenbereiche in privaten

---

90 *Fünfsinn/Krause*, Plattformen zur Ermöglichung krimineller Handlungen im Internet. Überlegungen zur strafrechtlichen Erfassung *de lege lata* und *de lege ferenda*, in: FS Ulrich Eisenberg, 641 (643).

Chats über verschlüsselte Nachrichtenprogramme wie „Bitmessage" oder „Jabber" verabredet, sodass sie für Dritte so gut wie nicht nachvollziehbar sind. Als Beispiel für ein solches Diskussionsforum mit Marktplatzbereich kann die 2016 vom Netz genommene Webseite „Deutschland im Deep Web" (DiDW) genannt werden, über welche der Schütze des Anschlags vor dem Münchener Olympia-Einkaufszentrum den Kauf seiner Tatwaffe initiiert hatte.[91] Derzeit ist das populärste deutschsprachige Forum im Tor-Netzwerk mit rund 12.000 registrierten Mitgliedern wohl „DiDW 3.0", welches sich als Nachfolger der Webseite „DiDW" ausgibt (siehe *Abbildung 14* und *Abbildung 15*).[92]

Abbildung 14:   Produktwerbung (Xanax, Diazepam) auf der Plattform „DiDW 3.0"

---

91 Eine ausführliche kriminologische Betrachtung des Anschlags vor dem Münchener Olympia-Einkaufszentrum vom 22.07.2016 findet sich in dem Gutachten von *Bannenberg*, Die Amoktat des David (Ali) Sonboly, S. 4 ff.
92 Stand 07.09.2021.

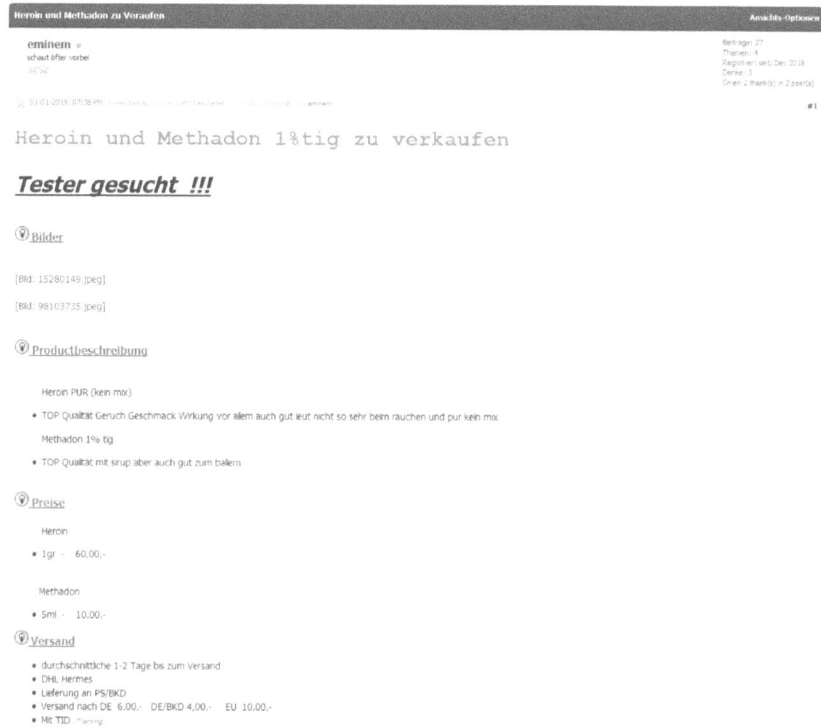

Abbildung 15: Angebotsbeschreibung (Heroin, Methadon) auf „DiDW 3.0"

3. Pädokriminelle Tauschbörsen

Da auf fast allen Kryptomärkten und Diskussionsforen der Austausch von kinderpornografischem Bild- und Videomaterial sowie das Posten von Links mit entsprechenden Inhalten ausdrücklich untersagt ist, hat sich die pädokriminelle Szene von anderen illegalen Plattformen im Tor-Netzwerk weitgehend abgegrenzt. Sie agiert auf eigens für die Verbreitung von kinderpornografischen Dateien aufgesetzten Plattformen in sogenannten „Private Communities" (siehe *Abbildung 16*). Häufig sind diese Webseiten in Form von Tauschbörsen organisiert, auf denen kinderpornografisches Material unentgeltlich von den Plattform-Mitgliedern heruntergeladen werden kann. Es gibt jedoch auch Webseiten, auf denen kinderpornografi-

59

sche Inhalte nur gegen Bezahlung freigeschaltet werden.[93] Einige dieser Tauschbörsen verfügen zudem über Chatrooms, über welche die Foren-mitglieder miteinander in Kontakt treten können. Im Falle der im Juni 2017 abgeschalteten Kinderporno-Plattform „Elysium" wurden auf diese Weise sogar Verabredungen zum gemeinsamen Kindesmissbrauch getroffen.[94] Um verdeckt ermittelnden Beamt*innen den Zugang zu Plattformen mit kinderpornografischen Inhalten zu erschweren, wird auf einigen Web-seiten das Bestehen einer sogenannten „Keuschheitsprobe" gefordert.[95] Bevor neu registrierte User*innen auf bereits gepostetes Material zugreifen können, müssen sie sich durch den Upload von kinderpornografischen Inhalten selbst strafbar machen.[96] Erst nachdem die hochgeladene Datei hinsichtlich des Alters des Kindes und der gezeigten sexuellen Handlungen als „geeignet" befunden wurde, werden die Nutzer*innen als neue Plattform-Mitglieder freigeschaltet. Auf diese Weise wird außerdem dafür gesorgt, dass ständig neues kinderpornografisches Material auf den Plattformen verfügbar ist.

---

93   So etwa auf der Plattform „Welcome to Video", die im März 2018 vom Netz genommen werden konnte. Ein „VIP-Account", der sechs Monate lang unbegrenzte Downloads ermöglichte, kostete rund 300 Euro in Bitcoin, vgl. *Hoppenstedt*, Wie eine der größten Kinderporno-Plattformen des Darknets aufflog, Süddeutsche Zeitung (18.10.2019), abrufbar unter https://www.sueddeutsche.de/digital/d arknet-kinderporno-plattform-wie-die-ermittler-welcome-to-video-abschalteten-1. 4646972 (letzter Zugriff: 30.01.2022).

94   Vgl. *Raidl/Schiller*, Riesiges Netzwerk für Pädophile, Süddeutsche Zeitung (02.08.2018), abrufbar unter https://www.sueddeutsche.de/panorama/vor-geri cht-riesiges-netzwerk-fuer-paedophile-1.4078025 (letzter Zugriff: 30.01.2022).

95   *Safferling*, DRiZ 2018, 206 (206).

96   Vgl. *Wittmer/Steinebach*, Verwendung computergenerierter Kinderpornografie zu Ermittlungszwecken im Darknet, in: David/Geihs/Lange/Stimme, INFORMATIK 2019, S. 382.

Abbildung 16:   Dark Web-Suchmaschine mit Links zu kinderpornografischen Inhalten

II. Beteiligte Akteur*innen

An dem Betrieb, der Instandhaltung und den über die beschriebenen Plattformen abgewickelten Straftaten sind Personen beteiligt, an deren Handeln unterschiedliche juristische Fragestellungen geknüpft sind. Sie können aufgrund ihrer verschiedenen Zuständigkeits- und Tätigkeitsbereiche in Plattform-Betreiber*innen und Plattform-Nutzer*innen unterteilt werden.

1. Plattform-Betreiber*innen

Die Betreiber*innen dieser kriminellen Plattformen und Foren – auch Administrator*innen genannt – sind für die Programmierung, den Betrieb und die Instandhaltung der in Rede stehenden Webseiten zuständig. Sie bestimmen deren inhaltliche Ausrichtung, indem sie von den Nutzer*innen zu befolgende Regeln und Richtlinien festlegen. Die Administrator*innen entscheiden außerdem darüber, welche Waren auf den einzelnen Webseiten gehandelt werden dürfen, ob sie bestimmte Produktkategorien freischalten wollen und welche Bezahlmethoden angeboten werden. Sie selbst gehen in der Regel jedoch einer bloßen Vermittlungstätigkeit nach, was bedeutet, dass sie über die von ihnen betriebenen Webseiten keine eigenen Waren oder Dienstleistungen vertreiben. Vielmehr stellen sie Anbieter*innen und Interessent*innen von inkriminierten Waren einen virtuellen Treffpunkt zur Verfügung, über den diese weitgehend anonym tätig werden können.

Da die Betreuung der Webseiten sehr zeitaufwendig sein kann, nehmen nicht selten mehrere Personen die anfallenden Administrationstätigkeiten arbeitsteilig wahr. In der Regel geschieht dies mit einem finanziellen Interesse, da die Administrator*innen – abhängig von der Art der betriebenen Plattformen und Foren – für die Durchführung der Treuhanddienste, das Freischalten von Händleraccounts und das Vermieten von digitalen Werbeflächen Gebühren erheben.[97] Oftmals erhalten sie zudem eine Provision für die über die Plattformen abgewickelten Handelsgeschäfte, die zwischen zwei und sechs Prozent des Verkaufspreises beträgt. Je nach Größe und Beliebtheit der Webseite können auf diese Weise zweistellige Millionenbeträge erwirtschaftet werden.[98] Häufig werden die Administrator*innen bei der Instandhaltung der Webseiten von sogenannten Moderator*innen unterstützt, die zumeist aus dem Mitgliederkreis der Plattformen stammen und bei der Überwachung und Durchsetzung der Plattformregeln, der Betreuung von Diskussionsforen und der Pflege des Kundensupports tätig werden.

In Hinblick auf den Betrieb von Plattformen, über die kinderpornografisches Bild- und Videomaterial ausgetauscht wird, gilt außerdem, dass diese in aller Regel von größeren Gruppierungen betrieben werden, als dies bei Handelsmarktplätzen und Diskussionsforen der Fall ist.[99] Für die

---

97 *Fünfsinn/Krause*, Plattformen zur Ermöglichung krimineller Handlungen im Internet. Überlegungen zur strafrechtlichen Erfassung *de lege lata* und *de lege ferenda*, in: FS Ulrich Eisenberg, 641 (644).

98 Wie im Falle des mutmaßlichen Betreibers der inzwischen abgeschalteten Handelsplattform „AlphaBay" bekannt wurde, hatte dieser ein Vermögen von etwa 21 Millionen US-Dollar angehäuft, vgl. *Kremp*, Millionenvermögen des mutmaßlichen AlphaBay-Gründers beschlagnahmt, Spiegel Online (25.07.2017), https://www.spiegel.de/netzwelt/web/darknet-behoerden-beschlagnahmen-millionenvermoegen-von-alphabay-betreiber-a-1159577.html (letzter Zugriff: 30.01.2022). Im Falle von Diskussionsforen ist jedoch festzustellen, dass keine eigenen finanziellen, sondern ausschließlich ideelle – zumeist libertäre – Interessen verfolgt werden. So etwa im Falle des Betreibers von „DiDW", der für die Administrierung seines Forums lediglich um Spenden für den Betrieb des Plattform-Servers bat, vgl. *Dölle*, Spur des Geldes. Wie das größte deutsche Darknet-Forum aufflog, c't 25/2018, S. 17.

99 Vgl. *Fünfsinn/Krause*, Plattformen zur Ermöglichung krimineller Handlungen im Internet. Überlegungen zur strafrechtlichen Erfassung *de lege lata* und *de lege ferenda*, in: FS Ulrich Eisenberg, 641 (647).

Programmierung, den Betrieb und die Instandhaltung der in Rede stehenden Webseiten sind häufig Personenzusammenschlüsse verantwortlich, die sich durch eine streng hierarchische Struktur und Organisiertheit auszeichnen. Im pädokriminellen Forum „The Giftbox Exchange (TGE), das im November 2016 abgeschaltet werden konnte, waren beispielsweise zehn Moderator*innen registriert, die die Administrator*innen der Webseite bei ihren Instandhaltungsaufgaben unterstützten und dabei bloß einen limitierten Zugriff auf die technische Infrastruktur der Plattform hatten.[100] Mitgliedern, die zu Administrator*innen oder Moderator*innen aufgestiegen waren, wurde darüber hinaus eine monatliche Verpflichtung zum Posten von strafbaren kinderpornografischen Abbildungen auferlegt.[101] Diese hierarchischen Strukturen deuten auf eine Organisiertheit der Gruppierungen hin, die sich für die Instandhaltung und den Betrieb der in Rede stehenden Webseiten zusammengeschlossen haben. Insbesondere in Hinblick auf pädokriminelle Foren, die von Zusammenschlüssen mehrerer Administrator*innen sowie Moderator*innen betrieben werden, kann es sich daher um eine kriminelle Vereinigung i.S.d. § 129 StGB handeln.[102]

2. Plattform-Nutzer*innen

Im Gegensatz zu den Administrator*innen und Moderator*innen sind die auf den Plattformen und Foren registrierten Mitglieder nicht an Betrieb oder Instandhaltung der jeweiligen Webseiten beteiligt. Stattdessen nutzen sie deren technische Infrastruktur, um weitegehend unerkannt illegale Handelsgeschäfte miteinander abzuwickeln oder kinderpornografisches Material auszutauschen. Da Aufenthaltsort und Identität der jeweiligen Plattform- und Foren-Nutzer*innen durch die Verwendung der Tor-Software verschleiert werden, können sie ihre inkriminierten Angebote auf den Webseiten überregional bewerben, ohne das gleichzeitig das Strafverfolgungsrisiko steigt.[103] In Bezug auf Kryptomärkte können auf diese

---

100 Siehe hierzu etwa LG Limburg, 07.03.2019 – 1 KLs – 3 Js 73019/18, Rn. 137–138.
101 LG Limburg, 07.03.2019 – 1 KLs – 3 Js 73019/18, Rn. 138.
102 Zur Prüfung des Vereinigungsbegriffs des § 129 StGB in Konstellationen, in denen sich mehrere Administrator*innen zum Betrieb einer Plattform mit krimineller Ausrichtung zusammen geschlossen haben, siehe § 4 C. 5.
103 Vgl. *Tzanetakis*, Digitalisierung von illegalen Märkten, in: Feustel/Schmidt-Semisch/Bröckling (Hrsg.), Handbuch Drogen in sozial- und kulturwissenschaftlicher Perspektive, S. 477.

Weise im großen Stil inkriminierte Waren vertrieben werden, ohne den eigenen Kund*innen jemals in der realen Welt begegnen zu müssen.[104] Während das Anlegen von Benutzerkonten auf den meisten Plattformen kostenfrei ist, fallen für die Freischaltung von Händleraccounts mitunter Gebühren in Höhe von bis zu 200 US-Dollar an. Trotzdem sind einzelne Anbieter*innen oftmals auf verschiedenen Plattformen gleichzeitig aktiv.[105] Verfügen sie über ein überdurchschnittliches Handelsvolumen, werden sie als sogenannte „Power-" oder „Topseller*innen" bezeichnet. Da Kund*innen auf Kryptomärkten ihre Produkte und Dienstleistungen – genau wie im legalen E-Commerce-Bereich – bevorzugt bei Händler*innen erwerben, die viele positive Bewertungen vorzuweisen haben, kommt den auf den Webseiten integrierten Rating- und Bewertungssystemen eine besondere Bedeutung zu. Durch sie können Plattform-Mitglieder ihre Meinung zur Produktqualität, Lieferdauer und verwendeten Versandverpackung zum Ausdruck bringen.[106] Gleichzeitig sind Kund*innenreviews grundsätzlich für alle Plattform-Mitglieder einsehbar, sodass die Feedback-Systeme häufig auf bereits begangene Straftaten der Beteiligten schließen lassen. Allerdings ist es möglich, gefälschte Accounts anzulegen, um damit eigene Produktbewertungen zu generieren, sodass den Kund*innenreviews nicht uneingeschränkt getraut werden kann. Besonders auf Plattformen, die über kein Treuhandsystem verfügen, werden zudem zahlreiche Fake-Angebote (sogenannte *„scams"*) mit der Absicht geschaltet, Kund*innen um im Voraus bezahlte Gelder zu betrügen.

---

104 Aufsehen erregte hierzulande der Fall des 20-jährigen „Shiny Flakes", der über das Tor-Netzwerk Betäubungsmittel vertrieben hatte, ohne dafür sein Jugendzimmer in Leipzig verlassen zu müssen. Als die Polizei ihm im März 2015 aufgrund zahlreicher falsch frankierter Sendungen auf die Spur kam, stellte sie rund 360 Kilogramm illegale Substanzen im Wert von über vier Millionen Euro bei ihm sicher, vgl. *Siemens*, Leipziger Polizei schnappt Online-Drogenhändler, Spiegel Online (12.03.2015), https://www.spiegel.de/panorama/justiz/leipzig -polizei-ueberfuehrt-web-dealer-shiny-flakes-a-1023174.html (letzter Zugriff: 30.01.2022).

105 *Soska/Christin*, Measuring the Longitudinal Evolution of the Online Anonymous Marketplace Ecosystem, in: Proceedings of the 24th USENIX Security Symposium 2015, 33 (42).

106 *Tzanetakis*, Digitalisierung von illegalen Märkten, in: Feustel/Schmidt-Semisch/Bröckling (Hrsg.), Handbuch Drogen in sozial- und kulturwissenschaftlicher Perspektive, S. 485.

B. Anwendbarkeit des deutschen Strafrechts auf darknetspezifische Sachverhalte

Im Rahmen der folgenden materiell-strafrechtlichen Untersuchung stellt sich zunächst die Frage, unter welchen Voraussetzungen das deutsche Strafrecht auf die geschilderten darknetspezifischen Sachverhalte anwendbar ist. Das Tor-Netzwerk ist als Teilbereich des Internets nicht an Ländergrenzen gebunden, sodass sich Plattform-Betreiber*innen und Plattform-Nutzer*innen, die illegale Handels- oder Tauschgeschäfte miteinander abwickeln, oftmals im Ausland befinden. Dem Territorialprinzip und der Ubiquitätstheorie des § 9 Abs. 1 StGB zufolge ist der Tatort Tor-Netzwerk unabhängig vom Onion Routing dennoch ein inländischer Tatort i.S.v. § 3 StGB, wenn Handlungs- oder Erfolgsort einer Straftat im deutschen Inland liegen.

I. Feststellung von Handlungs- und Erfolgsort bei Verwendung der Tor-Software

Allerdings erschwert die Verwendung von Anonymisierungstechnologien in der Strafverfolgungspraxis die Ermittlung von Handlungs- und Erfolgsort i.S.d. § 9 Abs. 1 StGB erheblich, da sie den Standort von Personen, die inkriminierte Waren und Dienstleistungen im Tor-Netzwerk austauschen, verschleiern. Dies ist jedoch in erster Linie ein aus der technischen Infrastruktur des Tor-Netzwerks resultierendes praktisches und kein (strafanwendungs-)rechtliches Problem. Denn wie bei allen Internetstraftaten kommt es auch bei Verwendung der Tor-Software grundsätzlich darauf an, wo eine auf die Verwirklichung eines Straftatbestands gerichtete Handlung vorgenommen wird (§ 9 Abs. 1 Alt. 1 StGB) beziehungsweise wo ein tatbestandsmäßiger Erfolg eintritt (§ 9 Abs. 1 Alt. 3 StGB).

1. Besonderheiten bei abstrakten Gefährdungsdelikten

Kann im Rahmen von Verletzungs- oder konkreten Gefährdungsdelikten derjenige Ort, an dem eine auf die Verwirklichung eines Straftatbestands gerichtete Handlung i.S.d. § 9 Abs. 1 Alt. 1 StGB vorgenommen wird beziehungsweise an dem ein bestimmter tatbestandsmäßiger Erfolg i.S.d. § 9 Abs. 1 Alt. 3 StGB eintritt, trotz Onion Routing bestimmt werden, bereitet die Nutzung der Tor-Software keine strafanwendungsrechtlichen Besonderheiten im Vergleich zu anderen Straftaten, die via Internet begangen werden. Sind es jedoch keine Verletzungs- oder konkrete Gefährdungsdelikte, sondern abstrakte Gefährdungsdelikte, die im Ausland begangen werden, gestaltet sich die Annahme eines inländischen Tatorts deutlich schwieriger.[107] Im Mittelpunkt der Diskussion steht die Frage, ob Internetdelikte einen „zum Tatbestand gehhörenden Erfolg" im Sinne des § 9 Abs. 1 StGB haben können, wenn sie als abstrakte Gefährdungsdelikte ausgestaltet sind.[108] Die diesbezügliche Rechtsprechung zeichnete sich zunächst durch das sogenannte Töben-Urteil des BGH zur Ausschwitzlüge im Internet aus. Im letztgenannten Fall hatte ein australischer Staatsbürger mit deutscher Abstammung von Australien aus auf einer Webseite des Adelaide Instituts den Holocaust geleugnet, wobei der dazugehörige Webserver auch für Internetnutzer*innen in Deutschland zugänglich war. Der Erste Senat des BGH stellte hierzu fest, dass der zum Tatbestand gehörende Erfolg i.S.d. § 9 Abs. 1 StGB nicht im Sinne der allgemeinen Tatbestandslehre zu verstehen sei.[109] Stattdessen müsse nach dem Grundgedanken des § 9 Abs. 1 StGB deutsches Strafrecht auch dann angewendet werden, wenn eine Handlung zwar im Ausland stattfindet, es aber im Inland zur Schädigung von Rechtsgütern oder zu Gefährdungen kommt, deren Vermeidung Zweck der jeweiligen verletzten Strafvorschrift ist.[110]

2. Jüngere Rechtsprechung und Abkehr vom Töben-Urteil

Aufgrund ihrer extremen Ausweitung der deutschen Strafgewalt ins Ausland ist diese Rechtsprechung jedoch sowohl in völkerrechtlicher als auch rechtspolitischer Hinsicht bedenklich und wurde in der Folgezeit in der Literatur stark kritisiert.[111] Im Hinblick auf die Strafvorschrift des § 261 StGB stellte der BGH sodann in einer späteren Entscheidung fest, dass

---

107 Siehe hierzu bereits *Wüst*, Die Underground Economy des Darknets. Die Strafbarkeit des Betreibens „illegaler" Handelsplattformen, S. 196–197; ebenso *Kudlich/Berberich*, NStZ 2019, 633 (633).

108 *Mey*, Die Anwendbarkeit des deutschen Strafrechts bei Straftaten via Internet, S. 51.

109 BGH, Urt. v. 12.12.2000 – 1 StR 184/00 = NJW 2001, 624 (627).

110 BGH, Urt. v. 12.12.2000 – 1 StR 184/00 = NJW 2001, 624 (627).

111 *Wüst*, Die Underground Economy des Darknets. Die Strafbarkeit des Betreibens „illegaler" Handelsplattformen, S. 197. Zur Kritik an der Töben-Rechtsprechung des BGH und dessen „verheerender Signalwirkung" siehe etwa *Krempl*, Wachsende Besorgnis über BGH-Urteil gegen Holocaust-Leugner. Kann ein Land über die Rechtsmaßstäbe im globalen Internet bestimmen?, Heise Online (21.12.2000), abrufbar unter https://www.heise.de/tp/features/Wachsende-Besor

die Norm als abstraktes Gefährdungsdelikt keinen inländischen Erfolgsort im Sinne des § 9 Abs. 1 Alt. 2 StGB aufweist, wenn der Beschuldigte im Ausland (Frankreich) gehandelt hat.[112] Unter ausdrücklicher Abwendung von der zuvor erwähnten Töben-Rechtsprechung führte der BGH in Bezug auf die Straftatbestände des § 86a StGB und des § 130 StGB außerdem aus, dass an dem Ort, an dem die hervorgerufene abstrakte Gefahr in eine konkrete umschlagen kann, kein Erfolg i.S.d. § 9 Abs. 1 Alt. 2 StGB eingetreten ist.[113] Im Jahr 2018 stellte das OLG Hamm sodann in einem Beschluss per *obiter dictum* klar, dass es in Anknüpfung an die letztgenannte BGH-Rechtsprechung ebenfalls keinen „zum Tatbestand gehörenden Erfolg" i.S.d. § 9 Abs. 1 StGB in Hinblick auf die Strafvorschrift des § 130 StGB sieht.[114] Diese jüngsten Entscheidungen bilden ein starkes Indiz dafür, dass ein strafanwendungsrechtlicher Erfolg im Sinne des § 9 Abs. 1 Alt. 2 StGB der Rechtsprechung zufolge bei abstrakten Gefährdungsdelikten verneint werden muss.[115]

3. Diskussionen und unterschiedliche Ansichten in der Literatur

In der Literatur wird ebenfalls mehrheitlich die Auffassung vertreten, dass abstrakte Gefährdungsdelikte keinen strafanwendungsrechtlichen Erfolg i.S.d. § 9 Abs. 1 StGB haben.[116] Die Vertreter*innen dieser Auffassung stützen sich zur Begründung dieser Annahme überwiegend auf die von

---

gnis-ueber-BGH-Urteil-gegen-Holocaust-Leugner-3442967.html (letzter Zugriff: 30.01.2022).

112 BGH, Beschl. v. 6. 6. 2018 – 2 ArS 163/18, 2 AR 106/18, Rn. 4 = NJW 2018, 2742 (2743); *Wüst*, Die Underground Economy des Darknets. Die Strafbarkeit des Betreibens „illegaler" Handelsplattformen, S. 197.

113 BGH, Beschl. v. 3. 5. 2016 – 3 StR 449/15 = NStZ 2017, 146 (147); BGH, Beschl. v. 19. 8. 2014 – 3 StR 88/14 = NStZ 2015, 81 (82); *Wüst*, Die Underground Economy des Darknets. Die Strafbarkeit des Betreibens „illegaler" Handelsplattformen, S. 197; ausführlich zu den beiden genannten Fällen *Mey*, Die Anwendbarkeit des deutschen Strafrechts bei Straftaten via Internet, S. 61–63.

114 OLG Hamm, Beschluss vom 01.03.2018 – 1 RVs 12/18, Rn. 18 = NStZ-RR 2018, 292 f.; *Mey*, Die Anwendbarkeit des deutschen Strafrechts bei Straftaten via Internet, S. 63.

115 *Wüst*, Die Underground Economy des Darknets. Die Strafbarkeit des Betreibens „illegaler" Handelsplattformen, S. 197.

116 So etwa *Böse*, in: Kindhäuser/Neumann/Paeffgen, NK-StGB, 5. Aufl. 2017, § 9 Rn. 11; *Breuer*, MMR 1998, 141 (142); *Cornils*, JZ 1991, 394, (395); *Weißer*, in: Schönke/Schröder, § 9 StGB, Rn. 6a; *Handel*, MMR 2017, 227 (228); *Heger*, in: Lackner/Kühl, § 9 StGB, Rn. 2; ausführlich zur Diskussion um den Erfolgsort

der herrschenden Dogmatik vorgenommene Unterscheidung zwischen Erfolgs- und sogenannten Tätigkeitsdelikten.[117] Da nach dieser Dogmatik abstrakte Gefährdungsdelikte (stets oder typischerweise) keine Erfolgsdelikte, sondern Tätigkeitsdelikte sind, können sie keinen Erfolg i.S.d. § 9 Abs. 1 StGB haben.[118] Am anderen Ende des Meinungsspektrums wird demgegenüber angeführt, dass bei (allen) abstrakten Gefährdungsdelikten der Eintritt eines Erfolgs i.S.d. § 9 Abs. 1 StGB möglich ist.[119] Der „zum Tatbestand gehörende Erfolg" ist dieser Auffassung zufolge in der (Außenwelt-)Wirkung zu sehen, die von dem tatbestandlichen Ereignis ausgeht.[120] Ein solches Ereignis kann wiederum in dem Hervorrufen einer vom Tatbestand vorausgesetzen abstrakten Gefahr zu erkennen sein.[121] Der Erfolgsort abstrakter Gefährdungsdelikte kann den Vertreter*innen der letztgenannten Auffassung zufolge daher überall dort liegen, wo eine tatbestandlich relevante Gefahr eintreten kann.

II. Keine „darknetspezifischen" Probleme des deutschen Strafanwendungsrechts

Ob es einen strafanwendungsrechtlichen Erfolgsort i.S.d. § 9 Abs. 1 Alt. 2 StGB bei abstrakten Gefährdungsdelikten geben kann, ist und bleibt weiterhin umstritten. Trotz der aufgezeigten Uneinigkeiten in Literatur und Rechtsprechung ist es jedoch nicht das deutsche Strafanwendungsrecht, dass einer effektiven Kriminalitätsbekämpfung von im Tor-Netzwerk begangenen Internetdelikten entgegen steht. Grund hierfür ist der Umstand, dass es sich bei bei den im Tor-Netzwerk verwirklichten abstrakten Gefährdungsdelikten in aller Regel um solche handelt, die ohnehin i.S.d.

---

von abstrakten Gefährdungsdelikten siehe *Mey*, Die Anwendbarkeit des deutschen Strafrechts bei Straftaten via Internet, S. 52 (m.w.N.).

117 *Mey*, Die Anwendbarkeit des deutschen Strafrechts bei Straftaten via Internet, S. 53 (m.w.N.).

118 *Böse*, in: Kindhäuser/Neumann/Paeffgen, NK-StGB, 5. Aufl. 2017, § 9 Rn. 11; *Heger*, in: Lackner/Kühl, § 9 StGB, Rn. 2.; *Mey*, Die Anwendbarkeit des deutschen Strafrechts bei Straftaten via Internet, S. 53 (m.w.N.).

119 So etwa *Hecker*, ZIS 2011, 398 (399–400); *ders.* ZStW 2003, 880 (888); *Heinrich*, GA 1999, 72 (80 ff.); *Rath*, JA 2006, 435 (438); *Mey*, Die Anwendbarkeit des deutschen Strafrechts bei Straftaten via Internet, S. 55 (m.w.N.).

120 *Hecker*, ZIS 2011, 398 (400); *Mey*, Die Anwendbarkeit des deutschen Strafrechts bei Straftaten via Internet, S. 52 (m.w.N.).

121 *Rath*, JA 2006, 435 (438); *Hecker*, ZIS 2011, 398 (400); *Mey*, Die Anwendbarkeit des deutschen Strafrechts bei Straftaten via Internet, S. 55 (m.w.N.).

§ 6 StGB als Auslandstaten gegen international geschützte Rechtsgüter ge-
ahndet werden.[122] Insbesondere für die praxisrelevanten Bereiche des Handeltreibens mit Betäubungsmitteln und der Verbreitung kinderpornografi-
scher Schriften gilt das deutsche Strafrecht gem. § 6 Nr. 5 StGB und § 6
Nr. 6 StGB nämlich auch für Straftaten, die im Ausland begangen werden.
Wird mit Waffen aus dem Ausland heraus an potenzielle Käufer*innen in
Deutschland gehandelt, so ist ebenfalls deutsches Strafrecht anwendbar.[123]
Als Zwischenergebnis lässt sich daher festhalten, dass die Begründung eines inländischen Erfolgsortes bei abstrakten Gefährdungsdelikten, die vom
Ausland aus mittels Tor-Software begangen werden, zwar weiterhin umstritten ist. Dies ist jedoch kein „darknetspezifisches" Phänomen, sondern
gilt hinsichtlich jeglicher abstrakter Gefährdungsdelikte, die im Internet
– also nicht nur im Darknet, sondern insbesondere auch im Clearnet –
begangen werden. In Konstellationen, in denen mit Hilfe der Tor-Software
Verletzungs- oder konkrete Gefährdungsdelikte begangen werden und derjenige Ort, an dem die tatbestandsmäßige Handlung vorgenommen wird
(beziehungsweise an dem der tatbestandsmäßige Erfolg i.S.d. § 9 Abs. 1
Alt. 3 StGB eintritt), bestimmt werden kann, bereitet die Nutzung der
Tor-Software jedenfalls keine strafanwendungsrechtlichen Besonderheiten
im Vergleich zu anderen Straftaten, die via Internet begangen werden.

C. Phänomenologie relevanter Straftatbestände

Um einen Überblick über die im Tor-Netzwerk verwirklichten Straftatbestände zu geben, werden im folgenden Abschnitt diejenigen Delikte
vorgestellt, die über die beschriebenen Online-Plattformen typischerweise
angebahnt und abgewickelt werden. Strukturell kann darknetspezifische
Kriminalität dabei in zwei Teilbereiche, nämlich „Cyberenabled Crime"
und „Crime as a Service" untergliedert werden.

---

122 Für eine Übersicht über die einzelnen, typischerweise im Tor-Netzwerk verwirklichten Straftatbestände siehe § 3 C. Zu strafandwendungsrechtlichen Fragestellungen in Hinblick auf die neu eingeführte Strafvorschrift des § 127 StGB siehe
§ 4 D. IV.
123 BGH, Beschl. v. 27.8.2019 – 5 StR 196/19 = NStZ 2019, 742; *Pauckstadt-Maihold/
Lutz*, in: Erbs/Kohlhaas, Strafrechtliche Nebengesetze, § 52 WaffG, Rn. 18.

I. Deliktsbereich „Cyberenabled Crime"

Der Teilbereich „Cyberenabled Crime" umfasst Delikte, bei denen die Tor-Software als Tatmittel zur Planung, Vorbereitung oder Ausführung von Straftaten zum Einsatz kommt. In der Regel handelt es sich hierbei um Verstöße gegen die §§ 29 ff. BtMG, §§ 95 f. AMG, §§ 51 f. WaffG sowie § 184b StGB.

1. Verstöße gegen die §§ 29 ff. BtMG; § 95 AMG

Der unerlaubte und gewerbsmäßige Handel mit Betäubungsmitteln sowie Verstöße gegen die Strafvorschriften des Arzneimittelgesetzes nehmen eine große praktische Bedeutung auf den Plattformen im Tor-Netzwerk ein.[124] Die Angebotskategorien der Marktplätze umfassen sämtliche illegale Substanzen, die auch im Straßenverkauf erhältlich sind, wobei überwiegend Cannabis, Kokain und Amphetamine angeboten werden.[125] Obwohl Betäubungsmittel und Arzneien die am häufigsten gehandelten Waren im Tor-Netzwerk darstellen, ist die wirtschaftliche Relevanz des Darknet-Drogenhandels im Vergleich zum Straßenverkauf marginal. Während auf Kryptomärkten weltweit schätzungsweise 12 bis 21 Millionen US-Dollar monatlich umgesetzt werden, sind es im gleichen Zeitraum im Offline-Handel allein in Europa über zwei Milliarden US-Dollar.[126] Quantitativ betrachtet können Drogenmarktplätze im Tor-Netzwerk daher immer noch als „Nischenmärkte" bezeichnet werden.[127] Die eigentliche Brisanz dieses Kriminalitätsphänomens geht vielmehr davon aus, dass Kryptomärkten das Potential zugesprochen wird, den klassischen Straßenhandel

---

124 Inzwischen wird davon ausgegangen, dass rund ein Viertel der über Kryptomärkte abgewickelten Transaktionen aufgrund ihrer Größe nicht für den Eigenkonsum bestimmt sind und daher – zumindest teilweise – gewinnbringend weiterverkauft werden, vgl. *Tzanetakis*, Digitalisierung von illegalen Märkten, in: Feustel/Schmidt-Semisch/Bröckling (Hrsg.), Handbuch Drogen in sozial- und kulturwissenschaftlicher Perspektive, S. 488.
125 *Kruithof* et al., Internet-facilitated drugs trade. An analysis of the size, scope and the role of the Netherlands, RAND Corporation 2016, S. 39.
126 *Kruithof* et al., The role of the 'dark web' in the trade of illicit drugs, RAND Corporation 2016, S. 3.
127 *Kruithof* et al., The role of the 'dark web' in the trade of illicit drugs, RAND Corporation 2016, S. 3.

in Zukunft zu ersetzen.[128] Die weitreichende Anonymität der Händler*innen und Käufer*innen, das verringerte Strafverfolgungsrisiko, die globale Verfügbarkeit der Produkte und der einfache Zugriff auf die Plattformen und Foren werden als Gründe für diese Annahme angeführt.[129]

2. Verstöße gegen das Waffengesetz, §§ 51, 52 WaffG

Neben betäubungs- und arzneimittelrechtlichen Verstößen spielt im Tor-Netzwerk auch der Handel mit Schusswaffen eine Rolle. Bis zu seiner Abschaltung im Juni 2017 dominierte hierzulande das Diskussionsforum „Deutschland im DeepWeb" (DiDW) diesen Kriminalitätsbereich, da es über einen Marktplatz mit breitgefächerter Waffensektion verfügte.[130] Gelistet wurden dort verschiedene Handfeuerwaffen, Munition sowie Deko- und Schreckschusspistolen.[131] Inzwischen ist der Verkauf von Waffen und Munition auf den meisten Kryptomärkten und Foren jedoch verboten worden und entsprechende Angebote nur noch selten auffindbar. Einer Untersuchung aus dem Jahr 2017 zufolge entfielen lediglich 0,4 % aller über Kryptomärkte gelisteten Verkaufsangebote auf Waffen und zugehörige Produkte wie Munition.[132] Dies mag daran liegen, dass inzwischen auch den Plattform-Betreiber*innen bewusst sein dürfte, dass die Aufmerksamkeit der Strafverfolgungsbehörden insbesondere solchen Online-Märkten zukommt, über die Schusswaffen vertrieben werden.[133] Denkbar ist

---

128 Auf dem Erlanger Cybercrime Tag 2018 wurde von *Gause* eine Verlagerung des klassischen Straßenhandels auf Darknet-Plattformen in naher Zukunft um 70 % prognostiziert, vgl. *Rückert/Wüst*, KriPoZ 2018, 247 (249). In den Sozialwissenschaften wird teilweise davon ausgegangen, dass eine solche Entwicklung auch positive Effekte im Sinne einer „Schadensminimierung" haben kann, da auf Kryptomärkten Substanzen gehandelt werden, über deren Wirksamkeit und Qualität sich die Konsument*innen vorab informieren können, vgl. *Tzanetakis/von Laufenberg*, Harm Reduction durch anonyme Drogenmärkte und Diskussionsforen im Internet?, in: akzept e.V. Bundesverband für akzeptierende Drogenarbeit und humane Drogenpolitik (Hrsg.), Alternativer Drogen- und Suchtbericht 2016, S. 192–193.

129 Vgl. *Aldridge/Décary-Hétu*, Not an 'Ebay for Drugs': The Cryptomarket 'Silk Road' as a Paradigm Shifting Criminal Innovation, S. 4.

130 *Fünfsinn/Ungefuk/Krause*, Kriminalistik 2017, 440 (442).

131 *Fünfsinn/Ungefuk/Krause*, Kriminalistik 2017, 440 (442).

132 Vgl. *Paoli* et al., The illicit trade of firearms, explosives and ammunition on the dark web, S. 28.

133 Allein zwischen Anfang 2015 und August 2016 konnten etwa 30 Waffenhändler*innen im Tor-Netzwerk von den Ermittlungsbehörden identifiziert und fest-

außerdem, dass sich hierzulande die Verurteilung des Administrators von „DiDW" abschreckend auf die Betreiber*innen ähnlicher Webseiten mit Markplatzbereich und Waffensektion ausgewirkt haben könnte.[134] Da Kryptomärkte und Diskussionsforen in der Regel keine eigenen Waffenkategorien mehr führen, haben sich jedenfalls eigens für diesen Zweck aufgesetzte Webshops etabliert, die als „Single Vendor Markets" bezeichnet werden (siehe *Abbildung 17*).[135]

SPECIAL PROMO, BUSHMASTER XM15-E2S, "BGA BRAVO" CUSTOM BUILD, 5.56MM /.223, QUAD RAIL, 45 DEGREE MBUIS SIGHTS...

STEALTH

SPECIAL PROMO, BUSHMASTER XM15-E2S, "BGA BRAVO" CUSTOM BUILD, 5.56MM /.223, QUAD RAIL, 45 DEGREE MBUIS SIGHTS, UTG SWATFORCE LASER/FLASHLIGHT, KT MUZZLE COMP, BGA REFLEX OPTIC, AMBI SINGLE PT SLING, MILITARY BIPOD FOREGRIP

Abbildung 17:   Produktangebot im Single Vendor Market „Guns & Ganja Private Club"

genommen werden, was zu einer Verunsicherung der Szene geführt hat, vgl. Interview von Ludger Fittkau mit Benjamin Krause von der Zentralstelle zur Bekämpfung der Internetkriminalität (ZIT), Die Darknet-Ermittler von Gießen, Deutschlandfunk Kultur (09.08.2016), abrufbar unter https://www.deutschlandf unkkultur.de/kriminalitaet-die-darknet-ermittler-von-giessen.2165.de.html?dram :article_id=362524 (letzter Zugriff 30.01.2022).

134   Alexander U., der das Diskussionsforum „DiDW" unter dem Pseudonym „Lucky" administriert hatte, war im Nachgang des Anschlags vor dem Münchener Olympia-Einkaufszentrum wegen fahrlässiger Tötung zu sechs Jahren Freiheitsstrafe verurteilt worden, vgl. LG Karlsruhe Urteil vom 19.12.2018, 4 KLs 608 Js 19580/17 = StV 2019, 400–405. Auf „DiDW 3.0", einer Nachfolgerplattform von „DiDW", wurde die Unterkategorie „Waffen" geschlossen, wenngleich auf der Webseite nach wie vor ein Marktplatzbereich für andere illegale Güter existiert.

135   Vgl. *Paoli* et al., The illicit trade of firearms, explosives and ammunition on the dark web, S. 11.

Allerdings ist es unwahrscheinlich, dass diese mit echter Verkaufsabsicht betrieben werden. Auffällig ist einerseits, dass die geforderten Kaufpreise zum Teil deutlich unter dem Schwarzmarktwert der angebotenen Waffen liegen. Außerdem sind einige dieser Webshops so konzipiert, dass die Fotos der angebotenen Waren statisch in einem einzigen Bild auf dem Webserver abgespeichert werden, was unüblich für Verkaufsplattformen im Internet ist. Daher liegt die Vermutung nahe, dass ein Großteil der Angebote allein in der Absicht geschaltet werden, Interessent*innen um den im Voraus gezahlten Kaufpreis zu betrügen (sogenannte *scam*-Angebote).[136] Denkbar ist außerdem, dass einzelne Webseiten von ausländischen Ermittlungsbehörden betrieben werden, um potentielle Straftäter*innen anzulocken. Anders als häufig suggeriert wird, können Schusswaffen im Tor-Netzwerk also nicht ohne weiteres per Mausklick von jedermann erworben werden.[137]

3. Handel mit gefälschten Waren und sonstigen Produkten, §§ 146 ff. StGB

Neben Schusswaffen werden auf einigen Webseiten im Tor-Netzwerk außerdem Fälschungsgüter i.S.d. §§ 146 ff. StGB und §§ 267 ff. StGB angeboten. Gehandelt wird mit gefälschten Reisepässen, Ausweisdokumenten, Führerscheinen und Banknoten in unterschiedlicher Qualität und zu unterschiedlichen Preisen. Hinzu kommen Angebote für Druckvorlagen, Hologramme und Anleitungen für die Herstellung von Geldscheinen und Ausweisdokumenten. Anhand dieser sollen interessierte Plattform- und Foren-Mitglieder in die Lage versetzt werden, Fälschungsgüter i.S.d. §§ 146 ff. StGB und §§ 267 ff. StGB selbstständig herzustellen. Darüber hi-

---

136 Europol bezeichnet die Anbieter*innen dieser betrügerischen Fake-Angebote als „cyber scammers", vgl. *Europol*, Pressemitteilung vom 22.09.2020, International sting against dark web vendors leads to 179 arrests, abrufbar unter https://www.europol.europa.eu/newsroom/news/international-sting-against-dark-web-vendors-leads-to-179-arrests (letzter Zugriff: 30.01.2022).

137 Auch der Attentäter von München fiel zunächst auf ein Fake-Angebot herein. Insgesamt war er knapp ein Jahr damit beschäftigt, auf „DiDW" nach einer funktionsfähigen Schusswaffe zu suchen, bevor er ernsthafte Verkaufsverhandlungen mit dem Waffenhändler „rico" aufnahm. Dieser besorgte ihm schließlich eine Schusswaffe, die er zuvor ebenfalls im Tor-Netzwerk erworben hatte. Für das Urteil gegen den Waffenhändler „rico" siehe LG München I, Urteil v. 19.01.2018 – 12 KLs 111 Js 239798/16; Entscheidungsanmerkungen zu dem Urteil finden sich bei *Wagner*, ZJS 2019, 436–442.

naus werden gefälschte Produkte wie zum Beispiel (Luxus-)Uhren und Handtaschen angeboten. Seit dem Aufkommen der COVID-19-Pandemie wird zudem auch mit gefälschten Impfpässen und Impfetiketten gehandelt, wodurch seit der Einführung des § 277 StGB im November 2021 ein eigenständiger Straftatbestand verwirklicht wird (siehe *Abbildung 18*).

Abbildung 18: Angebot von Impfetiketten zur Herstellung von gefälschten Impfpässen

4. Verbreitung, Erwerb und Besitz kinderpornografischer Inhalte, § 184 b StGB

Einen weiteren Anteil der strafrechtlich relevanten Aktivitäten im Tor-Netzwerk macht die Verbreitung kinderpornografischer Schriften i.S.d. § 184b StGB aus. Die entsprechenden Bild- und Videodateien werden über eigens zu diesem Zweck aufgesetzte Plattformen ausgetauscht, die zu den meistbesuchtesten Webseiten im Tor-Netzwerk zählen.[138] Abgesehen von kinderpornografischen Darstellungen kursieren auf den beschriebenen Plattformen aber auch andere Formen der illegalen Pornografie, wie zum Beispiel jugend-, tier- oder gewaltpornografische Darstellungen i.S.d. § 184a StGB und § 184c StGB.

---

138 Vgl. *Owenson/Savage*, Empirical analysis of Tor hidden services, in: IET Information Security 2016, Vol. 10, Issue 3, S. 117.

a) Verlagerung der pädokriminellen Szene in das Tor-Netzwerk

In den vergangenen Jahren konnten im Tor-Netzwerk anonyme Tausch-börsen und Plattformen aufgedeckt werden, die über sechsstellige Mitglie-derzahlen und mehrere Terabyte Videomaterial verfügten.[139] Im Vergleich zum Clearnet ist es im Tor-Netzwerk dementsprechend leicht, über Such-maschinen und unzensierte Linklisten auf kinderpornografische Inhalte zu stoßen. Allerdings kann in Anbetracht der tausendfachen NCMEC-Fälle der letzten Jahre nicht von einer vollständigen Abwanderung der pädokri-minellen Szene in die Anonymität des Tor-Netzwerks ausgegangen wer-den.[140] Wenngleich entsprechende Plattformen in der Szene lange Zeit als „sicher" galten, konnten zwischen 2014 und 2021 mehrere bekannte Webseiten – darunter „Playpen", „Childs Play", „The Giftbox Exchange", „Elysium" und „Boystown"– im Zuge teils multinational koordinierter Strafverfolgungsoperationen vom Netz genommen werden.

b) Austausch sogenannter „Grooming Manuals", § 176e StGB

Neben der Verbreitung von Bild- und Videodateien werden auf den in Rede stehenden Plattformen zudem sogenannte „Grooming Manuals" aus-getauscht, in denen Pädokriminelle zum Missbrauch von Kindern in der Offline-Welt motiviert werden. Diese „Grooming Manuals" enthalten An-

---

139 So etwa die inzwischen vom Netz genommene Plattform „Welcome to Video",
      vgl. *The United States Department of Justice*, South Korean National and Hun-
      dreds of Others Charged Worldwide in the Takedown of the Largest Darknet
      Child Pornography Website, https://www.justice.gov/opa/pr/south-korean-nat
      ional-and-hundreds-others-charged-worldwide-takedown-largest-darknet-child
      (letzter Zugriff: 30.01.2022).

140 In den USA haben sich Internetanbieter*innen und Serviceprovider*innen wie
      Facebook, Yahoo und Google dazu verpflichtet, über ihre Dienste hochgelade-
      ne Dateien mit den Hashwerten kinderpornografischer Darstellungen abzuglei-
      chen, die in einer Datenbank des „National Center for Missing and Exploited
      Children" (NCMEC) hinterlegt sind. Das NCMEC leitet etwaige Verdachtsmel-
      dungen auf Basis der IP-Adressen, von denen aus der Upload der betreffenden
      Dateien stattgefunden hat, an die jeweils zuständigen Polizeibehörden weiter.
      Auf diese Weise gingen beim BKA allein im Jahr 2020 über 55.600 Hinweise auf
      mögliche strafbare Handlungen ein, vgl. *Bundeskriminalamt*, Zahlen und Fakten
      zur Bekämpfung der Kinderpornografie, abrufbar unter https://www.bka.de/DE
      /UnsereAufgaben/Deliktsbereiche/Kinderpornografie/Zahlen_und_Fakten/zahle
      n_und_fakten_node.html (letzter Zugriff: 30.01.2022).

leitungen zum sexuellen Missbrauch sowie „Hinweise" und „Tipps" für Pädokriminelle, die auf der Suche nach potentiellen Opfern sind (siehe *Abbildung 19*).

WHERE DO I FIND A CHILD?
 - **Introduction** (19)
 - **Having own children or family equal access** (21)
 - **Single parents and moms with kids** (23)
 - **Babysitting, daycare and schools** (26)
 - **Children out in the wide open world** (37)
 - **Other creative methods and some final words** (45)
 - **The 4 important advantages** (48)
 - **Survey, approach and create a relationship** (57)

THE PRACTICAL STEPS
 - **Introduction** (76)
 - **Step 1 (The first physical contact)** (80)
 - **Step 2 (The second physical contact)** (94)
 - **Step 3 (Exploring the child's genital)** (105)
 - **Step 4 (Exploring the adult's genital)** (130)
 - **Step 5 (Making love for the first time)** (146)

Abbildung 19: Auszug aus dem Inhaltsverzeichnis eines „Grooming Manuals"

Abhängig von dem in Umlauf gebrachten Material kam für die Verbreitung solcher „Grooming Manuals" bislang sowohl eine Strafbarkeit gem. § 111 StGB wegen der öffentlichen Aufforderung zu Straftaten, gem. § 131 StGB wegen der Verherrlichung oder Verharmlosung von Gewaltdarstellungen, gem. § 111 StGB wegen der öffentlichen Aufforderung zu Straftaten oder gem. § 184b StGB wegen der Verbreitung kinderpornografischen Materials in Betracht. Im Juni 2021 nahm der Bundestag sodann einen Regierungsentwurf an, in dem die Schaffung eines eigenständigen Straftatbestands für die Verbreitung und den Besitz von Anleitungen zum sexuellen Missbrauch von Kindern in § 176e StGB vorgesehen war.[141] Durch das Verbreiten von „Grooming Manuals" auf pädokriminellen Plattformen im Tor-Netzwerk wird seit dem Inkrafttreten dieser Vorschrift nunmehr ein eigenständiger Straftatbestand in Form des § 176e StGB verwirklicht.

II. Deliktsbereich „Cybercrime as a Service"

Neben der Verbreitung kinderpornografischer Inhalte i.S.d. § 184b StGB und den bislang als „Cyberenabled Crime" beschriebenen Kriminalitätsformen haben sich im Tor-Netzwerk noch weitere kriminelle Geschäftsmodelle etabliert, die als „Crime as a Service"[142] bezeichnet werden. Hierbei werden illegale Computerprogramme und sonstige verbotene Dienstleistungen auf Plattformen angeboten, die interessierte Plattform- und Foren-Nutzer*innen zur Begehung von eigenen Straftaten erwerben können. Anders als der Deliktsbereich „Cyberenabled Crime" weist der Deliktsbereich „Cybercrime as a Service" dabei keinerlei Bezüge zur Offline-Welt auf und ist durch eine arbeitsteilige Vorgehensweise der beteiligten Personen geprägt.

1. Verbreitung von Schadsoftware, §§ 202c ff. StGB

Angeboten wird auf den Plattformen und Foren verschiedenartige Schadsoftware, deren Handel gegen die §§ 202c Abs. 1 Nr. 2, 303a Abs. 3 StGB und § 303 b Abs. 5 StGB verstößt, da die angebotenen Programme die Begehung von Straftaten i.S.v. §§ 202a, b StGB, § 303a Abs. 1 StGB und

---

141 Der diesem Regierungsentwurf zugrundeliegende, vom Bundesministerium der Justiz und für Verbraucherschutz erarbeitete Formulierungsvorschlag zur Strafbarkeit der Verbreitung und des Besitzes von Anleitungen zu sexuellem Missbrauch von Kindern kann unter https://www.bmjv.de/SharedDocs/Gesetzgebun gsverfahren/Dokumente/Formulierungshilfe_Anleitung_Missbrauch.pdf;jsessio nid=DB49A0E7318D3CBCC17789C6FCF1CEA7.1_cid289?__blob=publication File&v=1 eingesehen werden (letzter Zugriff 30.01.2022).
142 „Crime as a Service" ist eine Ableitung des Begriffs „Software as a Service". Im Rahmen des letztgenannten Modells werden Software-Sammlungen und Anwendungsprogramme bei externen IT-Dienstleister*innen betrieben und den Kund*innen bei Bedarf über das Internet zur Verfügung gestellt. Für eine aktuelle Auflistung von kriminellen Dienstleistungen, die im Tor-Netzwerk angeboten werden (inklusive Preisangaben) siehe *Bundeskriminalamt,* Bundeslagebild Cybercrime 2020, S. 13.

§ 303b Abs. 1 StGB bezwecken. In der Regel wird die Infizierung von fremden Rechnern mit derlei Schadprogrammen von den Käufer*innen der Software mittels präparierter E-Mail-Anhänge oder anhand von sogenannten „Drive by infections" herbeigeführt,[143] ohne dass dies von den Benutzer*innen beziehungsweise Eigentümer*innen der Geräte bemerkt wird. Eine beliebte Form der Schadsoftware, die in diesem Zusammenhang über Plattformen im Tor-Netzwerk vertrieben wird, sind Kryptotrojaner wie zum Beispiel „WannaCry".[144] Sie verschlüsseln sämtliche auf einem infizierten Rechner befindliche Dateien, die erst nach Zahlung des geforderten Lösegeldes – das zumeist in Form von Bitcoin an die Täter*innen überwiesen werden muss – wieder freigegeben werden.[145] Außerdem werden auf einzelnen Plattformen und Foren Hacking- sowie Phishing-Tools vertrieben, die dem Ausspähen von vertraulichen Daten wie Passwörtern und Login-Informationen dienen.[146] In der Vergangenheit wurde zudem mit sogenannter Jackpotting-Software wie „Cutlet Maker" gehandelt, die zum Manipulieren von Geldautomaten in der Offline-Welt eingesetzt werden konnte.[147]

2. Hehlerei mit ausgespähten Daten, § 202d StGB

Neben den Schadprogrammen selbst sind auch aus erfolgreich durchgeführten Cyber-Angriffen stammende Daten auf den Plattformen erhältlich. Dazu zählen Benutzernamen und Passwörter zu Online-Banking-Ac-

---

143 Vgl. *Stam*, ZIS 2017, 547 (547–548).
144 *Broadhurst* et al., Malware Trends on 'Darknet' Crypto-markets: Research Review, S. 28.
145 Von der Zahlung des geforderten Lösegeldes wird abgeraten, da hierdurch Anreize zur weiteren Tatbegehung geschaffen werden und die Zahlung keine Gewähr für die Wiederherstellung der verschlüsselten Daten darstellt, siehe *Bundeskriminalamt*, Bundeslagebild Cybercrime 2018, S. 25.
146 *Broadhurst* et al., Malware Trends on 'Darknet' Crypto-markets: Research Review, S. 26–27.
147 Während im November 2017 erstmals der Einsatz einer über das Darknet vertriebenen Software festgestellt wurde, die es Täter*innen ermöglichte, Geldautomaten zu manipulieren, wurden 2018 bereits zwanzig solcher Jackpotting-Angriffe mit einem Gesamtschaden von circa 450.000 Euro bekannt, vgl. *Bundeskriminalamt*, Bundeslagebild Cybercrime 2018, S. 22–23. Im Bundeslagebild Cybercrime 2020 wurde demgegenüber festgestellt, dass es im Jahr 2020 zu einem einem starken Rückgang der Fallzahlen beim Jackpotting gekommen ist, siehe *Bundeskriminalamt*, Bundeslagebild Cybercrime 2020, S. 21.

counts, Paypal-Konten und E-Commerce-Portalen wie Ebay und Amazon. Auch mit Kreditkarteninformationen wird gehandelt, wobei die Preise – je nach Verfügungsrahmen und Gültigkeitsdauer – zwischen 5 und 100 Euro pro Datensatz liegen.[148] Die Käufer*innen der ausgespähten Daten machen sich diese im Sinne des Geschäftsmodells „Crime as a Service" zu Nutze, indem sie letztere anschließend für eigene kriminelle Aktivitäten einsetzen. Ein beliebter Verwendungszweck ist dabei das sogenannte „Carding". Hierbei bestellen Täter*innen im Online-Versandhandel unter falschem Namen Waren und bezahlen diese mit den ausgespähten Zahlungsdaten. Die auf fremde Rechnung beschafften Güter können sodann von den Täter*innen über Online-Marktplätze – sowohl im Clear- als auch im Darknet – weiterverkauft werden.

3. Geldwäschedienstleistungen, § 261 StGB

Eine weitere kriminelle Dienstleistung, die im Rahmen des Deliktsbereichs „Cybercrime as a Service" im Tor-Netzwerk angeboten wird, sind sogenannte Mixing- oder Tumbler-Dienste wie „Anonymix", „SmartMix" und „Helix" (siehe unten *Abbildung 20*). Um die Herkunft inkriminierter Bitcoin-Zahlungsströme zu verbergen, transferieren Kund*innen ihre Kryptocoins an einen solchen Mixing-Service, der diese mit den Kryptocoins anderer Nutzer*innen vermischt und anschließend – abzüglich einer Provision – an ein neu generiertes, „unbescholtenes" Wallet ausbezahlt.[149] Auf diese Weise lässt sich die Herkunft von Bitcoins verbergen, die auf Online-Marktplätzen eingenommen, in Euro zurückgetauscht und auf reguläre Bankkonten transferiert werden sollen. Zwar ist der Betrieb solcher Mixing-Dienste nicht per se illegal, allerdings werden einige von ihnen mit dem ausdrücklichen Versprechen angeboten, unrechtmäßig erlangte Vermögenswerte zu verschleiern.[150] Nach Abschluss des Mixing-Verfahrens ist es jedenfalls häufig nicht mehr möglich, den Ursprung einzelner Trans-

---

148 *Meywirth*, Kriminalistik 2016, 355 (357).
149 *Grzywotz/Köhler/Rückert*, StV 2016, 753 (755).
150 Siehe hierzu etwa die Ermittlungen im Falle des Mixing-Dienstes „Bestmixer.io", der von niederländischen Behörden in enger Zusammenarbeit mit Europol im Mai 2019 abgeschaltet wurde, vgl. *Europol*, Multi-million euro cryptocurrency laundering service Bestmixer.io taken down, Pressemitteilung vom 19.05.2021, abrufbar unter https://www.europol.europa.eu/newsroom/ news/multi-million-euro-cryptocurrency-laundering-service-bestmixerio-ta ken-down (letzter Zugriff 30.01.2022). Zu der Frage, ob Bitcoins unter den

aktionen in der Blockchain nachzuvollziehen.[151] Inzwischen existieren jedoch IT-forensische Analysetools, die Strafverfolgungsbehörden bei der Auswertung von Zahlungsströmen blockchainbasierter Kryptowährungen unterstützen können.[152]

Abbildung 20:   Screenshot der Startseite des Bitcoin-Mixers „Anonymix"

4. Betrieb und Steuerung von Botnetzen, §§ 202a f. StGB

Neben Geldwäschedienstleistungen i.S.v. § 261 StGB wird im Tor-Netzwerk auch die Durchführung von DDoS-Angriffen und andere Hacking-Dienstleistungen wie die Vermietung von Botnetzen angeboten. Bei Botnetzen handelt es sich um Zusammenschlüsse von Computern, die mit einer Schadsoftware (sogenannte „Bot Ware") infiziert sind und von einem

---

Gegenstandsbegriff des § 261 StGB subsumiert werden können siehe *Grzywotz*, Virtuelle Kryptowährungen und Geldwäsche, S. 203–228 und 336.

151 Vgl. *Grzywotz*, Virtuelle Kryptowährungen und Geldwäsche, S. 104.

152 Ein solches Analysetool ist etwa die Fahndungssoftware „TITANIUM", die seit Januar 2019 ausgewählten europäischen Polizeibehörden zu Testzwecken zur Verfügung gestellt wurde, vgl. *Landgraf*, EU-Projekt TITANIUM startet polizeiliche Testphase, KIT-Presseinformation 012/2019, abrufbar unter https://www.kit.edu/downloads/pi/PI_2019_012_Darknet-Kriminalitaet%20wirksam%20bekaempfen.pdf (letzter Zugriff: 30.01.2022). Die technischen Möglichkeiten, mittels derer sich blockchainbasierte Transaktionshistorien zu Strafverfolgungszwecken analysieren lassen, werden in § 5 D. XI. besprochen.

zentralen „Command & Control-Server" gesteuert werden.[153] Die Rechenleistung der zu solchen Botnetzen zusammengeschlossenen Computern kann anschließend von den Täter*innen zur illegalen Generierung von Kryptowährungen oder zur Durchführung von „Distributed Denial of Service"-Angriffen eingesetzt werden.[154] Die (Mit-)Benutzung solcher Botnetze zu eigenen cyber-kriminellen Zwecken wird auf den entsprechenden Plattformen wiederum gegen Entgelt angeboten und kann dem Deliktsbereich des „Malware-as-a-Service" zugeordnet werden.[155] Die „Command & Control-Server", die zur Steuerung der infizierten Computer erforderlich sind, werden dabei häufig als *onion services* im Tor-Netzwerk betrieben, da auf diese Weise ihre IP-Adressen und Standorte verschleiert werden und eine Abschaltung der Botnetze durch Strafverfolgungsbehörden erheblich erschwert wird.[156]

---

153 *Stam*, ZIS 2017, 547 (547).

154 Vgl. *Kochheim*, Cybercrime und Strafrecht in der IuK-Technik, S. 337, Rn. 882–886. Da Botnetze nicht nur zum illegalen „Mining" von Kryptowährungen und zur Durchführung von DDoS-Angriffen, sondern auch zum Ausspähen von Daten und ebenso Versand von Spam-Emails eingesetzt werden können, gelten sie eines der wichtigsten cyber-kriminellen Instrumentarien überhaupt, vgl. *Roos/Schumacher*, MMR 2014, 377 (378).

155 Siehe hierzu etwa den Fall des Botnetzes „Emotet", welches vor seiner Abschaltung im Januar 2021 zusammen mit einer Nachladefunktion für beliebige Schadsoftware in der „Underground Economy" angeboten wurde, vgl. *Generalstaatsanwaltschaft Frankfurt am Main (ZIT) und BKA*, Infrastruktur der Emotet-Schadsoftware zerschlagen, Pressemitteilung vom 27.01.2021, abrufbar unter https://www.bka.de/DE/Presse/Listenseite_Pressemitteilungen/2021/Presse 2021/210127_pmEmotet.html (letzter Zugriff: 30.01.2022). Zum Modell „Ransomware as a Service", in dessen Rahmen die Nutzung von Erpressungssoftware und Krypto-Lockern als „Mietservice" angeboten wird, siehe *ZDF* (25.08.2021), Studie zu Cyber-Kriminalität – Hacker bieten Erpressungssoftware zum Mieten, abrufbar unter https://www.zdf.de/nachrichten/digitales/cyber-kriminalitaet-sch adsoftware-ransomware-100.html (letzter Zugriff: 30.01.2022).

156 Siehe hierzu etwa den Fall des Botnetzes „Skynet", dessen „Command & Control Server" im Tor-Netzwerk gehostet wurden, vgl. *Beer*, Botnetz versteckt sich im Tor-Netzwerk, Heise Online (10.12.2012), abrufbar unter https://www.heis e.de/security/meldung/Botnetz-versteckt-sich-im-Tor-Netzwerk-1764791.html (letzter Zugriff: 30.01.2022).

5. „Doxing" von personenbezogenen Daten, § 42 BDSG

Zudem existieren im Tor-Netzwerk Webseiten, über die personenbezogene Daten veröffentlicht beziehungsweise ohne Erlaubnis „geleakt" werden. Anders als beim Vertrieb von aus Cyber-Angriffen stammenden Daten, die von den Plattform- und Foren-Kund*innen für eigene kriminelle Aktivitäten – wie zum Beispiel dem „Carding" – verwendet werden können, geschieht dies allerdings in der Absicht, die betroffenen Personen i.S.v. § 42 Abs. 2 BDSG öffentlich bloßzustellen. Diese als „Doxing"[157] bezeichnete Vorgehensweise stellt einen Unterfall des „Cybermobbings" dar und ist bereits seit einigen Jahren aus dem Clearnet bekannt.[158] Für Schlagzeilen sorgte in diesem Zusammenhang zum Beispiel ein Hackerangriff auf eine Kreisverwaltung in Sachsen-Anhalt, in dessen Nachgang Handynummern, Privatanschriften sowie Bankverbindungen zahlreicher Kreistags-Mitglieder veröffentlicht wurden.[159] Neben dem „Doxing" von personenbezogenen Daten werden auf Webseiten im Tor-Netzwerk außerdem auch aus erfolgreichen Hacking-Angriffen stammende, betriebsinterne Daten veröffentlicht, um die betroffenen Unternehmen i.S.d. § 253 StGB zur Zahlung von Lösegeldern zu erpressen.[160]

6. Anstiftung zu Kapitaldelikten i.S.d. §§ 212, 211 StGB

Darüber hinaus existieren im Tor-Netzwerk Webseiten, über die vermeintliche Auftragsmorde in Auftrag gegeben werden können (sogenannte „Hit-

---

157 Der Begriff „Doxing" setzt sich aus den Wörtern „dox" (für „documents") und „dropping" zusammen, vgl. *Kubiciel/Großmann*, NJW 2019, 1050 (1050).

158 Siehe hierzu etwa AG Marburg, Urteil v. 01.06.2006 – Az.: 2 Js 17479/04–51 Ls.

159 Vgl. *Maxwill*, Katastrophenfall in Sachsen-Anhalt. Hacker stellen persönliche Daten von Abgeordneten ins Darknet, Spiegel Online (06.08.2021), abrufbar unter https://www.spiegel.de/netzwelt/netzpolitik/anhalt-bitterfeld-hacker-stelle n-persoenliche-daten-von-abgeordneten-ins-darknet-a-b3655f6d-0002-0001-0000 -000178686047 (letzter Zugriff: 30.01.2022).

160 Siehe hierzu etwa den Hacking-Angriff gegen die Firma „tegut" und die damit einhergehende Veröffentlichung von internen Sitzungsprotokollen sowie Informationen zu Kund*innen und Mitarbeiter*innen des Unternehmens auf einer Webseite im Tor-Netzwerk, vgl. *Nies*, Nach Hacker-Angriff erhöhen Erpresser Druck auf Tegut in Fulda: Sensible Daten im Darknet aufgetaucht, Heise Online (27.05.2021), abrufbar unter https://www.heise.de/news/Nach-Hackerangrif f-auf-Tegut-Kundendaten-im-Darknet-aufgetaucht-6056223.html (letzter Zugriff: 30.01.2022).

man-Services"). Diese haben in der medialen Berichterstattung große Beachtung erfahren, obwohl die Echtheit dieser Angebote bislang in keinem einzigen Fall bestätigt werden konnte. Wahrscheinlicher ist es, dass Webseiten mit sogenannten „Hitman-Services" in erster Linie „Fake-Angebote" enthalten, um potentiellen Kund*innen um im Voraus gezahlte Bitcoins zu betrügen.[161] Auch wenn die Betreiber*innen dieser Webseiten ihre Dienstleistungen nur zum Schein anbieten, machen sich diejenigen, die auf diese Angebote eingehen und die Tötung eines anderen Menschen gegen Entgelt beabsichtigen, wegen versuchten Anstiftungsdelikten i.S.d. §§ 30 Abs. 1, 212 StGB oder §§ 30 Abs. 1, 211 StGB strafbar.[162] Für die Betreiber*innen dieser „Hitman-Services" kommt wiederrum eine Strafbarkeit gem. § 30 Abs. 2 StGB wegen des Sich-bereit-Erklärens oder der Annahme des Erbietens eines anderen zur Begehung eines Verbrechens sowie Betrugsdelikten in Betracht.

III. Zwischenergebnis

Die bisherigen Ausführungen konnten zeigen, dass die auf den Plattformen und Foren abgewickelten Handelsgeschäfte und angebotenen Dienstleistungen aus phänomenologischer Perspektive bereits *de lege lata* strafrechtlich erfasst werden. Bei der Untersuchung der in Rede stehenden Webseiten konnte auf Tatbestandsebene jedenfalls kein strafwürdiges Verhalten festgestellt werden, dass derzeit nicht bereits auf Grundlage des geltenden Kern- und Nebenstrafrechts sanktioniert wird. Dieses Ergebnis deckt sich mit der Feststellung *Kochheims*, wonach die Grundformen des Cybercrime seit dem Jahr 2005 bekannt sind und seit 2015 nur noch Varianten und Abwandlungen dieser bereits bekannten Grundformen in

---

161 Siehe hierzu ausführlich *Volpicelli*, The unbelievable tale of a fake hitman, a kill list, a darknet vigilante... and a murder, WIRED (04.12.2018), abrufbar unter https://www.wired.co.uk/article/kill-list-dark-web-hitmen (letzter Zugriff: 30.01.2022).

162 Hierzulande wurde Juni 2021 von der Staatsanwaltschaft Dresden erstmals Anklage wegen versuchter Anstiftung zum Mord erhoben, nachdem eine Tatverdächtige über eine „Hitman"-Webseite im Tor-Netzwerk die Tötung der Lebensgefährtin ihres getrennt lebenden Ehemanns in Auftrag gegeben hatte, vgl. *Medienservice Sachsen*, Versuchte Anstiftung zum Mord. Staatsanwaltschaft Dresden erhebt Anklage zum Schwurgericht des Landgerichts Dresden, Pressemitteilung vom 21.06.2021, abrufbar unter https://www.medienservice.sachsen. de/medien/news/253560 (letzter Zugriff: 30.01.2022).

Erscheinung getreten sind.[163] Trotz der technischen Innovationen, die die Verwendung der Tor-Software im Bereich der Internetkriminalität mit sich bringt, konnten demnach keine Strafbarkeitslücken identifiziert werden, die auf legislatorischer Ebene geschlossen werden müssten. Obwohl sich in den vergangenen Jahren eine Vielzahl neuartiger Kriminalitätsphänomene in der „Underground Economy" etabliert hat, stellt das Tor-Netzwerk in Hinblick auf die in diesem Abschnitt untersuchten Aktivitäten der Plattform- und Foren-Mitglieder folglich keinen „rechtsfreien Raum" dar.

D. Zusammenfassung

Im Tor-Netzwerk hat sich in den vergangenen Jahren eine Vielzahl neuartiger Kriminalitätsphänomene etabliert. Dort existieren Online-Plattformen, die in der Absicht betrieben werden, der Begehung von Straftaten gezielt Vorschub zu leisten. Diese Webseiten lassen sich aufgrund ihrer unterschiedlichen inhaltlichen Ausrichtung und Geschäftsmodelle in Handelsplattformen, Diskussionsforen und Tauschbörsen untergliedern.

Auf den Handelsplattformen, die auch als Kryptomärkte bezeichnet werden, wird ein Großteil des im Tor-Netzwerk angesiedelten Schwarzmarkthandels abgewickelt. Dort wird praktisch alles angeboten, was sich im legalen Marktgeschehen nicht veräußern lässt. Gleiches gilt für Diskussionsforen, die über einen Marktplatzbereich für inkriminierte Güter verfügen. Ohne davon Kenntnis zu erlangen, übernehmen zumeist konventionelle Post- und Kurierdienstleister wie DHL oder Hermes die Zustellung der Waren. Für die Entgegennahme der Sendungen werden Packstationen oder die Briefkästen fremder Immobilien genutzt. Um auch bei Bezahlung der Waren unerkannt zu bleiben, kommen fast ausschließlich Kryptowährungen wie Bitcoin oder Monero zum Einsatz.

Da auf Kryptomärkten und Diskussionsforen der Austausch von kinderpornografischem Bild- und Videomaterial ausdrücklich untersagt ist, hat sich die pädokriminelle Szene von anderen illegalen Plattformen im Tor-Netzwerk weitgehend abgegrenzt. Sie agiert auf eigens für die Verbreitung von kinderpornografischen Dateien aufgesetzten Plattformen, die häufig in Form von Tauschbörsen organisiert sind.

---

163 Vgl. *Kochheim*, Arbeitsteiliges Cybercrime und strafrechtliche Verantwortung, KSV Polizeipraxis (27.05.2021), abrufbar unter https://ksv-polizeipraxis.de/ar beitsteiliges-cybercrime-und-strafrechtliche-verantwortung/ (letzter Zugriff: 30.01.2022).

Für die Programmierung und Instandhaltung der Webseiten sind Administrator*innen zuständig, die in der Regel ein finanzielles Interesse an dem Betrieb der Plattformen haben. Oftmals werden sie durch Zahlung von Provisionen an den illegalen Geschäften beteiligt.

Das Spektrum der auf den in Rede stehenden Online-Plattformen begangenen Straftaten ist vielschichtig und umfasst den Handel mit Betäubungs- und Arzneimitteln i.S.d. §§ 29 ff. BtMG und §§ 95 f. AMG, Verstöße gegen die §§ 51, 52 WaffG, die Verbreitung kinderpornografischer Inhalte i.S.d. § 184b StGB sowie Geld- und Urkundenfälschungsdelikte i.S.d. §§ 146 ff. und §§ 267 ff. StGB. Des Weiteren wird mit verschiedenen Formen von Schadsoftware i.S.d. § 202c Abs. 1 Nr. 2 und § 303a Abs. 3 StGB, ausgespähten Daten i.S.v. § 202d StGB sowie Geldwäschedienstleistungen i.S.v. § 261 StGB gehandelt. Darüber hinaus werden aus Cyber-Angriffen stammende personenbezogene sowie betriebsinterne Daten über sogenannte „Doxing"-Webseiten veröffentlicht und Botnetze über anonyme „Command & Control-Server" gesteuert. Zudem werden sogenannte „Hitman-Services" angeboten und versuchte Anstiftungsdelikte i.S.d. §§ 30 Abs. 1, 212 StGB begangen. In allen aufgezählten Deliktsbereichen gibt es wiederum *„scammer"*, die es darauf abgesehen haben, die Anonymität des Tor-Netzwerks dafür zu nutzen, potentielle Kund*innen i.S.d. §§ 263 ff. StGB um im Voraus gezahlte Bitcoins zu betrügen.

§ 4 Strafbarkeit der Plattform-Administrator*innen

In Hinblick auf die im vorangegangenen Abschnitt untersuchten Aktivitäten der Plattform- und Foren-Mitglieder konnte dargelegt werden, dass das Tor-Netzwerk keinen „rechtsfreien Raum" darstellt. Ob dies auch in Hinblick auf die Aktivitäten der Administrator*innen der jeweiligen Plattformen und Foren gilt, war bis zur Einführung einer eigenständigen Strafbarkeit für das Betreiben von kriminellen Handelsplattformen durch die Strafvorschrift des § 127 StGB heftig umstritten. Vor der Gesetzreform wurde vielfach argumentiert, dass der Betrieb der in Rede stehenden Webseiten bereits ausreichend strafrechtlich erfasst sei und daher keine Strafrechtsverschärfung benötigt werde.[164] Dennoch konnte sich das Vorhaben, einen eigenständigen Straftatbestand für das Betreiben von kriminellen Plattformen im Internet zu schaffen, letztlich im Parlament durchsetzen. Nachfolgend soll ein Überblick über die Genese des § 127 StGB gegeben werden, der im Juni 2021 mit den Stimmen der Fraktionen CDU/CSU und SPD und gegen die Stimmen der FDP, Linken und Grünen im Bundestag beschlossen wurde und am 01.10.2021 in Kraft getreten ist.

A. Einführung einer eigenen Strafbarkeit für den Plattform-Betrieb

Erstmals brachten die Justizministerinnen und Justizminister der Länder in einem Beschluss aus dem Jahr 2016 zum Ausdruck, dass sie sich mit den Risiken des internetbasierten Handels im Darknet befasst haben.[165] Sie äußerten ihre Besorgnis darüber, dass Personen, die auf herkömmlichen Wege keinen Zugang zu Waffen, Betäubungsmitteln oder Falsifikaten hätten, in diesem Teilbereich des Internets einen niedrigschwelligen Zugriff auf kriminell nutzbare Infrastrukturen erhielten.[166] Daher baten sie die Bundesregierung zu prüfen, inwieweit das öffentliche Anbieten von

---

164 Eine Liste der Sachverständigen mitsamt schriftlichen Stellungnahmen zu § 127 StGB ist abrufbar unter https://kripoz.de/2021/01/08/strafbarkeit-des-betreibens -krimineller-handelsplattformen-im-internets/ (letzter Zugriff: 30.01.2022).

165 Konferenz der Justizministerinnen und Justizminister der Länder, Beschluss vom 17. November 2016 (TOP II.8), S. 1.

166 Konferenz der Justizministerinnen und Justizminister der Länder, Beschluss vom 17. November 2016 (TOP II.8), S. 1.

Gegenständen und Dienstleistungen im Internet durch Anpassungen des materiellen Strafrechts besser erfasst werden könnte.[167]

I. BR-Drs. 33/19 vom 18.01.2019

Dieses Vorhaben wurde sodann von den Ländern Nordrhein-Westfalen und Hessen aufgegriffen und weiter vorangetrieben, indem sie im Februar 2019 einen Gesetzantrag zur „Einführung einer eigenständigen Strafbarkeit für das Betreiben von internetbasierten Handelsplattformen für illegale Waren und Dienstleistungen" in den Bundesrat einbrachten.[168] Der Gesetzantrag wurde im März 2019 beschlossen und im April 2019 mit Bitte um Herbeiführung einer Beschlussfassung an den Bundestag weitergeleitet. In dem Gesetzantrag war vorgesehen, in § 126a StGB-E eine eigenständige Strafbarkeit für das Betreiben von internetbasierten Handelsplattformen für illegale Waren und Dienstleistungen einzuführen, die wie folgt aussehen sollte:

§ 126a
Anbieten von Leistungen zur Ermöglichung von Straftaten

(1) Wer eine internetbasierte Leistung anbietet, deren Zugang und Erreichbarkeit durch besondere technische Vorkehrungen beschränkt und deren Zweck oder Tätigkeit darauf ausgerichtet ist, die Begehung von rechtswidrigen Taten im Sinne von Satz 2 zu ermöglichen oder zu fördern, wird mit Freiheitsstrafe bis zu drei Jahren oder mit Geldstrafe bestraft, wenn die Tat nicht in anderen Vorschriften mit schwererer Strafe bedroht ist. Rechtswidrige Taten im Sinne des Satzes 1 sind

1. § 95 Absatz 1 des Gesetzes über den Verkehr mit Arzneimitteln,
2. §§ 29 Absatz 1 Nr. 1, 29a, 30, 30a des Betäubungsmittelgesetzes,
3. § 19 Absatz 1 des Grundstoffüberwachungsgesetzes,
4. § 52 Absatz 1 Nr. 1 und Abs. 3 Nr. 1 des Waffengesetzes,
5. § 40 Absatz 1 und 2 des Sprengstoffgesetzes,
6. §§ 19 Absatz 1, 20 Abs. 1, 20a Absatz 1, 22a Absatz 1 Nr. 1, 2 und 4 des Gesetzes über die Kontrolle von Kriegswaffen sowie
7. §§ 146, 147, 149, 152a, 152b, 184b Abs. 1, 202a, 202b, 202c, 263a, 275, 276, 303a und 303b des Strafgesetzbuches.

---

167 Konferenz der Justizministerinnen und Justizminister der Länder, Beschluss vom 17. November 2016 (TOP II.8), S. 1.
168 Vgl. BR-Drs. 33/19 v. 18.01.2019, S. 1.

(2) Die Strafe darf nicht schwerer sein, als die für die Tat im Sinne von Absatz 1 Satz 2 angedrohte Strafe.
(3) Mit Freiheitsstrafe von sechs Monaten bis zu zehn Jahren wird bestraft, wer die Tat gewerbsmäßig begeht."[169]

Nach der Weiterleitung des Gesetzentwurfs an den Bundestag im April 2019 wurde bis zum Ende der Legislaturperiode allerdings nicht mehr über das in Rede stehende Vorhaben beraten oder abgestimmt.[170]

II. Referentenentwurf IT-Sicherheitsgesetz 2.0

Neben der Gesetzinitiative des Bundesrates wurde mit dem Referentenentwurf eines Zweiten Gesetzes zur Erhöhung der Sicherheit informationstechnischer Systeme[171] – im Folgenden RefE IT-Sicherheitsgesetz 2.0 – sodann noch ein weiteres Reformvorhaben ins Leben gerufen, das vom Bundesministerium des Innern, für Bau und Heimat ausging. In seiner „Digitalen Agenda" hatte das Bundesinnenministerium im März 2019 erstmals bekannt gegeben, eine „Strafbarkeit des Betreibens krimineller Infrastrukturen im Internet, insbesondere im Darknet" einführen zu wollen.[172] Im April 2019 wurde der RefE IT-Sicherheitsgesetz 2.0 in der Fassung vom 27.03.2019 sodann auf der Webseite von „netzpolitik.org" veröffentlicht.[173]

---

169 BR-Drs. 33/19 v. 18.01.2019, S. 1.
170 Kritik an dem Gesetzentwurf – der von der Union begrüßt wurde – äußerte vor allem die SPD, vgl. *Grimberg*, Politik will IT-Strafrecht verschärfen. Kritik an geplanter Kriminalisierung des Darknets, MDR Portal für Medienthemen „360G" (17.02.2020), abrufbar unter https://www.mdr.de/medien360g/politik-w ill-darknet-einschraenken-100.html (letzter Zugriff: 30.01.2022).
171 Da das Bundesministerium des Innern, für Bau und Heimat den Entwurf eines Zweiten Gesetzes zur Erhöhung der Sicherheit informationstechnischer Systeme (RefE IT-Sicherheitsgesetz 2.0) in der Fassung vom 27.03.2019 nicht selbst veröffentlicht hat, wird nachfolgend das auf der Webseite der KriPoZ verlinkte Dokument zitiert. Dieses kann unter http://intrapol.org/wp-content/uploads /2019/04/IT-Sicherheitsgesetz-2.0-_-IT-SiG-2.0.pdf abgerufen werden (letzter Zugriff: 30.01.2022).
172 *Bundesministerium des Innern, für Bau und Heimat*, Die Digitale Agenda des BMI (20.03.2019), S. 3.
173 Vgl. *Meister/Biselli*, IT-Sicherheitsgesetz 2.0. Wir veröffentlichen den Entwurf, der das BSI zur Hackerbehörde machen soll, netzpolitik.org vom 03.04.2019, abrufbar unter https://netzpolitik.org/2019/it-sicherheitsgesetz-2-0-wir-veroeffen tlichen-den-entwurf-der-das-bsi-zur-hackerbehoerde-machen-soll (letzter Zugriff: 30.01.2022).

1. RefE IT-SiG 2.0 in der Fassung vom 27.03.2019

Im Kern war darin eine Erweiterung der Aufgaben und Kompetenzen des Bundesamtes für Sicherheit in der Informationstechnik vorgesehen. Darüber hinaus enthielt der Entwurf jedoch auch einen Vorschlag für die Einführung eines eigenständigen Straftatbestands in § 126a StGB-E, in welchem das „Zugänglichmachen von Leistungen zur Begehung von Straftaten" kriminalisiert werden sollte. Im Unterschied zur BR-Drs. 33/19 vom 18.01.2019 war darin allerdings keine Beschränkung auf Leistungen im Darknet enthalten. Stattdessen sollte das Zugänglichmachen internet-basierter Leistungen unabhängig davon unter Strafe gestellt werden, welche rechtswidrigen Taten hierdurch ermöglicht, gefördert oder erleichtert werden sollten:

§ 126a
Zugänglichmachen von Leistungen zur Begehung von Straftaten

(1) Wer Dritten eine internetbasierte Leistung zugänglich macht, deren Zweck oder Tätigkeit darauf ausgerichtet ist, die Begehung von rechtswidri-gen Taten zu ermöglichen, zu fördern oder zu erleichtern, wird mit Freiheits-strafe bis zu fünf Jahren oder mit Geldstrafe bestraft, wenn die Tat nicht in anderen Vorschriften mit schwererer Strafe bedroht ist.
(2) Die Strafe darf nicht schwerer sein, als die für die Tat im Sinne von Absatz 1 angedrohte Strafe.
(3) Mit Freiheitsstrafe von sechs Monaten bis zu zehn Jahren wird bestraft, wer die Tat gewerbsmäßig oder als Mitglied einer Bande, die sich zur fortge-setzten Begehung von Straftaten im Sinne dieser Vorschrift verbunden hat, begeht.
(4) Absatz 1 gilt nicht für Handlungen
1. wenn die Begehung von Straftaten nur einen Zweck oder eine Tätigkeit von untergeordneter Bedeutung darstellt, oder
2. die ausschließlich der Erfüllung rechtmäßiger dienstlicher oder beruflicher Pflichten dienen. Dazu gehören insbesondere beruflichen Handlungen der in § 53 Absatz 1 Satz 1 Nummer 5 der Strafprozessordnung genannten Personen."[174]

---

174 Vgl. RefE IT-Sicherheitsgesetz 2.0 v. 27.03.2019, S. 29.

2. RefE IT-SiG 2.0 in der Fassung vom 07.05.2020

Nach heftiger Kritik von zivilgesellschaftlichen Verbänden, Wirtschaftsunternehmen und auch dem Bundesministerium der Justiz und für Verbraucherschutz wurde der RefE IT-Sicherheitsgesetz 2.0 vom 27.03.2019 jedoch zurückgezogen und die erneute Veröffentlichung mehrfach verschoben.[175] Nach interministeriellen Auseinandersetzungen um die Zuständigkeit des Bundesinnenministeriums für den Erlass von Strafvorschriften erschien am 07.05.2020 sodann eine überarbeitete Fassung des RefE IT-Sicherheitsgesetz 2.0,[176] in dem vorerst auf die Einführung neuer Straftatbestände – und somit auch des § 126a StGB-E – verzichtet wurde.[177]

III. Referentenentwurf des BMJV vom 27.11.2020

Am 27.11.2020 wurde sodann noch ein weiterer Referentenentwurf auf den Weg gebracht, der dieses Mal vom Bundesministerium der Justiz und für Verbraucherschutz initiiert wurde. In diesem war vorgesehen, in § 127 StGB eine eigenständige Strafbarkeit für das Betreiben krimineller Handelsplattformen im Internet einzuführen.[178] Erfasst werden sollten laut dem Gesetzentwurf ausschließlich Plattformen, deren Zweck darauf ausgerichtet ist, die Begehung von bestimmten, in einem eigenen Straftatenkatalog aufgeführten Delikten zu ermöglichen oder zu fördern.[179] Für ein gewerbsmäßiges Handeln sah der Entwurf außerdem einen erhöhten

---

175 Vgl. *Voland/Büsch*, Nächster Versuch – BMI legt neuen Entwurf des IT SiG 2.0 vor, Fachportal politik & kommunikation (18.06.2020), abrufbar unter https://web.archive.org/web/20210225221112/https://www.politik-kommunikation.de/gesetz-des-monats/naechster-versuch-bmi-legt-neuen-entwurf-des-it-sig-20-vor-1781324920 (letzter Zugriff: 30.01.2022).

176 Abrufbar ist der Entwurf des Zweiten Gesetzes zur Erhöhung der Sicherheit informationstechnischer Systeme des Bundesministeriums des Innern, für Bau und Heimat (RefE IT-Sicherheitsgesetz 2.0) in der Fassung vom 07.05.2020 unter http://intrapol.org/wp-content/uploads/2020/05/200507_BMI_RefE_IT-SiG20.pdf (letzter Zugriff: 30.01.2022).

177 *Voland/Büsch*, Nächster Versuch – BMI legt neuen Entwurf des IT SiG 2.0 vor, Fachportal politik & kommunikation (18.06.2020), abrufbar unter https://web.archive.org/web/20210225221112/https://www.politik-kommunikation.de/gesetz-des-monats/naechster-versuch-bmi-legt-neuen-entwurf-des-it-sig-20-vor-1781324920 (letzter Zugriff: 30.01.2022).

178 Vgl. RefE des BMJV v. 27.11.2020, S. 3–4.

179 Vgl. RefE des BMJV v. 27.11.2020, S. 3–4.

Strafrahmen von sechs Monaten bis zu zehn Jahren Freiheitsstrafe vor. Um effektive Ermittlungsmöglichkeiten zur Aufklärung der vorgenannten Straftaten zu schaffen, war in dem Dokument zudem vorgesehen, den Straftatenkatalog der §§ 100a und 100b StPO um die gewerbsmäßige Begehung des Betreibens krimineller Handelsplattformen zu ergänzen.[180]

IV. Regierungsentwurf vom 10.02.2021

Die Bundesregierung teilte zwar die Zielsetzungen des vom Bundesministeriums der Justiz und für Verbraucherschutz vorgelegten Gesetzentwurfs, beschloss am 10.02.2021 aber einen eigenen Regierungsentwurf, der im Vergleich zum Referentenentwurf des BMJV einige Änderungen erfahren hatte. Im Unterschied zu den vorherigen Gesetzinitiativen war darin vorgesehen, auch das wissentliche oder absichtliche Bereitstellen von Server-Infrastrukturen für entsprechende Handelsplattformen im Internet eigenständig unter Strafe zu stellen.[181] Darüber hinaus wurden die Katalogtaten des § 127 Abs. 1 Nr. 2 StGB modifiziert und um weitere Straftatbestände wie etwa das Verbreiten von Propagandamitteln i.S.d. § 86 StGB, die Anleitung zur Begehung einer schweren staatsgefährdenden Gewalttat i.S.d. § 91 StGB und die Förderung sexueller Handlungen Minderjähriger i.S.d. § 180 Abs. 2 StGB ergänzt.[182]

V. BT-Drs. 19/28175 vom 31.03.2021

Im April 2021 wurde im Bundestag sodann in erster Lesung über die Gesetzinitiative der Bundesregierung beraten. Nach der zweiten und dritten Lesung am 24.06.2021 nahm der Bundestag den Gesetzentwurf schließlich in der vom Ausschuss für Recht und Verbraucherschutz geänderten Fassung und somit ohne eigenständige Strafbarkeit für das Bereitstellen von Server-Infrastrukturen an. Bereits einen Tag später passierte das Gesetz den Bundesrat, der auf eine Anrufung des Vermittlungsausschusses verzichtete. Die im Bundestag verabschiedete Regelung des § 127 StGB wurde

---

180 Vgl. RefE des BMJV v. 27.11.2020, S. 4–5.
181 Vgl. BT-Drs. 19/28175 v. 31.03.2021, S. 7.
182 Vgl. BT-Drs. 19/28175 v. 31.03.2021, S. 7–8.

sodann am 19.08.2021 im Bundesgesetzblatt verkündet[183] und lautet wie folgt:

§ 127
Betreiben krimineller Handelsplattformen im Internet

(1) Wer eine Handelsplattform im Internet betreibt, deren Zweck darauf ausgerichtet ist, die Begehung von rechtswidrigen Taten zu ermöglichen oder zu fördern, wird mit Freiheitsstrafe bis zu fünf Jahren oder mit Geldstrafe bestraft, wenn die Tat nicht in anderen Vorschriften mit schwererer Strafe bedroht ist. Rechtswidrige Taten im Sinne des Satzes 1 sind

1. Verbrechen,

2. Vergehen nach

a) den §§ 86, 86a, 91, 130, 147 und 148 Absatz 1 Nummer 3, den §§ 149, 152a und 176a Absatz 2, § 176b Absatz 2, § 180 Absatz 2, § 184b Absatz 1 Satz 2, § 184c Absatz 1, § 184l Absatz 1 und 3, den §§ 202a, 202b, 202c, 202d, 232 und 232a Absatz 1, 2, 5 und 6, nach § 232b Absatz 1, 2 und 4 in Verbindung mit § 232a Absatz 5, nach den §§ 233, 233a, 236, 259 und 260, nach § 261 Absatz 1 und 2 unter den in § 261 Absatz 5 Satz 2 genannten Voraussetzungen sowie nach den §§ 263, 263a, 267, 269, 275, 276, 303a und 303b,

b) § 4 Absatz 1 bis 3 des Anti-Doping-Gesetzes,

c) § 29 Absatz 1 Satz 1 Nummer 1, auch in Verbindung mit Absatz 6, sowie Absatz 2 und 3 des Betäubungsmittelgesetzes,

d) § 19 Absatz 1 bis 3 des Grundstoffüberwachungsgesetzes,

e) § 4 Absatz 1 und 2 des Neue-psychoaktive-Stoffe-Gesetzes,

f) § 95 Absatz 1 bis 3 des Arzneimittelgesetzes,

g) § 52 Absatz 1 Nummer 1 und 2 Buchstabe b und c, Absatz 2 und 3 Nummer 1 und 7 sowie Ab-satz 5 und 6 des Waffengesetzes,

h) § 40 Absatz 1 bis 3 des Sprengstoffgesetzes,

i) § 13 des Ausgangsstoffgesetzes,

j) § 83 Absatz 1 Nummer 4 und 5 sowie Absatz 4 des Kulturgutschutzgesetzes,

k) den §§ 143, 143a und 144 des Markengesetzes sowie

l) den §§ 51 und 65 des Designgesetzes.

(2) Handelsplattform im Internet im Sinne dieser Vorschrift ist jede virtuelle Infrastruktur im frei zugänglichen wie im durch technische Vorkehrungen zugangsbeschränkten Bereich des Internets, die Gelegenheit bietet,

---

183   Vgl. BGBl. I 2021, S. 3544–3546.

Menschen, Waren, Dienstleistungen oder Inhalte (§ 11 Absatz 3) anzubieten oder auszutauschen.

(3) Mit Freiheitsstrafe von sechs Monaten bis zu zehn Jahren wird bestraft, wer im Fall des Absatzes 1 gewerbsmäßig oder als Mitglied einer Bande handelt, die sich zur fortgesetzten Begehung solcher Taten verbunden hat.

(4) Mit Freiheitsstrafe von einem Jahr bis zu zehn Jahren wird bestraft, wer bei der Begehung einer Tat nach Absatz 1 beabsichtigt oder weiß, dass die Handelsplattform im Internet den Zweck hat, Verbrechen zu ermöglichen oder zu fördern."[184]

B. Verhältnis zu den Haftungsprivilegierungen der §§ 8–10 TMG

Ob die Schaffung eines eigenständigen Straftatbestandes für das Betreiben von Handelsplattformen im Internet zur Schließung bestehender Strafbarkeitslücken erforderlich war, darüber bestand im Vorfeld der Einführung des § 127 StGB Uneinigkeit. Nicht nur an den Reformvorschlägen des Bundesinnenministeriums, sondern auch an der Gesetzinitiative des Bundesrates und der BT-Drs. 19/28175 vom 31.03.2021 wurde Kritik geübt.[185] Als häufigster Grund für die Ablehnung der Reformvorhaben wurde dabei genannt, dass die Aktivitäten der Plattform-Betreiber*innen bereits strafrechtlich erfasst und die Einführung einer eigenständigen Strafbarkeit für das Betreiben von kriminellen Handelsplattformen in § 127 StGB demnach überflüssig sei.[186] Darüber hinaus wurde aber auch kritisiert, dass der Straftatbestand des § 127 StGB mit Blick auf die telemedienrechtliche Haftungsbeschränkung des § 10 S. 1 TMG leerlaufen würde.[187] Bevor die

---

184 BGBl. I 2021, S. 3544–3545.
185 So etwa *Zöller*, KriPoZ 2019, 274 (281); hinsichtlich des RefE IT-Sicherheitsgesetz 2.0 vom 27.03.2019 *Oehmichen/Weißenberger*, KriPoZ 2019, 174 (182); in Bezug auf die BR-Drs. 33/19 *Bäcker/Golla*, Strafrecht in der Finsternis: Zu dem Vorhaben eines „Darknet-Tatbestands", Verfassungsblog vom 21.03.2019, abrufbar unter https://verfassungsblog.de/strafrecht-in-der-finsternis-zu-dem-v orhaben-eines-darknet-tatbestands (letzter Zugriff: 30.01.2022) sowie *Rückert*, Neues Darknet-Strafrecht im Bundesrat. Überflüssige Strafnorm mit Risiken und Nebenwirkungen, Legal Tribune Online vom 15.03.2019, abrufbar unter https://www.lto.de/recht/hintergruende/h/bundesrat-strafrecht-fuer-darknet-straf barkeitsluecke-kriminalisierung/ (letzter Zugriff: 30.01.2022).
186 *Kubiciel/Mennemann*, jurisPR-StrafR 8/2019 Anm. 1 IV; *Zöller*, KriPoZ 2019, 274 (281), *Bartl/Moßbruckner/Rückert*, Angriff auf die Anonymität im Internet, S. 21; *Greco*, ZIS 2019, 435 (450).
187 Vgl. *Gerhold*, ZRP 2021, 44 (44).

strafrechtliche Haftung der Plattform-Betreiber*innen nach spezialgesetzlichen Straftatbeständen aus dem Kern- und Nebenstrafrecht untersucht wird, soll daher der Frage nachgegangen werden, ob die telemedienrechtlichen Haftungsprivilegierungen der §§ 7–10 TMG die strafrechtliche Verantwortlichkeit der Plattform-Betreiber*innen tatsächlich begrenzen oder sogar gänzlich ausschließen könnten.

I. Systematische Verortung der §§ 8–10 TMG

Die telemedienrechtlichen Haftungsprivilegierungen der §§ 8–10 TMG dienen der Umsetzung der europäischen E-Commerce-Richtlinie[188] und stellen Sonderregelungen für Diensteanbieter*innen moderner Kommunikationsmedien dar, um diese vor unkalkulierbaren Haftungsrisiken zu schützen.[189] Sie regeln, welche Diensteanbieter*innen gänzlich von einer Haftung freigestellt werden (§§ 8, 9 TMG) oder den allgemeinen Haftungsnormen nur unter qualifizierten Voraussetzungen unterliegen (§ 10 TMG).[190] Dabei finden die §§ 8–10 TMG sowohl im Zivil- und Öffentlichen Recht, als auch im Strafrecht uneingeschränkt Anwendung.[191] Dieser horizontale, alle Teilrechtsordnungen umfassende Charakter der telemedienrechtlichen Haftungsprivilegierungen hat zu einer Diskussion über ihre dogmatische Einordnung geführt, in deren Rahmen zwei Grundpositionen vertreten werden.[192]

1. Integrationsmodell

Auf der einen Seite stehen einstufige Modelle, die sich für eine Integration der §§ 8–10 TMG in das allgemeine System der Strafbarkeitsvoraussetzungen aussprechen. Die Auffassungen über den genauen Prüfungsort der §§ 8–10 TMG und die Art und Weise der Integration gehen dabei

---

188 RL 2000/31/EG des Europäischen Parlaments und des Rates vom 8. Juni 2000 über bestimmte rechtliche Aspekte der Dienste der Informationsgesellschaft, insbesondere des elektronischen Geschäftsverkehrs, im Binnenmarkt („Richtlinie über den elektronischen Geschäftsverkehr" – im Folgenden „E-Commerce-Richtlinie").

189 BT-Drs. 13/7385, S. 16; *Eisele*, in: Schönke/Schröder, § 184 StGB, Rn. 70.

190 *Altenhain*, in: MüKo-StGB, Bd. 7, Vorbemerkung zu § 7 TMG, Rn. 4.

191 *Müller-Broich*, TMG Kommentar, Vor §§ 7–10, Rn. 1.

192 Vgl. *Altenhain*, in: MüKo-StGB, Bd. 7, Vorbemerkung zu § 7 TMG, Rn. 5.

jedoch auseinander.[193] Einerseits wird vertreten, die Prüfung der §§ 8–10 TMG bei den jeweils „passenden" objektiven[194] oder subjektiven[195] Tatbestandsmerkmalen anzusiedeln.[196] Andere sehen in den telemedienrechtlichen Haftungsprivilegierungen hingegen Rechtfertigungs-,[197] Schuldausschließungs-[198] oder Strafausschließungsgründe.[199] Nach allen genannten Varianten des Integrationsmodells sind die Voraussetzungen der §§ 8–10 TMG dabei jedenfalls in die strafrechtliche Deliktsprüfung einzubeziehen.

2. „Vorfilterlösung"

Auf der anderen Seite steht ein zweistufiges Modell, das die Wirkungsweise der §§ 8–10 TMG mit der eines „Filters" vergleicht. Da die §§ 8–10 TMG für alle Teilrechtsordnungen einheitlich gelten und ohne Rücksicht auf deren jeweilige Besonderheiten auszulegen sind, sollen sie diesem Modell zufolge einer strafrechtlichen Prüfung vorgelagert und gerade nicht in das System der allgemeinen Strafbarkeitsvoraussetzungen integriert werden.[200] Vor Beginn der „klassischen" strafrechtliche Prüfung sei daher festzustellen, ob überhaupt eine strafrechtliche Verantwortlichkeit der Diensteanbieter*innen in Betracht kommt.[201] Liegen die Voraussetzungen

---

193 Vgl. *Heinrich*, in: Wandtke, Praxishandbuch Medienrecht, S. 326, Rn. 73.

194 So etwa *Bode* ZStW 2015, 937 (956, 960); *Freund*, in: MüKo-StGB, Bd. 1, § 13, Rn. 159.

195 Siehe KG 25.8.2014 – 4 Ws 71/14 = NJW 2014, 3798, 3800 (mit zust. Anm. *Hassemer*); LG Berlin 28.4.2014 – 506 KLs 13/13, StV 2015, 222, 223 (mit zust. Anm. *Mrosk*); *Ceffinato*, JuS 2017, 403 (405).

196 Ein ausführlicher Überblick über die Diskussion um die systematischen Verortung der telemedienrechtlichen Haftungsprivilegierungen findet sich bei *Altenhain*, in: MüKo-StGB, Bd. 7, Vorbemerkung zu § 7 TMG, Rn. 3–10 (m.w.N.).

197 So zu § 8 TMG etwa *Walter*, in: LK StGB, Vor § 13, Rn. 151.

198 Zu § 5 TDG aF etwa LG München I 17.11.1999 – 20 Ns 465 Js 173158/95 = NJW 2000, 1051 (1052).

199 So etwa *Heghmanns*, in: Handbuch Wirtschaftsstrafrecht, Teil 6, Rn. 41–42; ebenso zu § 5 TDG aF *Heghmanns*, ZUM 2000, 463 (464–465); ihm folgend zu §§ 8–11 TDG *Busse-Muskala*, Strafrechtliche Verantwortlichkeit der Informationsvermittler im Netz, S. 244–245.

200 Zu den Vertreter*innen der „Vorfilterlösung" zählen etwa *Müller-Broich*, TMG Kommentar, Vor §§ 7–10, Rn. 1; *Gercke*, CR 2006, 844 (848); *Heinrich*, in: Wandtke, Praxishandbuch Medienrecht, S. 326, Rn. 73; ebenso *Altenhain*, in: MüKo-StGB, Bd. 7, Vorbemerkung zu § 7 TMG, Rn. 5.

201 *Heinrich*, in: Wandtke, Praxishandbuch Medienrecht, S. 326, Rn. 73.

einer Haftungsprivilegierung nach den §§ 8–10 TMG vor, wird eine Strafbarkeitsprüfung der „Vorfilterlösung" zufolge entbehrlich.

3. Stellungnahme

Die Frage nach der systematischen Einordnung der telemedienrechtlichen Haftungsprivilegierungen ist von Bedeutung, da die tatbestandlichen Voraussetzungen der §§ 8–10 TMG im Rahmen der „Vorfilterlösung" nicht notwendig den allgemeinen strafrechtlichen Zurechnungsregeln unterfallen, während dies bei einer Integration in das System der Strafbarkeitsvoraussetzungen sehr wohl der Fall ist.[202] Zwar kann für eine Einbeziehung der §§ 8–10 TMG in die strafrechtliche Prüfung angeführt werden, dass auf diese Weise den für das Strafrecht geltenden Besonderheiten besser Rechnung getragen werden kann.[203] Fraglich ist jedoch, ob dies auch der Intention des europäischen und des deutschen Gesetzgebers entspricht.[204] Die §§ 8–10 TMG sollen als horizontale Querschnittsregelungen einheitlich gelten und Rechtseinheit, -klarheit und -sicherheit herstellen.[205] Die Haftungsprivilegierungen systematisch innerhalb der strafrechtlichen Prüfung anzusiedeln, nimmt den Vorschriften jedoch diese allgemeingültige Wirkung.[206] Hinzu kommt, dass sich das Integrationsmodell nicht mit der den §§ 8–10 TMG zugrunde liegenden Wertentscheidung vereinbaren lässt, wonach die privilegierten Tätigkeiten der Diensteanbieter*innen nicht grundsätzlich verboten sind und nur ausnahmsweise „gerechtfertigt" oder „entschuldigt" werden können.[207] Die „Vorfilterlösung" ist daher besser mit der gesetzgeberischen Intention einer einheitlichen, rechtsgebietsübergreifenden Verantwortlichkeitsregelung in Einklang zu bringen, die den Haftungsbeschränkungen der §§ 8–10 TMG zugrunde liegt. Vor Beginn der strafrechtlichen Deliktsprüfung muss folglich der Frage nachgegangen werden, ob die §§ 8–10 TMG als rechtsgebietsübergreifender

---

202 Gemeint sind in diesem Zusammenhang beispielsweise das Vorsatzerfordernis sowie die Irrtumsregelungen, vgl. *Eisele*, in: Schönke/Schröder, § 184 StGB, Rn. 72.

203 *Eisele*, in: Schönke/Schröder, § 184 StGB, Rn. 72.

204 Verneinend *Altenhain*, in: MüKo-StGB, Bd. 7, Vorbemerkung zu § 7 TMG, Rn. 7.

205 *Altenhain*, in: MüKo-StGB, Bd. 7, Vorbemerkung zu § 7 TMG, Rn. 7.

206 *Altenhain*, in: MüKo-StGB, Bd. 7, Vorbemerkung zu § 7 TMG, Rn. 7.

207 *Altenhain*, in: MüKo-StGB, Bd. 7, Vorbemerkung zu § 7 TMG, Rn. 7.

„Vorfilter" die strafrechtliche Haftung der Plattform-Betreiber*innen im Tor-Netzwerk begrenzen könnten.

II. Sachlicher und persönlicher Anwendungsbereich

Damit die telemedienrechtlichen Haftungsprivilegierungen der §§ 8–10 TMG als rechtsgebietsübergreifender „Vorfilter" die strafrechtliche Haftung der Plattform-Betreiber*innen im Tor-Netzwerk beschränken könnten, müsste der sachliche (§ 1 TMG) und persönliche Anwendungsbereich (§ 2 TMG) der §§ 8–10 TMG eröffnet sein.

1. Sachlicher Anwendungsbereich der §§ 8–10 TMG

Voraussetzung für die Eröffnung des sachlichen Anwendungsbereichs der §§ 8–10 TMG ist, dass es sich bei Online-Plattformen im Tor-Netzwerk um „Telemedien" i.S.v. § 1 Abs. 1 TMG handelt. Die Legaldefinition des § 1 Abs. 1 S. 1 enthält diesbezüglich ein positives und drei negative Tatbestandsmerkmale. Sie beschreibt Telemedien als

> *alle elektronischen Informations- und Kommunikationsdienste, soweit sie nicht Telekommunikationsdienste nach § 3 Nr. 24 des Telekommunikationsgesetzes, die ganz in der Übertragung von Signalen über Telekommunikationsnetze bestehen, telekommunikationsgestützte Dienste nach § 3 Nr. 25 des Telekommunikationsgesetzes oder Rundfunk nach § 2 des Rundfunkstaatsvertrages sind*.

a) „Informations- und Kommunikationsdienste"

Als einziges positives Tatbestandsmerkmal des Telemedienbegriffs wird von § 1 Abs. 1 S. 1 TMG das Vorliegen eines „Informations- oder Kommunikationsdienstes" vorausgesetzt. Mit dem Begriff „Dienst" ist – wie in Art. 2 lit. a) E-Commerce-Richtlinie vorgesehen – eine Dienstleistung gemeint, die elektronisch erbracht werden muss.[208] In § 1 Abs. 1 S. 2 TMG wird dabei klargestellt, dass es unerheblich ist, ob für die Nutzung dieses Dienstes ein Entgelt erhoben wird oder nicht. Gegenstand des elektroni-

---

208 *Altenhain*, in: MüKo-StGB, Bd. 7, § 1 TMG, Rn. 7.

schen Dienstes muss wiederum der Austausch von Informationen sein, wovon „Daten aller Art",[209] also beispielsweise Text-, Bild- Film- und Musikdateien erfasst werden. Da über Online-Plattformen im Tor-Netzwerk Daten und Informationen verschiedener Art ausgetauscht werden, stellen sie elektronisch erbrachte Informations- oder Kommunikationsdienste i.S.d. § 1 Abs. 1 S. 1 TMG dar.

b) Ausschlusstatbestand des § 3 Nr. 24 TKG

Bei Online-Plattformen im Tor-Netzwerk dürfte es sich weiterhin nicht um Telekommunikationsdienste nach § 3 Nr. 24 TKG handeln, „die ganz in der Übertragung von Signalen über Telekommunikationsnetze bestehen".[210] Zwar müssen beim Aufrufen von Webseiten im Tor-Netzwerk die angefragten HTML-Dokumente als Signale über Telekommunikationsnetze an den anfragenden Webbrowser übermittelt werden. Das Betreiben der in Rede stehenden Online-Plattformen stellt jedoch keine rein technische Dienstleistung dar, die sich in der bloßen Durchleitung von Datenpaketen erschöpft. Da das Betreiben von Online-Plattformen im Tor-Netzwerk nicht ausschließlich der Übertragung von Signalen über Telekommunikationsnetze dient, wird der Ausschlusstatbestand des § 3 Nr. 24 TKG beim Betreiben von Online-Plattformen im Tor-Netzwerk nicht verwirklicht.

c) Ausschlusstatbestand des § 3 Nr. 25 TKG

Außerdem dürften Online-Plattformen im Tor-Netzwerk gem. § 1 Abs. 1 S. 1 TMG keine telekommunikationsgestützten Dienste i.S.v. § 3 Nr. 25 TKG darstellen. Dabei handelt es sich um sogenannte Sprach- und Telefonmehrwertdienste, bei denen Menschen während der Telekommunikationsverbindung individuelle Leistungen erbringen.[211] Beispiele für telekommunikationsgestützte Dienste sind neben 0190er- und 0900er-Ruf-

---

209 *Altenhain*, in: MüKo-StGB, Bd. 7, § 1 TMG, Rn. 11.

210 Soweit ein Dienst nicht ausschließlich, sondern nur überwiegend oder teilweise in der Übertragung von Signalen über Telekommunikationsnetze besteht, ist er zwar nach § 3 Nr. 24 TKG ein Telekommunikationsdienst, nach § 1 Abs. 1 S. 1 TMG aber zugleich auch ein Telemedium, was von § 1 Abs. 3 TMG ausdrücklich klarstellt wird, siehe hierzu *Altenhain*, in: MüKo-StGB, Bd. 7, § 1 TMG, Rn. 12.

211 *Altenhain*, in: MüKo-StGB, Bd. 7, § 1 TMG, Rn. 18.

nummern Auskunftsdienste nach § 3 Nr. 2a TKG, entgeltfreie Telefon-
dienste nach § 3 Nr. 8a TKG oder Service-Dienste nach § 3 Nr. 8b TKG.[212]
Da über Online-Plattformen im Tor-Netzwerk keine individuellen Sprach-
und Telefonmehrwertdienste erbracht werden, ist der Ausschlusstatbestand des § 3 Nr. 25 TKG ebenfalls nicht einschlägig.

d) Ausschlusstatbestand des § 2 Abs. 1 RStV

Zudem dürfte es sich bei Online-Plattformen im Tor-Netzwerk nicht um
Rundfunk i.S.v. § 2 Abs. 1 RStV handeln. Das Anbieten von Online-Plattformen im Tor-Netzwerk ist jedoch keine zum zeitgleichen Empfang
bestimmte Verbreitung von Angeboten in Bewegtbild oder Ton entlang
eines Sendeplans, wie sie in § 2 Abs. 1 RStV vorausgesetzt wird. Somit
ist keiner der in § 1 Abs. 1 S. 1 TMG genannten Ausschlusstatbestände
einschlägig und sachliche Anwendungsbereich der telemedienrechtlichen
Haftungsprivilegierungen aus §§ 8–10 TMG eröffnet.

2. Persönlicher Anwendungsbereich der §§ 8–10 TMG

Weiterhin müsste auch der persönliche Anwendungsbereich der §§ 8–10
TMG eröffnet sein. Dies ist der Fall, wenn die Betreiber*innen der in Rede
stehenden Online-Plattformen Diensteanbieter*innen i.S.v. § 2 S. 1 Nr. 1
TMG sind. Diensteanbieter*in i.S.v. § 2 S. 1 Nr. 1 TMG ist diejenige natürliche oder juristische Person, die durch ihre Weisungen oder ihre Herr-
schaftsmacht über Rechner und Kommunikationskanäle die Verbreitung
und Speicherung von Informationen ermöglicht.[213] Maßgeblich ist dabei,
wer über den Inhalt und das Anbieten des Telemediendienstes entscheiden
kann und nach außen als Diensteanbieter*in auftritt.[214] Unerheblich ist,
ob von den Diensteanbieter*innen eigene Rechner- und Speicherkapazitäten verwendet oder Dienstleistungen Dritter in Anspruch genommen
werden.[215] Da die Betreiber*innen von Online-Plattformen im Tor-Netzwerk auf ihren Webseiten Speicherkapazitäten für die Veröffentlichung
nutzergenerierter Inhalte zur Verfügung stellen und dabei selbst über die

---

212 *Ricke*, in: Spindler/Schuster, Recht der elektronischen Medien, § 1 TMG, Rn. 9.
213 *Müller-Broich*, TMG Kommentar, § 2, Rn. 1.
214 *Müller-Broich*, TMG Kommentar, § 2, Rn. 1.
215 *Müller-Broich*, TMG Kommentar, § 1, Rn. 6.

inhaltliche Ausrichtung und das Anbieten der Plattformen entscheiden, ist neben dem sachlichen Anwendungsbereich auch der persönliche Anwendungsbereich des § 2 S. 1 Nr. 1 TMG eröffnet.

III. Einzelne telemedienrechtliche Privilegierungstatbestände

Um von den telemedienrechtlichen Haftungsprivilegierungen profitieren zu können, müssen die Plattform-Administrator*innen im Tor-Netzwerk weiterhin einer nach den §§ 8–10 TMG privilegierten Tätigkeit nachgehen. Dies ist der Fall, wenn sie fremde Informationen in Kommunikationsnetzen übermitteln (§ 8 TMG), zeitlich begrenzt zwischenspeichern (§ 9 TMG) oder dauerhaft abspeichern (§ 10 TMG). Der Begriff der Information ist dabei weit zu verstehen, sodass davon sämtliche Kommunikationsinhalte wie etwa Text-, Bild-, Ton- oder Videodateien erfasst werden.[216]

1. Durchleitung von Informationen i.S.d. § 8 TMG

Gem. § 8 Abs. 1 S. 1 TMG ist als sogenannte*r Access-Provider*in haftungsprivilegiert, wer fremde Informationen in Kommunikationsnetzen übermittelt. Das Haftungsprivileg des § 8 Abs. 1 TMG begründet sich darauf, dass es Access-Provider*innen an einer Einwirkungsmöglichkeit auf die von ihnen transportierten Daten fehlt, da sie diese im Rahmen eines automatisiert ablaufenden Prozesses durchleiten.[217] Gleiches gilt gem. § 8 Abs. 2 TMG für die kurzzeitige Zwischenspeicherung fremder Informationen im Rahmen des Routings.[218] Beispielhaft für Access-Provider*innen können daher etwa die Betreiber*innen von Tor-Relays genannt werden.[219] Die Administrator*innen von Webseiten im Tor-Netzwerk sind allerdings nicht im Rahmen eines automatisiert ablaufenden Prozesses mit der Übermittlung fremder Kommunikationsinhalte befasst. Vielmehr gehen die von ihnen betriebenen Telemediendienste in Form der Plattformen und Foren über die rein technische Durchleitung von Daten hinaus. Sie kön-

---

216 *Altenhain*, in: MüKo-StGB, Bd. 7, § 1 TMG, Rn. 11.
217 *Müller-Broich*, TMG Kommentar, § 8, Rn. 1.
218 *Müller-Broich*, TMG Kommentar, § 8, Rn. 2.
219 Zu der Funktionsweise des Onion Routing und den sogenannten Tor-Relays siehe § 2 B. I. 1.

nen daher nicht als Access-Provider*innen i.S.v. § 8 Abs. 1 TMG angesehen werden.

2. Zwischenspeicherung von Informationen i.S.d. § 9 TMG

§ 9 S. 1 TMG enthält eine Haftungsprivilegierung für Diensteanbieter*innen, die als sogenannte Cache-Provider*innen fremde Informationen und Kommunikationsinhalte zum Zwecke der beschleunigten Datenübermittlung automatisiert zwischenspeichern. Beim „Caching" werden Kopien fremder Informationen in einem Zwischenspeicher hinterlegt, sodass beim nächsten Zugriff auf die Daten der zeitaufwändigere Zugriff auf das Hintergrundmedium entfällt und die angefragten Inhalte schneller abgerufen werden können.[220] In Abgrenzung zu § 10 TMG muss beim „Caching" i.S.v. § 9 TMG die Speicherung der fremden Informationen allerdings zeitlich begrenzt sein.[221] Auf den in Frage stehenden Online-Plattformen im Tor-Netzwerk werden die von den Plattform-Nutzer*innen veröffentlichen Beiträge jedoch nicht nur kurzfristig, sondern dauerhaft abgespeichert. Dies geschieht außerdem nicht zum Zwecke der beschleunigten Datenübermittlung. Die Betreiber*innen von Online-Plattformen im Tor-Netzwerk können demnach nicht als Cache-Provider*innen i.S.d. § 9 TMG angesehen werden.

3. Speicherung von Informationen i.S.d. § 10 TMG

Auf den praxisrelevanten Fall der dauerhaften Speicherung fremder Informationen, welcher auch als „Hosting" bezeichnet wird, ist die Haftungsprivilegierung des § 10 S. 1 TMG anwendbar. Sogenannte Host-Provider*innen ermöglichen die Speicherung und das Abrufen von nutzergenerierten Inhalten auf eigenen Servern. Als Beispiel für eine gem. § 10 S. 1 TMG privilegierte Tätigkeit kann das „Hosting" von Webseiten sowie das Betreiben von Chatrooms, Webmail-Diensten, Foren oder Verkaufsplattformen genannt werden.[222] Wer Webseiten im Tor-Netzwerk betreibt, auf denen Dritte Kommentare verfassen, Warenangebote schalten, Videos hochladen

---

220 *Müller-Broich*, TMG Kommentar, § 9, Rn. 1.
221 *Hoffmann/Volkmann*, in: Spindler/Schuster, Recht der elektronischen Medien, § 9 TMG, Rn. 12.
222 *Eisele*, in: Schönke/Schröder, § 184 StGB, Rn. 84.

oder sonstige Beiträge veröffentlichen können, kann daher grundsätzlich als Host-Provider*in von der Haftungsbeschränkung des § 10 Abs. 1 S. 1 TMG profitieren. Für nutzergenerierte Posts können die Plattform- und Foren-Administrator*innen gem. § 10 Abs. 1 S. 1 TMG daher nur haftbar gemacht werden, wenn ihnen eine positive Kenntnis der konkreten strafbaren Inhalte nachgewiesen werden kann. Unter Kenntnis ist dabei eine positive menschliche Kenntnis i.S.e. *dolus directus* zweiten Grades zu verstehen.[223] Nicht ausreichend ist es, wenn die Verantwortlichen es generell für möglich oder sogar wahrscheinlich halten, dass Fremde strafbare Inhalte auf ihren Webseiten veröffentlichen.[224] Da auf Plattformen im Tor-Netzwerk – je nach Größe, Beliebtheit und Ausrichtung – mehrere hunderttausend, größtenteils automatisiert abgespeicherte Posts abrufbar sind, kann auf Seiten der Plattform-Betreiber*innen in aller Regel nicht vom Vorliegen einer positiven Kenntnis der einzelnen strafbaren Inhalte ausgegangen werden. Demnach wäre eine Beschränkung ihrer strafrechtlichen Verantwortlichkeit für von Dritten generierte Inhalte gem. § 10 S. 1 TMG grundsätzlich zu bejahen.

IV. Wegfall der telemedienrechtlichen Haftungsprivilegierung

Fraglich ist jedoch, ob § 10 S. 1 Nr. 1 TMG auch in Hinblick auf solche Plattform-Betreiber*innen gelten kann, deren Webseiten explizit der anonymen Anbahnung und Abwicklung von Straftaten durch Dritte dienen. In der höchstrichterlichen Rechtsprechung des EuGH und des BGH existieren verschiedene Fallgruppen, die den Wegfall der telemedienrechtlichen Haftungsprivilegierung von Host-Provider*innen thematisieren. Diese könnten in den genannten Konstellationen zur Unanwendbarkeit der Haftungsprivilegierung des § 10 S. 1 Nr. 1 TMG für die Betreiber*innen von kriminellen Plattformen und Foren im Tor-Netzwerk führen.

1. Aktive Rolle bei der Erbringung des Dienstes

Nach Auffassung des EuGH kann als Host-Provider*in nicht haftungsprivilegiert sein, wer bei Erbringung des Online-Dienstes eine „aktive Rolle"

---

223 KG, Beschluss vom 25.8.2014 – 4 Ws 71/14 – 141 AR 363/14 = NJW 2014, 3798 (3799), m. Anm. *Hassemer*, Rn. 16.
224 *Altenhain*, in: MüKo-StGB, Bd. 7, § 10 TMG, Rn. 7.

gespielt hat, die dem oder der Diensteanbieter*in eine Kenntnis der gehosteten Daten oder eine Kontrolle über sie verschaffen konnte:

> „Art. 14 Abs. 1 der RL 2000/31/EG […] ist dahin auszulegen, dass er auf den Betreiber eines Online-Marktplatzes Anwendung findet, sofern dieser keine aktive Rolle gespielt hat, die ihm eine Kenntnis der gespeicherten Daten oder eine Kontrolle über sie ermöglicht. Dieser Betreiber spielt eine solche Rolle, wenn er Hilfestellung leistet, die u.a. darin besteht, die Präsentation der fraglichen Verkaufsangebote zu optimieren oder diese zu bewerben. Hat der Betreiber des Online-Marktplatzes keine aktive Rolle […] gespielt und fällt die Erbringung seines Dienstes folglich in den Anwendungsbereich von Art. 14 Abs. 1 der RL 2000/31, kann er sich […] nicht auf die in dieser Bestimmung vorgesehene Ausnahme von der Verantwortlichkeit berufen, wenn er sich etwaiger Tatsachen oder Umstände bewusst war, auf deren Grundlage ein sorgfältiger Wirtschaftsteilnehmer die Rechtswidrigkeit der fraglichen Verkaufsangebote hätte feststellen müssen und er, falls ein solches Bewusstsein gegeben war, nicht unverzüglich […] tätig geworden ist.“[225]

Auf Webseiten im Tor-Netzwerk, die als Online-Märkte für inkriminierte Waren oder Tauschbörsen für kinderpornografische Dateien fungieren, stellen strafbare Inhalte einen Großteil der auf den Plattformen abrufbaren Angebote dar. Die Plattform-Betreiber*innen stellen ihren Nutzer*innen dabei eine technische Infrastruktur zur Verfügung, über den diese weitgehend anonym tätig werden können. Um den Austausch von illegalen Gütern zu ermöglichen, geben sie auf ihren Webseiten eine detaillierte Themenstruktur mit inkriminierten Angebots- und Produktkategorien vor. Auf einigen Webseiten ist es zudem möglich, illegale Waren von den Plattform- und Foren-Administrator*innen bewerben zu lassen. Letztere beschränken sich demnach nicht darauf, ihre Dienste mittels rein technischer Verarbeitung der von ihren Kund*innen eingegeben Daten „neutral" zu erbringen. Vielmehr nehmen sie beim Betrieb ihrer Plattformen eine aktive Rolle ein, die ihnen eine Kenntnis der gehosteten Daten verschaffen konnte.[226] Der Rechtsprechung des EuGH zufolge scheidet ein Eingreifen der Haftungsprivilegierung für die Betreiber*innen von Online-Plattformen mit krimineller Ausrichtung somit aus.

---

225 EuGH, Urteil v. 12.07.2011 – C-324/09 – *L'Oréal SA* = EuGH, MMR 2011, 596 (602–603) m. Anm. *Hoeren*, Rn. 113–116.
226 Ebenso *Fünfsinn/Krause*, Plattformen zur Ermöglichung krimineller Handlungen im Internet. Überlegungen zur strafrechtlichen Erfassung *de lege lata* und *de lege ferenda*, in: FS Ulrich Eisenberg, 641 (645).

2. „Zu-Eigen-Machen" fremder Informationen

Die deutsche Rechtsprechung sieht sich im Einklang mit der Rechtsprechung des EuGH, zieht neben dieser allerdings eigene Bewertungsmaßstäbe für den Wegfall der Haftungsprivilegierung aus § 10 S. 1 TMG heran.[227] Laut BGH haften die Betreiber*innen von Online-Plattformen uneingeschränkt für von Dritten generierte Inhalte, wenn sie sich diese unter dem Gesichtspunkt des „Zu-Eigen-Machens" zurechnen lassen müssen.[228] Von einem solchen „Zu-Eigen-Machen" ist auszugehen, wenn sie nach außen erkennbar die inhaltliche Verantwortung für auf ihren Webseiten veröffentlichte Inhalte übernehmen, was aus objektiver Sicht auf Grundlage einer Gesamtbetrachtung aller relevanten Umstände zu beurteilen ist.[229] Entscheidende Kriterien für das „Zu-Eigen-Machen" sind dabei die Art der Datenübernahme, ihr Zweck und die konkrete Präsentation durch die Übernehmenden.[230] Ein Zu-Eigen-Machen liegt insbesondere dann vor, wenn Plattform-Betreiber*innen rechtswidrige Posts ihrer Nutzer*innen gutheißen, diesen zustimmen oder sich mit ihnen identifizieren.[231] Auf Online-Plattformen im Tor-Netzwerk, die eine weitgehend anonyme Begehung von Straftaten ermöglichen, stellen Posts mit strafbaren Inhalten den redaktionellen Kerngehalt der Webseiten dar. Der Austausch der inkriminierten Waren wird von den Betreiber*innen der Plattformen befürwortet, da sie in der Regel durch die Zahlung von Provisionen an den illegalen Geschäften beteiligt werden. Der Rechtsprechung des BGH zufolge ist somit davon auszugehen, dass sich die Betreiber*innen der Plattformen die von ihren Nutzer*innen generierten, strafbaren Posts zu eigen gemacht haben.[232] Sie können sich daher auch unter dem Gesichtspunkt des „Zu-Eigen-Machens" fremder Informationen nicht auf die Haftungsprivilegierung aus § 10 S. 1 TMG berufen.

227 *Altenhain*, in: MüKo-StGB, Bd. 7, Vorbemerkung zu § 7 TMG, Rn. 17.
228 BGH, Urteil vom 12.11.2009 – I ZR 166/07 = MMR 2010, 556 (557); BGH, Urteil vom 01.03.2016 – VI ZR 34/15 = MMR 2016, 418 (419); BGH, Urteil vom 27.03.2012 – VI ZR 144/11 = MMR 2012, 623 (624); BGH, Urteil vom 04.04.2017 – VI ZR 123/16 = MMR 2017, 526 (527).
229 *Müller-Broich*, TMG Kommentar, § 7, Rn. 2.
230 *Müller-Broich*, TMG Kommentar, § 7, Rn. 2.
231 *Götze*, Aktuelle Fragen der strafrechtlichen Providerhaftung, S. 61–62.
232 Ebenso *Fünfsinn/Krause*, Plattformen zur Ermöglichung krimineller Handlungen im Internet. Überlegungen zur strafrechtlichen Erfassung *de lege lata* und *de lege ferenda*, in: FS Ulrich Eisenberg, 641 (645).

V. Zwischenergebnis zu B.

Die Betreiber*innen von Plattformen und Foren im Tor-Netzwerk sind als Host-Provider*innen grundsätzlich gem. § 10 S. 1 TMG haftungsprivilegiert. Für den Betrieb ihrer Webseiten können sie nur haftbar gemacht werden, wenn ihnen eine positive Kenntnis der konkreten strafbaren Inhalte auf den Plattformen und Foren nachgewiesen werden kann. In Konstellationen, in denen Webseiten im Tor-Netzwerk ausdrücklich der Anbahnung und Abwicklung von Straftaten dienen, können sich deren Betreiber*innen allerdings nicht auf § 10 S. 1 TMG berufen. In diesen Fällen ist eine Haftungsprivilegierung in Hinblick auf die höchstrichterliche Rechtsprechung des EuGH zur aktiven Rolle von Host-Provider*innen, sowie die vom BGH geschaffene Rechtsfigur des „Zu-Eigen-Machens" von fremden Informationen zu Recht ausgeschlossen. Der Annahme, dass der neu eingeführte Straftatbestand des § 127 StGB in Hinblick auf die telemedienrechtliche Haftungsbeschränkung des § 10 S. 1 TMG leerlaufen wird,[233] kann demnach nicht zugestimmt werden.

C. *Strafrechtliche Haftung nach spezialgesetzlichen Vorschriften*

Da die strafrechtliche Haftung der Betreiber*innen von Online-Plattformen in den genannten Fällen nicht von der telemedienrechtliche Haftungsprivilegierung des § 10 S. 1 TMG begrenzt wird, gilt es sich nachfolgend der Frage zuzuwenden, wegen welcher Straftatbestände aus dem Kern- und Nebenstrafrecht sich die jeweiligen Plattform-Administrator*innen strafbar machen könnten. Die Erkenntnisse dieser Untersuchung können einerseits für die Beantwortung der Frage herangezogen werden, ob die Einführung des § 127 StGB zur Schließung von vermeintlich bestehenden Strafbarkeitslücken erforderlich war. Andererseits ist die strafrechtliche Verantwortlichkeit der Plattform- und Foren-Betreiber*innen auch in Hinblick darauf von Relevanz, dass der neu eingeführte Straftatbestand des § 127 StGB eine formelle Subsidiaritätsklausel enthält. Wegen des Betreibens von Handelsplattformen im Internet i.S.d. § 127 StGB wird daher nur bestraft, wenn die Tat nicht in anderen, spezialgesetzlichen Vorschriften aus dem Kern- und Nebenstrafrecht mit schwererer Strafe bedroht ist.

---

233 Siehe hierzu *Gerhold*, ZRP 2021, 44 (44).

I. Alleintäterschaftliche Strafbarkeit, § 25 Abs. 1 StGB

Durch den Betrieb von Online-Plattformen mit krimineller Ausrichtung stellen die Administrator*innen der in Rede stehenden Webseiten im Tor-Netzwerk eine technische Infrastruktur zur Verfügung, mittels derer Dritte anonym Straftaten miteinander anbahnen und abwickeln können. Dabei geben sie die inhaltliche Ausrichtung der Plattformen vor, indem sie die von den Mitgliedern zu befolgenden Regeln und Richtlinien festlegen.[234] Auch die auf den Webseiten vorgegebenen kriminellen Produktpaletten und Angebotskategorien werden von den Administrator*innen selbst erstellt. Im Falle von Handelsplattformen profitieren die Betreiber*innen durch die Provisionszahlungen der Mitglieder außerdem finanziell von den über die Plattformen abgewickelten Straftaten. Auf eine unterlassene Löschung der strafbaren Angebote abzustellen, die von den Plattform-Nutzer*innen auf den Webseiten gepostet werden, würde daher der Gesamtstruktur, dem Aufbau und dem Geschäftsmodell der betreffenden Webseiten widersprechen. Stattdessen ist der Schwerpunkt des strafrechtlich relevanten Verhaltens der Plattform- und Foren-Betreiber*innen in einer aktiven Handlung zu sehen.[235] Eine Unterlassungsstrafbarkeit i.S.v. § 13 Abs. 1 StGB kommt demnach nicht in Betracht. Vielmehr ist der Frage nachzugehen, welche Begehungsdelikte aus dem Kern- und Nebenstrafrecht von den Betreiber*innen der kriminellen Plattformen und Foren alleintäterschaftlich i.S.v. § 25 Abs. 1 StGB verwirklicht werden könnten.

1. Strafvorschriften der §§ 29 ff. BtMG

Indem sie den auf ihren Webseiten aktiven Händler*innen und Käufer*innen einen virtuellen Treffpunkt zur Verfügung stellen, der diesen eine weitgehend anonyme Anbahnung und Abwicklung ihrer Handelsgeschäfte ermöglicht, könnten sich die Plattform- und Foren-Administrator*innen zunächst wegen Verstößen gegen die §§ 29 ff. BtMG strafbar machen.

---

234 Siehe hierzu ausführlich § 3 A. II. 1.
235 Ebenso *Ceffinato*, JuS 2017, 403 (408); a.A. *Hoffmann*, in: Zeh et al., Die Internetkriminalität boomt. Braucht das Strafgesetzbuch ein Update?, S. 56–58 und *Greco*, der eine Unterlassungsstrafbarkeit in Betracht zieht, wenn die über die Plattformen begangenen Straftaten die kriminelle Ausrichtung der einzelnen Webseiten erheblich übersteigt, vgl. *Greco*, ZIS 2019, 435 (447).

a) § 29 Abs. 1 S. 1 Nr. 1 BtMG

Gem. § 29 Abs. 1 Nr. 1 BtMG macht sich strafbar, „wer Betäubungsmittel unerlaubt anbaut, herstellt, mit ihnen Handel treibt, sie, ohne Handel zu treiben, einführt, ausführt, veräußert, abgibt, sonst in den Verkehr bringt, erwirbt oder sich in sonstiger Weise verschafft". Im Gegensatz zu den auf den Webseiten agierenden Händler*innen und Käufer*innen gehen die Plattform-Betreiber*innen jedoch keinen eigenen Betäubungsmittelgeschäften nach, sondern nehmen diesbezüglich eine bloße Vermittlerrolle wahr. Da der betäubungsmittelrechtliche Begriff des Handeltreibens in der Rechtsprechung jedoch eine sehr weite Auslegung erfahren hat, wird das Zurverfügungstellen von Webseiten, über die Betäubungsmittel gehandelt werden, dennoch von § 29 Abs. 1 S. 1 Nr. 1 Alt. 3 BtMG erfasst. Ein Handeltreiben i.S.v. § 29 Abs. 1 S. 1 Nr. 1 Alt. 3 BtMG ist nämlich „jede eigennützige, auf Umsatz gerichtete Tätigkeit, selbst wenn diese sich nur als gelegentlich, einmalig oder *ausschließlich vermittelnd* darstellt".[236] Weder werden eigene Umsatzgeschäfte, noch ein Besitz an den gehandelten Betäubungsmitteln vorausgesetzt.[237] Folglich kann bereits der Betrieb einer Internetplattform, die der Anbahnung und Abwicklung von Betäubungsmittelgeschäften dient, den Tatbestand des § 29 Abs. 1 S. 1 Nr. 2 Alt. 3 BtMG erfüllen.[238] Da die Plattform- und Foren-Betreiber*innen für abgeschlossene Geschäfte in der Regel Provisionszahlungen erhalten, wird in den meisten Fällen auch die Voraussetzung einer eigennützigen, auf Umsatz gerichteten Tätigkeit erfüllt.[239] Anders könnte dies allerdings bei Web-

---

236 BGH, Urteil vom 01.07. 1954 – 3 StR 657/53 – NJW 1954, 1537; BGH, Beschluß vom 26.10.2005 – GSSt 1/05 = NStZ 2006, 171 (Rn. 3); *Patzak*, in: Körner/Patzak/Volkmer, BtMG Kommentar, § 29, Rn. 23; *Weber*, BtMG Kommentar, § 29, Rn. 169–170; *Oğlakcıoğlu*, in: MüKo-StGB, Bd. 6, § 29 BtMG, Rn. 248–249; *Becker*, in: BeckOK BtMG, § 29 Rn. 56 (Hervorhebung d. Verf.).

237 Das BVerfG hat keine verfassungsmäßigen Bedenken an der Bestimmtheit des betäubungsmittelrechtlichen Straftatbestandes des Handeltreibens geäußert und die weite Definition der Rechtsprechung unbeanstandet gelassen, BVerfG, Beschluss vom 25.02.1993 – 2 BvR 2229/92; *Patzak*, in: Körner/Patzak/Volkmer, BtMG, § 29, Rn. 6. Zur Kritik an der weiten Auslegung des Tatbestandsmerkmals des Handeltreibens siehe *Weber*, BtMG Kommentar, § 29, Rn. 173 ff. und Rn. 228.

238 Ebenso *Zöller*, KriPoZ 2019, 274 (280); *Greco*, ZIS 2019, 435 (440); *Safferling/Rückert*, Analysen & Argumente 291 (2018), S. 11.

239 Anstelle von Provisionszahlungen erheben einige Plattform-Betreiber*innen auch Gebühren für das Freischalten von Händler*innen-Accounts oder die Durchführung der Treuhanddiensten, vgl. § 3 A. II. 1.

seiten zu bewerten sein, die ohne finanzielles Interesse betrieben werden, was hauptsächlich im Falle von Diskussionsforen zu beobachten ist. Ein Beispiel für eine solche uneigennützig betriebene Plattform ist „DiDW", für deren Administrierung der Betreiber lediglich um freiwillige Spenden für die Stromkosten seines Webservers gebeten hatte.[240] In diesen Fällen muss eine Eigennützigkeit, wie sie für ein Handeltreiben i.S.v. § 29 Abs. 1 S. 1 Nr. 1 Var. 3 BtMG vorausgesetzt wird, abgelehnt werden.

b) § 29 Abs. 1 S. 1 Nr. 10 BtMG

Sollte eine Strafbarkeit gem. § 29 Abs. 1 S. 1 Nr. 1 Var. 3 BtMG mangels eigennützigem Vorgehen der Plattform- und Foren-Betreiber*innen ausscheiden, so kann jedoch die Vorschrift des § 29 Abs. 1 S. 1 Nr. 10 Alt. 1 BtMG einschlägig sein. Diese stellt bereits das Verschaffen einer Gelegenheit zum unbefugten Erwerb oder zur unbefugten Abgabe von Betäubungsmitteln unter Strafe. Unter dem Verschaffen einer Gelegenheit i.S.v. § 29 Abs. 1 S. 1 Nr. 10 Alt. 1 BtMG ist wiederum das Herbeiführen günstiger äußerer Bedingungen zu verstehen, die den Handel mit Betäubungsmitteln fördern oder erleichtern.[241] Im Falle von Online-Plattformen, die über einen Marktplatzbereich für illegale Substanzen verfügen, wird den dort agierenden Händler*innen und Käufer*innen erheblich erleichtert, potentielle Geschäftspartner*innen aufzufinden und ihre Produkte abzusetzen. Da die Webseiten als *onion services* aufgesetzt werden und die IP-Adressen der Plattform-Nutzer*innen im Tor-Netzwerk anonymisiert werden, wird außerdem das Strafverfolgungsrisiko der Beteiligten verringert und gleichzeitig günstige Bedingungen für den Erwerb und die Abgabe von Betäubungsmitteln geschaffen. Eine Strafbarkeit gem. § 29 Abs. 1 S. 1 Nr. 10 Alt. 1 BtMG kommt daher auch in Fällen in Betracht, in denen die Plattform-Administrator*innen uneigennützig tätig werden.[242]

---

240 Vgl. *Dölle*, Spur des Geldes. Wie das größte deutsche Darknet-Forum auffllog, c't 25/2018, S. 17.
241 *Weber*, BtMG Kommentar, § 29, Rn. 1749; *Kotz/Oğlakcıoğlu*, in: MüKo-StGB, Bd. 6, § 29 BtMG, Rn. 1441.
242 Ebenso *Zöller*, KriPoZ 2019, 274 (280); *Bachmann/Arslan*, NZWiSt 2019, 241 (243); *Safferling/Rückert*, Analysen & Argumente 291 (2018), S. 11–12.

2. Strafvorschrift des §§ 95 Abs. 1 AMG

Was das Handeltreiben mit verschreibungspflichtigen Arzneimitteln angeht, so kommt außerdem eine alleintäterschaftliche Strafbarkeit der Plattform-Betreiber*innen gem. § 95 Abs. 1 Nr. 4 Alt. 1 AMG in Betracht. Zwar ist der Begriff des Handeltreibens aus § 95 Abs. 1 Nr. 4 Alt. 1 AMG nicht näher im AMG definiert. Allerdings besteht Einigkeit darüber, dass dieser ebenso zu verstehen ist wie im Recht der Betäubungsmittel.[243] Insofern kann durch das Betreiben einer Online-Plattform, die dem An- und Verkauf von verschreibungspflichtigen Arzneimitteln dient, auch ein Handeltreiben i.S.v. § 95 Abs. 1 Nr. 4 Alt. 1 AMG bejaht werden. Genau wie bei § 29 Abs. 1 S. 1 Nr. 1 Alt. 3 BtMG ist allerdings eine eigennützige, auf Umsatz gerichtete Tätigkeit der Plattform-Administrator*innen erforderlich. Werden diese ohne finanzielles Interesse tätig, kommt eine Strafbarkeit gem. § 95 Abs. 1 Nr. 4 Alt. 1 AMG nicht in Betracht. Im Arzneimittelstrafrecht fehlt allerdings eine mit § 29 Abs. 1 Nr. 10 BtMG vergleichbare Vorschrift, die in diesen Konstellationen als Auffangtatbestand herangezogen werden könnte. Dennoch bleibt in diesen Fällen eine Beihilfestrafbarkeit gem. § 27 StGB wegen Ermöglichung, Förderung oder Erleichterung der arzneimittelrechtlichen Verstöße der Plattform-Nutzer*innen denkbar.[244]

3. Strafvorschriften der §§ 51, 52 WaffG

Eine ähnlich weite Tatbestandsfassung wie die Strafvorschriften aus dem Betäubungs- und Arzneimittelrecht weisen die Straftatbestände der §§ 51, 52 WaffG auf. Wenngleich von den Plattform-Administrator*innen keine eigenen Waffengeschäfte getätigt werden, kann das Zurverfügungstellen von Plattformen, über die Schusswaffen und Munition vertrieben werden, daher vom waffenrechtlichen Begriff des Handeltreibens erfasst sein. Dieser ist in den §§ 51 Abs. 1 Alt. 10, 52 Abs. 1 Nr. 1 Alt. 10, 52 Abs. 1 Nr. 2c) Alt. 4 sowie § 52 Abs. 3 Nr. 1 Alt. 10 WaffG als eigenständige Tathandlung unter Strafe gestellt. Gemäß der Legaldefinition aus Anlage 1 Abschnitt 2 Nr. 9 des WaffG treibt Waffenhandel, „wer gewerbsmäßig oder selbststän-

---

243 BGH, Urteil vom 03.07. 2003 – 1 StR 453/02 = NStZ 2004, 457 (458); *Volkmer*, in: Körner/Patzak/Volkmer, BtMG Kommentar, § 95 AMG, Rn. 200–202; *Weber*, BtMG Kommentar, § 43 AMG, Rn. 38.

244 Ausführlich zur Strafbarkeit der Plattform-Betreiber*innen wegen Beihilfe siehe § 4 B. V. 2.

dig im Rahmen einer wirtschaftlichen Unternehmung Schusswaffen oder Munition ankauft, feilhält, Bestellungen entgegennimmt oder aufsucht, anderen überlässt oder den Erwerb, den Vertrieb oder das Überlassen *vermittelt*".[245] Auch im waffenrechtlichen Kontext ist die Vermittlerrolle, die von den Administrator*innen durch das Betreiben der in Rede stehenden Online-Marktplätze wahrgenommen wird, somit strafrechtlich erfasst.[246] Voraussetzung ist allerdings, dass die betreffenden Webseiten gewerbsmäßig oder selbstständig im Rahmen einer wirtschaftlichen Unternehmung betrieben werden. Für Plattform-Administrator*innen, die ohne Gewinnerzielungsabsicht handeln und für die Benutzung ihrer Webseiten keinerlei Gebühren erheben, scheidet eine Strafbarkeit wegen Verstößen gegen die §§ 51, 52 WaffG daher aus. Genau wie im Arzneimittelstrafrecht fehlt es in den waffenrechtlichen Strafvorschriften an einer mit § 29 Abs. 1 S. 1 Nr. 10 BtMG vergleichbaren Vorschrift, die als Auffangtatbestand herangezogen werden könnte. Allerdings ist auch in diesen Fällen an eine Beihilfe i.S.v. § 27 Abs. 1 StGB zu den von den Plattform-Mitgliedern verwirklichten waffenrechtlichen Verstößen zu denken. Werden mit Schusswaffen, die über Marktplätze im Tor-Netzwerk gehandelt wurden, Körperverletzungs- oder Tötungsdelikte begangen, ist außerdem eine Strafbarkeit der Plattform-Betreiber*innen wegen Fahrlässigkeitsdelikten i.S.d. §§ 222, 229 StGB in Betracht zu ziehen.[247]

---

245 Hervorhebung d. Verf.

246 Ebenso *Bachmann/Arslan*, NZWiSt 2019, 241 (243); *Safferling/Rückert*, Analysen & Argumente 291 (2018), S. 11–12; *Zöller*, Greco ZIS 2019, 435 (440).

247 Mit einer solchen Konstellation musste sich als erstes deutsches Gericht das LG Karlsruhe befassen, da der Attentäter des Anschlags vor dem Münchener Olympia-Einkaufszentrum seine Tatwaffe über die Webseite „Deutschland im Deep-Web" erworben hatte. Der Foren-Betreiber „lucky" wurde neben betäubungsmittelrechtlichen Verstößen wegen Beihilfe zu Verstößen gegen das WaffG in Tateinheit mit fahrlässiger Tötung in neun Fällen in weiterer Tateinheit mit fahrlässiger Körperverletzung in fünf Fällen zu einer Gesamtfreiheitsstrafe von sechs Jahren verurteilt, vgl. LG Karlsruhe, Urteil vom 19.12.2018 – 4 KLs 608 Js 19580/17 = StV 2019, 400–405. Die gegen das Urteil eingelegte Revision wurde verworfen, siehe BGH, Beschl. v. 08.01.2019 – 1 StR 356/18 = BeckRS 2019, 206. Entscheidungsbesprechungen finden sich bei *Eisele*, JuS 2019, 1122–1124, *Beck/Nussbaum*, HRRS 2020, 112–122 sowie *Oehmichen*, FD-StrafR 2019, 415371. Zur Strafbarkeit der auf den Plattformen agierenden Waffenverkäufer*innen außerdem *Fahl*, JuS 2018, 531–534.

4. Strafvorschrift des § 184b StGB

Abseits der Online-Marktplätze für Schusswaffen und andere illegale Handelsgüter hat sich im Tor-Netzwerk zudem eine pädokriminelle Szene etabliert.[248] Werden von den Plattform-Administrator*innen Webseiten betrieben, die dem Austausch kinderpornografischer Bild- und Videodateien dienen, kommen daher Verstöße gegen das Pornografiestrafrecht i.S.d. § 184b StGB in Betracht.

a) § 184b Abs. 1 Nr. 1 Alt. 1 StGB

Plattform-Administrator*innen, die auf ihren Webseiten das Herunterladen und Abrufen von kinderpornografischen Dateien ermöglichen, können sich wegen des Verbreitens von kinderpornografischen Inhalten gem. § 184b Abs. 1 Nr. 1 Alt. 1 StGB strafbar machen. Verbreiten bedeutet in diesem Zusammenhang, einen Inhalt an einen größeren Personenkreis gelangen zu lassen.[249] Nicht unter „verbreiten" zu fassen ist hingegen, wenn andere Personen lediglich die Möglichkeit gehabt hätten, auf einen kinderpornografischen Inhalt zuzugreifen, ohne dass tatsächlich nachgewiesen werden kann, ob dies auch geschehen ist.[250] Nach der alten, vor dem Inkrafttreten des 60. StrÄndG vom 30.11.2020 geltenden Rechtslage mit „Schriften" als Tatobjekten des § 184b StGB war umstritten, ob ein „Verbreiten" i.S.d. § 184b Abs. 1 Nr. 1 Alt. 1 StGB a.F. erfüllt sein kann, wenn kinderpornografische Abbildungen in digitalisierter Form übermittelt werden.[251] Uneinigkeit bestand insbesondere darüber, ob ein reiner Lesezugriff – ohne Speichern der Inhalte – genügte, was der BGH annahm.[252] *De lege lata* ist diese Diskussion jedoch nicht mehr relevant, da kinderpornografische Inhalte als „verbreitet" i.S.d. § 184b Abs. 1 Nr. 1 Alt. 1 StGB gelten, sobald sie auf dem Bildschirm sichtbar werden, unabhängig davon, ob sie von den Empfänger*innen auf einem permanenten Datenträger

---

248 Siehe hierzu bereits § 3 A. I. 3 sowie § 3 C. I. 3.
249 *Hörnle*, in: MüKo-StGB, 4. Aufl. 2021, § 184b StGB, Rn. 21.
250 *Hörnle*, in: MüKo-StGB, 4. Aufl. 2021, § 184b StGB, Rn. 21.
251 Vgl. *Hörnle*, in: MüKo-StGB, 4. Aufl. 2021, § 184b StGB, Rn. 22.
252 BGH, Urteil vom 27.6.2001 – 1 StR 66/01 = MMR 2001, 676 (677); BGH, Beschl. v. 12.11.2013 – 3 StR 322/13 = NStZ-RR 2014, 47; *Hörnle*, in: MüKo-StGB, 4. Aufl. 2021, § 184b StGB, Rn. 22.

abgespeichert wurden.[253] Allerdings muss die Anzahl der Personen, denen die betreffenden Dateien zugespielt werden, auch in der neuen Fassung des § 184b Abs. 1 Nr. 1 Alt. 1 StGB „nicht mehr kontrollierbar",[254] sondern nach Zahl und Individualität unbestimmt sein.[255] Dies wird je nach Aufbau, Struktur und Mitgliederzahlen der einzelnen Webseiten im Tor-Netzwerk unterschiedlich zu beurteilen sein. Da auf den in Rede stehenden Plattformen nicht selten zehntausende Mitglieder aktiv sind, kann ein Verbreiten i.S.v. § 184b Abs. 1 Nr. 1 Alt. 1 StGB durch den Betrieb entsprechender Plattformen in der Praxis durchaus zu bejahen sein. In Fällen, in denen der Austausch der Dateien allerdings in kleineren, geschlossenen Gruppen stattfindet, muss die für das Verbreiten aus § 184b Abs. 1 Nr. 1 Alt. 1 StGB erforderliche „Streuung"[256] des kinderpornografischen Materials jedoch abgelehnt werden.

b) § 184b Abs. 1 Nr. 1 Alt. 2 StGB

Ähnlich wird dies in Bezug auf § 184b Abs. 1 Nr. 1 Alt. 2 StGB zu beurteilen sein, der das öffentliche Zugänglichmachen kinderpornografischer Inhalte unter Strafe stellt. Wer Inhalte im Internet zum Betrachten oder zum Herunterladen bereitstellt, macht sie zugänglich.[257] Ein Zugänglichmachen für die Öffentlichkeit ist allerdings nur dann zu bejahen, wenn beliebig viele Nutzer*innen einer Informations- oder Kommunikationstechnik Zugriff auf den betreffenden kinderpornografischen Inhalt nehmen können.[258] Dabei genügt im Unterschied zu § 184b Abs. 1 Nr. 1 Alt. 1 StGB jedoch bereits die bloße Möglichkeit der Kenntnisnahme, auch wenn eine solche in der Praxis nicht erfolgt ist.[259] Bei pädokriminellen Webseiten, für deren Besuch lediglich eine Anmeldung mit Nutzernamen und Passwort erforderlich ist, wird ein öffentliches Zugänglichmachen

---

253 Vgl. BT-Drs. 19/19859, S. 26; *Hörnle*, in: MüKo-StGB, 4. Aufl. 2021, § 184b StGB, Rn. 22.

254 *Hörnle*, in: MüKo-StGB, 4. Aufl. 2021, § 184b StGB, Rn. 23.

255 BGH, Beschl. v. 22.01.2015 – 3 StR 490/14 = NStZ-RR 2015, 139 (140); *Eisele*, in: Schönke/Schröder, § 184b, Rn. 20.

256 Vgl. *Hörnle*, in: MüKo-StGB, 4. Aufl. 2021, § 184b StGB, Rn. 23.

257 *Hörnle*, in: MüKo-StGB, 4. Aufl. 2021, § 184b StGB, Rn. 24.

258 *Hörnle*, in: MüKo-StGB, 4. Aufl. 2021, § 184b StGB, Rn. 24.

259 BGH 12.11.2013 – 3 StR 322/13, NStZ-RR 2014, 47; *Hörnle*, in: MüKo-StGB, 4. Aufl. 2021, § 184b StGB, Rn. 24.

i.S.v. § 184b Abs. 1 Nr. 1 Alt. 2 StGB daher regelmäßig zu bejahen sein.[260] Wenn neue Plattform-Mitglieder – wie es auf einigen dieser Webseiten jedoch üblich ist – erst nach Ablegung einer „Keuschheitsprobe" freigeschaltet werden, wird es regelmäßig an einer öffentlichen Wahrnehmbarkeit der kinderpornografischen Abbildungen fehlen.[261]

c) § 184b Abs. 1 Nr. 2 StGB

Allerdings kommt in diesen Fällen noch eine Strafbarkeit der Plattform-Betreiber*innen gem. § 184b Abs. 1 Nr. 2 StGB in Betracht. Die Vorschrift erfasst das Zugänglichmachen von kinderpornografischen Inhalten ebenso wie die Besitzverschaffung an Dritte.[262] Im Unterschied zu § 184b Abs. 1 Nr. 1 StGB kommt es für eine Strafbarkeit gem. § 184b Abs. 1 Nr. 2 StGB nicht darauf an, dass die Dateien an einen größeren Personenkreis weitergegeben werden. Erforderlich ist lediglich, dass ein kinderpornografischer Inhalt „einer anderen Person" zugänglich gemacht wird und dieser (etwa auf einem Bildschirm) wahrgenommen werden kann.[263] Das Zugänglichmachen setzt dabei nicht voraus, dass ein kinderpornografischer Inhalt tatsächlich übermittelt wird.[264] Stattdessen ist § 184b Abs. 1 Nr. 2 StGB bereits dann erfüllt, wenn einer anderen Person ein Link mitgeteilt und damit die Option verschafft wird, durch eigene Aktivitäten kinderpornografische Inhalte herunterzuladen.[265] Selbst wenn eine Strafbarkeit der Plattform-Administrator*innen gem. §§ 184 Abs. 1 Nr. 1 Alt. 1 und 2 StGB ausscheiden sollte, ist der Betrieb von Webseiten, die dem Austausch kin-

---

260 „Öffentlich zugänglich gemacht" i.S.v. § 184b Abs. 1 Nr. 1 Alt. 2 StGB wurden kinderpornografische Abbildungen hierzulande beispielsweise über die Kinderporno-Tauschbörse „Elysium", die als eine der größten ihrer Art über 111.000 Mitglieder im Tor-Netzwerk zählte und von einer Werkstatt im hessischen Bad Camberg aus betrieben wurde. Das Ablegen einer sogenannten „Keuschheitsprobe" um Zugriff auf die Plattform-Inhalte zu erhalten, wurde von den Administrator*innen der Tauschbörse nicht gefordert. Im Frühjahr 2019 wurden die vier Betreiber der Plattform unter anderem wegen bandenmäßiger öffentlicher Zugänglichmachung kinderpornographischer Schriften zu mehrjährigen Freiheitsstrafen verurteilt, vgl. LG Limburg, Urteil vom 07.03.2019 – 3 Js 7309/18 – 1 KLs.
261 Ebenso *Gercke*, CR 2018, 480 (483); *Wittmer/Steinebach*, MMR 2019, 650 (651).
262 *Hörnle*, in: MüKo-StGB, 4. Aufl. 2021, § 184b StGB, Rn. 28–29.
263 *Hörnle*, in: MüKo-StGB, 4. Aufl. 2021, § 184b StGB, Rn. 28.
264 *Hörnle*, in: MüKo-StGB, 4. Aufl. 2021, § 184b StGB, Rn. 28.
265 *Hörnle*, in: MüKo-StGB, 4. Aufl. 2021, § 184b StGB, Rn. 28.

derpornografischer Bild- und Videodateien dienen, somit zumindest von § 184b Abs. 1 Nr. 2 StGB strafrechtlich erfasst.

5. Strafvorschrift des § 129 Abs. 1 StGB

Unabhängig von Art und Inhalt der einzelnen Plattformen kommt für den Fall, dass sich mehrere Administrator*innen zum Betrieb einer Plattform mit krimineller Ausrichtung zusammen geschlossen haben, noch eine Strafbarkeit gem. § 129 Abs. 1 StGB in Betracht. Danach macht sich strafbar, wer eine Vereinigung, deren Zwecke oder Tätigkeiten auf die Begehung von Straftaten gerichtet sind, gründet, sich an einer solchen Vereinigung als Mitglied beteiligt, für sie um Mitglieder oder Unterstützer wirbt oder sie unterstützt. Die Vorschrift wurde im Sommer 2017 reformiert, um sie an internationale Vorgaben anzupassen und ein neues Kapitel zur Verfolgung der organisierten Kriminalität aufzuschlagen.[266] Der heutige Vereinigungsbegriff des § 129 Abs. 2 weist dabei ein personales, zeitliches, organisatorisches und ein voluntatives Element auf.[267]

a) Vereinigungsbegriff des § 129 StGB

Gemäß der Legaldefinition aus § 129 Abs. 2 StGB ist eine Vereinigung ein „auf längere Dauer angelegter, von einer Festlegung von Rollen der Mitglieder, der Kontinuität der Mitgliedschaft und der Ausprägung der Struktur unabhängiger organisierter Zusammenschluss von mehr als zwei Personen zur Verfolgung eines übergeordneten gemeinsamen Interesses."

aa) Personelles Element

In personeller Hinsicht ist für das Vorliegen einer Vereinigung i.S.v. § 129 Abs. 2 StGB ein Zusammenschluss von mehr als zwei Personen erforderlich. Während Plattformen, über die kinderpornografisches Bild- und Videomaterial ausgetauscht wird, nicht selten von größeren Gruppierungen betrieben werden, ist dies bei Handelsmarktplätzen und Diskussionsforen

---

266 Vgl. *Sinn/Iden/Pörtner*, ZIS 2021, 435 (435).
267 Vgl. *Sinn/Iden/Pörtner*, ZIS 2021, 435 (442).

jedoch unüblich.[268] Außerdem haben die Ermittlungserfolge gegen die Betreiber*innen bekannter Plattformen wie „SilkRoad", „AlphaBay" und „DiDW" deutlich gemacht, dass es möglich ist, Webseiten mit großer Reichweite und hohen Mitgliederzahlen im Alleingang zu administrieren. In vielen Fällen wird eine Strafbarkeit der Plattform-Betreiber*innen gem. § 129 Abs. 1 StGB daher bereits an der erforderlichen Mindestanzahl der Vereinigungsmitglieder scheitern. Dass das personelle Element des § 129 Abs. 2 StGB jedoch auch beim Betrieb von Handelsplattformen erfüllt sein kann, macht der Fall des im Zeitpunkt seiner Abschaltung weltweit zweitgrößten Online-Marktplatzes „Wallstreet Market" deutlich, der zwischen 2016 und 2019 von drei deutschen Tatverdächtigen aus Bad Vilbel, Esslingen und Kleve administriert wurde.[269]

bb) Zeitliches Element

Sollte sich eine ausreichend große Anzahl an Personen zum Betrieb einer kriminellen Plattform verbunden haben, so müsste deren Zusammenschluss außerdem auf eine gewisse Dauer angelegt und nicht nur kurzfristig erfolgt sein.[270] Die Tätigkeit der Vereinigung darf sich also nicht in einem einmaligen Zweck erschöpfen.[271] Um eine Plattform im Tor-Netzwerk erfolgreich in Betrieb nehmen zu können, ist in zeitlicher Hinsicht jedoch regelmäßig ein auf gewisse Dauer angelegter Zusammenschluss erforderlich, da sich Programmierung und Inbetriebnahme der Webseiten

---

268 Vgl. *Fünfsinn/Krause*, Plattformen zur Ermöglichung krimineller Handlungen im Internet. Überlegungen zur strafrechtlichen Erfassung *de lege lata* und *de lege ferenda*, in: FS Ulrich Eisenberg, 641 (647).

269 Vgl. *Borufka*, Prozess um zweitgrößten Darknet-Markt Wallstreet Market: Lange Haftstrafen für Betreiber, hr-iNFO (02.07.2021), abrufbar unter https://www.hessenschau.de/panorama/prozess-um-zweitgroessten-darknet-markt-lange-haftstrafen-fuer-betreiber-,urteil-wallstreet-market-100.html (letzter Zugriff: 30.01.2022).

270 BGH, Urteil vom 14.8.2009 – 3 StR 552/08 = NJW 2009, 3448 (3459); BGH, Beschluß vom 17.11.1981 – 3 StR 221/81 (S) = NStZ 1982, 68; *Schäfer*, in: MüKo-StGB, Bd. 3, § 129, Rn. 27.

271 Die Notwendigkeit dieser längerfristigen zeitlichen Komponente wird damit erklärt, dass sich nur über einen längeren Zeitraum durch gruppendynamische Prozesse die als gefährlich angesehene Eigendynamik des Personenzusammenschlusses entwickeln könne, vgl. *Rudolphi*, in: Frisch/Schmid (Hrsg.), Festschrift für Hans-Jürgen Bruns, zum 70. Geburtstag, 1978, S. 315 (319 f.). Eine konkrete Mindestdauer des Zusammenschlusses gibt der Gesetzeswortlaut hingegen nicht vor, vgl. *Sinn/Iden/Pörtner*, ZIS 2021, 435 (442).

in der Praxis nicht kurzfristig realisieren lässt. Oftmals sind bereits vor dem offiziellen „Launch" einer Plattform monatelange Vorbereitungen und Programmierarbeit von den Beteiligten geleistet worden. Obwohl gerade der Handel mit inkriminierten Gütern von einer gewissen Kurzlebigkeit und Austauschbarkeit der Plattformen geprägt ist,[272] wird das zeitliche Element des Vereinigungsbegriffs beim Vorliegen der sonstigen Voraussetzungen daher in aller Regel erfüllt sein. Gleiches gilt in Hinblick auf den Betrieb von pädokriminellen Tauschbörsen.

cc) Organisatorisches Element

Weiterhin wird für eine Strafbarkeit gem. § 129 StGB vorausgesetzt, dass sich die Plattform- und Foren-Betreiber*innen in einer organisierten Form zusammenschließen.[273] Das organisatorische Element des Vereinigungsbegriffs wird in § 129 Abs. 2 StGB mit der Formulierung von der „Ausprägung der Struktur unabhängiger organisierter Zusammenschluss" beschrieben.[274] Dabei wurde bewusst eine offene Formulierung gewählt, um sowohl Hierarchien, aber auch Netzwerke und horizontal strukturierte Gruppen einbeziehen zu können.[275] Eine Organisation liegt insoweit vor, wenn unterschiedliche Elemente – in diesem Fall Personen und ihre Ressourcen – in einen verbindenden Rahmen beziehungsweise eine Struktur eingegliedert werden und so ein neues Ganzes bilden.[276] Feststeht, dass im Verhältnis zwischen den Plattform-Betreiber*innen und den Plattform-Nutzer*innen nicht vom Vorliegen einer solchen Organisationsstruktur ausgegangen werden kann, da es sich hierbei um lose, rein zufällige Zusammenschlüsse handelt.[277] Im Verhältnis zwischen den Administrator*innen untereinander ist ein hinreichend organisierter Zusammenschluss

---

272 Zur sogenannten „Post-Silk-Road-Ära" und zur Kurzlebigkeit und Austauschbarkeit der in Rede stehenden Plattformen siehe § 3 A. I. 1. b).

273 Vgl. BGH, Urteil vom 14. 8. 2009 – 3 StR 552/08 = NJW 2009, 3448 (3459); *Schäfer*, in: MüKo-StGB, Bd. 3, § 129, Rn. 16; *Ostendorf*, in: NK-StGB, § 129 StGB, Rn. 12.

274 *Sinn/Iden/Pörtner*, ZIS 2021, 435 (444).

275 Ausführlich zum organisatorischen Element des reformierten Vereinigungsbegriffs aus § 129 Abs. 2 StGB und der Abgrenzung zur Bande siehe *Sinn/Iden/Pörtner*, ZIS 2021, 435 (444–448).

276 *Sinn/Iden/Pörtner*, ZIS 2021, 435 (444).

277 Ebenso *Ceffinato*, ZRP 2019, 161 (161) und *Bachmann/Arslan*, NZWiSt 2019, 241 (243).

i.S.d. § 129 Abs. 2 StGB hingegen denkbar. Wenn diese zum Zwecke des Plattform-Betriebs verschiedene Rollen einnehmen, indem sie arbeitsteilig für die Betreuung der Server-Infrastruktur, das Online-Marketing oder die Programmierung der Plattform-Software verantwortlich sind und sich in ihren Entscheidungen der Gruppe oder einzelnen Mitgliedern der Gruppe anpassen, kann ein ausreichend organisierter Zusammenschluss i.S.d. § 129 Abs. 2 StGB durchaus zu bejahen sein.

dd) Voluntatives Element

Neben dem personellen, zeitlichen und organisatorischen Element ist für eine Vereinigung i.S.d. § 129 Abs. 2 StGB zudem noch das voluntative Element erforderlich. Im Rahmen der Reformierung des § 129 Abs. 2 StGB im Sommer 2017 wollte der Gesetzgeber das enge voluntative Element in Richtung einer regelhaften Willensbildung innerhalb der Vereinigung auflockern.[278] Die neue Definition des § 129 Abs. 2 StGB entspricht somit (endlich) den internationalen Vorgaben und geht sogar teilweise über diese hinaus.[279] Das voluntative Element des § 129 Abs. 2 StGB erschöpft sich seither in der – zumindest konkludenten – Verpflichtung der Vereinigungsmitglieder zur Kooperation und zur Erbringung von wechselseitigen Beiträgen bei der Verfolgung des gemeinsamen Zwecks.[280] Ein Gesamtwille und eine Unterordnung der Mitglieder der Vereinigung unter diesen ist jedoch nicht erforderlich.[281] Vielmehr ist bereits das Bewusstsein der gemeinsamen Zusammenarbeit zur Begehung von Straftaten für den Vereinigungsbegriff des § 129 Abs. 2 StGB ausreichend.[282] Ein solches Bewusstsein wird in Hinblick auf Zusammenschlüsse von Plattform-Administrator*innen, die sich zum Betrieb von Online-Marktplätzen mit kriminellen Waren vereint haben, regelmäßig zu bejahen sein. Gleiches gilt in Hinblick auf Gruppierungen, die pädokriminelle Tauschbörsen betreiben. Bei der gemeinsamen Begehung von Straftaten, die auf Gewinnerzielung ausgerichtet sind, forderte der BGH in seiner jüngsten Rechtsprechung zur Auslegung des § 129 Abs. 2 StGB außerdem, dass im Rahmen einer Ge-

---

278 *Sinn/Iden/Pörtner*, ZIS 2021, 435 (441).
279 *Sinn/Iden/Pörtner*, ZIS 2021, 435 (440).
280 Kennzeichnend, prägend und abgrenzend für den Vereinigungsbegriff ist daher vor allem sein organisatorisches Element, vgl. *Sinn/Iden/Pörtner*, ZIS 2021, 435 (450).
281 *Sinn/Iden/Pörtner*, ZIS 2021, 435 (450).
282 *Sinn/Iden/Pörtner*, ZIS 2021, 435 (450).

samtwürdigung zu prüfen sei, ob es den beteiligten Personen nicht lediglich um ihre persönlichen wirtschaftlichen Vorteile, sondern um weitergehende Ziele (wie beispielsweise den eigenständigen Fortbestand der Organisation um ihrer selbst willen oder ein spezifisches Machtstreben) geht.[283] Dass laut BGH solche weitergehenden Ziele im Falle von profitorientierten Gruppierungen geprüft werden müssen, während diese bei Zusammenschlüssen zur Verfolgung weltanschaulich-ideologischer, religiöser oder politischer Ziele regelmäßig bereits vorliegen, kann nicht überzeugen.[284] Dennoch wird das gemeinsame Interesse an dem eigenständigen Fortbestand der Organisation um ihrer selbst willen insbesondere im Falle von Gruppierungen, die pädokriminelle Tauschbörsen administrieren, regelmäßig gegeben sein. Bei dem Betrieb von Online-Marktplätzen, über die kriminelle Waren gehandelt werden, kann je nach Einzelfall ein spezifisches Machtstreben (zum Beispiel nach einer führenden Position innerhalb des Drogen-Marktes in der „Underground Economy") gegeben sein.

b) Tathandlungen nach § 129 Abs. 1 StGB

Werden von den Plattform-Administrator*innen alle personellen, zeitlichen, organisatorischen sowie voluntativen Kriterien des § 129 Abs. 2 StGB erfüllt, so kommen als mögliche Tathandlungen gem. § 129 Abs. 1 S. 1 StGB zunächst das Gründen (Alt. 1) oder aber die Beteiligung als Mitglied der Vereinigung (Alt. 2) in Betracht. Gem. § 129 Abs. 1 S. 2 StGB wird ferner bestraft, wer eine kriminelle Vereinigung unterstützt (Alt. 1) oder für sie um Mitglieder oder Unterstützer wirbt (Alt. 2).

II. Mittäterschaftliche Strafbarkeit, § 25 Abs. 2 StGB

Sollten die tatbestandlichen Anforderungen des § 129 StGB beim Betrieb einer Plattform durch mehrere Administrator*innen nicht erfüllt werden, kommt noch eine mittäterschaftliche Tatbegehung i.S.v. § 25 Abs. 2 StGB

---

283 BGH, Urt. vom 02.06.2021 – 3 StR 21/21 = NJW 2021, 2813 (2814), m. Anm. *Kinzig*, Rn. 21.

284 Der ursprünglichen Intention des Reformgesetzgebers zufolge sollte das enge voluntative Element durch die Neufassung des § 129 Abs. 2 StGB „aufgelockert" (vgl. *Sinn/Iden/Pörtner*, ZIS 2021, 435 (441)) und nicht in ein „interessenbezogenes Element" (vgl. BGH, Urt. vom 02.06.2021 – 3 StR 21/21 = NJW 2021, 2813 (2814), Rn. 19) umgewandelt werden.

in Betracht. Diese zeichnet sich dadurch aus, dass mehrere Personen auf der Grundlage eines einheitlichen Tatplans einen Straftatbestand durch gemeinschaftliches Zusammenwirken erfüllen.[285] Eine solche mittäterschaftliche Tatbegehung i.S.v. § 25 Abs. 2 StGB kommt in Hinblick auf alle soeben untersuchten Straftatbestände in Betracht, die von den in Rede stehenden Plattform- und Foren-Administrator*innen in Alleintäterschaft i.S.d. § 25 Abs. 1 StGB begangen werden können (§§ 29 Abs. 1 S. 1 Nr. 1 BtMG; 29 Abs. 1 S. 1 Nr. 10 BtMG; 95 Abs. 1 AMG, 51, 52 WaffG; 184b Abs. 1 Nr. 1 Alt. 1 und Alt. 2 sowie Abs. 1 Nr. 2 StGB). Sie ist insbesondere in Konstellationen relevant, in denen sich ein*e Plattform- oder Foren-Administrator*in ausschließlich um die technische Aufrechterhaltung der Webserver gewidmet hat, während der oder die Mittäter*innen für die Schaltung von Werbeanzeigen oder das Marketing der betreffenden Webseiten verantwortlich waren.[286]

1. Gemeinsamer Tatentschluss

Voraussetzung für eine mittäterschaftliche Tatbegehung i.S.v. § 25 Abs. 2 StGB ist der gemeinsame Tatentschluss, einen Straftatbestand durch arbeitsteiliges Handeln zu verwirklichen.[287] Mittäterschaftliche Tatbeiträge müssen insofern der Teilverwirklichung eines gemeinsamen deliktischen Gesamtplans dienen.[288] Im Verhältnis zwischen den Plattform-Administrator*innen und den Plattformen-Nutzer*innen wird dies mangels gemeinschaftlichen Tatentschlusses nicht der Fall sein. Zwar kann dieser auch stillschweigend gefasst werden, ohne dass eine besondere Verabredung

---

285 BGH, Beschl.v. 26.11.2019 – 3 StR 323/19 = NStZ 2020, 344; BGH, Beschl. v. 13.9.2017 – 2 StR 161/17 = NStZ-RR 2018, 40; BGH, Beschl. v. 11.7.2017 – 2 StR 220/17 = NStZ 2018, 144.

286 Für eine solche arbeitsteilige Vorgehensweise siehe etwa den Fall des im Zeitpunkt seiner Abschaltung weltweit zweitgrößten Online-Marktplatzes „Wallstreet Market", der zwischen 2016 und 2019 von drei deutschen Tatverdächtigen aus Bad Vilbel, Esslingen und Kleve administriert wurde, vgl. *Borufka*, Prozess um zweitgrößten Darknet-Markt Wallstreet Market: Lange Haftstrafen für Betreiber, hr-iNFO (02.07.2021), abrufbar unter https://www.hessenschau.de/pano rama/prozess-um-zweitgroessten-darknet-markt-lange-haftstrafen-fuer-betreiber-, urteil-wallstreet-market-100.html (letzter Zugriff: 30.01.2022).

287 BGH, Beschl. v. 11.07.2017 – 2 StR 220/17 = NStZ 2018, 144; *Kühl*, in: Lackner/ Kühl, § 25 StGB, Rn. 10.

288 OLG Düsseldorf, Beschl. vom 09.09.1986 – 5 Ss 318/86 – 247/86 I = NJW 1987, 268 (269); *Heine/Weißer*, in: Schönke/Schröder, § 25 StGB, Rn. 61.

oder Verhandlung notwendig ist.[289] Allerdings ist zumindest eine konkludente Verständigung zwischen den Beteiligten erforderlich.[290] Da die Speicherung der nutzergenerierten Inhalte auf den in Rede stehenden Webseiten automatisiert abläuft, treten die Plattform-Betreiber*innen jedoch überhaupt nicht mit den Plattform-Nutzer*innen in Kontakt. Ein bloßes Wahrnehmen der jeweils anderen Person genügt zur Begründung eines gemeinsamen Tatentschlusses i.S.d. § 25 Abs. 2 StGB nicht.[291] Eine mittäterschaftliche Beteiligung der Plattform-Administrator*innen an den von den Plattform-Mitgliedern begangenen Straftaten[292] kommt daher nicht in Betracht.[293] Im Verhältnis zwischen mehreren Plattform-Administrator*innen untereinander, die sich zum arbeitsteiligen Betrieb einer Plattform zusammengeschlossen haben, kann das Vorliegen eines gemeinsamen Tatentschlusses hingegen durchaus zu bejahen sein.

2. Mittäterschaftlicher Tatbeitrag

In diesen Fällen muss jede*r der beteiligten Plattform- und Foren-Administrator*innen weiterhin einen mittäterschaftlichen Tatbeitrag leisten. Die Rechtsprechung orientiert sich dabei an der „normativen Kombinationstheorie", die mittäterschaftliches Verhalten durch eine Gesamtschau verschiedener objektiver und subjektiver Faktoren ermittelt.[294] In dieser Gesamtschau zu berücksichtigen sind etwa der Grad des eigenen Interesses

---

289 BGH, Beschl. vom 17.3.2011 – 5 StR 570/10 = NStZ-RR 2011, 200; BGH, Beschl. vom 26.06.2002 – 1 StR 191/02 = NStZ 2003, 85; *Heine/Weißer*, in: Schönke/Schröder, § 25 StGB, Rn. 72.

290 BGH, Beschluss vom 17.03.2011 – 5 StR 570/10 = NStZ-RR 2011, 200; *Joecks/Scheinfeld*, in: MüKo-StGB, Bd. 1, § 25 StGB, Rn. 234.

291 *Heine/Weißer*, in: Schönke/Schröder, § 25 StGB, Rn. 72.

292 Siehe hierzu bereits § 3 C. I. und II.

293 Ebenso *Greco*, ZIS 2019, 435 (440–441); *Ceffinato*, JuS 2017, 403 (408); *Safferling/Rückert*, Analysen & Argumente 291 (2018), S. 10–11; *Fünfsinn/Krause* halten eine mittäterschaftliche Beteiligung an den Straftaten der Plattform-Mitglieder hingegen in Konstellationen für möglich, in denen die Plattform-Betreiber*innen durch „die verpflichtende Vorgabe und Durchführung von Treuhandgeschäften für die Kaufgelder derart in die Abwicklung der Geschäfte eingebunden sind, dass sie einen Einfluss auf das Verkaufsgeschäft, den ausgehandelten Preis etc. und damit letztlich Tatherrschaft haben.", *Fünfsinn/Krause*, Plattformen zur Ermöglichung krimineller Handlungen im Internet. Überlegungen zur strafrechtlichen Erfassung *de lege lata* und *de lege ferenda*, in: FS Ulrich Eisenberg, 641 (646).

294 *Heine/Weißer*, in: Schönke/Schröder, § 25 StGB, Rn. 63.

am Erfolg der Tat, der Umfang der Tatbeteiligung sowie der Wille zur Tatherrschaft.[295] Sind mehrere Plattform-Administrator*innen am Betrieb einer Webseite beteiligt, ohne dass sie alle Tatbestandsmerkmale einer Straftat in eigener Person verwirklichen, ist also eine wechselseitige Zurechnung ihrer Tatbeiträge i.S.v. § 25 Abs. 2 StGB in Betracht zu ziehen.

III. Teilnahmestrafbarkeit, §§ 26, 27 StGB

Liegt weder eine allein- noch eine mittäterschaftliche Tatbegehung vor, kam – vor dem Inkrafttreten des neuen § 127 StGB – schließlich noch eine Teilnahmestrafbarkeit der Plattform- und Foren-Betreiber*innen wegen Anstiftung (§ 26 StGB) oder Beihilfe (§ 27 Abs. 1 StGB) in Betracht.

1. Anstiftung, § 26 StGB

Für eine Anstiftung i.S.v. § 26 StGB ist erforderlich, dass die Plattform-Administrator*innen die Plattform-Mitglieder zu den von ihnen vorsätzlich begangenen, rechtswidrigen Taten „bestimmen". Unter „Bestimmen" i.S.v. § 26 StGB versteht die Rechtsprechung die Einflussnahme auf den Willen eines anderen, die diesen zu dem im Gesetz beschriebenen Verhalten bringt.[296] Die neuere Rechtsprechung tendiert teilweise dazu, als Mittel der Einflussnahme das Vorliegen eines kommunikativen Aktes zwischen Anstifter*in und Haupttäter*in zu fordern.[297] Da die die Plattform-Betreiber*innen jedoch zu keinem Zeitpunkt mit den Plattform-Nutzer*innen in Kontakt treten, kann eine Anstiftung durch den bloßen Betrieb der Plattformen nicht verwirklicht werden.[298] Hinzu kommt, dass die auf

---

295 BGH, Beschluss vom 05.07.2017 – StB 14/17 = NJW 2017, 2693 (2694); BGH, Beschl. v. 29.09.2015 – 3 StR 336/15 = NStZ-RR 2016, 6 (7); BGH, Urteil vom 10.4.2013 – 2 StR 604/12 = NStZ 2013, 551; BGH, Beschluss vom 14. 2. 2012 – 3 StR 446/11 = NStZ 2012, 379; *Heine/Weißer*, in: Schönke/Schröder, Vorbemerkungen zu den §§ 25 ff., Rn. 67.

296 BGHSt 45, 373 (374) = BGH, Urteil vom 20.01.2000 – 4 StR 400/99 = NJW 2000, 1877 (1878); *Joecks/Scheinfeld*, in: MüKo-StGB, Bd. 1, § 26 StGB, Rn. 10.

297 BGH 07.11.2017 – 1 StR 195/17 = BeckRS 2017, 136090 Rn. 6; BGH 5.8.2008 – 3 StR 224/08 =NStZ 2009, 393; *Joecks/Scheinfeld*, in: MüKo-StGB, Bd. 1, § 26 StGB, Rn. 17.

298 Anders würden dies wohl die Vertreter*innen der sogenannten „Verursachungstheorie" beurteilen, die bereits die Schaffung einer zur Tat anreizenden Sachlage

den Plattformen agierenden Mitglieder in aller Regel bereits fest zur Tatbegehung entschlossen sind und daher von den Plattform-Betreiber*innen nicht mehr i.S.v. § 26 StGB zur Tatbegehung „bestimmt" werden können. Eine Teilnahmestrafbarkeit der Plattform-Betreiber*innen wegen Anstiftung zu den von den Plattform-Mitgliedern verwirklichten Straftaten kommt daher nicht in Betracht (*omnimodo facturus*).[299]

2. Beihilfe, § 27 StGB

Neben der Anstiftung i.S.v. § 26 StGB kam vor der Einführung des § 127 StGB außerdem noch eine Strafbarkeit der Plattform-Betreiber*innen wegen Beihilfe in § 27 Abs. 1 StGB in Betracht.[300] Voraussetzung für eine solche Beihilfestrafbarkeit ist, dass die Plattform-Administrator*innen den Plattform-Nutzer*innen zu den von ihnen über die Webseiten verwirklichten Straftaten „Hilfe geleistet" haben.

a) Teilnahmefähige Haupttat

Aufgrund der Akzessorietät der Beihilfe ist hierfür zunächst das Vorliegen einer teilnahmefähigen Haupttat erforderlich.[301] Als solche kommen die von den Plattform-Nutzer*innen begangenen Straftaten in Betracht. Dazu zählen betäubungs- und arzneimitterechtliche Verstöße i.S.d. §§ 29 ff. BtMG; §§ 95 f. AMG, Verstöße gegen die §§ 51, 52 WaffG und § 184b StGB sowie Geld- und Urkundenfälschungsdelikte i.S.d. §§ 146 ff. und §§ 267 ff. StGB. Des Weiteren wird auf den Webseiten mit verschiedenen Formen von Schadsoftware i.S.d. §§ 202c Abs. 1 Nr. 2, 303a Abs. 3 StGB sowie ausgespähten Daten i.S.v. § 202d StGB gehandelt.[302] Da die genannten

---

für ein „Bestimmen" i.S.v. § 26 StGB ausreichen lassen, siehe etwa *Kühl*, in: Lackner/Kühl, § 26 StGB, Rn. 2.

299 Zur Rechtsfigur des *omnimodo facturus* siehe etwa *Schild*, in: NK-StGB, § 26, Rn. 8–9 sowie *Kudlich*, in: BeckOK StGB, § 26, Rn. 15.

300 Durch die Einführung des neuen § 127 StGB werden derartige Beihilfehandlungen seit dem Inkrafttreten der Norm am 01.10.2021 allerdings in eine alleintäterschaftliche Strafbarkeit „umgewandelt", siehe hierzu § 4 D. III.

301 Ausführlich zur Akzessorietät der Teilnahme *Heine/Weißer*, in: Schönke/Schröder, Vorbemerkungen zu den §§ 25 ff. StGB, Rn. 20–35.

302 Ausführlich zur Phänomenologie der über die Plattformen verwirklichten Straftatbestände vgl. § 3 C.

Delikte von den Plattform-Mitgliedern auch vorsätzlich und rechtswidrig begangen werden, wird das Vorliegen einer teilnahmefähigen Haupttat regelmäßig zu bejahen sein.

b) „Hilfeleisten" i.S.v. § 27 StGB

Weiterhin müssten die Administrator*innen den Plattform-Mitgliedern zu deren vorsätzlich begangenen, rechtswidrigen Taten „Hilfe geleistet" haben. Hiervon wird jede Tätigkeit erfasst, welche die Verwirklichung der Haupttaten objektiv gefördert, ermöglicht oder erleichtert hat.[303] Die Beihilfehandlung selbst kann sich dabei auch in Verhaltensweisen manifestieren, die als solche sozial unauffällig sind, wie es etwa beim Betrieb einer Internetplattform der Fall ist.[304] Da die in Rede stehenden Online-Plattformen ausdrücklich auf die Begehung von Straftaten ausgerichtet sind und in ihrer Gesamtfunktion eine kriminelle Ausrichtung aufweisen, kommt die Annahme einer solchen „neutralen Beihilfehandlung", die aus dem Straftatbestand des § 27 StGB ausgenommen werden müsste, allerdings nicht in Betracht.

c) Förderung von Straftaten Dritter

Vielmehr können durch das Betreiben von Online-Plattformen, die über Marktplatzbereiche für inkriminierte Waren verfügen, potentielle Geschäftspartner*innen aufgefunden und illegale Produkte beworben werden, ohne dass das Strafverfolgungsrisiko der Beteiligten steigt. Gleichzeitig wird durch die Betreuung der Treuhanddienste und Bewertungssysteme die Anzahl der Betrugshandlungen auf den Plattformen verringert, sodass der anonyme Handel mit den verbotenen Gütern insgesamt verlässlicher und attraktiver wird. Hinzu kommt, dass den Plattform-Mitgliedern auf den Webseiten ermöglicht wird, die gehandelten Waren in Kryptowährungen zu bezahlen, sodass sie auch in dieser Hinsicht weitgehend

---

303 BGH, Beschl. v. 09.07.2015 – 2 StR 58/15 = NStZ-RR 2015, 343 (344); BGH, Urteil vom 16.01.2008 – 2 StR 535/07 = NStZ 2008, 284; BGH, Urteil vom 18.03.2004 – 4 StR 533/03 = NStZ 2004, 499 (500); *Heine/Weißer*, in: Schönke/Schröder, § 27 StGB, Rn. 4.

304 Zu sozial unauffälligen Beihilfehandlungen siehe etwa *Kudlich*, in: BeckOK StGB, § 27, Rn. 3 und Rn. 11.

unerkannt bleiben. Die Verwirklichung der über die Plattformen begangenen Haupttaten wird durch die Aktivitäten der Plattform-Betreiber*innen daher objektiv gefördert. Ein „Hilfeleisten" i.S.v. § 27 Abs. 1 StGB durch den Betrieb der Plattformen ist demnach zu bejahen.

d) Gehilfenvorsatz

Diese Hilfeleistung müssten die Plattform- und Foren-Administrator*innen mit mindestens bedingtem Vorsatz hinsichtlich ihrer Förderungswirkung für die vorsätzlichen, rechtswidrigen Haupttaten der auf den Webseiten aktiven Plattform- und Foren-Mitglieder erbracht haben.[305] Dabei ist unerheblich, ob die Plattform-Betreiber*innen wissen, wann, wo, zu wessen Nachteil und unter welchen Umständen die von ihnen geförderten Straftaten begangen werden oder wer die auf den Webseiten agierenden Mitglieder sind.[306] Erforderlich ist jedoch, dass ihnen zumindest die wesentlichen Merkmale und Grundzüge der einzelnen Delikte, die über ihre Plattformen begangen werden, bekannt sind.[307] In den meisten Fällen ergeben sich diese aus Art und Ausrichtung der betriebenen Plattformen und Foren, da die Administrator*innen der Webseiten die Angebotspaletten und Produktkategorien der Marktplätze selbst vorgeben. Wenn die Plattform-Betreiber*innen Angebotskategorien für den Handel mit Betäubungs- und Arzneimitteln, ausgespähten Daten, gefälschten Ausweisdokumenten, Schadsoftware oder Waffen erstellen, so ist auch davon auszugehen, dass sie die Möglichkeit der Anbahnung und Abwicklung entsprechender Delikte über ihre Plattformen erkannt haben und zumindest billigend in Kauf nehmen. Werden über die Webseiten hingegen Waren gehandelt, deren An- und Verkauf von den Administrator*innen untersagt worden ist, muss abhängig vom Einzelfall bewertet werden, ob sich der Gehilfenvorsatz gegebenenfalls aus anderen Tatumständen – wie etwa das manuelle Freischalten einzelner illegaler Verkaufsangebote – begründen lässt. Das erforderliche Bewusstsein, durch den Betrieb der Plattformen

---

305 BGH Beschl. v. 03.02.2016 – 4 StR 379/15 = BeckRS 2016, 421; BGH, Urteil vom 15.11.2006 – 2 StR 157/06 = NStZ 2007, 289 (290); OLG Düsseldorf, Beschluß vom 05.09.2005= NStZ-RR 2005, 336; *Heine/Weißer*, in: Schönke/Schröder, § 27 StGB, Rn. 28.

306 *Heine/Weißer*, in: Schönke/Schröder, § 27 StGB, Rn. 29; *Kudlich*, in: BeckOK StGB, § 27, Rn. 19.

307 Vgl. BGH, Urteil vom 18.04.1996 – 1 StR 14/96 = NJW 1996, 2517; *Joecks/Scheinfeld*, in: MüKo-StGB, § 27, Rn. 104, *Kudlich*, in: BeckOK StGB, § 27, Rn. 19.

die Straftaten der Plattform-Mitglieder objektiv zu fördern, wird jedenfalls in den meisten Konstellationen vorliegen. Da das Geschäftsmodell einiger Plattformen und Foren im Tor-Netzwerk gerade darauf basiert, für erfolgreich abgewickelte Handelsgeschäfte Provisionszahlungen zu erhalten, wird auch die Vollendung der Haupttaten in aller Regel vom Gehilfenvorsatz der Administrator*innen erfasst. Durch den Betrieb der beschriebenen Plattformen kann daher auch eine Beihilfe i.S.v. § 27 Abs. 1 StGB zu den von den Plattform- und Foren-Mitgliedern begangenen Straftaten verwirklicht werden.[308]

IV. Zwischenergebnis zu C.

Die Betreiber*innen von kriminell ausgerichteten Online-Plattformen im Tor-Netzwerk machen sich wegen verschiedener Straftatbestände aus dem Kern- und Nebenstrafrecht strafbar. Diese Straftatbestände können von den Plattform- und Foren-Betreiber*innen alleintäterschaftlich i.S.d. § 25 Abs. 1 StGB oder mittäterschaftlich i.S.d. § 25 Abs. 2 StGB begangen werden. Sie umfassen betäubungs-, arzneimittel- und waffenrechtliche Verstöße i.S.d. §§ 29 ff. BtMG, §§ 95 f. AMG und §§ 51, 52 WaffG sowie § 184b StGB und gegebenenfalls § 129 StGB. Außerdem konnte vor der Einführung des § 127 StGB durch den Betrieb der beschriebenen Webseiten auch eine Beihilfe i.S.v. § 27 Abs. 1 StGB zu den von den Plattform- und Foren-Mitgliedern begangenen Straftaten verwirklicht werden.[309] Aus materiellstrafrechtlicher Perspektive waren daher bereits vor dem Inkrafttreten des § 127 StGB keine Konstellationen denkbar, in denen der Betrieb der in Rede stehenden Online-Plattformen straffrei gewesen wäre. Auch in Hin-

---

308 Ebenso *Zöller*, KriPoZ 2019, 274 (280); *Greco*, ZIS 2019, 435 (447); *Ceffinato*, ZRP 2019, 161 (161); *Bachmann/Arslan*, NZWiSt 2019, 241 (244), *Safferling/Rückert*, Analysen & Argumente 291 (2018), S. 11. Durch die Einführung des neuen § 127 StGB werden Beihilfehandlungen i.S.d. § 27 StGB ab dem 01.10.2021 allerdings in eine alleintäterschaftliche Strafbarkeit i.S.d. § 127 StGB „umgewandelt", vgl. § 4 D. III.

309 Ebenso *Zöller*, KriPoZ 2019, 274 (280); *Greco*, ZIS 2019, 435 (447); *Ceffinato*, ZRP 2019, 161 (161); *Bachmann/Arslan*, NZWiSt 2019, 241 (244), *Safferling/Rückert*, Analysen & Argumente 291 (2018), S. 11. Durch die Einführung des neuen § 127 StGB werden Beihilfehandlungen i.S.d. § 27 StGB ab dem 01.10.2021 allerdings in eine alleintäterschaftliche Strafbarkeit i.S.d. § 127 StGB „umgewandelt", vgl. § 4 D. III.

blick auf die Aktivitäten der Plattform- und Foren-Betreiber*innen stellt das Tor-Netzwerk demnach keinen „rechtsfreien Raum" dar.

D. Rechtliche Würdigung des neuen § 127 StGB

Vor diesem Hintergrund gilt es sich der Frage zuzuwenden, welche Auswirkungen die Schaffung einer eigenständigen Strafbarkeit für das Betreiben von kriminellen Online-Plattformen in § 127 StGB auf die bereits bestehende strafrechtliche Haftung der Plattform- und Foren-Administrator*innen haben wird. Der Gesetzentwurf hatte in der parlamentarischen Debatte und auch in der Rechtswissenschaft teils harsche Kritik erfahren.[310] Ein immer wieder geäußerter Einwand lautete, dass die Einführung des § 127 StGB mangels Strafbarkeitslücken nicht erforderlich und das gesetzgeberische Vorhaben sogar in Gänze sinnlos sei.[311] Zudem wurde durch die Einführung des § 127 StGB eine „Überkriminalisierung" der Aktivitäten der Plattform- und Foren-Betreiber*innen befürchtet.[312]

I. Keine Erforderlichkeit zur Schließung von Strafbarkeitslücken

Bereits vor der Schaffung des § 127 StGB bestand aufgrund weit formulierter Tatbestandshandlungen eine allein- oder mittäterschaftliche Verantwortlichkeit der Plattform-Administrator*innen insbesondere in den praxisrelevanten Bereichen des Betäubungsmittel-, Waffen-, Arzneimittel- sowie Pornografiestrafrechts.[313] Die vorangegangene Untersuchung konnte zeigen, dass aus materiell-strafrechtlicher Perspektive keine Konstellationen denkbar waren, in denen der Betrieb von Online-Plattformen, die dem Austausch von illegalen Waren oder kinderpornografischen Bild- und Videodateien dienen, straffrei blieb. Zur Schließung von vermeintlich bestehenden Strafbarkeitslücken hat die Schaffung des § 127 StGB demnach nicht beigetragen.

---

310 *Piechaczek*, DRiZ 2021, 218 (219).
311 *Piechaczek*, DRiZ 2021, 218 (219).
312 Siehe hierzu etwa *Jahn* in seiner schriftlichen Stellungnahme zur BT-Drs. 19/28175 v. 31.03.2021, S. 7–8 und S. 14, abrufbar unter https://kripoz.de/wp-content/uploads/2021/05/stellungnahme-jahn-betreiben-krimineller-handelsplattformen.pdf (letzter Zugriff: 30.01.2022).
313 Siehe hierzu ausführlich § 4 C I.–IV.

II. Folgen für die bisherige allein- und mittäterschaftliche Haftung

Hinzu kommt, dass in Fällen, in denen bereits auf Grundlage des Kern- und Nebenstrafrechts eine allein- oder mittäterschaftliche Strafbarkeit der Plattform-Betreiber*innen vorliegt, § 127 StGB in der Praxis ohnehin auf Konkurrenzebene hinter einer Vielzahl an mitverwirklichten Delikten zurücktreten wird. Da die Vorschrift in § 127 Abs. 1 StGB eine formelle Subsidiaritätsklausel enthält, wird sie neben den genannten spezialgesetzlichen Straftatbeständen aus dem Bereich des Betäubungsmittel-, Waffen-, Arzneimittel- sowie Pornografiestrafrechts weitgehend wirkungslos bleiben.

1. Tateinheitliche Idealkonkurrenz zu mitverwirklichten Straftatbeständen

Gem. § 127 Abs. 1 StGB wird das Betreiben einer Handelsplattform im Internet, deren Zweck darauf ausgerichtet ist, die Begehung von rechtswidrigen Taten zu ermöglichen oder zu fördern, mit Freiheitsstrafe bis zu fünf Jahren oder mit Geldstrafe bestraft, wenn die Tat nicht in anderen Vorschriften mit schwererer Strafe bedroht ist. Für den in der Praxis besonders relevanten Fall des Handelstreibens mit Betäubungsmitteln ist in § 29 Abs. 1 S. 1 Nr. 1 BtMG ebenfalls ein Strafrahmen von bis zu fünf Jahren Freiheitsstrafe oder Geldstrafe vorgesehen. Wegen seines – zumindest gleich schweren Strafrahmens – bleibt die Vorschrift des § 127 StGB somit zwar neben § 29 Abs. 1 S. 1 BtMG anwendbar, allerdings hat sie aufgrund des gleich schweren Strafrahmens und der zwischen den beiden Vorschriften bestehenden tateinheitlichen Idealkonkurrenz i.S.v. § 52 Abs. 2 StGB in der Praxis keine Auswirkung auf die strafrechtliche Haftung der Plattform-Betreiber*innen.

2. Zurücktreten des § 127 StGB im Wege der formellen Subsidiarität

In Fällen, in denen Plattform-Betreiber*innen Straftatbestände i.S.d. §§ 51, 52 WaffG verwirklichen, wird die neue Vorschrift des § 127 StGB im Wege der formellen Subsidiarität hinter den bereits bestehenden waffenrechtlichen Verstößen zurücktreten, da diese mit einer Freiheitsstrafe von sechs Monaten bis zu fünf Jahren und somit mit einer schwereren Strafe bedroht sind. In Konstellationen, in denen Tauschbörsen für kinderpornografische

Bild- und Videodateien betrieben werden, wird § 127 StGB auf Konkurrenzebene ebenfalls hinter dem mitverwirklichten § 184b Abs. 1 StGB zurücktreten, da dieser eine Freiheitsstrafe von einem Jahr bis zu zehn Jahren und somit ebenfalls eine schwerere Strafe vorsieht. Besteht bereits eine allein- oder mittäterschaftliche Strafbarkeit der Plattform-Administrator*innen in den praxisrelevanten Bereichen des Betäubungsmittel-, Waffen-, sowie Pornografiestrafrechts, wird die Vorschrift aufgrund ihrer formellen Subsidiaritätsklausel aus § 127 Abs. 1 StGB kaum Auswirkungen auf die bereits bestehende strafrechtliche Haftung der Plattform-Betreiber*innen haben.

III. Strafschärfende Vertatbestandlichung von Beihilfehandlungen

Anders sind jedoch die Auswirkungen der Einführung des § 127 StGB in Fällen zu beurteilen, in denen nicht bereits eine allein- oder mittäterschaftliche Strafbarkeit der Plattform-Betreiber*innen, sondern nach bislang geltender Rechtslage lediglich eine Beihilfe i.S.v. § 27 Abs. 1 StGB zu den von den Plattform-Mitgliedern verwirklichten Straftatbeständen vorlag.[314] In diesen Konstellationen wird sich die Einführung des § 127 StGB nämlich tatsächlich strafschärfend auf die bislang bestehende strafrechtliche Verantwortlichkeit der Plattform- und Foren-Betreiber*innen im Tor-Netzwerk auswirken.

1. Wegfall der limitierten Akzessorietät

In den dargestellten Konstellationen werden bislang als bloße Beihilfehandlungen qualifizierte Tätigkeiten von § 127 StGB in eine alleintäterschaftliche Strafbarkeit „umgewandelt".[315] Diese Vertatbestandlichung von Beihilfehandlungen hat für die Plattform-Betreiber*innen in den genannten Fällen zur Folge, dass der Grundsatz der limitierten Akzessorietät entfällt. Eine Verurteilung der Plattform-Betreiber*innen wegen § 127 StGB wird daher in Zukunft möglich sein, ohne dass ein Nachweis der von den

---

314 Zur Beihilfestrafbarkeit der Plattform- und Foren-Administrator*innen siehe § 4 C. III. 2.

315 Zur Regelungstechnik der strafbarkeitsmodifizierenden Vorverlagerung durch Tatbestandsneuschöpfung siehe *Sinn*, in: Sinn/Gropp/Nagy, Grenzen der Vorverlagerung in einem Tatstrafrecht, S. 38–39.

Plattform-Mitgliedern begangenen, teilnahmefähigen Haupttaten erbracht werden muss.

2. Keine obligatorische Strafmilderung

Auf Strafzumessungsebene bewirkt die Schaffung des § 127 StGB außerdem, dass die Plattform-Betreiber*innen in den genannten Fällen nicht mehr von der obligatorischen Strafzumessungsregel des § 27 Abs. 2 StGB profitieren werden. Bislang war ihre Strafe in Konstellationen, in denen lediglich eine Beihilfe zu den von den Plattform-Mitgliedern verwirklichten Haupttaten vorlag, stets über die Vorschrift des § 49 Abs. 1 StGB zu mildern.

3. Vorverlagerung der strafrechtlichen Haftung

In zeitlicher Hinsicht bringt die Einführung des § 127 StGB in den oben genannten Konstellationen zudem eine Vorverlagerung der strafrechtlichen Haftung der Plattform-Betreiber*innen mit sich.[316] Denn § 127 StGB ist als reines Tätigkeitsdelikt ausgestaltet, sodass der Tatbestand der Vorschrift bereits erfüllt sein kann, ohne dass zuvor bereits Straftaten von den Plattform-Mitgliedern über die in Rede stehenden Webseiten angebahnt oder abgewickelt wurden. Auch in dieser Hinsicht wird sich die Schaffung des § 127 StGB strafschärfend auf die bislang bestehende strafrechtliche Verantwortlichkeit der Plattform-Betreiber*innen auswirken.

IV. Strafanwendungsrechtliche Besonderheiten

In Hinblick auf das deutsche Strafanwendungsrecht stellt sich zudem die Frage, inwiefern die Vorschrift des § 127 StGB zur Anwendung kommen kann, wenn kriminelle Online-Plattformen vom Ausland aus betrieben werden. Denn § 127 StGB ist als abstraktes Gefährdungsdelikt grundsätzlich nicht an das Eintreten eines tatbestandlichen Erfolgs geknüpft. Einen inländischen Erfolgsort festzustellen, wenn die Tathandlung des § 127 StGB im deutschen Inland verwirklicht wurde, bereitet keine Schwierig-

---

316 Ausführlich zum Begriff der Vorverlagerung *Sinn*, in: Sinn/Gropp/Nagy, Grenzen der Vorverlagerung in einem Tatstrafrecht, S. 13 (15–18).

keiten, selbst wenn der geografische Standort der Webserver, über den eine Plattform oder ein Forum laufen, im Ausland lokalisiert wird.[317] Demgegenüber wirken sich die bestehenden strafanwendungsrechtlichen Unsicherheiten in Hinblick auf abstrakte Gefährdungsdelikte dann in der Praxis aus, wenn die Tathandlung des § 127 StGB von im Ausland befindlichen Administrator*innen verwirklicht wird.[318] Diesbezüglich stellt die Vorschrift des § 5 a. b) jedoch klar, dass deutsches Strafrecht unabhängig vom Recht des Tatorts gilt, wenn der Zweck einer Online-Plattform darauf ausgerichtet ist, „die Begehung von rechtswidrigen Taten im Inland zu ermöglichen oder zu fördern". Ein Indiz dafür, dass eine vom Ausland aus betriebene Online-Plattform darauf ausgerichtet ist, die Begehung von rechtswidrigen Inhalten im deutschen Inland zu ermöglichen, könnte beispielsweise darin zu sehen sein, dass die betreffenden Webseiten in deutscher Sprache verfasst sind und sich hierdurch ausdrücklich an deutsche Kund*innen richten. Kumulativ zur Ermöglichung oder Förderung von rechtswidrigen Taten im deutschen Inland ist in den Fällen des § 127 StGB für die Anwendung deutschen Strafrechts auf im Ausland begangene Taten gem. § 5a. b) außerdem erforderlich, dass die betreffenden Administrator*innen deutsche Staatsbürger*innen sind oder zumindest ihre Lebensgrundlage im deutschen Inland haben.

V. Stellungnahme

Obwohl die Vorschrift des § 5a. b) die Anwendbarkeit des deutschen Strafrechts in den Fällen des § 127 StGB teils sogar auf im Ausland begangene Taten ausweitet, ist nicht davon auszugehen, dass die Gesetzreform in Zukunft einen grundlegenden Wandel bei der Bekämpfung von Kriminalität im Tor-Netzwerk bewirken wird. Zwar ist die durch den Wegfall der limitierten Akzessorietät bedingte Beseitigung von Beweisproblemen hinsichtlich der über die Plattform und Foren begangenen Haupttaten zu begrüßen. Es kann nicht bezweifelt werden, dass die Administrator*innen der in Rede stehenden Plattformen und Foren ganz wesentliche Beiträge zu der Funktionsfähigkeit der „Underground Economy" im Tor-Netzwerk

---

317 Zur geografischen Lokalisierung von Webservern mittels IT-forensischer Mittel siehe § 5 D. VI.
318 Zu den strafanwendungsrechtlichen Diskussionen um den Erfolgsort von abstrakten Gefährdungsdeliken siehe § 3 B. I. 1. und 2.

leisten[319] und das Betreiben der in Rede stehenden Plattformen – losgelöst von den späteren über die Webseiten begangenen Haupttaten – daher auch einen spezifisch-eigenen Unrechtsgehalt aufweist.[320] Somit ist es vertretbar, dass in der Förderung der weitgehend anonymen Anbahnung und Abwicklung von Straftaten Dritter bestehende Unrecht des Plattform-Betriebs in einem eigenständigen Straftatbestand zu typisieren.[321] Nichtsdestotrotz ist aufgrund der bereits bestehenden allein- oder mittäterschaftlichen Strafbarkeiten der Plattform-Betreiber*innen in den praxisrelevanten Bereichen des Betäubungsmittel-, Waffen-, Arzneimittel- sowie Pornografiestrafrechts davon auszugehen, dass § 127 StGB in einer Vielzahl der Fälle im Wege der formellen Subsidiarität auf Konkurrenzebene zurücktreten und nur einen sehr geringen praktischen Anwendungsbereich haben wird. Es kann daher prognostiziert werden, dass die neu eingeführte Strafvorschrift des § 127 StGB in der Praxis weitgehend wirkungslos bleiben und der erhoffte Paradigmenwechsel bei der Kriminalitätsbekämpfung demnach ausbleiben wird.

E. Zusammenfassung

Seit sich im Tor-Netzwerk Plattformen und Foren angesiedelt haben, die der Anbahnung und Abwicklung von Straftaten dienen, ist auch die strafrechtliche Verantwortlichkeit der Betreiber*innen dieser Webseiten in den Fokus kriminalpolitischer Debatten gerückt. Vor diesem Hintergrund wurden verschiedene Gesetzinitiativen zur Einführung einer eigenständigen Strafbarkeit für das Betreiben von kriminellen Zwecken dienenden Handelsplattformen in den Bundestag eingebracht. Im Juni 2021 wurde das Betreiben entsprechender Handelsplattformen sodann in § 127 StGB eigenständig unter Strafe gestellt, obwohl auf materiell-strafrechtlicher Ebene gezeigt werden konnte, dass die Tätigkeiten der Plattform-Betreiber*innen auf Tatbestandsebene bereits strafrechtlich erfasst waren. Zur Schließung etwaiger Strafbarkeitslücken war die Einführung des § 127

---

319 So auch *Piechaczek*, DRiZ 2021, 218 (219); ausführlich hierzu § 3 A. II. 1.
320 Vgl. *Piechaczek*, DRiZ 2021, 218 (219).
321 Vgl. *Brodowski*, Stellungnahme zum Gesetzentwurf der Bundesregierung: Entwurf eines Gesetzes zur Änderung des Strafgesetzbuches – Strafbarkeit des Betreibens krimineller Handelsplattformen im Internet und des Bereitstellens entsprechender Server-Infrastrukturen (BT-Drs. 19/28175), S. 3, abrufbar unter https://kripoz.de/wp-content/uploads/2021/05/stellungnahme-brodowski-betreib en-krimineller-handelsplattformen.pdf (letzter Zugriff: 30.01.2022).

StGB demnach nicht erforderlich. Da die strafrechtliche Haftung der Plattform-Administrator*innen nicht von der telemedienrechtlichen Haftungsprivilegierung des § 10 S. 1 TMG begrenzt wird, waren die Aktivitäten der
Plattform-Betreiber*innen im Tor-Netzwerk schon vor der Einführung des
§ 127 StGB auf Grundlage verschiedener Straftatbestände aus dem Kern-
und Nebenstrafrecht strafbar. Hierzu zählen beispielsweise betäubungs-,
arzneimittel- und waffenrechtliche Verstöße i.S.d. §§ 29 ff. BtMG, §§ 95 f.
AMG und §§ 51, 52 WaffG sowie § 184b StGB und gegebenenfalls § 129
StGB. Da die Vorschrift des § 127 Abs. 1 StGB im Wege der formellen
Subsidiarität hinter einem Großteil der mitverwirklichten Delikte zurücktreten und daher weitgehend wirkungslos bleiben wird, ist nicht davon
auszugehen, dass mit der Einführung des § 127 StGB ein Paradigmenwechsel bei der Kriminalitätsbekämpfung im Tor-Netzwerk einhergehen wird.

§ 5 Strafrechtliche Ermittlungen im Tor-Netzwerk

Den Erkenntnissen der bisherigen Untersuchung folgend steht fest, dass das Betreiben von Webseiten im Tor-Netzwerk, die der anonymen Anbahnung und Abwicklung von Straftaten dienen, auf materiell-strafrechtlicher Ebene auf Grundlage des geltenden Kern- und Nebenstrafrechts erfasst wird und diesbezüglich kein weiterer Handlungsbedarf besteht. Im folgenden Abschnitt soll nunmehr der Frage nachgegangen werden, wie sich die Aufklärung von strafbaren Aktivitäten im Tor-Netzwerk auf strafprozessualer Ebene vorantreiben lässt. Um eine praxisorientierte Auseinandersetzung mit den konkreten Problemkreisen und Herausforderungen bei der Strafverfolgung im Tor-Netzwerk zu ermöglichen, wird in einem ersten Schritt aufgezeigt, warum „klassische" Ermittlungsmaßnahmen, die im Clearnet standardmäßig zur Anwendung kommen, aufgrund der technischen Konzeption des Tor-Netzwerks erfolglos verlaufen. Anschließend werden die derzeit existierenden Ermittlungsbefugnisse der Strafverfolgungsbehörden untersucht und analysiert, wie es Ermittler*innen trotz Onion Routing und der Anonymisierung von IP-Adressen gelingen kann, tatverdächtige Tor-Nutzer*innen in der Offline-Welt zu identifizieren. Auf diese Weise soll der *status quo* strafprozessualer Ermittlungsmöglichkeiten im Tor-Netzwerk aufgezeigt und ein Überblick über die einschlägigen strafprozessualen Ermächtigungsgrundlagen gegeben werden. Zum Schluss wird anhand dieser Ausführungen die Frage beantwortet, wie strafrechtliche Ermittlungen im Tor-Netzwerk in Zukunft verbessert werden können und ob hierfür die Schaffung neuer Ermittlungsbefugnisse erforderlich ist.

A. „Klassische" Internetermittlungen

Spätestens seit der Inbetriebnahme der Handelsplattform „Silk Road" im Jahre 2011 versuchen Strafverfolger*innen auf der ganzen Welt, kriminellen Akteur*innen im Tor-Netzwerk auf die Spuren zu kommen. Auch in Deutschland haben sich in den vergangenen Jahren spezialisierte Ermittlungseinheiten etabliert, die sich mit diesem Thema intensiv beschäftigen.[322] Obwohl sich die Ermittlungsmethoden der Strafverfolgungsbehörden laufend fortentwickelt haben und sich Europol im September 2020 sogar dahingehend äußerte, dass die „goldene Ära" der kriminellen Online-Marktplätze nunmehr vorüber sei,[323] ist es allerdings auch heute noch so, dass sich die Identifizierung von tatverdächtigen Personen im Tor-Netzwerk deutlich schwieriger gestaltet als im Clearnet.[324] Dies ist darauf zurückzuführen, dass „klassische" Ermittlungsansätze, die im Clearnet standardmäßig zur Anwendung kommen, den Ermittler*innen bei der Aufklärung von Straftaten im Tor-Netzwerk nicht zur Verfügung stehen.[325]

I. Fehlschlagen aufgrund des Onion Routings

Eine besondere Rolle spielt hierbei die Ermittlung von IP-Adressen, anhand derer verdächtige Internetnutzer*innen in der Offline-Welt identifiziert werden können. Aufgrund des Onion-Routings und der damit einhergehenden Anonymisierung von IP-Adressen können diese bei der Strafverfolgung im Tor-Netzwerk nicht als Anhaltspunkte für die Identifizierung von tatverdächtigen Internetnutzer*innen herangezogen werden.

1. Keine Auskunftserteilung über IP-Adressen

Wenn Internetnutzer*innen auf Online-Plattformen im Clearnet illegale Inhalte posten, können Strafverfolgungsbehörden bei den Betreiber*innen dieser Online-Dienste auf Grundlage der §§ 15 Abs. 1, Abs. 5 S. 4, 14 Abs. 2 TMG i.V.m. §§ 161, 163 StPO eine Auskunftserteilung über die IP-Adressen derjenigen Personen verlangen, die den betreffenden Post auf der

---

322 Zu diesen spezialisierten Ermittlungseinheiten zählen beispielsweise die Zentralstelle zur Bekämpfung der Internetkriminalität (ZIT) der Generalstaatsanwaltschaft Frankfurt am Main, die Zentralstelle Cybercrime Bayern (ZCB) der Generalstaatsanwaltschaft Bamberg sowie die Zentral- und Ansprechstelle Cybercrime (ZAC) der Staatsanwaltschaft Köln.

323 Vgl. *Europol*, Pressemitteilung vom 22.09.2020, International sting against dark web vendors leads to 179 arrests, abrufbar unter https://www.europol.europa.eu /newsroom/news/international-sting-against-dark-web-vendors-leads-to-179-arre sts (letzter Zugriff: 30.01.2022).

324 Vgl. *Krause*, NJW 2018, 678 (679); *Fünfsinn/Ungefuk/Krause*, Kriminalistik 2017, 440 (444).

325 Vgl. *Vogt*, Die Kriminalpolizei 2/2017, 4 (6).

Webseite eingestellt haben.[326] Mithilfe dieser, bei den Online-Diensten abgefragten IP-Adressen können die Ermittler*innen anschließend Bestandsdatenauskünfte i.S.v. § 100j Abs. 1 S. 1, Abs. 2 StPO einholen und ermitteln, welchen Personen die Internetanschlüsse gehören, deren Routern die abgefragten IP-Adressen in den ermittlungsrelevanten Zeitpunkten zugeordnet waren.[327] Da Internetanschlüsse in aller Regel nicht nur von einer, sondern von verschiedenen Personen genutzt werden, führt diese Vorgehensweise die Ermittler*innen zwar auch bei strafrechtlichen Ermittlungen im Clearnet nicht auf direktem Wege zu denjenigen Personen, die von den Beamt*innen gesucht werden. Zudem ist es möglich, dass die Täter*innen ein fremdes, schlecht- oder ungesichertes WLAN genutzt haben oder absichtlich eine falsche IP-Adresse übermittelt wurde (sogenanntes „IP-Spoofing").[328] Nichtsdestotrotz begrenzen Ermittlungshandlungen i.S.d. §§ 15 Abs. 1, Abs. 5 S. 4, 14 Abs. 2 TMG i.V.m. §§ 161, 163 StPO und § 100j Abs. 1 S. 1, Abs. 2 StPO den Kreis der Tatverdächtigen bei Internetermittlungen im Clearnet erheblich, da sie den Beamt*innen weitere Anhaltspunkte für die Identifizierung der von ihnen gesuchten Personen liefern.

a) Surfen im Tor-basierten Dark Web

Anders als bei der Strafverfolgung im Clearnet stehen den Ermittler*innen bei der Aufklärung von Straftaten im Tor-Netzwerk jedoch keine IP-Adressen als Anknüpfungspunkte für die Identifizierung von tatverdächtigen Personen zur Verfügung.[329] Abgesehen davon, dass die Betreiber*innen der kriminellen Plattformen und Foren im Tor-Netzwerk aufgrund ihres illegalen Geschäftsmodells ohnehin nicht mit den Ermittler*innen kooperieren,[330] könnten sie den Beamt*innen infolge des Onion Routings auch aus technischen Gründen keine Auskunft über die IP-Adressen der auf

---

326 *Bär*, in: BeckOK StPO, 38. Ed. 1.10.2020, § 100g Rn. 26.

327 *Graf*, in: BeckOK StPO, 38. Ed. 1.10.2020, § 100j Rn. 22–23, *Bruns*, in: KK-StPO, 8. Aufl. 2019, § 100j, Rn. 4, StPO, *Günther*, in: MüKoStPO, 1. Aufl. 2014, § 100j Rn. 4.

328 Vgl. *Müller*, NZWiSt 2020, 96 (99).

329 *Bachmann/Arslan*, NZWiSt 2019, 241 (242); *Martini*, in: v. Münch/Kunig, GG Kommentar, 7. Aufl. 2021, Art. 10 GG, Rn. 213; *Vogt*, Die Kriminalpolizei 2/2017, 4 (6); *Ihwas*, WiJ 3/2018, 138 (146).

330 *Krause*, NJW 2018, 678 (679).

ihren Webseiten agierenden Personen erteilen.[331] Diese sind den Platt-form- und Foren-Betreiber*innen selbst unbekannt, da sämtliche Verbin-dungen zwischen dem Tor-Browser und den Webservern der jeweiligen Webseiten über sogenannte *Introduction* und *Rendezvous Points* aufgebaut werden.[332] Sowohl eine Abfrage von IP-Adressen über die §§ 15 Abs. 1, Abs. 5 S. 4, 14 Abs. 2 TMG i.V.m. §§ 161, 163 StPO, als auch eine Einho-lung von Bestandsdatenauskünften i.S.v. § 100j Abs. 1 S. 1, Abs. 2 StPO kommt bei der Aufklärung von Straftaten, die im Tor-Netzwerk begangen wurden, daher nicht in Betracht.

b) Surfen auf Webseiten im Clearnet

Gleiches gilt, wenn die Tor-Software zum Surfen auf Webseiten im Clear-net verwendet wird. In diesen Konstellationen lassen die Tor-Knoten zwar netzwerkexterne Verbindungen zu, sodass ihre IP-Adressen grundsätzlich auf Grundlage der §§ 15 Abs. 1, Abs. 5 S. 4, 14 Abs. 2 TMG i.V.m. §§ 161, 163 StPO von den Ermittler*innen abgefragt werden können. Allerdings führen die abgefragten IP-Adressen die Beamt*innen lediglich zu denje-nigen Internetanschlüssen, von denen aus Tor-Knoten, die netzwerkexter-ne Verbindungen ins Clearnet zulassen (sogenannte *exit-nodes*), betrieben werden.[333] Die Abfrage von IP-Adressen bei den Betreiber*innen von On-line-Diensten im Clearnet und die anschließende Einholung von Bestands-datenauskünften, mittels derer in Erfahrung gebracht werden soll, welchen Anschlussinhaber*innen in einem bestimmten Zeitpunkt eine bestimmte IP-Adresse zugeordnet war, läuft daher auch in diesen Konstellationen ins Leere.[334]

---

331 Vgl. *Martini*, in: v. Münch/Kunig, GG Kommentar, 7. Aufl. 2021, Art. 10 GG, Rn. 213; *Vogt*, Die Kriminalpolizei 2/2017, 4 (5); *Ihwas*, WiJ 3/2018, 138 (146).

332 Ausführlich zu den technischen Hintergründen und der Funktionsweise des Onion Routings siehe § 2 C. I.

333 Ausführlich zur Funktion der *entry-*, *middle-* und *exit-nodes* im Tor-Netzwerk siehe Abschnitt § 2 B. II. Nr. 1–3.

334 Zu den Haftungsrisiken beim Betrieb von Tor-Knoten siehe *Thiesen*, MMR 2014, 803–809; für Beispiele aus der Praxis, in denen dennoch die Räumlich-keiten von *exit-node*-Betreiber*innen durchsucht wurden siehe *Sobiraj*, Tor-Exit-Node: Razzia bei Schüler in Niederbayern, Tarnkappe (10.02.2019), abrufbar unter https://tarnkappe.info/tor-exit-node-razzia-bei-schueler-in-niederbayern/ (letzter Zugriff: 30.01.2022) sowie *Knop*, Tor-Server-Betreiber stellt nach Razzia Anonymisierungsserver ab, Heise Online (17.09.2007), abrufbar unter https://w

2. Unbekannte Serverstandorte

Hinzu kommt, dass die Tor-Software nicht nur die IP-Adressen der Tor-Nutzer*innen, sondern auch die IP-Adressen der Webserver anonymisiert, über die kriminelle Plattformen und Foren im Tor-Netzwerk gehostet werden.[335] Sofern die betreffenden Webseiten fehlerfrei aufgesetzt wurden, ist eine Ermittlung der physischen Serverstandorte, von denen aus sie betrieben werden, daher nicht möglich. Aus diesem Grund können auf Webseiten im Tor-Netzwerk illegale Inhalte ganz offen angeboten werden, ohne dass die in Rede stehenden Webserver von den Strafverfolgungsbehörden lokalisiert und anschließend abgeschaltet werden können.[336]

II. Rückgriff auf alternative Ermittlungsansätze

Die Verschleierung von IP-Adressen durch das Onion Routing lässt „klassische" Ermittlungsmaßnahmen, die im Clearnet standardmäßig zum Einsatz kommen, im Tor-Netzwerk somit erfolglos verlaufen. Die Ermittler*innen können weder auf die IP-Adressen der verdächtigen Plattform- und Foren-Mitglieder noch auf die IP-Adressen der Webserver, über die kriminelle Inhalte im Tor-Netzwerk gehostet werden, zugreifen. Außerdem sind ihnen diejenigen Personen unbekannt, die als Administrator*innen für den Betrieb der kriminellen Plattformen und Foren verantwortlich sind. Zur Aufklärung von Straftaten im Tor-Netzwerk müssen die Ermittler*innen daher auf alternative Ermittlungsansätze zurückgreifen.[337]

---

ww.heise.de/security/meldung/Tor-Server-Betreiber-stellt-nach-Razzia-Anonymisierungsserver-ab-175755.html (letzter Zugriff: 30.01.2022).

335 *Bachmann/Arslan*, NZWiSt 2019, 241 (242); *Martini*, in: v. Münch/Kunig, GG Kommentar, 7. Aufl. 2021, Art. 10 GG Rn. 213; *Rückert/Wüst*, KriPoZ 2018, 247 (248).

336 Zu den technischen Möglichkeiten des forensischen Hackings, mittels derer die IP-Adressen und Standorte von Webservern im Tor-Netzwerk trotz Onion Routing ermittelt werden können, siehe § 5 D. V.

337 Vgl. *Krause*, NJW 2018, 678, (679); *Martini*, in: v. Münch/Kunig, GG Kommentar, 7. Aufl. 2021, Art. 10 GG, Rn. 213.

B. Verdeckte Ermittlungsmaßnahmen

Das Tor-Netzwerk bietet ihnen hierbei ein ideales Betätigungsfeld, um die auf den Plattformen und Foren herrschende Anonymität für eigene, verdeckte Ermittlungshandlungen auszunutzen. Diese haben sich in der Vergangenheit zu einer der wichtigsten Ermittlungsmethoden im Tor-Netzwerk entwickelt.[338]

I. „Online-Streife" auf Plattformen und Foren

Zur Vorbereitung von verdeckten Ermittlungsmaßnahmen im Tor-Netzwerk können sich die Ermittler*innen zunächst auf frei zugängliche Webseiten begeben und sich dort öffentlich zugängliche Informationen und Kommunikationsinhalte ansehen (sogenannte „Online-Streife").[339] Auf diese Weise können sie ganz allgemein herausfinden, wie der Handel auf den Kryptomärkten im Tor-Netzwerk funktioniert, welche Webseiten aktuell beliebt sind und welche Trends sich auf den Plattformen und Foren der „Underground Economy" abzeichnen.[340] Die Einholung dieser Informationen ist insofern von Bedeutung, als dass eine eingehende Kenntnis der Szene und der auf den Plattformen üblichen Abläufe hilfreich ist, um eine passende Strategie für mögliche weitere Ermittlungsansätze zu entwickelt.[341] Wenn sich die Ermittler*innen auf frei zugängliche Webseiten im Tor-Netzwerk begeben und dort allgemein einsehbare Informationen ansehen, ist nicht davon auszugehen, dass durch entsprechende Ermittlungshandlungen Grundrechtseingriffe verwirklicht werden. Stattdessen kann das Aufrufen von allgemein zugänglichen Webseiten im Tor-Netzwerk und die damit verbundene Wahrnehmung von öffentlich einsehbaren Informationen als „schlicht-hoheitliches Surfen" eingeordnet werden, sodass es für entsprechende Ermittlungshandlungen keiner strafprozessualen Ermächtigungsgrundlage bedarf.[342]

---

338 *Fünfsinn/Ungefuk/Krause*, Kriminalistik 2017, 440 (444); RefE IT SiG 2.0 i.d.F. vom 27.03.2019, S. 87.

339 *Rückert*, ZStW 129 (2017), 302 (306), *Singelnstein*, NStZ 2012, 593 (600); *Keller/Braun*, Telekommunikationsüberwachung und andere verdeckte Ermittlungsmaßnahmen, S. 87; *Ihwas*, WiJ 3/2018, 138 (142).

340 *Rath*, DRiZ 2016, 292 (293).

341 *Krause*, NJW 2018, 678 (679–680).

342 Vgl. *Keller/Braun*, Telekommunikationsüberwachung und andere verdeckte Ermittlungsmaßnahmen, S. 87; *Rückert*, ZStW 129 (2017), 302 (306), *Singelnstein*,

II. Nutzung von selbst erstellten „Fake-Accounts"

Neben der reinen „Online-Streife" haben die Ermittler*innen zudem die Möglichkeit, Kontakt zu den auf den Plattformen und Foren registrierten Personen aufzunehmen und mit ihnen – unter Zuhilfenahme von selbst angelegten „Fake-Accounts" – verdeckt zu kommunizieren.[343] Das Ziel solcher verdeckten Kontaktaufnahmen kann es sein, den gesuchten Personen Informationen über ihre Namen, Berufe oder Wohnorte zu entlocken, die als Anknüpfungspunkte für die Einleitung weiterer Ermittlungsmaßnahmen herangezogen werden können. Ebenso kann versucht werden, die verdächtigen Personen im Rahmen angeblicher An- und Verkaufsgespräche zum Umstieg auf nicht-anonyme Kommunikationskanäle außerhalb des Tor-Netzwerks zu bewegen oder von „Real-Life-Treffen" in der Offline-Welt zu überzeugen. Damit die mit der Nutzung von selbst erstellten „Fake-Accounts" einhergehende verdeckte Informationsbeschaffung nicht mit dem nemo-tenetur-Grundsatz konfligiert, dürfen von den Beamt*innen jedoch keine Unterhaltungen iniitiert werden, die eine täuschungsbedingte und damit unzulässige Selbstbelastung der kontaktierten Plattform- und Foren-Mitglieder zur Folge hätten.[344]

1. Strafprozessuale Ermächtigungsgrundlage

Anders als beim „schlicht-hoheitlichen Surfen" ist es jedoch möglich, dass die kontaktierten Plattform- und Foren-Mitglieder durch die verdeckte Informationsbeschaffung über selbst erstellte „Fake-Accounts" in ihrem Grundrecht auf informationelle Selbstbestimmung aus Art. 2 Abs. 1 i.V.m. Art. 1 Abs. 1 GG beeinträchtigt werden. Letzteres gibt den Betroffenen die Befugnis, grundsätzlich selbst über die Preisgabe und Verwendung ihrer

---

NStZ 2012, 593 (600); *Rosengarten/Römer*, NJW 2012, 1764 (1767), *Griesbaum*, in: KK-StPO, 8. Aufl. 2019, § 161 Rn. 12; *Sieber*, Straftaten und Strafverfolgung im Internet: Gutachten C zum 69. Deutschen Juristentag, 2012, S. C 125; *Kudlich*, GA 2011, 193 (198).

343 *Krause*, NJW 2018, 678 (679–680); *Grün*, Verdeckte Ermittlungen, S. 145, Rn. 50.

344 Siehe hierzu bereits *Bauer*, Soziale Netzwerke und strafprozessuale Ermittlungen, S. 168. Ausführlich zu den Rahmenbedingungen von verdeckten Online-Ermittlungen und der Unzulässigkeit von täuschungsbedingten Selbstbelastungen siehe § 5 B. III. 6. a).

persönlichen Daten zu bestimmen.[345] Es flankiert und erweitert hierdurch den grundrechtlichen Schutz von Verhaltensfreiheit und Privatheit, indem es ihn schon auf der Stufe der Persönlichkeitsgefährdung beginnen lässt.[346] Der Schutzumfang des Rechts auf informationelle Selbstbestimmung beschränkt sich dabei nicht auf Informationen, die bereits ihrer Art nach sensibel sind und schon deshalb grundrechtlich geschützt werden.[347] Auch der Umgang mit Daten, die für sich genommen nur geringen Informationsgehalt haben, kann demnach grundrechtserhebliche Auswirkungen auf die Privatheit und Verhaltensfreiheit der Betroffenen haben.[348] Im Folgenden muss daher der Frage nachgegangen werden, ob es für die verdeckte Informationsbeschaffung über selbst erstellte „Fake-Accounts" einer strafprozessualen Ermächtigungsgrundlage bedarf und falls ja, welche Rechtsgrundlage zur Vornahme von verdeckten Ermittlungshandlungen über eigens zu diesem Zweck erstellte „Fake-Accounts" auf den Plattformen und Foren im Tor-Netzwerk herangezogen werden kann.

a) Verfassungsrechtliche Rahmenbedingungen

Verfassungsrechtliche Rahmenbedingungen zur Grundrechtsrelevanz von verdeckten Ermittlungsmaßnahmen im Internet hat das BVerfG erstmals in seiner Entscheidung zur Online-Durchsuchung aus dem Jahr 2008 festgelegt.[349] Ein Eingriff in Art. 2 Abs. 1 i.V.m. Art. 1 Abs. 1 GG ist demnach zu bejahen, wenn Grundrechtsträger*innen schutzwürdig in die Identität und Motivation ihrer Kommunikations-Partner*innen vertrauen und die-

---

345 BVerfG, Urteil des Ersten Senats vom 15. Dezember 1983 – 1 BvR 209/83 (Rn. 147); BVerfG, Beschluss des Ersten Senats vom 13. Juni 2007 – 1 BvR 1550/03 (Rn. 86); BVerfG, Urteil des Ersten Senats vom 27. Februar 2008 – 1 BvR 370/07 (Rn. 198); *Franzius*, ZJS 2015, 259 (259).

346 BVerfG, Beschluss des Ersten Senats vom 13. Juni 2007 – 1 BvR 1550/03 (Rn. 87); BVerfG, Urteil des Ersten Senats vom 27. Februar 2008 – 1 BvR 370/07 (Rn. 198).

347 BVerfG, Beschluss des Ersten Senats vom 13. Juni 2007 – 1 BvR 1550/03 (Rn. 88); BVerfG, Urteil des Ersten Senats vom 27. Februar 2008 – 1 BvR 370/07 (Rn. 198).

348 BVerfG, Beschluss des Ersten Senats vom 13. Juni 2007 – 1 BvR 1550/03 (Rn. 88); BVerfG, Urteil des Ersten Senats vom 27. Februar 2008 – 1 BvR 370/07 (Rn. 198).

349 BVerfG, Urteil des Ersten Senats vom 27. Februar 2008 – 1 BvR 370/07, Rn. 1–333 = NJW 2008, 822 ff.; siehe hierzu bereits *Sinn*, Ermittlungen im Darknet, S. 154.

ses Vertrauen von staatlichen Stellen ausgenutzt wird, um persönliche Daten zu erheben, die sie ansonsten nicht erhalten würden.[350] Allerdings gilt bei Kommunikationsbeziehungen im Internet laut BVerfG die Besonderheit, dass den Kommunikations-Teilnehmer*innen bewusst ist, dass sie die wahre Identität ihrer Gesprächspartner*innen nicht kennen und deren Angaben über sich nicht überprüfen können.[351] Daher sei das Vertrauen darauf, im Internet zumindest nicht mit einer staatlichen Stelle zu kommunizieren, grundsätzlich nicht schutzwürdig.[352] Dies gelte selbst dann, wenn bestimmte Personen – etwa im Rahmen eines Diskussionsforums – über einen längeren Zeitraum an einer Kommunikation teilnehmen und sich auf diese Weise eine Art „elektronische Gemeinschaft" gebildet hat.[353]

b) Ermittlungsgeneralklausel aus §§ 161, 163 StPO

Die verdeckte Kontaktaufnahme über selbst erstellte „Fake-Accounts" kann demnach bereits auf Grundlage der Ermittlungsgeneralklausel aus §§ 161, 163 StPO zulässig sein, soweit mit ihr bloß geringfügige Grundrechtseingriffe verbunden sind.[354] Davon ist auszugehen, wenn die behördlichen „Fake-Accounts" lediglich zum Einsatz kommen, um in Einzelfällen Kontakt zu den gesuchten Personen aufzunehmen und um bloß kurzfristige, also keine auf Dauer angelegten Gesprächskontakte zu initiieren. Diese Art der verdeckten Internetermittlungen wird im Clearnet auch als Einsatz von virtuellen, nicht offen ermittelnden Polizeibeamt*innen (kurz noeP) bezeichnet.[355] Allerdings herrscht auf den Plattformen und Foren

---

350 BVerfG, Urteil des Ersten Senats vom 27. Februar 2008 – 1 BvR 370/07, Rn. 1–333 = NJW 2008, 822 (863).

351 BVerfG, Urteil des Ersten Senats vom 27. Februar 2008 – 1 BvR 370/07, Rn. 311 = NJW 2008, 822 (836).

352 BVerfG, Urteil des Ersten Senats vom 27. Februar 2008 – 1 BvR 370/07, Rn. 311 = NJW 2008, 822 (836).

353 BVerfG, Urteil des Ersten Senats vom 27. Februar 2008 – 1 BvR 370/07, Rn. 311 = NJW 2008, 822 (836); m. krit. Anm. hierzu *Singelnstein*, NStZ 2012, 593 (600).

354 BVerfG, NJW 2009, 1405 (1407); *Klöbel*, in: MüKo-StPO, 1. Aufl. 2016, § 161 Rn. 7; *Ihwas*, WiJ 3/2018, 138 (143); *Rosengarten/Römer*, NJW 2012, 1764 (1765).

355 Zum Einsatz von noeP im Clearnet siehe etwa *Engelstätter*, in: BeckOK StPO, 38. Ed. 1.10.2020, RiStBV Anlage D, Rn. 42; *Bruns*, in: KK-StPO, 8. Aufl. 2019, StPO § 110a, Rn. 6–7; *Soiné*, NStZ 2014, 248 (251), *Kochheim*, Cybercrime und Strafrecht in der IuK-Technik, S. 753, Rn. 2055; *Rosengarten/Römer*, NJW 2012, 1764 (1765); *Singelnstein*, NStZ 2012, 593 (600); *Keller/Braun*, Telekommunikationsüberwachung und andere verdeckte Ermittlungsmaßnahmen, S. 95.

im Tor-Netzwerk eine ausgeprägte Zurückhaltung und Verschlossenheit gegenüber neuen Gesprächspartner*innen.[356] Durch den Einsatz von selbst erstellten „Fake-Accounts" im Rahmen von gelegentlichen, nicht auf Dauer angelegten Gesprächskontakten lassen sich daher in aller Regel nicht genug ermittlungsrelevante Informationen generieren, um die kontaktierten Tatverdächtigen in der Offline-Welt identifizieren zu können.

2. Langfristige Kommunikationsbeziehungen

Aus diesem Grund kommen behördliche „Fake-Accounts" im Tor-Netzwerk auch gezielt zum Einsatz, um langfristige Kommunikations- und Vertrauensbeziehungen zu verdächtigen Personen aufzubauen. Mitunter wird sogar über Wochen und Monate hinweg mit gesuchten Plattform- und Foren-Mitgliedern kommuniziert, damit sich diese gegenüber den verdeckten Ermittler*innen öffnen.[357] Diese Vorgehensweise hat sich insbesondere bei verdeckten Ermittlungen in der pädokriminellen Szene als erfolgversprechend erwiesen.[358] Vor diesem Hintergrund muss die Frage aufgeworfen werden, inwiefern durch den Aufbau langfristiger Kommunikations- und Vertrauensbeziehungen über behördliche „Fake-Accounts" Grundrechtseingriffe in Art. 2 Abs. 1 i.V.m. Art. 1 Abs. 1 GG verwirklicht werden und wie diese strafprozessual gerechtfertigt werden können. Auch in dieser Hinsicht sind die verfassungsrechtlichen Rahmenbedingungen zur Grundrechtsrelevanz von verdeckten Ermittlungsmaßnahmen im Internet relevant, die das BVerfG in seiner Entscheidung zur Online-Durchsuchung aus dem Jahr 2008 festgelegt hat.[359] Zwar gilt bei bei Kommunikationsbeziehungen im Internet die Besonderheit, dass den Kommunikations-Teilnehmer*innen bewusst ist, dass sie die wahre Identität ihrer Gesprächspartner*innen nicht kennen und deren Angaben über sich nicht

---

356 Vgl. *Krause*, NJW 2018, 678 (679–680).
357 Vgl. *Bussweiler*, Interview mit DW Shift zum Thema „Dark Web: How Easy Can Pedophiles Share Images Online?" (07.01.2021); abrufbar unter https://www.you tube.com/watch?v=lc59t7cJwvY, Minute 2:33 (letzter Zugriff: 30.01.2022).
358 Vgl. *Bussweiler*, Interview mit DW Shift zum Thema „Dark Web: How Easy Can Pedophiles Share Images Online?" (07.01.2021); abrufbar unter https://www.you tube.com/watch?v=lc59t7cJwvY (letzter Zugriff: 30.01.2022).
359 BVerfG, Urteil des Ersten Senats vom 27. Februar 2008 – 1 BvR 370/07, Rn. 1–333 = NJW 2008, 822 ff.; siehe hierzu bereits *Sinn*, Ermittlungen im Darknet, S. 154.

überprüfen können.[360] Daher ist das Vertrauen darauf, im Internet zumindest nicht mit einer staatlichen Stelle zu kommunizieren, grundsätzlich nicht schutzwürdig.[361] Die Grenze zieht das BVerfG jedoch dann, wenn staatliche Stellen bei der verdeckten Kommunikation im Internet ein schutzwürdiges Vertrauen der Betroffenen in die Identität und die Motivation ihrer Kommunikationspartner*innen ausnutzen, um persönliche Daten zu erheben, die sie ansonsten nicht erhalten würden.[362] Je feiner dabei die Online-Legende ausgefeilt und untermauert werden muss, desto eher laufen die Ermittler*innen Gefahr, die vom BVerfG gezogene Grenze zum schutzwürdigen Vertrauen der kontaktierten Betroffenen zu überschreiten, in die Absprachen von Straftaten einbezogen zu werden und in einen Konflikt mit dem Legalitätsprinzip zu geraten (§ 152 Abs. 2 StPO).[363] Wird von Ermittler*innen im Tor-Netzwerk über Wochen und Monate hinweg verdeckt mit gesuchten Plattform- und Foren-Mitgliedern über behördliche „Fake-Accounts" kommuniziert, kann die beschriebene, vom BVerfG gezogene Grenze zum schutzwürdigen Vertrauen demnach überschritten sein. Insbesondere in Fällen, in denen langfristige Kommunikationsbeziehungen aufgebaut werden, damit sich die Betroffenen „endlich" gegenüber den verdeckten Ermittler*innen öffnen,[364] ist davon auszugehen, dass das Recht auf informationelle Selbstbestimmung aus Art. 2 Abs. 1 i.V.m. Art. 1 Abs. 1 GG der verdeckt Kontaktierten mehr als nur geringfügig beeinträchtigt wird. Daraus folgt, dass die Ermittlungsgeneralklausel aus §§ 161, 163 StPO nicht (mehr) als taugliche Ermächtigungsgrundlage für entsprechende Ermittlungshandlungen herangezogen werden kann.[365] Im Folgenden muss daher untersucht werden, auf welche strafprozessuale

---

360 BVerfG, Urteil des Ersten Senats vom 27. Februar 2008 – 1 BvR 370/07, Rn. 311 = NJW 2008, 822 (836); siehe hierzu bereits § 5 B. II. 1. a).

361 BVerfG, Urteil des Ersten Senats vom 27. Februar 2008 – 1 BvR 370/07, Rn. 311 = NJW 2008, 822 (836); siehe hierzu bereits § 5 B. II. 1. a).

362 BVerfG, Urteil des Ersten Senats vom 27. Februar 2008 – 1 BvR 370/07, Rn. 311 = NJW 2008, 822 (836); *Kochheim*, Verdeckte Ermittlungen im Internet, S. 43–44.

363 *Kochheim*, Verdeckte Ermittlungen im Internet, S. 44.

364 Vgl. *Bussweiler*, Interview mit DW Shift zum Thema „Dark Web: How Easy Can Pedophiles Share Images Online?" (07.01.2021); abrufbar unter https://www.you tube.com/watch?v=lc59t7cJwvY, Minute 2:33 (letzter Zugriff: 30.01.2022).

365 A.A. *Krause*, der einer verdeckten Nutzung von Online-Accounts gegenüber Kommunikationspartner*innen auf Plattformen und Foren im Tor-Netzwerk pauschal jeglichen grundrechtlichen Eingriffscharakter abspricht, vgl. NJW 2018, 678 (680).

Ermächtigungsgrundlage entsprechende Ermittlungshandlungen auf Plattformen und Foren im Tor-Netzwerk gestützt werden können.

a) Verdeckte Ermittlungen i.S.v. § 110a StPO

Grundsätzlich kommt als Rechtsgrundlage für die beschriebenen Ermittlungshandlungen die Vorschrift des § 110a StPO in Betracht.[366] Sie regelt den Einsatz von verdeckten Ermittler*innen, die unter einer ihnen verliehenen, auf Dauer angelegten, veränderten Identität ermitteln, die in § 110a Abs. 2 StPO als „Legende" bezeichnet wird. Zwar umfasst eine „Legende" in aller Regel persönliche Informationen wie Name, Anschrift und sonstige persönliche Umstände,[367] die bei der Erstellung von „Fake-Accounts" im Tor-Netzwerk überhaupt nicht angegeben werden müssen.[368] Im Vergleich zu verdeckten Ermittler*innen in der Offline-Welt fehlt es daher an einem vergleichbar hohen finanziellen oder organisatorischen Aufwand, wenn sich verdeckte Ermittler*innen im Tor-Netzwerk mittels selbst erstellter „Fake-Accounts" eine fiktive virtuelle Identität aufbauen.[369] Die zur Erstellung einer „Legende" i.S.v. § 110a StPO zulässigen Maßnahmen sind für den Aufbau einer virtuellen Legende kaum relevant, da auf Plattformen und Foren im Tor-Netzwerk keine Identitätsüberprüfung neu registrierter Nutzer*innen stattfindet.[370] Da die Vorschrift des § 110a StPO verdeckte Ermittler*innen in der Offline-Welt aber sogar dazu berechtigt, unter der ihnen verliehenen Legende am Rechtsverkehr teilzunehmen und zu diesem Zweck Urkunden herzustellen, zu verändern und zu gebrauchen, kann *a maiore ad minus* auch davon ausgegangen werden, dass sie zur Erstellung behördlicher „Fake-Accounts" im Tor-Netzwerk ermächtigt.[371]

---

366 *Ihwas*, WiJ 3/2018, 138 (144); *Sinn*, Ermittlungen im Darknet, S. 156.
367 *Bruns*, in: KK-StPO, 8. Aufl. 2019, § 110a, Rn. 10.
368 *Ihwas*, WiJ 3/2018, 138 (145).
369 Ebenso *Bauer*, der diese Frage allerdings im Hinblick auf verdeckte Ermittlungen im Clearnet betrachtet, vgl. Soziale Netzwerke und strafprozessuale Ermittlungen, S. 193–194.
370 Hierzu ebenfalls *Bauer*, Soziale Netzwerke und strafprozessuale Ermittlungen, S. 193.
371 Zu diesen Ergebnis kommen auch *Soiné*, NStZ 2014, 248 (250); *Rosengarten/Römer*, NJW 2012, 1764 (1767); *Sinn*, Ermittlungen im Darknet, S. 156; *Sieber*, Straftaten und Strafverfolgung im Internet: Gutachten C zum 69. Deutschen Juristentag, 2012, S. C 126; *Kudlich*, GA 2011, 193 (199). Aus einer Kleinen Anfrage der Fraktion DIE LINKE vom 22. 11. 2017 geht hervor, dass vom BKA eingesetzte verdeckte Ermittler*innen nach Anordnung der Staatsanwalt-

Genau wie bei verdeckten Ermittlungen im Clearnet können über § 110a StPO daher auch im Tor-Netzwerk auf Dauer angelegte Kommunikationsbeziehungen zu verdächtigen Personen aufgebaut werden.[372] Mithilfe dieser selbst erstellten „Fake-Accounts" kann somit bereits *de lege lata* versucht werden, Informationen zu ermitteln, die zu einer Identifizierung der gesuchten Plattform- und Foren-Mitglieder in der Offline-Welt genutzt werden können.[373]

b) Erforderlichkeit alternativer Ermittlungsansätze

Allerdings schlägt den Beamt*innen auch in diesen Konstellationen häufig das Misstrauen der kontaktierten Personen entgegen. Unabhängig davon, ob behördliche „Fake-Accounts" zur Anbahnung einzelner Gesprächskontakte oder zur Aufnahme langfristiger Kommunikationsbeziehungen genutzt werden, steht auf den Plattformen und Foren nämlich regelmäßig die Vermutung im Raum, dass sich hinter neu angelegten Online-Profilen verdeckt ermittelnde Polizeibeamt*innen verbergen. Diese werden in der deutschsprachigen Darknet-Szene häufig mit dem Slang-Begriff „Uwe" bezeichnet. Wenn möglich, greifen die Beamt*innen bei verdeckten Ermittlungen im Tor-Netzwerk daher auf bereits bestehende, fremde Online-Profile zurück, die im Rahmen anderweitiger Ermittlungsverfahren von bereits identifizierten Plattform- und Foren-Mitgliedern übernommen werden konnten.[374] Diese Vorgehensweise wird auch als „verdeckte Identitätsübernahme" bezeichnet.[375]

---

schaft ebenfalls auf Grundlage des § 110a StPO eingesetzt werden, vgl. BT-Drs. 19/116 vom 22.11.2017, S. 2.

372 A.A. *Ihwas*, der die Vorschrift des § 110a StPO in diesen Konstellationen für unanwendbar hält und § 110a StPO als Ermächtigungsgrundlage für virtuelle verdeckte Ermittler*innen im Tor-Netzwerk ablehnt, vgl. WiJ 3/2018, 138 (145).

373 A.A. *Krause*, der den Einsatz von virtuellen verdeckten Ermittler*innen im Tor-Netzwerk stets als Einsatz „nicht offen ermittelnder Polizeibeamt*innen" (noeP) einordnet und einen Rückgriff auf die Vorschrift des § 110a StPO daher als nicht notwendig erachtet, vgl. NJW 2018, 678 (680).

374 *Fünfsinn/Ungefuk/Krause*, Kriminalistik 2017, 440 (444); *Krause*, NJW 2018, 678 (680); *Rath*, DRiZ 2016, 292 (293).

375 Siehe hierzu bereits *Krause*, NJW 2018, 678 (680).

III. Übernahme bereits bestehender Online-Profile

In welchem Umfang hierzulande von Dritten übernommene Online-Profile bei verdeckten Ermittlungen im Tor-Netzwerk zum Einsatz kommen, ist leider unbekannt. Wie eine Antwort der Bundesregierung auf eine Kleine Anfrage der Fraktion DIE LINKE ergab, führen weder das Bundeskriminalamt noch die Zollfahndungsämter eine Statistik über die Verwendung selbst erstellter „Fake-Accounts" oder die verdeckte Nutzung von fremden Online-Profilen.[376] Die Bundespolizei gab demgegenüber an, zwischen Januar und November 2017 insgesamt 284 selbst eingerichtete und 21 von Dritten übernommene Accounts zu Ermittlungszwecken im Internet genutzt zu haben.[377] Eine Aufschlüsselung nach Deliktsbereich oder Internetdienst wurde allerdings nicht vorgenommen, sodass unklar ist, in wie vielen dieser Fälle die betreffenden Online-Konten auf Plattformen und Foren im Tor-Netzwerk zum Einsatz kamen.

1. Vorteile der verdeckten Identitätsübernahme

Besonders effektiv ist die Übernahme und Weiterführung von bereits bestehenden, fremden Online-Profilen, wenn es den Ermittler*innen gelingt, sich Zugriff auf Online-Accounts zu verschaffen, die auf den in Rede stehenden Plattformen und Foren schon langjährig aktiv sind und daher über eine gewisse „credibility" verfügen.[378] Dies ist darauf zurückzuführen, dass Plattform- und Foren-Mitglieder im Tor-Netzwerk ihre ansonsten übliche Zurückhaltung und Verschlossenheit gegenüber vermeintlich bekannten Kommunikationspartner*innen deutlich schneller ablegen.[379] In der Vergangenheit konnte diese Art der verdeckten Ermittlungen insbesondere im Bereich des illegalen Waffenhandels über „DiDW" zu zahlreichen Festnahmen führen und eine erhebliche Verunsicherung der Szene bewirken.[380] Ein zusätzlicher Vorteil bei der Übernahme und Weiterführung

---

376 Vgl. BT-Drs. 19/116 vom 22.11.2017, S. 3.

377 Vgl. BT-Drs. 19/116 vom 22.11.2017, S. 1 und S. 3.

378 *Krause*, NJW 2018, 678 (680).

379 *Krause*, NJW 2018, 678 (680).

380 Allein zwischen Anfang 2015 und August 2016 konnten etwa 30 Waffenhändler*innen im Tor-Netzwerk von den Ermittlungsbehörden identifiziert und festgenommen werden, vgl. *Fittkau*, Die Darknet-Ermittler von Gießen, Interview mit Benjamin Krause von der Zentralstelle zur Bekämpfung der Internetkriminalität (ZIT), Deutschlandfunk Kultur (09.08.2016), abrufbar unter https://www

fremder Online-Profile ist, dass die Beamt*innen auf diese Weise Zugang zu abgeschotteten Plattform- oder Forenbereichen der pädokriminellen Szene erhalten, ohne dass hierfür eine „Keuschheitsprobe" abgelegt werden muss.[381]

2. Zugriff auf bereits bestehende Online-Accounts

Um bereits bestehende, fremde Online-Profile für eigene verdeckte Ermittlungstätigkeiten nutzen zu können, müssen die Ermittler*innen allerdings Zugriff auf die Login-Informationen und Zugangsdaten der in Rede stehenden Online-Accounts erhalten. Daher wird nachfolgend der Frage nachgegangen, welche Möglichkeiten den Ermittler*innen zur Verfügung stehen, um die betreffenden Login-Informationen der auf den Plattformen und Foren registrierten Online-Accounts zu ermitteln.

a) Freiwillige Herausgabe der Login-Informationen

Einerseits besteht die Möglichkeit, dass die Login-Informationen zu den betreffenden Online-Accounts freiwillig von den Beschuldigten an die Beamt*innen herausgegeben werden.[382] Aus der Perspektive der Account-Inhaber*innen kann dies etwa in der Absicht erfolgen, durch die Überlassung ihrer Zugangsdaten ein günstiges Nachtatverhalten zu demonstrieren, was sich im Falle einer Verurteilung gem. § 46 Abs. 2 StGB positiv auf ihre Strafzumessung auswirken kann. Denkbar ist außerdem, dass die Beschuldigten ihre Zugangsdaten an die Ermittler*innen herausgeben, um Hilfe zur Aufklärung oder Verhinderung schwerer Straftaten i.S.d. § 46b StGB zu leisten (sogenannte „Kronzeugenregelung).[383] Auch in diesen Konstellationen kann die Herausgabe von Login-Informationen dazu führen, dass die Strafe der betroffenen Account-Inhaber*innen nach § 49 Abs. 1 StGB gemildert wird. Werden die Login-Informationen zu den betreffenden Online-Accounts hingegen nicht freiwillig an die Beamt*innen

---

.deutschlandfunkkultur.de/kriminalitaet-die-darknet-ermittler-von-giessen.2165. de.html?dram:article_id=362524 (letzter Zugriff: 30.01.2022).

381 *Krause*, NJW 2018, 678 (680). Ausführlich zum Phänomen der sogenannten „Keuschheitsprobe" siehe § 5 D. I.

382 *Krause*, NJW 2018, 678 (680).

383 *Krause*, NJW 2018, 678 (680); kritisch *Oehmichen/Weißenberger*, KriPoZ 2019, 174 (180).

herausgegeben, ist fraglich, ob die Ermittler*innen auch dazu berechtigt sind, sich gegen den Willen der Beschuldigten Zugriff auf die in Rede stehenden Online-Profile zu verschaffen.

b) Beschlagnahme zu Beweiszwecken, § 94 Abs. 1 StPO

Hierfür kommt grundsätzlich eine Beschlagnahme der betreffenden Online-Profile i.S.d. §§ 94 Abs. 1, 98 StPO in Betracht. Die Vorschriften ermächtigen dazu, Gegenstände, die als Beweismittel für die Untersuchung von Bedeutung sein könnten, in Verwahrung zu nehmen oder in anderer Weise sicherzustellen.

aa) Begriff des „Gegenstands" i.S.d. § 94 Abs. 1 StPO

Um auf Plattformen und Foren im Tor-Netzwerk registrierte Online-Accounts zu Beweiszwecken beschlagnahmen zu können, müssten die in Rede stehenden Online-Profile „Gegenstände" i.S.d. § 94 Abs. 1 StPO darstellen. Da der Begriff des „Gegenstands" in § 94 Abs. 1 StPO weiter ist, als der Begriff der beweglichen und unbeweglichen Sachen, kommt es dabei nicht auf eine Körperlichkeit des zu beschlagnahmenden Beweismittels an.[384] Erfasst wird von § 94 Abs. 1 StPO vielmehr alles, was einen Beweiswert haben und für die weitere Untersuchung von Bedeutung sein kann.[385] § 94 Abs. 1 StPO gestattet es demnach, auch nichtkörperliche Gegenstände in den Anwendungsbereich der Norm einzubeziehen.[386] Über die Vorschrift können daher auch elektronisch gespeicherte Informationen und Kommunikationsdaten, sowie Online-Profile bei sozialen Netzwerken – wie zum Beispiel Facebook-Accounts – beschlagnahmt werden.[387] Folgerichtig sind somit auch auf Plattformen und Foren im Tor-Netzwerk registrierte Online-Profile in den Anwendungsbereich des § 94 Abs. 1 StPO einzubeziehen.

---

384 Hierzu ausführlich BVerfG, Beschluss des Zweiten Senats vom 12. April 2005 – 2 BvR 1027/02, Rn. 100 = NJW 2005, 1917 (1920).

385 Vgl. BVerfG, Beschluss des Zweiten Senats vom 12. April 2005 – 2 BvR 1027/02, Rn. 100 = NJW 2005, 1917 (1920).

386 Ausführlich zur Beschlagnahmefähigkeit von elektronischen Daten als nicht körperliche Gegenstände siehe *Bell*, Strafverfolgung und die Cloud, S. 105–109.

387 *Hauschild*, in: MüKoStPO, 1. Aufl. 2014, § 94 Rn. 13.

bb) Potentielle Beweisbedeutung der Online-Accounts

Den in Rede stehenden Online-Profilen muss zudem eine potentielle Beweisbedeutung zukommen, da die Beschlagnahme i.S.d. §§ 94, 98 StPO ausschließlich der Sicherung des zu erwartenden gerichtlichen Verfahrens dient.[388] Mit den in Rede stehenden Online-Accounts sind zahlreiche beweisrelevante Informationen wie zum Beispiel in der Vergangenheit getätigte Käufe und Verkäufe sowie mit anderen Verdächtigen ausgetauschte Chatnachrichten und verwendete Liefer- beziehungsweise Versand-Adressen der Account-Inhaber*innen verknüpft. Eine Beweisbedeutung der in Rede stehenden Online-Accounts für die in § 94 Abs. 1 StPO genannte Untersuchung wird daher in aller Regel zu bejahen sein.

c) Beschlagnahme zur Sicherung der Einziehung, § 111b StGB

Darüber hinaus kann eine Beschlagnahme der betreffenden Online-Accounts auch zur Sicherung der Einziehung über die Vorschrift des § 111b Abs. 1 S. 1 Alt. 1 StPO in Betracht kommen. Sie findet Anwendung auf Gegenstände, die der Einziehung i.S.v. § 74 Abs. 1 StGB unterliegen, aber keinen Beweiszwecken dienen.[389] Um Online-Accounts über die Vorschrift des § 111b Abs. 1 S. 1 Alt. 1 StPO beschlagnahmen zu können, müssten die Accounts daher einziehungsfähige Gegenstände i.S.v. § 74 Abs. 1 StPO darstellen.

aa) Einziehungsfähige Gegenstände i.S.d. § 74 Abs. 1 StGB

Über die Vorschrift des § 74 Abs. 1 StGB können Gegenstände, die zur Begehung oder Vorbereitung einer vorsätzlichen Straftat gebraucht worden oder bestimmt gewesen sind, als Tatmittel (sogenannte *„instrumenta sceleris")* eingezogen werden.[390] Einziehungsfähige Gegenstände i.S.v. § 74 Abs. 1 StGB sind dabei nicht nur bewegliche oder unbewegliche Sachen,

---

388 Die in § 94 Abs. 1 StPO genannte Untersuchung umfasst dabei das gesamte Strafverfahren von der Einleitung des Ermittlungsverfahrens bis zu seinem rechtskräftigen Abschluss, *Hauschild*, in: MüKoStPO, 1. Aufl. 2014, § 94 Rn. 16.
389 *Spillecke*, in: KK-StPO, 8. Aufl. 2019, § 111b Rn. 7; *Huber*, in: BeckOK StPO, 39. Ed. 1.1.2021, § 111b Rn. 11.
390 Vertiefend zum Begriff der *„instrumenta sceleris"* i.S.d. § 74 Abs. 1 StGB siehe *Heuchemer*, in: BeckOK StGB, 50. Ed. 1.5.2021, § 74 Rn. 12–22.

sondern auch Rechte.[391] Auch Nutzungsrechte an Online-Accounts, die auf Plattformen und Foren im Tor-Netzwerk registriert sind, kommen daher als einziehungsfähige Gegenstände i.S.d. § 74 Abs. 1 StGB in Betracht. Als Anknüpfungstaten des § 74 Abs. 1 StGB gelten wiederum alle Verbrechen oder Vergehen, die rechtswidrig und schuldhaft begangen wurden.[392]

bb) Anordnungsvoraussetzungen des § 111b Abs. 1 StPO

Für die Anordnung einer Beschlagnahme i.S.d. § 111b Abs. 1 StPO ausreichend ist der Verdachtsgrad des § 152 Abs. 2 StPO für das Vorliegen von rechtswidrig und schuldhaft begangenen Straftaten. Haben die beschuldigten Account-Inhaber*innen ihre Online-Profile dafür gebraucht, Straftaten auf Plattformen und Foren im Tor-Netzwerk zu begehen, können ihre Online-Accounts bereits dann Tatmittel i.S.v. § 74 Abs. 1 StGB darstellen, wenn sie bloß in der Vorbereitungsphase einzelner strafbarer Handlungen verwendet wurden. Erforderlich ist lediglich, dass sie letztere gefördert haben oder zumindest fördern sollten.[393] Auf Plattformen und Foren im Tor-Netzwerk registrierte Online-Accounts können daher nicht nur zur Beweiszwecken, sondern auch zur Sicherung ihrer Einziehung über die Vorschrift des § 111b Abs. 1 StPO von den Ermittler*innen beschlagnahmt werden.

d) Vollzug durch Abänderung der Login-Informationen

Um eine Beschlagnahme von Online-Accounts zu Beweiszwecken i.S.d. § 94 Abs. 1 StPO oder zur Sicherung der Einziehung i.S.d. § 111b Abs. 1 StPO zu vollziehen, ergibt sich in der Praxis allerdings das Problem, dass hierfür – anders als bei der Beschlagnahme oder Einziehung von körperlichen Gegenständen wie zum Beispiel Datenträgern – die mit den jeweiligen Accounts verknüpften Login-Informationen benötigt werden. Nur wenn diese den Ermittler*innen bekannt sind, können sie die Pass-

---

391 Die Erfassung von Rechten lässt sich dem § 74b Abs. 3 Nr. 1b und § 75 entnehmen, entspricht darüber hinaus aber auch einem kriminalpolitischen Bedürfnis, vgl. *Joecks/Meißner*, in: MüKo-StGB, 4. Aufl. 2020, § 74 Rn. 7.

392 *Joecks/Meißner*, in: MüKo-StGB, 4. Aufl. 2020, § 74 Rn. 5; *Eser/Schuster*, in: Schönke/Schröder, 30. Aufl. 2019, § 74 Rn. 2.

393 *Joecks/Meißner*, in: MüKo-StGB, 4. Aufl. 2020, § 74 Rn. 11.

wörter der in Rede stehenden Online-Accounts ändern und die Account-Inhaber*innen auf diese Weise von einer weiteren Nutzung ihrer Online-Profile ausschließen.

e) Keine Verpflichtung zur aktiven Preisgabe der Zugangsdaten

Eine Preisgabe der Zugangsdaten zu den in Rede stehenden Online-Accounts kann von den Ermittler*innen allerdings weder über die Vorschriften zur Beschlagnahme von Beweismitteln (§§ 94, 98 StPO), noch über die Vorschriften der Beschlagnahme zur Sicherung der Einziehung (§§ 111b, 111j StPO) gegen den Willen der Account-Inhaber*innen erzwungen werden.[394] Dies ist damit zu begründen, dass ein Zwang zur Herausgabe der betreffenden Zugangsdaten gegen den nemo-tenetur-Grundsatz verstoßen würde. Dieser ergibt sich aus Art. 2 Abs. 1 i.V.m. Art. 1 Abs. 1 GG sowie dem Rechtsstaatsprinzip des Art. 20 Abs. 3 GG und verleiht das Recht zum Unterlassen jeglicher aktiver Selbstbezichtigung, wenn die erzwungene Aktivität dazu führt, dass die Betroffenen hierdurch die Voraussetzungen für ihre eigene strafgerichtliche Verurteilung liefern.[395] Da mit dem Zugriff auf die in Rede stehenden Online-Accounts eine Vielzahl an ermittlungsrelevanten Informationen verknüpft sind, dürfen die betroffenen Account-Inhaber*innen nicht zur aktiven Mitwirkung an gegen sie gerichtete Untersuchungshandlungen verpflichtet werden. Eine Herausgabe der in Rede stehenden Login-Informationen kann von den Ermittler*innen folglich nicht gegen den Willen der betroffenen Account-Inhaber*innen erzwungen werden.[396]

f) Anderweitige Ermittlung der benötigten Login-Informationen

Von einem Zwang zur aktiven Mitwirkung an der eigenen Überführung zu unterscheiden sind jedoch passive Duldungspflichten, die von den be-

---

394 So auch *Krause*, NJW 2018, 678 (680).
395 *Kretschmer*, in: Kindhäuser/Neumann/Paeffgen, NK-StGB, 5. Aufl. 2017, § 142 Rn. 19; *Diemer*, in KK-StPO, 8. Aufl. 2019 Rn. 10, § 136 Rn. 10; *Grabenwarter/Pabel*, in: Dörr/Grote/Marauhn, EMRK/GG Konkordanzkommentar, Kapitel 14: Der Grundsatz des fairen Verfahrens, Rn. 164; ausführlich zum Prinzip der Selbstbelastungsfreiheit siehe *Ransiek/Winsel*, Die Selbstbelastung im Sinne des „nemo tenetur se ipsum accusare"-Grundsatzes, GA 2015, 620–638.
396 *Krause*, NJW 2018, 678 (680).

schuldigten Account-Inhaber*innen hingenommen werden müssen. Diese kommen in Konstellationen zum Tragen, in denen die Ermittler*innen ohne aktive Mitwirkung der Beschuldigten Kenntnis von den Login-Informationen der verdächtigen Account-Inhaber*innen erhalten.[397]

aa) Im Rahmen der Online-Durchsuchung i.S.v. § 100b StPO

Dies kann etwa der Fall sein, wenn die Account-Inhaber*innen im Rahmen von Online-Durchsuchungen i.S.d. § 100b StPO überwacht und die Login-Informationen zu ihren Online-Profilen mithilfe von sogenannten „Keyloggern" abgefangen werden.[398] Die auf diese Weise erlangten Zugangsdaten und Login-Informationen dürfen für eine Beschlagnahme der Online-Accounts der Beschuldigten nach den Vorschriften der §§ 94, 98, 111b StPO verwendet werden.[399] Gleiches gilt, wenn die Zugangsdaten zu den betreffenden Online-Accounts im Rahmen anderweitiger, rechtmäßiger Ermittlungshandlungen von den Beamt*innen in Erfahrung gebracht werden konnten. Dies ist beispielsweise denkbar, wenn bei der Durchführung von Durchsuchungsmaßnahmen i.S.d. §§ 102 ff. StPO Unterlagen aufgefunden werden, in denen die Beschuldigten die Zugangsdaten und Passwörter zu den in Rede stehenden Online-Accounts schriftlich dokumentiert haben.

bb) Passive Duldung des Zugriffs auf die Online-Accounts

Konnten die Login-Informationen zu den betreffenden Online-Profilen ohne aktive Mitwirkung der verdächtigen Account-Inhaber*innen ermittelt werden, sind die Beamt*innen dazu ermächtigt, diese dafür nutzen, um gegen den Willen der Beschuldigten auf die in Rede stehenden Online-Accounts zuzugreifen. Hierfür ist es erforderlich, dass sie sich zu-

---

397 Vgl. *Kochheim*, Cybercrime und Strafrecht in der IuK-Technik, S. 759, Rn. 2074–2079; *Krause*, NJW 2018, 678 (680).

398 Ein „Keylogger" kann sowohl eine Hard- als auch eine Software sein, die Tastatureingaben (wie Login-Informationen in Form von Anmeldedaten und Passwörtern) unbemerkt „mitloggt" und anschließend an Dritte weiterleitet, vgl. *Ionos Digital Guide* (13.08.18), Keylogger: Wie funktionieren sie und wie schützt man sich vor ihnen?, abrufbar unter https://www.ionos.de/digitalguide/server/sicherheit/keylogger/ (letzter Zugriff: 30.01.2022).

399 *Kochheim*, Cybercrime und Strafrecht in der IuK-Technik, S. 760, Rn. 2078.

nächst anhand der ermittelten Zugangsdaten auf den jeweiligen Plattformen und Foren im Tor-Netzwerk einloggen. Sodann können die Passwörter der Account-Inhaber*innen geändert werden, um die Beschuldigten von einer weiteren Nutzung ihrer Online-Accounts auszuschließen.

g) Einziehung der Online-Accounts, § 74 Abs. 1 StGB

Allerdings können die beschuldigten Account-Inhaber*innen über die Vorschriften der §§ 94 Abs. 1, § 111b Abs. 1 StPO nicht dauerhaft von einer weiteren Nutzung ihrer Online-Konten ausgeschlossen werden. Während die Beschlagnahme zu Beweiszwecken i.S.d. § 94 Abs. 1 StPO lediglich der Sicherung des zu erwartenden gerichtlichen Verfahrens dient, soll die Beschlagnahme i.S.d. § 111b Abs. 1 StPO eine spätere Einziehung der in Rede stehenden Online-Konten sichern. In aller Regel wird eine Beschlagnahme nach den genannten Vorschriften daher nur bis zum rechtskräftigen Abschluss der jeweiligen Strafverfahren aufrechterhalten. Um die beschuldigten Account-Inhaber*innen dauerhaft von einer Nutzung ihrer Online-Konten auszuschließen, kommt daher nur eine gerichtlich angeordnete Einziehung der Accounts über die Vorschrift des § 74 Abs. 1 StGB in Betracht. Voraussetzung hierfür ist, dass die in Rede stehenden Accounts als Tatmittel zur Begehung oder Vorbereitung von Straftaten auf Plattformen und Foren im Tor-Netzwerk gebraucht worden sind. In diesen Fällen können den Account-Inhaber*innen die Nutzungsrechte an ihren Online-Profilen auch nach dem rechtskräftigen Abschluss ihrer Strafverfahren endgültig entzogen werden.[400]

h) Zwischenergebnis

Um bereits bestehende, fremde Online-Profile für verdeckte Ermittlungstätigkeiten auf Plattformen und Foren im Tor-Netzwerk nutzen zu können, müssen die Ermittler*innen Zugriff auf die Login-Informationen und Zugangsdaten der in Rede stehenden Online-Accounts erhalten. Werden diese nicht freiwillig an die Ermittler*innen herausgegeben, können die Beschuldigten weder über die Vorschriften zur Beschlagnahme von Beweismitteln (§§ 94, 98 StPO), noch über die Vorschriften der Beschlag-

---

400 Zum Begriff des „Gegenstands" i.S.d. § 74 Abs. 1 StGB siehe bereits § 5 B. III. 2. c) aa).

nahme zur Sicherung der Einziehung (§§ 111b, 111j StPO) zur aktiven Preisgabe ihrer Login-Informationen gezwungen werden (*nemo tenetur se ipsum accusare*). Sollten die in Rede stehenden Login-Informationen jedoch im Rahmen von rechtmäßigen Online-Durchsuchungen i.S.v. § 100b StPO – beispielsweise durch den Einsatz sogenannter „Keylogging-Software" – ermittelt werden, sind die beschuldigten Account-Inhaber*innen dazu verpflichtet, die Beschlagnahme ihrer Online-Konten zu Beweiszwecken (§ 94 Abs. 1 StPO) oder zur Sicherung der Einziehung (§ 111b Abs. 1 StPO) passiv zu dulden. Nach dem rechtskräftigen Abschluss der gegen die jeweiligen Account-Inhaber*innen geführten Strafverfahren kann sodann die Einziehung der in Rede stehenden Online-Accounts i.S.d. §§ 74, 75 StGB angeordnet werden. Hierdurch werden den Account-Inhaber*innen die Nutzungsrechte an ihren Online-Profilen dauerhaft entzogen.

3. Übernahme der Online-Profile für verdeckte Ermittlungen

Dass die Ermittler*innen auch gegen den Willen der Account-Inhaber*innen auf deren Online-Profile zugreifen können, um diese zu Beweiszwecken (§ 94 Abs. 1 StPO) oder zur Sicherung der Einziehung (§ 111b Abs. 1 StPO) zu beschlagnahmen, bedeutet allerdings nicht zugleich, dass sie auch dazu berechtigt sind, die in Rede stehenden Accounts nach ihrer Beschlagnahme oder Einziehung für eigene verdeckte Ermittlungen auf den Plattformen und Foren im Tor-Netzwerk zu nutzen. Hierfür ist wiederum das Eingreifen einer eigenständigen Ermächtigungsgrundlage erforderlich. Vor diesem Hintergrund gilt es sich der Frage zuzuwenden, ob durch die verdeckte Identitätsübernahme von fremden Online-Accounts in das allgemeine Persönlichkeitsrecht derjenigen Personen eingegriffen wird, deren Online-Konten von den Ermittler*innen übernommen und auf den Plattformen und Foren im Tor-Netzwerk gegen ihren Willen weitergeführt werden.[401]

a) Eingriff in Art. 2 Abs. 1 i.V.m. Art. 1 Abs. 1 GG

Das allgemeine Persönlichkeitsrecht ist dogmatisch in Art. 2 Abs. 1 i.V.m. Art. 1 Abs. 1 GG verankert und dient dem Schutz der Persönlichkeit einer

---

401 Siehe hierzu bereits *Sinn*, Ermittlungen im Darknet, S. 156.

Person vor staatlichen Eingriffen in ihren Lebens- und Freiheitsbereich.[402] Der grundrechtliche Schutz des Art. 2 Abs. 1 i.V.m. Art. 1 Abs. 1 GG zielt insofern auf Elemente, die nicht Gegenstand spezieller Freiheitsgarantien sind, aber diesen in ihrer konstituierenden Bedeutung für die Persönlichkeit des Menschen nicht nachstehen.[403] Insofern wird von Art. 2 Abs. 1 i.V.m. Art. 1 Abs. 1 GG auch das Recht umfasst, die Darstellung der eigenen Person anderen gegenüber selbst zu bestimmen.[404] In dieses Recht kann eingegriffen werden, wenn Ermittler*innen von Dritten übernommene Online-Konten ohne die Zustimmung der ursprünglichen Account-Inhaber*innen zu Ermittlungszwecken auf den Plattformen und Foren im Tor-Netzwerk verdeckt weiternutzen. Zwar werden einzelne, zu einem bestimmten Online-Account gehörende Inhalte auf den in Rede stehenden Webseiten technisch anonym veröffentlicht. Für die Annahme eines Eingriffs in Art. 2 Abs. 1 i.V.m. Art. 1 Abs. 1 GG spricht jedoch, dass sämtliche Postings und Äußerungen *de facto* einzelnen Personen zugeordnet werden können, die sich virtuelle Identitäten mittels pseudonymer „Nicknamen" aufbauen. Neben der Anbahnung und Abwicklung von Straftaten können diese Personen ihre Online-Accounts auch dafür nutzen, sich mit anderen Personen über strafrechtlich irrelevante Themen wie Nachrichten aus Politik und Wirtschaft, IT-Sicherheit auszutauschen.[405] Kommunikationsverhältnissen auf Plattformen und Foren im Tor-Netzwerk kann daher nicht pauschal jegliche Schutzwürdigkeit abgesprochen werden.[406] Werden von den Ermittler*innen Online-Konten übernommen und ohne Zustimmung der ursprünglichen Account-Inhaber*innen gegenüber anderen Plattform- und Foren-Mitgliedern weitergeführt, stellt dies daher einen Eingriff in das Recht auf Darstellung der eigenen Person dar, das über Art. 2 Abs. 1

---

402 *Di Fabio*, in: Maunz/Dürig, GG Kommentar, 94. EL Januar 2021, Art. 2 Abs. 1, Rn. 127; *Starck*, in: v. Mangoldt/Klein/Starck, GG Kommentar, 7. Aufl. 2018, Art. 2, Rn. 14.

403 *Di Fabio*, in: Maunz/Dürig, GG Kommentar, 94. EL Januar 2021, Art. 2 Abs. 1, Rn. 127.

404 *Di Fabio*, in: Maunz/Dürig, GG Kommentar, 94. EL Januar 2021, Art. 2 Abs. 1, Rn. 166. Daher schützt das allgemeine Persönlichkeitsrecht auch vor „Fake News" und Manipulationen von Aussagen einer Person vgl. *Kunig/Kämmerer*, in: v. Münch/Kunig, GG Kommentar, 7. Aufl. 2021, Art. 2, Rn. 68. Ausführlich zum Schutz der sozialen Identität in der öffentlichen (Selbst-)Darstellung siehe *Lang*, in: BeckOK GG, 47. Ed. 15.5.2021, Art. 2, Rn. 44 ff.

405 Siehe hierzu bereits § 3 A. I. 2.

406 So auch *Oehmichen/Weißenberger*, KriPoZ 2019, 174 (181–182); *Ihwas*, WiJ 3/2018, 138 (146); zu den positiven Verwendungszwecken anonymer Internetkommunikation siehe § 2 A. III. 1.

i.V.m. Art. 1 Abs. 1 GG grundrechtlich geschützt ist. Für die Durchführung von entsprechenden Ermittlungshandlungen ist somit das Eingreifen einer strafprozessualen Ermächtigungsgrundlage erforderlich.[407]

b) Ermittlungsgeneralklausel aus §§ 161, 163 StPO

Bislang existiert in der StPO jedoch keine eigenständige Rechtsgrundlage, die Ermittler*innen zur Übernahme und Weiterführung von fremden Online-Accounts berechtigt. Daher kommt zur Rechtfertigung entsprechender Ermittlungshandlungen lediglich die Ermittlungsgeneralklausel aus §§ 161, 163 StPO in Betracht.[408] Allerdings können die genannten Vorschriften bloß geringfügige Grundrechtseingriffe in das allgemeine Persönlichkeitsrecht aus Art. 2 Abs. 1 i.V.m. Art. 1 Abs. 1 GG rechtfertigen. Werden im Rahmen der verdeckten Identitätsübernahme Online-Accounts gegen den Willen der Betroffenen übernommen, stellt sich daher die Frage, ob die hieraus resultierenden Grundrechtseingriffe noch von den §§ 163, 161 StPO gedeckt sein können. Feststeht, dass der Rechtfertigungsbedarf entsprechender Ermittlungshandlungen größer wird, je tiefer sie in den engeren persönlichen Bereich der Betroffenen eingreifen.[409] Dies ergibt sich allgemein bereits aus dem Grundsatz der Verhältnismäßigkeit, gilt aber beim allgemeinen Persönlichkeitsrecht speziell, wenn sich der Eingriff dem absolut geschützten Persönlichkeitskern nähert, der durch Art. 1 Abs. 1, 19 Abs. 2 GG bestimmt wird.[410]

---

407 A.A. *Krause,* der in einer verdeckten Fortführung von übernommenen Online-Accounts gegenüber den ursprünglichen Account-Inhaber*innen keine Grundrechtsrelevanz sieht, vgl. NJW 2018, 678 (680).

408 Um die Übernahme und Weiterführung von fremden Online-Accounts eigenständig in der StPO zu regeln, wurde im RefE IT-Sicherheitsgesetz 2.0 in der Fassung vom 27.03.2019 erstmals die Schaffung einer entsprechenden Ermächtigungsgrundlage angeregt, siehe § 5 B. III. 7.

409 *Di Fabio,* in: Maunz/Dürig, GG Kommentar, 93. EL Oktober 2020, Art. 2, Rn. 130.

410 *Di Fabio,* in: Maunz/Dürig, GG Kommentar, 93. EL Oktober 2020, Art. 2, Rn. 130.

c) Kein bloß geringfügiger Grundrechtseingriff

Die Weiterführung von fremden Online-Profilen ist bei verdeckten Ermittlungen im Tor-Netzwerk gerade deshalb erfolgversprechend, weil die von den Ermittler*innen übernommenen Online-Accounts über eine gewisse „credibility" in der Szene verfügen.[411] Meist waren die betroffenen Online-Accounts vor der Übernahme durch die Ermittler*innen bereits langjährig auf den Plattformen und Foren aktiv, was der Grund dafür ist, dass die kontaktierten Dritten ihre ansonsten übliche Zurückhaltung und Verschlossenheit gegenüber den in Rede stehenden Online-Accounts schneller ablegen.[412] Dies wirkt sich intensitätssteigernd auf den Grundrechtseingriff in Art. 2 Abs. 1 i.V.m. Art. 1 Abs. 1 GG aus.[413] Es ist folglich davon auszugehen, dass in das über Art. 2 Abs. 1 i.V.m. Art 1 Abs. 1 GG geschützte Recht, die Darstellung der eigenen Person gegenüber anderen selbst zu bestimmen, durch die verdeckte Identitätsübernahme fremder Online-Accounts auf Plattformen und Foren im Tor-Netzwerk mehr als bloß geringfügig eingegriffen wird. Stimmen die ursprünglichen Account-Inhaber*innen einer Übernahme und Weiterführung ihrer Konten durch die Beamt*innen nicht zu, sind entsprechende Ermittlungshandlungen demnach unzulässig.[414]

4. Einwilligung in die Weiterführung der Online-Profile

Allerdings besteht die Möglichkeit, dass die betroffenen Account-Inhaber*innen in die Weiternutzung ihrer Online-Accounts zu verdeckten Ermittlungen auf den Plattformen und Foren im Tor-Netzwerk einwilligen. Eine solche Einwilligung nimmt strafprozessualen Ermittlungsmaßnahmen ihren Zwangs- und Eingriffscharakter, sodass grundrechtsdogmatisch kein Eingriff in Art. 2 Abs. 1 i.V.m. Art 1 Abs. 1 GG durch die Übernahme der in Rede stehenden Accounts verwirklicht wird.[415] Genau

---

411 *Krause*, NJW 2018, 678 (680).
412 *Krause*, NJW 2018, 678 (680). Siehe hierzu bereits § 5 B. III. 1.
413 Vgl. *Kunig/Kämmerer*, in: Münch/Kunig, GG Kommentar, 7. Aufl. 2021, Art. 2, Rn. 70.
414 A.A. *Krause* welcher die Auffassung vertritt, dass für entsprechende Ermittlungshandlungen keine spezielle Ermächtigungsgrundlage erforderlich ist, vgl. NJW 2018, 678 (680).
415 BVerfG, Beschluss der 3. Kammer des Zweiten Senats vom 21. Oktober 2003 – 2 BvR 1500/03, Rn. 2; *El-Ghazi*, ZIS 2019, 110 (111).

wie bei der Herausgabe von Login-Informationen kann eine Einwilligung in die Weiterführung der Online-Profile aus Sicht der Account-Inhaber*innen erfolgen, um ein günstiges Nachtatverhalten zu demonstrieren, was sich im Falle einer Verurteilung gem. § 46 Abs. 2 StGB positiv auf die Strafzumessung auswirken kann.[416] Denkbar ist außerdem, dass die Beschuldigten einer Weiterführung ihrer Online-Accounts zustimmen, um Hilfe zur Aufklärung oder Verhinderung schwerer Straftaten i.S.d. § 46b StGB zu leisten (sogenannte „Kronzeugenregelung").[417]

5. Nutzung der Online-Accounts gegenüber Dritten

Selbst wenn die Beschuldigten in eine Übernahme und Weiterführung ihrer Online-Profile einwilligen, muss jedoch der Frage nachgegangen werden, unter welchen Voraussetzungen entsprechende Ermittlungshandlungen gegenüber den von den verdeckten Ermittler*innen kontaktierten Dritten zulässig sind. Eine Zustimmung der Account-Inhaber*innen in die Nutzung ihrer Online-Profile zu Ermittlungszwecken kann nämlich keine Grundrechtseingriffe rechtfertigen, die sich durch eine verdeckte Weiterführung der übernommenen Accounts gegenüber Dritten ergeben. Daher soll nachfolgend geklärt werden, unter welchen Voraussetzungen die verdeckte Weiterführung der in Rede stehenden Accounts gegenüber Dritten zulässig ist.

a) Unzulässigkeit von täuschungsbedingten Selbstbelastungen

In Hinblick auf die verdeckte Weiterführung von übernommenen Accounts gegenüber Dritten ist zunächst beachtlich, dass mit entsprechenden Ermittlungshandlungen keine täuschungsbedingte Selbstbelastung der kontaktierten Dritten einhergehen darf, da dies gegen den nemo-tenetur-Grundsatz verstoßen würde (*nemo tenetur se ipsum accusare*).[418] Nach seinen bislang in der Rechtsprechung des Bundesgerichtshofs anerkannten

---

416 Siehe hierzu bereits § 5 B. III. 2. a).
417 Kritisch *Oehmichen/Weißenberger*, KriPoZ 2019, 174 (180–181).
418 Während das allgemeine Recht auf informationelle Selbstbestimmung den Einzelnen die Befugnis gibt zu entscheiden, ob persönliche Lebenssachverhalte gegenüber staatlichen Stellen offenbart werden oder nicht, wird dies für den strafrechtlichen Bereich durch den nemo-tenetur-Grundsatz besonders herausgehoben, vgl. *Ransiek/Winsel*, GA 2015, 620 (620). Zum nemo-tenetur-Grund-

Ausprägungen beinhaltet der nemo-tenetur-Grundsatz dabei das Verbot von Zwang.[419] Im Strafverfahren darf – so auch die Formulierung in Art. 14 Abs. 3 Buchst. g IPbürgR – demnach niemand dazu gezwungen werden, sich selbst durch eine Aussage einer Straftat zu bezichtigen und hierdurch aktiv an der Aufklärung des Sachverhalts mitzuwirken.[420] Die Erhebung von Informationen, die Beschuldigte gegenüber verdeckten Ermittler*innen aufgrund des diesen entgegengebrachten Vertrauens freiwillig und von sich aus preisgeben, stellt demgegenüber keine Verletzung des nemo-tenetur-Grundsatzes dar.[421] Der höchstrichterlichen Rechtsprechung des BGH folgend ist es daher mit dem nemo-tenetur-Prinzip vereinbar, wenn verdeckte Ermittler*innen auf Plattformen und Foren im Tor-Netzwerk mit tatverdächtigen Personen ins Gespräch kommen, um Informationen zu erheben, die als Anknüpfungspunkte für eine mögliche Identifizierung der gesuchten Tatverdächtigen in der Offline-Welt herangezogen werden können.[422] Dies kann beispielsweise Informationen nach dem Be-

---

satz bei verdeckten Ermittlungen in sozialen Netzwerken im Clearnet siehe *Bauer*, Soziale Netzwerke und strafprozessuale Ermittlungen, S. 168–188.

419 BGH, Urt. v. 26.07.2007 – 3 StR 104/07 = NJW 2007, 3138 (3140, Rn. 22); BGH, Beschluss vom 13.05.1996 – GSSt 1/96 = NJW 1996, 2940 (2941) = NStZ 1996, 502 (504); *Engländer*, ZIS 2008, 163 (163).

420 BGH, Urt. v. 26.07.2007 – 3 StR 104/07 = NJW 2007, 3138 (3140, Rn. 22); BGH, Beschluss vom 13.05.1996 – GSSt 1/96 = NJW 1996, 2940 (2941) = NStZ 1996, 502 (504).

421 BGH, Urt. v. 26. Juli 2007 – 3 StR 104/07; neben der Problematik der Reichweite des nemo-tenetur-Prinzips stellten sich dem 3. Senat in der genannten Entscheidung noch weitere Fragen, so etwa die, ob auch vermeintlich private Befragungen Vernehmungen im Sinne von § 136 StPO darstellen, wenn sie direkt oder indirekt von einem Strafverfolgungsorgan geführt werden, ob – wenn man dies verneint – § 136 StPO auf vernehmungsähnliche Befragungen zumindest analog anzuwenden ist, und ob die Herbeiführung eines Irrtums beim Beschuldigten über die Identität von verdeckten Ermittler*innen sowie die Privatheit des Gesprächs unter den Begriff der Täuschung in § 136a Abs. 1 S. 1 StPO fällt, vgl. *Engländer*, ZIS 2008, 163 (163).

422 Siehe hierzu bereits § 5 B. II. Der EGMR hat demgegenüber festgestellt, dass das Recht zu schweigen und der Schutz vor Selbstbelastung zwar in erster Linie dazu dienen, Beschuldigte gegen unzulässigen Zwang der Behörden und die Erlangung von Beweisen durch Methoden des Drucks zu schützen; jedoch sei „der Anwendungsbereich des Rechts nicht auf Fälle beschränkt, in denen (...) Beschuldigte Zwang widerstehen musste[n].", vgl. EGMR, Entscheidung vom 05.11.2002 – 48539/99 = BeckRS 2003, 5512 (5512); BGH, Urt. v. 26. Juli 2007 – 3 StR 104/07 = NJW 2007, 3138 (3140, Rn. 23). Zur Diskussion darüber, ob der nemo-tenetur-Grundsatz allein die Freiheit von Zwang umfasst oder stattdessen auch die Entscheidungsfreiheit der Beschuldigten in einem umfassenderen,

ruf, Alter, Wohnort oder Freizeitaktivitäten einer tatverdächtigen Person umfassen.[423] Ebenso kann mithilfe der übernommenen Online-Accounts versucht werden, die verdächtigen Personen im Rahmen angeblicher An- und Verkaufsgespräche zum Umstieg auf nicht-anonyme Kommunikationskanäle außerhalb des Tor-Netzwerks zu bewegen oder von „Real-Life-Treffen" in der Offline-Welt zu überzeugen.[424] Allerdings müssen bei den in Rede stehenden Ermittlungshandlungen – genau wie bei der Nutzung von selbst erstellten „Fake Accounts" – rechtsstaatliche Grenzen gewahrt werden. Vorbehalte gegen dieses verdeckte Vorgehen können insbesondere dann erhoben werden, wenn es darauf gerichtet ist, Äußerungen der kontaktierten Beschuldigten zu erlangen, die sie belasten.[425] Die Weiterführung von übernommenen Online-Konten zu dem Zweck, tatverdächtige Personen im Tor-Netzwerk aktiv nach bereits begangenen Straftaten zu befragen und heimlich Beweismaterial zu sammeln, konfligiert daher mit dem nemo-tenetur-Grundsatz und muss demnach unterbleiben. Darüber hinaus hat der BGH klargestellt, dass eine verdeckte Befragung von Tatverdächtigen auch unter Berücksichtigung des Gebots einer effektiven Strafverfolgung von vornherein unzulässig sein kann.[426] Als möglichen Anwendungsfall einer solchen, aus rechtsstaatlichen Gründen absolut unzulässigen Befragung von Beschuldigten hat der BGH etwa die gezielte Anbahnung und Vortäuschung eines Liebesverhältnisses zur verdeckten Gewinnung von Informationen genannt (sogenannte „Romeo-Falle").[427]

b) Sonstige verfassungsrechtliche Rahmenbedingungen

Selbst in Konstellationen, in denen die verdeckte Weiterführung von übernommenen Online-Accounts der Identifizierung von gesuchten Tat-

---

Täuschungen ausschließenden Sinne schützt, siehe *Engländer*, ZIS 2008, 163–167.

423 Siehe hierzu bereits § 5 B. II.

424 Siehe hierzu bereits *Krause*, NJW 2018, 678 (680), ebenso § 5 B. II.

425 BGH, Beschluss vom 13.05.1996 – GSSt 1/96 = NJW 1996, 2940 (2943) = NStZ 1996, 502 (504).

426 BGH, Urt. v. 26.07.2007 – 3 StR 104/07 = NJW 2007, 3138 (3141, Rn. 30); BGH, Beschluss vom 13.05.1996 – GSSt 1/96 = NJW 1996, 2940 (2940) = NStZ 1996, 502 (502).

427 BGH, Urt. v. 26.07.2007 – 3 StR 104/07 = NJW 2007, 3138 (3141, Rn. 30); BGH, Beschluss vom 13.05.1996 – GSSt 1/96 = NJW 1996, 2940 (2943); NStZ 1996, 502 (504).

verdächtigen in der Offline-Welt dient und nicht mit dem nemo-tenetur-Grundsatz konfligiert, bedarf es für die Vornahme entsprechender Ermittlungshandlungen einer strafprozessualen Ermächtigungsgrundlage. Dies kann damit begründet werden, dass durch die verdeckte Informationserhebung in das Grundrecht auf informationelle Selbstbestimmung aus Art. 2 Abs. 1 i.V.m. Art. 1 Abs. 1 GG der kontaktierten Dritten eingegriffen wird.[428] Letzteres gibt den Betroffenen die Befugnis, grundsätzlich selbst über die Preisgabe und Verwendung ihrer oder seiner persönlichen Daten zu bestimmen.[429] Es flankiert und erweitert hierdurch den grundrechtlichen Schutz von Verhaltensfreiheit und Privatheit, indem es ihn schon auf der Stufe der Persönlichkeitsgefährdung beginnen lässt.[430] Der Schutzumfang des Rechts auf informationelle Selbstbestimmung beschränkt sich dabei nicht auf Informationen, die bereits ihrer Art nach sensibel sind und schon deshalb grundrechtlich geschützt werden.[431] Auch der Umgang mit Daten, die für sich genommen nur geringen Informationsgehalt haben, kann demnach grundrechtserhebliche Auswirkungen auf die Privatheit und Verhaltensfreiheit der Betroffenen haben.[432] Die Weiterführung von Online-Konten zur verdeckten Kontaktaufnahme und Informationsgewinnung gegenüber tatverdächtigen Dritten muss demnach strafprozessual gerechtfertigt werden.[433] Im Folgenden gilt es sich daher der Frage zuzu-

---

428 Eine Zustimmung der ursprünglichen Account-Inhaber*innen in die Nutzung ihrer Online-Profile für verdeckte Ermittlungen kann nämlich keine Grundrechtseingriffe rechtfertigen, die sich durch eine verdeckte Weiterführung der übernommenen Accounts gegenüber Dritten ergeben, siehe hierzu bereits § 5 B. III. 5. Zur Grundrechtsrelevanz von verdeckten Online-Ermittlungen siehe bereits § 5 B. II. 1.

429 BVerfG, Urteil des Ersten Senats vom 15. Dezember 1983 – 1 BvR 209/83 (Rn. 147); BVerfG, Beschluss des Ersten Senats vom 13. Juni 2007 – 1 BvR 1550/03 (Rn. 86); BVerfG, Urteil des Ersten Senats vom 27. Februar 2008 – 1 BvR 370/07 (Rn. 198); *Franzius*, ZJS 2015, 259 (259).

430 BVerfG, Beschluss des Ersten Senats vom 13. Juni 2007 – 1 BvR 1550/03 (Rn. 87); BVerfG, Urteil des Ersten Senats vom 27. Februar 2008 – 1 BvR 370/07 (Rn. 198).

431 BVerfG, Beschluss des Ersten Senats vom 13. Juni 2007 – 1 BvR 1550/03 (Rn. 88); BVerfG, Urteil des Ersten Senats vom 27. Februar 2008 – 1 BvR 370/07 (Rn. 198).

432 BVerfG, Beschluss des Ersten Senats vom 13. Juni 2007 – 1 BvR 1550/03 (Rn. 88); BVerfG, Urteil des Ersten Senats vom 27. Februar 2008 – 1 BvR 370/07 (Rn. 198).

433 A.A. *Krause*, der davon ausgeht, dass die Übernahme und Fortführung von fremden Online-Accounts gegenüber den kontaktierten Dritten keinen Eingriffscharakter hat, vgl. *Krause*, NJW 2018, 678 (680).

wenden, welche Ermächtigungsgrundlagen für die Rechtfertigung der in Rede stehenden Ermittlungshandlungen herangezogen werden könnten.

c) Initiierung neuer Kommunikationsbeziehungen

Werden mithilfe der übernommenen Online-Accounts neue Gesprächsbeziehungen initiiert, ohne dass die angeschriebenen Personen zuvor bereits Kontakt zu den ursprünglichen Account-Inhaber*innen hatten, ist davon auszugehen, dass sich die Zulässigkeit der in Rede stehenden Ermittlungshandlungen nach denselben Vorschriften richtet, wie die Nutzung von selbst erstellten „Fake-Accounts". Diese Annahme kann damit begründet werden, dass von den Ermittler*innen in den beschriebenen Fällen nicht in bereits bestehenden Vertrauens- oder Kommunikationsbeziehungen eingegriffen wird. Letztere können in den beschriebenen Konstellationen demnach auch nicht zur verdeckten Informationsgewinnung „ausgenutzt" werden. Abhängig davon, ob die übernommenen Online-Profile zum Einsatz kommen, um kurzfristig Kontakt zu verdächtigen Personen aufzunehmen oder um auf Dauer angelegte Kommunikationsbeziehungen zu ihnen aufzubauen, kann in den in Rede stehenden Konstellationen demnach entweder die Ermittlungsgeneralklausel der §§ 161, 163 StPO oder aber die Vorschrift des § 110a StPO als Ermächtigungsgrundlage für die Nutzung der fremden Accounts gegenüber den tatverdächtigen Dritten herangezogen werden.[434]

d) Eingriff in laufende Gesprächskontakte

Im Unterschied zur Nutzung von selbst erstellten „Fake-Accounts" sind bei der Übernahme von fremden Online-Profilen allerdings auch Konstellationen denkbar, in denen durch die Übernahme der Konten aktiv in bereits bestehende Kommunikationsbeziehungen eingegriffen wird.[435] In der Praxis wird dies der wohl häufigste Anwendungsfall für den Einsatz der in Rede stehenden Online-Accounts sein, da die verdeckte Identitätsübernahme gerade deshalb so effektiv ist, weil sich die kontaktierten Dritten gegenüber vermeintlich bekannten Gesprächspartner*innen schneller öff-

---

434 Siehe hierzu bereits § 5 B. II.
435 Hierzu bereits *Oehmichen/Weißenberger*, KriPoZ 2019, 174 (181–182).

nen.[436] Im Unterschied zur Nutzung von selbst erstellten „Fake-Accounts" werden von den Ermittler*innen in diesen Konstellationen bereits bestehende Vertrauensbeziehungen zur verdeckten Informationsbeschaffung „ausgenutzt". Ob Art. 2 Abs. 1 i.V.m. Art. 1 Abs. 1 GG hierbei mehr als bloß geringfügig beeinträchtigt wird, hängt wiederrum von den Gegebenheiten der einzelnen Kommunikationsverhältnisse ab, in die von den Ermittler*innen eingegriffen wird.

aa) Inkriminierte Kommunikationsverhältnisse

Haben die Kommunikationsverhältnisse, in die von den Ermittler*innen eingegriffen wird, in der Vergangenheit ausschließlich der anonymen Anbahnung und Abwicklung von Straftaten im Tor-Netzwerk gedient, ist ein schutzwürdiges Vertrauen i.S.d. Art. 2 Abs. 1 i.V.m. Art. 1 Abs. 1 GG abzulehnen. In diesen Fällen ist eine Weiterführung der übernommenen Online-Konten auf Grundlage der Ermittlungsgeneralklausel aus §§ 161 Abs. 1 S. 2 i.V.m. 163 Abs. 1 S. 2 StPO zulässig, da die Abrede und Durchführung von Straftaten keinen Grundrechtsschutz genießt.[437] Dienen Gesprächsbeziehungen im Tor-Netzwerk ausschließlich dem Zweck, illegale Waren und Dienstleistungen oder kinderpornografisches Material möglichst anonym miteinander auszutauschen, dürfen die kontaktierten Personen demnach nicht schutzwürdig i.S.v. Art. 2 Abs. 1 i.V.m. Art. 1 Abs. 1 GG darauf vertrauen, dass sich hinter ihren virtuellen Gesprächspartner*innen keine staatlichen Stellen verbergen.

bb) Schutzwürdige Kommunikationsverhältnisse

Allerdings kann Kommunikationsverhältnissen auf Plattformen und Foren im Tor-Netzwerk nicht pauschal jegliche Schutzwürdigkeit abgesprochen werden.[438] Sollten die in Rede stehenden Gesprächskontakte nicht bloß der anonymen Anbahnung und Abwicklung von Straftaten dienen, kann sich durchaus ein schutzwürdiges, personengebundenes Vertrauen i.S.v. Art. 2 Abs. 1 i.V.m. Art. 1 Abs. 1 GG zwischen einzelnen Gesprächspart-

---

436 Vgl. *Krause*, NJW 2018, 678 (680); ausführlich hierzu § 5 B. II. 1.
437 Vgl. *Kochheim*, Cybercrime und Strafrecht in der IuK-Technik, S. 761, Rn. 2081.
438 So auch *Oehmichen/Weißenberger*, KriPoZ 2019, 174 (181–182); *Ihwas*, WiJ 3/2018, 138 (146); siehe hierzu bereits § 5 B. III. 4. a).

ner*innen herausgebildet haben.[439] Dies ist beispielsweise denkbar, wenn Diskussionsforen wie „DiDW 3.0" als Treffpunkte für den Austausch über Nachrichten aus Politik und Wirtschaft, IT-Sicherheit und andere strafrechtlich irrelevante Themen genutzt werden.[440] Wenn in diesen Konstellationen Online-Profile übernommen und gegenüber Dritten weitergeführt werden, die schutzwürdig in die Identität ihrer virtuellen Gesprächs-Partner*innen vertrauen, ist die Ermittlungsgeneralklausel aus §§ 161, 163 StPO nicht geeignet, die hieraus resultierenden Grundrechtseingriffe in Art. 2 Abs. 1 i.V.m. Art. 1 Abs. 1 GG zu rechtfertigen.[441]

cc) Kein Rückgriff auf § 110a StPO Abs. 1 StPO

Anders als bei der Nutzung von selbst erstellten „Fake-Accounts" scheidet in diesen Fällen jedoch ein Rückgriff auf die Ermächtigungsgrundlage des § 110a Abs. 1 StPO aus. Die Vorschrift erfasst nach ihrem eindeutigen Wortlaut den Aufbau einer Legende mit frei erfundenen Angaben, nicht aber die Übernahme einer fremden, real existierenden privaten Identität.[442] Eine verdeckte Identitätsübernahme durch die Nutzung von Online-Accounts, die von Plattform- und Foren-Mitgliedern aus der analogen Welt übernommen wurden, unterscheidet sich daher wesentlich von dem gesetzlichen Leitbild, das von der Vorschrift des § 110a StPO vorgegeben wird.[443] Im Unterschied zur Nutzung selbst erstellter „Fake-Accounts" legen sich die Ermittler*innen bei der Übernahme bereits bestehender Online-Accounts keine fiktive virtuelle Identität zu, sondern täuschen vor, eine real existierende Person zu sein, die den von diesen Ermittlungshandlungen betroffenen Dritten bereits bekannt ist. Anders als beim Einsatz von selbst erstellten „Fake-Accounts" handelt es sich in diesen Konstella-

---

439 Ausführlich zu den „hellen Seiten" des Tor-Netzwerks *Minárik/Osula*, Computer Law & Security Review 32/2016, S. 111–127; ebenso *Watson*, Washington University Global Studies Law Review 2012, Vol. 11, Issue 3, S. 715–737.

440 Im Gegensatz zu Kryptomärkten sind Diskussionsforen im Tor-Netzwerk nicht ausschließlich auf den Handel mit inkriminierten Waren und Dienstleistungen ausgerichtet, vgl. § 3 A. 2.

441 A.A. *Krause*, der davon ausgeht, dass die Übernahme und Fortführung von fremden Online-Accounts gegenüber den kontaktierten Dritten keinen Eingriffscharakter hat, vgl. *Krause*, NJW 2018, 678 (680).

442 Vgl. *Bauer*, Soziale Netzwerke und strafprozessuale Ermittlungen, S. 195 (m.w.N.).

443 Vgl. *Bauer*, Soziale Netzwerke und strafprozessuale Ermittlungen, S. 195 (m.w.N.).

tionen daher nicht um eine Minusmaßnahme, sondern um ein *aliud* zu § 110a StPO. Das Vortäuschen, eine Person zu sein, die den von diesen Ermittlungshandlungen betroffenen Dritten bereits bekannt ist, kann somit nicht auf die Vorschrift des § 110a Abs. 1 StPO gestützt werden.[444] In Konstellationen, in denen Online-Profile von verdeckten Ermittler*innen übernommen und gegenüber Dritten fortgeführt werden, die schutzwürdig i.S.v. Art. 2 Abs. 1 i.V.m. Art. 1 Abs. 1 GG in die Identität ihrer vermeintlichen Gesprächs-Partner*innen vertrauen, fehlt es daher an einer strafprozessualen Ermächtigungsgrundlage.

6. Reformvorschlag aus dem RefE IT-Sicherheitsgesetz 2.0

Um die Übernahme und Weiterführung von fremden Online-Accounts erstmals eigenständig in der StPO zu regeln, wurde im RefE IT-Sicherheitsgesetz 2.0 in der Fassung vom 27.03.2019 angeregt, eine gesetzliche Ermächtigungsgrundlage für entsprechende Ermittlungshandlungen zu schaffen.[445]

a) Entwurfsregelung des § 163g StPO-E

Die Entwurfsregelung sollte in § 163g StPO-E erscheinen und wie folgt lauten:

§ 163g

„(1) Begründen bestimmte Tatsachen den Verdacht, dass jemand Täter oder Teilnehmer einer Straftat im Sinne von § 100g Absatz 1 StPO ist, so dürfen die Staatsanwaltschaft sowie die Behörden und Beamten des Polizeidienstes

---

444 So auch *Sinn*, Ermittlungen im Darknet, S. 156; *Sieber*, Straftaten und Strafverfolgung im Internet: Gutachten C zum 69. Deutschen Juristentag, 2012, S. C 126; *Sieber/Brodowski*, in: Hoeren/Sieber/Holznagel, MMR-HdB, Teil 19.3, Rn. 47.

445 Da das Bundesministerium des Innern, für Bau und Heimat den Entwurf eines Zweiten Gesetzes zur Erhöhung der Sicherheit informationstechnischer Systeme (im Folgenden RefE IT-Sicherheitsgesetz 2.0) in der Fassung vom 27.03.2019 nicht selbst veröffentlicht hat, wird nachfolgend das auf der Webseite der KriPoZ verlinkte Dokument zitiert. Dieses kann unter http://intrapol.org/wp-content/uploads/2019/04/IT-Sicherheitsgesetz-2.0-_-IT-SiG-2.0.pdf abgerufen werden (letzter Zugriff: 30.01.2022).

auch gegen den Willen des Inhabers auf Nutzerkonten oder Funktionen, die ein Anbieter eines Telekommunikations- oder Telemediendienstes dem Verdächtigen zur Verfügung stellt und mittels derer der Verdächtige im Rahmen der Nutzung des Telekommunikations- oder Telemediendienstes eine dauerhafte virtuelle Identität unterhält, zugreifen.

(2) Sie dürfen unter dieser virtuellen Identität mit Dritten in Kontakt treten. Der Verdächtige ist verpflichtet, die zur Nutzung der virtuellen Identität erforderlichen Zugangsdaten herauszugeben. § 95 Absatz 2 gilt entsprechend mit der Maßgabe, dass die Zugangsdaten auch herauszugeben sind, wenn sie geeignet sind, eine Verfolgung wegen einer Straftat oder einer Ordnungswidrigkeit herbeizuführen. Jedoch dürfen die durch Nutzung der Zugangsdaten gewonnenen Erkenntnisse in einem Strafverfahren oder in einem Verfahren nach dem Gesetz über Ordnungswidrigkeiten gegen den Verdächtigen oder einen in § 52 Absatz 1 der Strafprozessordnung bezeichneten Angehörigen des Verdächtigen nur mit Zustimmung des Verdächtigen verwendet werden."[446]

b) Rechtliche Würdigung des § 163g StPO-E

Die Entwurfsregelung des § 163g StPO-E sollte verdächtige Account-Inhaber*innen *de lege ferenda* dazu verpflichten, die zur Nutzung ihrer Online-Accounts erforderlichen Zugangsdaten auch gegen ihren Willen herauszugeben. Eine solche Regelung hätte allerdings mit dem nemo-tenetur-Grundsatz konfligiert, da mit der erzwungenen Herausgabe der Login-Informationen ein Zugriff auf eine Vielzahl an ermittlungsrelevanten Informationen einhergegangen wäre.[447] Zwar enthielt die Vorschrift in § 163g Abs. 2 S. 3 StPO-E ein Beweisverwertungsverbot für Erkenntnisse, die durch eine erzwungene Herausgabe von Login-Informationen gewonnen werden konnten. Allerdings hätte dieses Beweisverwertungsverbot nicht zu demselben Schutz geführt, als wenn die betroffenen Account-Inhaber*innen die Herausgabe ihrer Login-Informationen schlichtweg hätten verweigern können.[448] Unklar blieb beispielsweise, was mit Zufallsfun-

---

446 Vgl. RefE IT-SiG 2.0 i.d.F. vom 27. 03.2019, S. 32–33. Die Einfügung von Absatz- und Satzzahlen erfolgte zur besseren Übersicht durch die Verfasserin.

447 Zur potentiellen Beweisbedeutung und Ermittlungsrelevanz von Informationen, die mit den in Rede stehenden Online-Accounts verknüpft sind, siehe § 5 B. III. 2. b) bb).

448 Vgl. *Stadler*, Das geplante IT-Sicherheitsgesetz 2.0, Internet-Law.de (07.04.2019), abrufbar unter https://www.internet-law.de/2019/04/das-geplante-it-sicherheits

den passiert wäre, die sich aus einer über § 163g StPO-E erzwungenen Herausgabe von Zugangsdaten ergeben hätten.[449] Hinzu kommt, dass die Vorschrift trotz der Eingriffsintensität, die Ermittlungshandlungen nach § 163g StPO-E mit sich gebracht hätten, keinen Richtervorbehalt für die Übernahme der fremden Online-Accounts vorsah.[450]

c) Streichung der Vorschrift des § 163g StPO-E

Daher kam bereits kurze Zeit nachdem der RefE IT-Sicherheitsgesetz 2.0 veröffentlicht wurde, heftige Kritik an der Entwurfsregelung des § 163g StPO-E auf.[451] Am 07.05.2020 erschien sodann eine überarbeitete Fassung des Gesetzentwurfs, in dem auf die Einführung einer entsprechenden Neuregelung verzichtet wurde.[452] Nach zahlreichen weiteren Änderungen[453] wurde das IT-Sicherheitsgesetz 2.0 sodann im Januar 2021 ohne die Vorschrift des § 163g StPO-E in den Bundestag eingebracht und im Mai 2021 verkündet.[454]

---

gesetz-2-0.html (letzter Zugriff: 30.01.2022); weitere krit. Anm. finden sich bei *Oehmichen/Weißenberger*, KriPoZ 2019, 174 (180–181).

449 Vgl. *Stadler*, Das geplante IT-Sicherheitsgesetz 2.0, Internet-Law.de (07.04.2019), abrufbar unter https://www.internet-law.de/2019/04/das-geplante-it-sicherheits gesetz-2-0.html (letzter Zugriff: 30.01.2022); weitere krit. Anm. finden sich bei *Oehmichen/Weißenberger*, KriPoZ 2019, 174 (180–181).

450 *Oehmichen/Weißenberger*, KriPoZ 2019, 174 (180–181).

451 So *Oehmichen/Weißenberger*, KriPoZ 2019, 174 (180–181); *Stadler*, Das geplante IT-Sicherheitsgesetz 2.0, Internet-Law.de (07.04.2019), abrufbar unter https://w ww.internet-law.de/2019/04/das-geplante-it-sicherheitsgesetz-2-0.html (letzter Zugriff: 30.01.2022); *Laudon*, Passwort oder Beugehaft: Das Ende des Schweigerechts?, Strafakte.de (10.04.2019), abrufbar unter https://www.strafakte.de/gesetz gebung/passwort-beugehaft (letzter Zugriff: 30.01.2022).

452 *Voland/Büsch*, Nächster Versuch – BMI legt neuen Entwurf des IT SiG 2.0 vor, Fachportal politik & kommunikation (18.06.2020), abrufbar unter https://web.a rchive.org/web/20210225221112/https://www.politik-kommunikation.de/gesetz -des-monats/naechster-versuch-bmi-legt-neuen-entwurf-des-it-sig-20-vor-1781324 920 (letzter Zugriff: 30.01.2022).

453 Eine Übersicht über die verschiedenen Gesetzentwürfe und Bearbeitungsstände inklusive aller verlinkten Dokumente findet sich auf der Webseite der KriPoZ unter https://kripoz.de/Kategorie/gesetzentwuerfe/it-sicherheit/it-sicherheitsgese tz-2-0 (letzter Zugriff: 30.01.2022).

454 Vgl. BGBl. I 2021, S. 1122 ff.

7. Zwischenergebnis zu III.

De lege lata bleibt es somit dabei, dass eine Übernahme und Weiterführung fremder Online-Accounts auf Plattformen und Foren im Tor-Netzwerk nur möglich ist, wenn die betroffenen Account-Inhaber*innen einer Nutzung ihrer Konten zu Strafverfolgungszwecken zustimmen. Ob der Einsatz der in Rede stehenden Online-Profile gegenüber Dritten zulässig ist, hängt wiederum von den Gegebenheiten der einzelnen Kommunikationsverhältnisse ab, in die von den Ermittler*innen eingegriffen wird. Haben diese in der Vergangenheit ausschließlich der anonymen Anbahnung und Abwicklung von Straftaten gedient, ist eine Übernahme und Weiterführung der Accounts auf Grundlage der §§ 161, 163 StPO zulässig. Sollten die kontaktierten Personen hingegen schutzwürdig in die Identität ihrer virtuellen Gesprächspartner*innen vertrauen, ist eine Weiterführung der Online-Profile ihnen gegenüber unzulässig.

C. Testkäufe von inkriminierten Waren

Unabhängig davon, ob von Dritten übernommene Online-Profile oder selbst erstellte „Fake-Accounts" zu Ermittlungszwecken im Tor-Netzwerk zum Einsatz kommen, können die Beamt*innen diese Online-Konten auch dafür nutzen, um verdeckt Testkäufe von illegalen Waren zu tätigen.[455] Hierfür täuschen sie auf den Plattformen und Foren vor, an Betäubungsmitteln, Waffen, Falschgeld oder anderen inkriminierten Waren interessiert zu sein. Kommt es zum Abschluss von Handelsgeschäften, bewirkt dies einerseits, dass die Ermittler*innen dem Online-Schwarzmarkt im Tor-Netzwerk gefährliche Gegenstände und illegale Handelswaren entziehen können.[456] Gleichzeitig stellt der Postversand der illegalen Waren den Ausgangspunkt für die Einleitung verschiedener weiterer Ermittlungsmaßnahmen dar, die eine Identifizierung der mutmaßlichen Paket-Versender*innen in der Offline-Welt ermöglichen.

---

455 Vgl. *Krause*, NJW 2018, 678 (680); die Zulässigkeit von Scheinkäufen wird zusammen mit der Zulässigkeit des Einsatzes von nicht offen ermittelnden Polizeibeamt*innen (noeP) seit 1995 vom BGH vertreten, vgl. BGH Urt. v. 7.3.1995 – 1 StR 685/94 = NJW 1995, 2237; *Kochheim*, Cybercrime und Strafrecht in der IuK, S. 761, Rn. 2083.

456 *Grün*, Verdeckte Ermittlungen, S. 145, Rn. 50; *Kochheim*, Cybercrime und Strafrecht in der IuK, S. 761, Rn. 2083; *Rath*, DRiZ 2016, 292 (293).

I. Zulässigkeit von staatlichen Tatprovokationen

Soweit Ermittler*innen auf Plattformen und Foren im Tor-Netzwerk als sogenannte „agents provocateurs" auftreten und mit tatverdächtigen Personen illegale Handelsgeschäfte verabreden, müssen von ihnen allerdings rechtsstaatliche Standards gewahrt werden.[457] Hierfür sind sowohl die internationalen Vorgaben der Europäischen Menschenrechtskonvention aus Art. 6 Abs. 1 EMRK, als auch Art. 20 Abs. 3 GG maßgeblich. Ausgangspunkt der Überlegungen zur polizeilichen Tatprovokation ist der Umstand, dass Strafverfolgungsbehörden im Grundsatz die Aufgabe zukommt, Straftaten aufzuklären und zu verhindern anstatt diese zu initiieren. In Deutschland ist zu dieser Thematik ausgehend von der EGMR-Entscheidung Furcht v. Deutschland[458] eine rege Diskussion erwachsen. Im Kern geht es dabei um die Frage, ob eine Tatprovokation, welche die Ausmaße eines Verstoßes gegen Art. 6 Abs. 1 S. 1 EMRK annimmt, mit einer Strafmilderung für die provozierte Person ausreichend kompensiert werden kann (sogenannte Strafzumessungslösung) oder ob eine rechtsstaatswidrige Tatprovokation durch verdeckte Ermittler*innen zur Einstellung des Verfahrens gegen die betroffene Person führen muss.[459]

1. Entwicklungen in der jüngeren Rechtsprechung

Obwohl der EGMR im Herbst 2014 in seiner Furcht v. Deutschland-Entscheidung klargestellt hat, dass eine reine Strafzumessungslösung in Fällen der rechtsstaatswidrigen Tatprovokation nicht ausreichend ist,[460] sträubte sich der BGH zunächst dagegen, die Strafzumessungslösung aufzugeben.[461] Das Bundesverfassungsgericht segnete dies ab, indem es konstatier-

---

457 Hierzu bereits *Sinn*, Ermittlungen im Darknet, S. 156; ebenso *Grün*, Verdeckte Ermittlungen, S. 146, Rn. 52–54; *Kochheim*, Cybercrime und Strafrecht in der IuK, S. 761, Rn. 2083; zu den strafprozessualen Folgen einer rechtsstaatswidrigen Tatprovokation vgl. EGMR, Urt. v. 23. 10. 2014 = NJW 2015, 3631 ff.; *Sinn/Maly*, NStZ 2015, 379–383.

458 EGMR, Urt. v. 23.10.2014 – 54648/09 (Furcht v. Deutschland) = HRRS 2014 Nr. 1066.

459 Vgl. *Klaus*, ZIS 2021, 388 (388–389).

460 EGMR, Urt. v. 23.10.2014 – 54648/09 (Furcht v. Deutschland) = HRRS 2014 Nr. 1066.

461 Vgl. *Klaus*, ZIS 2021, 388 (388–389), eine Ausnahme stellte lediglich die Rechtsprechung des 2. Strafsenats des BGH dar, vgl. BGH, Urt. v. 10.06.2015, Az. 2 StR 97/14. Ausführlich zu letztgenannter Entscheidung etwa *Esser*,

te, dass der staatliche Strafanspruch bei unzulässigen Tatprovokationen nur in extremen Ausnahmefällen zurückstehen müsse.[462] Im Herbst 2020 wiederholte der EGMR sodann seine Rechtsprechung zu den Folgen einer konventionswidrigen Tatprovokation und verurteilte die Bundesrepublik erneut wegen eines Verstoßes gegen das Gebot eines fairen Verfahrens.[463] Im Dezember 2021 reagierte der 1. BGH-Strafsenat schließlich auf die Vorgaben des EGMR und präzisierte seine Rechtsprechung dahingehend, dass als strafprozessuale Folge einer rechtsstaatswidrigen Tatprovokation lediglich die Annahme eines Verfahrenshindernisses in Betracht kommt.[464] Seither steht fest, dass aufgedecktes kriminelles Verhalten bei Ermittlungen im Tor-Netzwerk, sollte es aus einer unzulässigen Tatprovokation resultieren, in Übereinstimmung mit den Vorgaben des EGMR nicht mehr gerichtlich bestraft werden kann.

2. Auftritt von Ermittler*innen als Käufer*innen

Abgesehen von den strafprozessualen Folgen müssen zudem auch die materiellen Kriterien, die in der jüngsten Rechtsprechung von EGMR und BGH zur Zulässigkeit von staatlichen Tatprovokationen entwickelt wurden, beim Einsatz von verdeckten Ermittler*innen auf Plattformen und Foren im Tor-Netzwerk berücksichtigt werden. Tatprovozierende Ermitt-

---

BGH zu Agent Provocateur. Hindernis für Verfahren, Legal Tribune Online (11.06.2015), abrufbar unter https://www.lto.de/recht/hintergruende/h/bgh-urte il-2-str-97-14-lockspitzel-agent-provocateur-verfahrenseinstellung (letzter Zugriff: 30.01.2022).

462 BVerfG, Beschluss der 2. Kammer des Zweiten Senats vom 18.12.2014 – 2 BvR 209/14, Rn. 34.

463 Laut EGMR dürfe niemand für kriminelles Verhalten, das aus einer unzulässigen Tatprovokation resultiert, auch nur in Teilen bestraft werden, vgl. EGMR, Urt. v. 15.10.2020 – 40495/15, 37273/15, 40913/ 15 (Akbay u.a. v. Deutschland), Rn. 123; ebenso EGMR, Urt. v. 23.11.2017 – 47074/12 (Grba v. Kroatien), Rn. 95. Damit die Anforderungen des Art. 6 Abs. 1 S. 1 EMRK erfüllt werden, müssten daher alle aus der Tatprovokation erlangten Beweismittel ausgeschlossen und das jeweilige nationale Strafverfahren eingestellt werden, vgl. EGMR, Urt. v. 15.10.2020 – 40495/15, 37273/15, 40913/ 15 (Akbay u.a. v. Deutschland), Rn. 122–123, 132; siehe hierzu ausführlich *Klaus*, ZIS 2021, 388 (391–392).

464 BGH, Urt. v. 16. 12. 2021, Az. 1 StR 197/21; BGH, Mitteilung der Pressestelle Nr. 227/2021 vom 16.12.2021, Bundesgerichtshof präzisiert Rechtsprechung zu Grenzen rechtsstaatswidriger Tatprovokation, abrufbar unter juris.bundesgerichtshof.de/cgi-bin/rechtsprechung/document.py?Gericht=bgh&Art=pm&pm_nummer=0227/21 (letzter Zugriff: 30.01.2022).

lungshandlungen sind demnach nur zulässig, wenn von den Beamt*innen beim Anbahnen von illegalen Handelsgeschäften auf den Plattformen und Foren eine bereits offen erkennbare Bereitschaft zur Begehung oder Fortsetzung von Straftaten ausgenutzt wird.[465] Wird von den Ermittler*innen hingegen über das bloße „Mitmachen" hinaus aktiv stimulierend auf einzelne Plattform- und Foren-Mitglieder eingewirkt, ist das Anbahnen von illegalen Handelsgeschäften zu Strafverfolgungszwecken rechtsstaatswidrig. Unzulässig wäre es daher, wenn einzelne Personen von den verdeckt agierenden Beamt*innen zur Durchführung illegaler Handelsgeschäfte angestiftet oder überredet werden müssten.[466] Solange sich die Ermittler*innen jedoch als potentielle Kund*innen für kriminelle Waren ausgeben, die von den tatverdächtigen Personen ohnehin bereits auf den Plattformen und Foren zum Verkauf angeboten werden, sind entsprechende Ermittlungshandlungen mit Art. 6 Abs. 1 EMRK und dem Rechtsstaatsprinzip aus Art. 20 Abs. 3 GG vereinbar. Die Anbahnung von illegalen Handelsgeschäften über sogenannte „agents provocateurs" kann in diesen Fällen auf die Ermittlungsgeneralklausel aus §§ 161, 163 StPO gestützt werden. Nichtsdestotrotz dürfen die verdeckten Ermittler*innen auch in diesen Konstellationen keinesfalls physischen oder psychischen Druck auf die tatverdächtigen Personen ausüben; ebenfalls unzulässig sind Versprechen, einen besonders guten Preis für die von den Tatverdächtigen angebotene Handelsware zu zahlen.[467] Zudem sind laut EGMR die Grenzen einer im Wesentlichen passiven Ermittlungshandlung überschritten, wenn Kaufangebote trotz ursprünglicher Ablehnung durch die Verdächtigen von den verdeckten Ermittler*innen erneuert werden, es zu beharrlichen Aufforderungen kommt, oder die Beamt*innen durch vorgegebene Entzugserscheinungen an das Mitgefühl der Verdächtigen appellieren.[468]

---

465 Vgl. BGH, Beschl. v. 19.1.2016 – 4 StR 252/15 = HRRS 2016 Nr. 258; BGH, Beschl. v. 19.05.2015 – 1 StR 128/15 = NStZ 2015, 541 (544), Rn. 24–25; *Kochheim*, Cybercrime und Strafrecht in der IuK, S. 761, Rn. 2083.

466 So auch *Rath*, DRiZ 2016, 292 (293).

467 EGMR, Urt. v. 15.10.2020 – 40495/15, 37273/15, 40913/ 15 (Akbay u.a. v. Deutschland), Rn. 116; BGH, Urt. v. 10.06.2015 – 2 StR 97/14 = HRRS 2015 Nr. 1104, Rn. 25; *Klaus*, ZIS 2021, 388 (391).

468 EGMR, Urt. v. 15.10.2020 – 40495/15, 37273/15, 40913/ 15 (Akbay u.a. v. Deutschland), Rn. 116; *Klaus*, ZIS 2021, 388 (391).

3. Auftritt von Ermittler*innen als Verkäufer*innen

Ebenfalls auf die Ermittlungsgeneralklausel aus §§ 161, 163 StPO gestützt werden können Ermittlungshandlungen, im Rahmen derer die Beamt*innen auf bereits gepostete Verkaufsgesuche anderer Plattform- und Foren-Mitglieder reagieren. Wurde in dem Marktplatzbereich eines kriminellen Forums beispielsweise öffentlich nach Verkäufer*innen einer bestimmten Waffe oder einer bestimmten illegalen Substanz gesucht, können sich die verdeckten Ermittler*innen zum Schein auf diese Gesuche melden, ohne dass hierdurch automatisch die Grenzen einer im Wesentlichen passiven Ermittlungshandlung überschritten werden. Begründet werden kann dies mit dem Umstand, dass auch in letztgenannten Fällen lediglich eine bereits zuvor öffentlich geäußerte Bereitschaft zur Begehung oder Fortsetzung bestimmter Straftaten ausgenutzt wird, ohne aktiv stimulierend auf einzelne Plattform- und Foren-Mitglieder einzuwirken. Im Unterschied zur Anbahnung und Abwicklung von illegalen Handelsgeschäften als Käufer*in darf es beim Auftreten von verdeckten Ermittler*innen als Verkäufer*innen jedoch nicht zum Versand der illegalen Güter kommen, weshalb sämtliche an den Postversand der illegalen Waren anknüpfende Ermittlungsmaßnahmen ausscheiden. Nichtsdestotrotz können die Beamt*innen die von den Plattform- und Foren-Mitgliedern angegebenen Empfänger*innen-Adressen als Ansatzpunkte für weitere Ermittlungsmaßnahmen heranziehen oder versuchen, zum Schein ein „Real-Life-Treffen" zur Übergabe der vermeintlichen illegalen Waren zu vereinbaren.

II. Daktyloskopische und serologische Untersuchungen

Sollten tatprovozierende Ermittlungshandlungen im Tor-Netzwerk zum Abschluss von Handelsgeschäften führen, bei denen bestellte Waren tatsächlich per Post an die Beamt*innen verschickt werden, kann dies sodann den Ausgangspunkt für die Einleitung verschiedener weiterer Ermittlungsmaßnahmen darstellen.[469] Sobald eine Paketlieferung mit inkriminierten

---

469 *Krause*, NJW 2018, 678 (680); *Rath*, DRiZ 2016, 292 (293); *Fünfsinn/Unge-fuk/Krause*, Kriminalistik 2017, 440 (444); *Grün*, Verdeckte Ermittlungen, S. 145, Rn. 50. Wie eine Antwort der Bundesregierung auf eine Kleine Anfrage der Fraktion DIE LINKE vom 29.08.2016 ergab, wird beim BKA allerdings keine Statistik darüber geführt, in wie vielen Fällen Behörden direkt oder durch Dritte Käufe im Tor-Netzwerk angebahnt oder durchgeführt haben, vgl. Kleine Anfrage der Fraktion DIE LINKE zu den Beobachtungsansätzen der Sicherheits-

Waren bei den Beamt*innen eingetroffen ist, können diese mit der Durchführung von Maßnahmen zur Identitätsfeststellung i.S.v. § 163b Abs. 1 S. 1 StPO beginnen. Hierfür werden die Paketinhalte zunächst auf mögliche Hautleistenspuren derjenigen Personen untersucht, von denen die illegalen Waren verpackt und versendet wurden (sogenannte Spurendaktyloskopie).[470] Sollten Finger- oder Handflächenabdrücke auf den untersuchten Gegenständen auffindbar sein, können diese anschließend gem. § 98c StPO maschinell mit den Referenzbeständen der zentralen Fingerabdrucksammlung des Bundeskriminalamtes abgeglichen werden.[471] Gleiches gilt, wenn serologische Spurenmaterialien wie Haare oder Hautpartikel von den Beamt*innen gesichert werden können, die sich für einen Abgleich mit dem Datenbestand der DNA-Analyse-Datei des Bundeskriminalamts eignen. Sollten im Rahmen der serologischen oder daktyloskopischen Untersuchungen Spurentreffer erzielt werden, können sodann die in den jeweiligen Datenbanken hinterlegten und mit den Verursacher*innen dieser Spuren verknüpften Informationen von den Ermittler*innen abgefragt werden. Auf diese Weise kann das auf den versendeten Gegenständen hinterlassene Spurenmaterial die Beamt*innen auf direktem Wege zu den Versender*innen der illegalen Handelswaren führen.

III. Auskunftsverlangen gegenüber Postunternehmen

Neben der Durchführung von serologischen und daktyloskopischen Untersuchungen der versendeten Pakete haben die Ermittler*innen außerdem die Möglichkeit, strafprozessuale Auskunftsverlangen bei privaten Postunternehmen einzuholen. Dies ist erforderlich, da die auf den Postsendungen angegebenen Absender*innen-Adressen in aller Regel ausgedacht sind und

---

behörden in sozialen Netzwerken und im sogenannten „Darknet"; BT-Drs. 18/9487 vom 29.08.2016, abrufbar unter http://dipbt.bundestag.de/dip21/btd /18/094/1809487.pdf (letzter Zugriff: 30.01.2022).

470 Ausführlich zum kriminalistischen Verfahren der Spurendaktyloskopie siehe etwa *BKA*, Spurendaktyloskopie, https://www.bka.de/DE/UnsereAufgaben/Ermi ttlungsunterstuetzung/Kriminaltechnik/Biometrie/Daktyloskopie/daktyloskopie _node.html (letzter Zugriff: 30.01.2022).

471 Siehe hierzu etwa *Greven*, in: KK-StPO, 8. Aufl. 2019, StPO § 98c Rn. 1–2. In der genannten Referenzdatenbank befinden sich Fingerabdrücke, die nach § 81b Alt. 2 StPO (oder nach den Polizeigesetzen von Bund und Ländern) erhoben und gem. § 484 Abs. 1 StPO für Zwecke künftiger Strafverfahren in Dateisystemen verarbeitet beziehungsweise gespeichert werden.

folglich keine validen Ansatzpunkte für die Identifizierung der gesuchten Paket-Versender*innen liefern.

1. Zugriff auf Kund*innen- und Sendungsdaten

Das Ziel dieser strafprozessualen Auskunftsverlangen ist es, Zugriff auf Kund*innen- und Sendungsdaten zu erhalten, die unter den Voraussetzungen der §§ 5, 7 und 8 PDSV[472] von Postdienstleister*innen wie DHL oder Hermes gespeichert werden und den Ermittler*innen Hinweise auf die Identitäten der gesuchten Paket-Versender*innen liefern können.

a) „Tracking" von Paketen mit illegalen Inhalten

Anhand der bei den genannten Postunternehmen hinterlegten Kund*innen- und Sendungsdaten kann sodann ermittelt werden, wann und wo eine Bestellung mit illegalem Inhalt aufgegeben wurde.[473] Hierdurch lassen sich wiederum erste Hinweise auf den Wohn- beziehungsweise Aufenthaltsort der gesuchten Paket-Versender*innen gewinnen. Im Anschluss können die Beamt*innen außerdem ermitteln, ob Videoaufnahmen von Überwachungskameras existieren, auf denen die Paket-Versender*innen beim Aufgeben ihrer Sendungen zu sehen sind.

b) Observation von Postfilialen und Packstationen

Darüber hinaus können die Ermittler*innen auch eine Observation von Postfilialen oder Packstationen veranlassen.[474] Dies ist sinnvoll, wenn die Durchführung mehrerer Testkäufe bei den gleichen Händler*innen ergibt, dass diese regelmäßig die gleichen Orte zum Aufgeben ihrer Pakete aufsuchen. Insbesondere bei Ermittlungen gegen sogenannte „Power-" beziehungsweise „Topseller*innen", die auf den Plattformen und Foren im

---

472 Bei diesen Kund*innen- und Sendungsdaten handelt es sich gem. § 41 PostG um Bestandsdaten (§ 5 Abs. 1 PDSV), Verkehrsdaten (§ 5 Abs. 2 PDSV), Auslieferungsdaten (§ 5 Abs. 3 PDSV), Entgeltdaten (§ 5 Abs. 4 PDSV), Adressdaten (§ 7 PDSV) sowie Ausweisdaten (§ 8 PDSV).
473 *Krause*, NJW 2018, 678 (680).
474 *Krause*, NJW 2018, 678 (680).

Tor-Netzwerk gewerbsmäßig tätig sind, kann dies ein erfolgversprechender Ermittlungsansatz sein.[475] Sollten die Ermittler*innen auf den Plattformen und Foren als Schein-Verkäufer*innen tätig geworden sein, besteht außerdem die Möglichkeit, an Stelle der illegalen Handelswaren ungefährliche Gegenstände zu versenden und anschließend zurückzuverfolgen, wer die von ihnen aufgegebenen Postsendungen in Empfang nimmt.[476]

2. Rechtsgrundlage für die Beauskunftung über Postdaten

Der Postversand von illegalen Handelswaren stellt demnach eine „Schnittstelle" zwischen digitaler und Offline-Welt dar, die es den Ermittler*innen ermöglicht, verdächtige Plattform- und Foren-Mitglieder aus dem Tor-Netzwerk zu identifizieren.[477] Allerdings waren Auskunftsverlangen bei privaten Postunternehmen in der StPO bis Anfang Juli 2021 nicht eigenständig geregelt. Als Ermächtigungsgrundlage für die Einholung der in Rede stehenden Auskünfte wurde die Vorschrift des § 99 StPO a.F. herangezogen, welche bis heute die Postbeschlagnahme von verdächtigen Brief- und Paketsendungen regelt.[478] Als weniger intensiven Eingriff in das Post- und Briefgeheimnis aus Art. 10 Abs. 1 GG verpflichtete sie Postdienstleister*innen *de lege abrogata* auch dazu, Auskünfte über die bei ihnen gespeicherten Kund*innen- und Sendungsdaten zu erteilen.[479]

---

475 Beispielhaft hierfür kann der Fall des bekannten Darknet-Händlers „Shiny Flakes" genannt werden. Die Ermittler*innen fanden heraus, dass die von ihm aufgegebenen Postsendungen häufig von ein und derselben Packstation aus verschickt wurden. Daraufhin begannen sie, die betreffende Packstation zu observieren, wo ihnen Maximilian S. auffiel, der dort ein Mal pro Woche Pakete aufgab, vgl. *Madel*, Die Spur der Täter – Shiny Flakes, RBB Online (02.08.2020), abrufbar unter https://web.archive.org/web/20210130234235/http s://www.rbb-online.de/taeteropferpolizei/themen/spur-der-taeter--shiny-flakes.h tml (letzter Zugriff: 30.01.2022).

476 *Rath*, DRiZ 2016, 292 (293). Zur Entgegennahme der bestellten Handelswaren durch die Kund*innen kommen in der Praxis entweder Packstationen oder sogenannte „Haus-" und „Briefkastendrops" in Betracht, vgl. § 3 A. I. 1. c).

477 *Bär*, in: Wabnitz/Janovsky/Schmitt, WirtschaftsStrafR-HdB, 28. Kapitel, B. II., Rn. 55a, *Grün*, Verdeckte Ermittlungen, S. 145, Rn. 50; *Fünfsinn/Ungefuk/Krause*, Kriminalistik 2017, 440 (444); *Krause*, NJW 2018, 678 (680).

478 Vgl. BGH, Beschl. v. 27.10.2016 – 1 BGs 107/16 = NZWiSt 2017, 79 (79).

479 Unter den Voraussetzungen des § 99 StPO a.F. konnten die Ermittler*innen statt einer Postbeschlagnahme daher schon vor der Reformierung des § 99 StPO durch das Gesetz zur Fortentwicklung der Strafprozessordnung und zur Änderung weiterer Vorschriften vom 25.06.2021 eine Auskunftserteilung über

b) Gewahrsamserfordernis des § 99 S. 1 StPO a.F.

Allerdings galt die Vorschrift des § 99 StPO a.F. ausweislich ihres eindeutigen Wortlauts ausschließlich für Postsendungen, die sich im Gewahrsam der Postdienstleister*innen befanden.[480] Als „Minusmaßnahmen" zur Postbeschlagnahme waren Auskunftsverlangen über Postdaten nur dann von § 99 StPO a.F. gedeckt, wenn sich die jeweiligen Postsendungen zum Zeitpunkt des Auskunftsersuchens noch im Gewahrsam der Postunternehmen befanden.[481] Auskunftsverlangen über Postsendungen, die ihren Empfänger*innen bereits zugestellt wurden, konnten bis zum 01.07.2021 daher nicht auf die Vorschrift des § 99 StPO gestützt werden (sogenannte retrograde Auskunftsverlangen).[482]

c) Ermittlungsrichterlicher Beschluss des BGH

Als Rechtsgrundlage für retrograde Auskunftsverlangen wurden zwischenzeitlich sowohl eine analoge Anwendung des § 99 StPO, als auch eine Anwendung der §§ 94, 98 StPO vorgeschlagen.[483] Überwiegend wurde das Vorliegen einer Ermächtigungsgrundlage für retrograde Auskunftsverlangen jedoch abgelehnt.[484] Dieser Ansicht schloss sich in einem ermittlungsrichterlichen Beschluss aus dem Herbst 2016 auch der BGH an, indem er entschied, dass § 99 StPO a.F. eine für Eingriffe in das Brief- und Postge-

---

Postdaten von den betreffenden Postdienstleister*innen verlangen, vgl. BGH, Beschl. v. 27.10.2016 – 1 BGs 107/16, Rn. 4 = NZWiSt 2017, 79 (79); *Eisenberg*, Beweisrecht der StPO, Fünfter Teil, Rn. 2391; *Greven*, in: KK-StPO, 8. Aufl. 2019, § 99, Rn. 11; *Günther*, in: MüKoStPO, 1. Aufl. 2014, § 99, Rn. 43; *Weisser*, wistra 10/2016, 387 (387); a.A. *Kochheim*, der sich dafür aussprach, die Surrogate der Postbeschlagnahme auf die Vorschriften der §§ 161, 161a StPO zu stützen, vgl. Cybercrime und Strafrecht in der IuK, S. 715–716, Rn. 1952.

480 BGH, Beschl. v. 27.10.2016 – 1 BGs 107/16, Rn. 4 = NZWiSt 2017, 79 (79); *Bär*, in: Wabnitz/Janovsky/Schmitt, WirtschaftsStrafR-HdB, 28. Kapitel, B. II., Rn. 55a.

481 BGH, Beschl. v. 27.10.2016 – 1 BGs 107/16, Rn. 5 = NZWiSt 2017, 79 (79).

482 BGH, Beschl. v. 20.2.2019 – StB 51/18 = NStZ-RR 2019, 280 (280); BGH, Beschl. v. 27.10.2016 – 1 BGs 107/16, Rn. 5 = NZWiSt 2017, 79 (79); *Bär*, in: Wabnitz/Janovsky/Schmitt, WirtschaftsStrafR-HdB, 28. Kapitel, B. II., Rn. 55a. Denn dann hätte die Auskunftsverpflichtung gegenüber der – mangels aktuellem Gewahrsam nicht möglichen – Beschlagnahme kein Minus, sondern einen *aliud* zu § 99 StPO a.F. dargestellt, vgl. *Weisser*, wistra 2016, 387 (389).

483 Siehe BGH, Beschl. v. 20.2.2019 – StB 51/18 = NStZ-RR 2019, 280 (m.w.N.).

484 Siehe BGH, Beschl. v. 20.2.2019 – StB 51/18 = NStZ-RR 2019, 280 (m.w.N.).

heimnis abschließende, nicht analogiefähige und gegenüber den allgemeinen Vorschriften vorrangige Regelung sei.[485] Im Februar 2019 wurde diese Entscheidung sodann vom 3. Strafsenat des BGH bestätigt.[486]

d) Keine retrograde Beauskunftung über Postdaten

Seitdem stand fest, dass eine Auskunftserteilung über bereits ausgelieferte Postsendungen nicht auf die Vorschrift des § 99 StPO a.F. gestützt werden kann.[487] Wurden auf Plattformen und Foren im Tor-Netzwerk Testkäufe getätigt, durften die Ermittler*innen daher keine retrograden Auskunftsverlangen über die bei den Postdienstleister*innen gespeicherten Kund*innen- und Sendungsdaten einholen. Dies traf auch auf Fälle zu, in denen die Ermittler*innen auf anderem Wege Kenntnis von Postsendungen erhielten, die über das Tor-Netzwerk gehandelte Waren beinhalteten und ihren Empfänger*innen bereits zugestellt wurden.

3. Ausweitung des § 99 StPO durch das StPO-FortentwicklungsG

Um das im Kern seit Schaffung der StPO unveränderte Recht der Postbeschlagnahme zu modernisieren und diese Ermittlungslücke zu schließen, wurden in der Folgezeit verschiedene Vorschläge zur Reformierung des § 99 StPO gemacht. Sowohl im Bundesrat, als auch im Bundeskabinett wurden Gesetzentwürfe erarbeitet, in denen die Schaffung einer eigenständigen Rechtsgrundlage für retrograde Auskunftsverlangen vorgesehen war.[488] Zuvor hatten sich bereits die Justizminister*innen der Länder auf ihrer Frühjahrskonferenz im Sommer 2017 für die Einführung einer solchen Regelung eingesetzt.[489] Auch die Länder-Arbeitsgruppe „Digitale

---

485 BGH, Beschl. v. 27.10.2016 – 1 BGs 107/16, Rn. 5 = NZWiSt 2017, 79–80. Zur Kritik an diesem Beschluss des BGH siehe *Krause*, NZWiSt 2017, 60 (61–62).
486 Vgl. BGH, Beschl. v. 20.2.2019 – StB 51/18 = NStZ-RR 2019, 280–281.
487 Vgl. BGH, Beschl. v. 20.2.2019 – StB 51/18 = NStZ-RR 2019, 280–281.
488 Siehe hierzu etwa die BT-Drs. 19/9508 sowie die BT-Drs 19/25820.
489 Vgl. 88. Konferenz der Justizministerinnen und Justizminister (21.–22. Juni 2017), TOP II.3 Auskunftsverlangen gegenüber Postdienstleistern, abrufbar unter https://jm.rlp.de/fileadmin/mjv/Jumiko/Fruehjahrskonferenz_neu/II.3_Ausk unftsverlangen_gegenueber_Postdienstleistern.pdf (letzter Zugriff: 30.01.2022).

Agenda für das Straf- und Strafprozessrecht" hatte in ihrem Abschlussbericht 2018 die Reformierung des bisherigen § 99 StPO empfohlen.[490]

a) Rechtslage seit Inkrafttreten der Norm am 01.07.2021

Im Juni 2021 beschloss der Bundestag mit den Stimmen der Koalitionsfraktionen sodann das Gesetz zur Fortentwicklung der Strafprozessordnung und zur Änderung weiterer Vorschriften (kurz StPO-FortentwicklungsG), das am 01.07.2021 in Kraft getreten ist. Darin wurde vorgeschlagen, den bisherigen Wortlaut des § 99 StPO beizubehalten und der Vorschrift einen neuen § 99 Abs. 2 StPO beizufügen, der wie folgt lautet:

„Unter den Voraussetzungen des Absatzes 1 ist es auch zulässig, von Personen oder Unternehmen, die geschäftsmäßig Postdienste erbringen oder daran mitwirken, Auskunft über Postsendungen zu verlangen, die an den Beschuldigten gerichtet sind, von ihm herrühren oder für ihn bestimmt sind. Die Auskunft umfasst ausschließlich die aufgrund von Rechtsvorschriften außerhalb des Strafrechts erhobenen Daten, sofern sie Folgendes betreffen:
1. Namen und Anschriften von Absendern, Empfängern und, soweit abweichend, von denjenigen Personen, welche die jeweilige Postsendung eingeliefert oder entgegengenommen haben,
2. Art des in Anspruch genommenen Postdienstes,
3. Maße und Gewicht der jeweiligen Postsendung,
4. die vom Postdienstleister zugeteilte Sendungsnummer der jeweiligen Postsendung sowie, sofern der Empfänger eine Abholstation mit Selbstbedienungs-Schließfächern nutzt, dessen persönliche Postnummer,
5. Zeit- und Ortsangaben zum jeweiligen Postsendungsverlauf sowie
6. Bildaufnahmen von der Postsendung, die zu Zwecken der Erbringung der Postdienstleistung erstellt wurden."[491]

b) Ergänzung der Vorschrift um § 99 Abs. 2 StPO

Durch das Inkrafttreten dieser Neuregelung wurde erstmals die zuvor bereits anerkannte, aber nicht ausdrücklich normierte Möglichkeit, unter

---

490 Vgl. BR-Drs. 33/1/19 v. 01.03.19, S. 39.
491 Vgl. Gesetz zur Fortentwicklung der Strafprozessordnung und zur Änderung weiterer Vorschriften, BGBl. 2021 I, S. 2099 ff.

den Voraussetzungen der Postbeschlagnahme aus § 99 StPO a.F. eine Auskunftserteilung über verdächtige Paketlieferungen zu verlangen, explizit in der StPO geregelt.[492] Außerdem wurden in § 99 Abs. 2 die rechtlichen Voraussetzungen dafür geschaffen, dass Ermittler*innen fortan auch Auskünfte über solche Postsendungen einholen können, die sich im Zeitpunkt des Auskunftsverlangens noch nicht oder nicht mehr im Gewahrsam der jeweiligen Postdienstleister*innen befinden.[493] Beide Neuerungen sind im gegebenen Zusammenhang zweckmäßig, da hierdurch Rechtssicherheit geschaffen und zuvor bestehende Ermittlungslücken beseitigt werden konnten.[494] Die vor der Gesetzreform geltende Rechtslage führte letztlich zu dem Ergebnis, dass eine Auskunftserteilung einen Tag vor Einlieferung oder einen Tag nach Weiterbeförderung einer verdächtigen Postsendung unzulässig wurde, ohne dass hierfür ein sachlich rechtfertigender Grund erkennbar gewesen wäre.[495] Die Reformierung des § 99 Abs. 2 StPO wurde daher zu Recht als „dringend geboten"[496] und „überfällig"[497] bezeichnet.

aa) Kritik an der Neufassung aus der Strafrechtspraxis

Kritisiert wurde hinsichtlich der Ausweitung des § 99 StPO allerdings, dass diese nicht weit genug geht.[498] Vor dem Hintergrund, dass Auskunftsverlangen bei Postdienstleister*innen oftmals den einzigen und damit entscheidenden Ermittlungsansatz im Online-Versandhandel mit illegalen Waren darstellen, hatte die Strafverfolgungspraxis eine „noch mutigere gesetzliche Regelung" für notwendig gehalten.[499] Vor diesem Hintergrund wurde in den Stellungnahmen zur Neufassung des § 99 StPO berechtigter-

---

492 *Weisser*, NZWiSt 2021, S. 372 (375).

493 *Graf*, in: BeckOK StPO, 41. Ed. 1.10.2021, § 99 Rn. 1a.

494 Im Ergebnis ebenso *Weisser*, NZWiSt 2021, S. 372 (375).

495 *Graf*, in: BeckOK StPO, 41. Ed. 1.10.2021, § 99 Rn. 4a.

496 *Isak*, Stellungnahme zum Entwurf eines Gesetzes zur Fortentwicklung der Strafprozessordnung und zur Änderung weiterer Vorschriften, Wortprotokoll der 140. Sitzung vom 14.04.2021 zur BT-Drucksache 19/27654 (Protokoll-Nr. 19/140), S. 51.

497 *Weisser*, NZWiSt 2021, S. 372 (375).

498 So etwa *Ecker*, Stellungnahme zum Entwurf eines Gesetzes zur Fortentwicklung der Strafprozessordnung und zur Änderung weiterer Vorschriften, Wortprotokoll der 140. Sitzung vom 14.04.2021 zur BT-Drucksache 19/27654 (Protokoll-Nr. 19/140), S. 37.

499 *Ecker*, Stellungnahme zum Entwurf eines Gesetzes zur Fortentwicklung der Strafprozessordnung und zur Änderung weiterer Vorschriften, Wortprotokoll

weise auf die Möglichkeit verwiesen, auch solche Nutzungsdaten, die im Zusammenhang mit der Sendungsverfolgung von verdächtigen Postsendungen anfallen, in den Anwendungsbereich des § 99 Abs. 2 S. 2 StPO zu integrieren.[500] Auf diese Weise wäre es möglich gewesen, die IP-Adressen derjenigen Personen abzufragen, die auf den Webseiten der Postdienstleister*innen verdächtige Postlieferungen verfolgen, etwa um die Zustellung von Paketen mit illegalen Inhalten zeitlich einzugrenzen oder deren Auslieferung zu kontrollieren.[501] Obwohl ein Zugriff auf diese Informationen einen großen Zugewinn für Ermittlungshandlungen i.S.d. § 99 Abs. 2 StPO dargestellt hätte, wurde die Forderung in der aktuellen Fassung der Vorschrift jedoch nicht berücksichtigt.[502]

bb) Stellungnahme und rechtliche Würdigung

Im Ergebnis kann daher festgehalten werden, dass die im März 2021 in Kraft getretene Erweiterung der Befugnis zur Postbeschlagnahme in § 99 Abs. 2 StPO zwar ausdrücklich zu befürworten ist, in ihrer Gesamtschau jedoch zu kurz greift.[503] Da zu erwarten ist, dass Postdienstleister*innen auch in Zukunft vermehrt dafür genutzt werden, illegale Waren aus dem Online-Versandhandel zu transportieren und bereits heute eine essentielle Rolle bei der Strafverfolgung im Tor-Netzwerk spielen, sollten Auskunftsverlangen i.S.d. § 99 Abs. 2 StPO auch auf die bei der Sendungsverfolgung anfallenden Nutzungsdaten der verdächtigen Post-Kund*innen erstreckt werden. Die Vorschrift des § 99 StPO in ihrer aktuellen Fassung als „stumpfes Schwert" zu bezeichnen,[504] wird der in Kraft getretenen

---

der 140. Sitzung vom 14.04.2021 zur BT-Drucksache 19/27654 (Protokoll-Nr. 19/140), S. 39.

500 So etwa *Ecker* (S. 40), *Isak* (S. 52) und *Südbeck* (S. 88) in ihren Stellungnahmen zum Entwurf eines Gesetzes zur Fortentwicklung der Strafprozessordnung und zur Änderung weiterer Vorschriften, Wortprotokoll der 140. Sitzung vom 14.04.2021 zur BT-Drucksache 19/27654 (Protokoll-Nr. 19/140).

501 Vgl. *Ecker*, Stellungnahme zum Entwurf eines Gesetzes zur Fortentwicklung der Strafprozessordnung und zur Änderung weiterer Vorschriften, Wortprotokoll der 140. Sitzung vom 14.04.2021 zur BT-Drucksache 19/27654 (Protokoll-Nr. 19/140), S. 40.

502 Eine kritische Auseinandersetzung mit der Reform des § 99 Abs. 2 StPO findet sich bei *Weisser*, NZWiSt 2021, 372 (374–375).

503 Im Ergebnis so auch *Weisser*, NZWiSt 2021, 372 (375).

504 So etwa *Ecker*, Stellungnahme zum Entwurf eines Gesetzes zur Fortentwicklung der Strafprozessordnung und zur Änderung weiterer Vorschriften, Wortproto-

Neuregelung allerdings nicht gerecht. Obwohl weiterer Änderungsbedarf besteht, können in den in § 99 Abs. 2 S. 2 Nr. 1–6 StPO normierten Fällen umfangreiche Auskünfte über die Versender*innen und Empfänger*innen von verdächtigen Postsendungen eingeholt werden. Trotz des zu eng geratenen Anwendungskatalogs ist daher davon auszugehen, dass die Reformierung des § 99 Abs. 2 StPO die Verfolgung von Straftaten, bei denen illegale Waren über Plattformen und Foren im Tor-Netzwerk gehandelt werden, in Zukunft erheblich vereinfachen wird.

D. Technische Ermittlungsmaßnahmen

Unbeschadet der legislativen Bemühungen, die Aufklärung von Straftaten zu erleichtern, bei denen private Postunternehmen zum Versand von illegalen Waren genutzt werden, fehlt es in anderen Deliktsbereichen jedoch an einer „Schnittstelle" zwischen digitaler und Offline-Welt, die von den Beamt*innen als Ermittlungsansatz für die Identifizierung von tatverdächtigen Personen herangezogen werden kann. In diesen Konstellationen haben die Ermittler*innen die Möglichkeit, zur Identifizierung der gesuchten Personen auf technische Ermittlungsansätze zurückzugreifen. Obwohl in der Vergangenheit häufig behauptet wurde, dass das Tor-Netzwerk gegenüber technischen Ermittlungsmaßnahmen anonym sei,[505] konnten in der Zwischenzeit verschiedene Methoden entwickelt werden, anhand derer sich – trotz Onion Routing und einer Anonymisierung von IP-Adressen – Hinweise auf die Identitäten von gesuchten Personen gewinnen lassen. Diese haben den Vorteil, dass sie auch dann zum Einsatz kommen können, wenn von tatverdächtigen Personen aus dem Tor-Netzwerk keine illegalen Handelswaren per Post versendet werden.

I. Einsatz computergenerierter Missbrauchsabbildungen

Ein Beispiel hierfür ist die Verbreitung von kinderpornografischen Bild- und Videodateien, die auf Plattformen und Foren im Tor-Netzwerk ausschließlich in digitaler Form ausgetauscht werden. Mangels anderweitiger Ermittlungsansätze sind die Beamt*innen in diesen Konstellationen

---

koll der 140. Sitzung vom 14.04.2021 zur BT-Drucksache 19/27654 (Protokoll-Nr. 19/140), S. 40.

505 Vgl. *Krause*, NJW 2018, 678 (679).

auf verdeckte Ermittlungen angewiesen, wenn sie pädokriminelle Platt-
form- und Foren-Mitglieder in der Offline-Welt identifizieren wollen.[506]
Allerdings werden verdeckte Ermittlungen in der pädokriminellen Szene
dadurch erschwert, dass auf einigen dieser Plattformen und Foren das Bestehen sogenannter „Keuschheitsproben" gefordert wird.[507] Um diese bestehen zu können, dürfen Ermittler*innen hierzulande inzwischen auf
technische Hilfsmittel zurückgreifen.

1. Forderung sogenannter „Keuschheitsproben"

Bevor neu registrierte Nutzer*innen pädokriminellen Plattformen im Tor-
Netzwerk beitreten und auf bereits gepostetes Material zugreifen können,
werden sie dazu aufgefordert, selbst strafbares kinderpornografisches Material auf den Webseiten hochzuladen.[508] Erst nachdem die hochgeladenen
Dateien hinsichtlich des Alters der gezeigten Kinder und der dargestellten
sexuellen Handlungen als „geeignet" befunden wurden, werden sie von
den Administrator*innen oder Moderator*innen der jeweiligen Tauschbörsen als neue Plattform-Mitglieder freigeschaltet. Auf diese Weise soll
verhindert werden, dass verdeckt ermittelnden Beamt*innen Zugang zu
den in Rede stehenden Plattformen gewährt wird.[509] Da in der StPO bis
März 2020 keine Rechtsgrundlage für den Upload von kinderpornografischen Abbildungen auf pädokriminellen Plattformen existierte, konnten
sich Ermittler*innen hierzulande – genau wie von den Betreiber*innen
der Plattformen beabsichtigt – zunächst keinen Zugriff auf entsprechend
gesicherte Webseiten im Tor-Netzwerk verschaffen.[510]

---

506 *Wittmer/Steinebach*, MMR 2019, 650 (650).
507 *Gercke*, CR 2018, 480 (483); *Wittmer/Steinebach*, MMR 2019, 650 (650–
651); *Rückert/Goger*, MMR 2020, 373 (374).
508 Siehe hierzu bereits *Wittmer/Steinebach*, MMR 2019, 650 (650).
509 *Safferling*, DRiZ 2018, 206 (206); *Wittmer/Steinebach*, MMR 2019, 650 (651). Außerdem wird dafür gesorgt, dass ständig neues kinderpornografisches Material
auf den Plattformen verfügbar ist, vgl. § 3 A. I. 3.
510 *Safferling*, DRiZ 2018 (206); *Krause*, NJW 2018, 679 (680); *Wittmer/Steinebach*,
MMR 2019, 650 (651).

2. Einführung der §§ 184b Abs. 6 StGB, 110d StPO

Um diese Ermittlungslücke zu schließen und auf den entsprechenden Webseiten verdeckt ermitteln zu können, wurden mit den §§ 184b Abs. 6 StGB, 110d StPO sodann die gesetzlichen Voraussetzungen dafür geschaffen, dass Ermittler*innen fortan die geforderten „Keuschheitsproben" ablegen können.[511] Seitdem ist der Upload von kinderpornografischen Inhalten straffrei, wenn dies im Zuge von dienstlichen Handlungen geschieht, die strafrechtlichen Ermittlungsverfahren dienen und die Aufklärung des Sachverhalts auf andere Weise aussichtslos oder wesentlich erschwert wäre. Damit hierbei kein echtes kinderpornografisches Material in Umlauf gebracht wird, berechtigen die §§ 184b Abs. 6 StGB, 110d StPO die Ermittler*innen jedoch ausschließlich zum Upload von computergenerierten, künstlich erstellten Missbrauchsabbildungen.

3. Technische Möglichkeiten der Umsetzung

Ob in der Praxis bereits von den Möglichkeiten, die die Vorschriften der §§ 184b Abs. 6 StGB, 110d StPO verdeckten Ermittler*innen im Tor-Netzwerk eröffnen, Gebrauch gemacht wird, ist bislang nicht öffentlich bekannt. Aus technischer Sicht kommen jedenfalls verschiedene Möglichkeiten zur Generierung solcher künstlichen, kinderpornografischen Bild- und Videodateien in Betracht, die allesamt auf Methoden der modernen Computergrafik basieren.[512]

a) Erstellung von Drahtgittermodellen

Die einfachste Variante zur Erzeugung von computergenerierten Missbrauchsabbildungen ist das Erstellen von synthetischen Drahtgittermodellen, die anschließend in Kombination mit Texturen realisiert werden.[513] Um diesen Drahtgittermodellen natürliche Bewegungen zu ermöglichen,

---

511 Zu den erwähnten Neuregelungen siehe *Rückert/Goger*, MMR 2020, 373–378. Damals war die betreffende Neuregelung, die nun in § 184b Abs. 6 StGB normiert ist, in § 184b Abs. 5 StGB zu finden.
512 Ausführlich zu den Möglichkeiten der technischen Umsetzung *Wittmer/Steinebach*, MMR 2019, 650 (651–653).
513 *Wittmer/Steinebach*, MMR 2019, 650 (652).

können menschliche Bewegungen mit Sensoren erfasst oder aus Bilddaten abgeleitet werden.[514] Dieses Vorgehen wird im Englischen mit dem Begriff „Motion Capture" bezeichnet, wobei mit diesem Begriff nur das Erfassen von Bewegungen des Körpers gemeint ist. Eine detaillierte Erfassung von Gesichtsausdrücken wird demgegenüber unter dem Begriff „Performance Capture" beschrieben. Aktuelle Programmierbibliotheken, auf deren Basis Computerspiele implementiert werden, erlauben bereits heute fotorealistische Darstellungen von Personen, wenn deren Bewegungen von Schauspieler*innen mittels „Motion-" und „Performance Capture" gesteuert werden.[515]

b) Computergenerierter Chatbot „Sweetie"

Dass die Erzeugung von künstlichen kinderpornografischen Abbildungen anhand von „Motion-" und „Performance Capture"-Verfahren auf dem aktuellen Stand der Technik möglich ist, veranschaulicht ein in den Niederlanden entwickelter, computergenerierter Avatar mit dem Namen „Sweetie" (siehe *Abbildung 21*, *Abbildung 22* und *Abbildung 23*). Dieser wurde bereits im Jahr 2013 erfolgreich auf Webseiten eingesetzt, über die per Webcam-Livestream Kinder aus den Philippinen missbraucht wurden (siehe *Abbildung 24*).[516] Über einen Zeitraum von zehn Wochen hatten vier Wissenschaftler*innen als vermeintlich präpubertäre, zehnjährige Mädchen in 19 verschiedenen Chat-Rooms posiert.[517] Insgesamt wurden dabei die Daten von 1000 Pädosexuellen ermittelt, die das vermeintlich

---

514 *Wittmer/Steinebach*, MMR 2019, 650 (652).
515 *Wittmer/Steinebach*, MMR 2019, 650 (652).
516 Vgl. *Terre des hommes*, Becoming Sweetie: a novel approach to stopping the global rise of Webcam Child Sex Tourism, S. 3. Ausführlich zu der Frage, welche materiell-rechtlichen sowie strafprozessualen Probleme der Einsatz von „Sweetie" mit sich bringt siehe *Schermer/Georgieva/van der Hof/Koops*, Legal Aspects of Sweetie 2.0, abrufbar unter https://research.tilburguniversity.edu/files/1 3318907/Sweetie20_report_final_20161003.pdf (letzter Zugriff: 30.01.2022). Generelle Informationen zum Phänomen des Webcam-Childsex-Tourism (WCST) finden sich bei *Terre des hommes*, FAQ Webcam-Kinderprostitution, abrufbar unter https://www.tdh.de/fileadmin/user_upload/inhalte/04_Was_wir_tun/The men/Sexuelle_Ausbeutung/FAQ_Webkam-Kinderprostition.pdf (letzter Zugriff: 30.01.2022).
517 Vgl. *Terre des hommes*, Becoming Sweetie: a novel approach to stopping the global rise of Webcam Child Sex Tourism, S. 4–5.

zehnjährige Mädchen „Sweetie" zu sexuellen Handlungen aufgefordert hatten.[518]

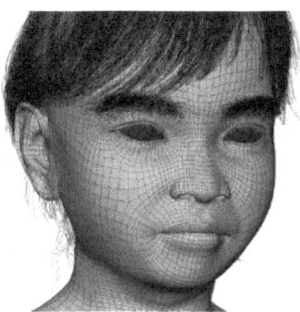

Abbildung 21:   Drahtgittermodel des computergenerierten Avatars „Sweetie"[519]

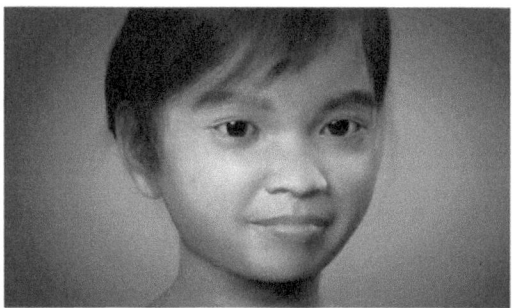

Abbildung 22:   Drahtgittermodel des Avatars „Sweetie" mit Texturen[520]

---

518 Vgl. *Terre des hommes*, »Sweetie-Kampagne« zeigt erste Erfolge bei der Strafverfolgung, abrufbar unter https://www.tdh.de/was-wir-tun/arbeitsfelder/sexuelle-g ewalt/meldungen/neue-form-von-kindesmissbrauch-auf-dem-vormarsch-zehntau sende-kinder-zu-webcam-prostitution-gezwungen (letzter Zugriff: 30.01.2022).

519 *Community for CG & Digital Artists*, Making of Terre des Hommes – Sweetie Case film, Abbildung abrufbar unter https://i.pinimg.com/originals/d1/8b/08/d1 8b08a18bd873dadb77eaf5e32e06c6.jpg (letzter Zugriff: 30.01.2022).

520 Abrufbar unter dongA.com (11.04.2020), https://www.donga.com/news/Society/ article/all/20200411/100604621/1 (letzter Zugriff: 30.01.2022).

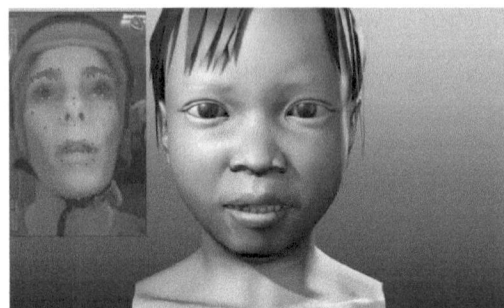

Abbildung 23: „*Performance Capture" zur Erfassung von Gesichtsausdrücken*[521]

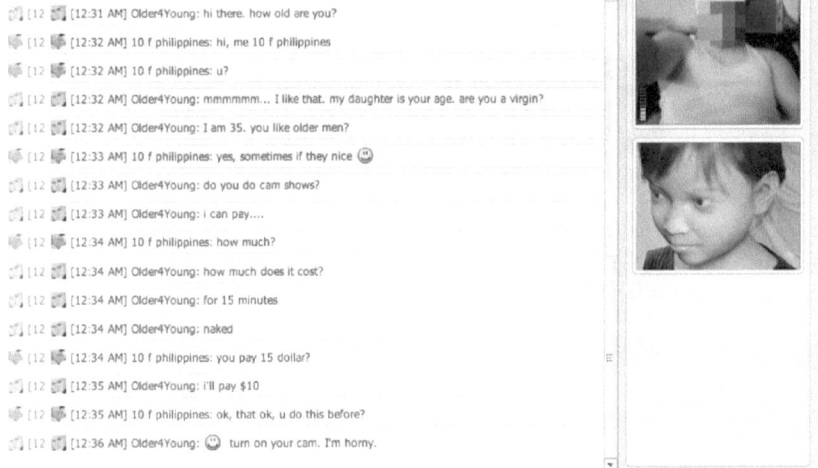

Abbildung 24: *Einsatz des Avatars „Sweetie" in einem Webcam-Livestream*[522]

c) Einsatz von Deep-Learning-Verfahren

Alternativ zu synthetisch erzeugten Drahtgittermodellen können für die die Erzeugung von künstlichen Missbrauchsabbildungen i.S.d. §§ 184b

---

521 *Community for CG & Digital Artists*, Making of Terre des Hommes – Sweetie Case film, Abbildung abrufbar unter https://www.pinterest.co.uk/pin/23292061 1954027366/?d=t&mt=login (letzter Zugriff: 30.01.2022).

522 *Terre des hommes*, Becoming Sweetie: a novel approach to stopping the global rise of Webcam Child Sex Tourism, S. 3.

Abs. 6 StGB, 110d StPO aber auch Foto- und Videoaufnahmen verwendet werden, die mit Hilfe von Künstlicher Intelligenz generiert wurden (sogenannte „Deep Fakes").[523] Erforderlich hierfür ist die Mitwirkung von erwachsenen Darsteller*innen, deren Körper „kindlich" wirken. Basierend auf den Erfahrungen der Ermittler*innen müssten diese Darsteller*innen sodann Situationen nachstellen, die typisch für kinderpornografische Bild- und Videoinhalte auf pädokriminellen Tauschbörsen im Tor-Netzwerk sind. Anschließend könnten die Gesichter der erwachsenen Darsteller*innen dann anhand von Methoden des maschinellen Lernens durch die Gesichter von Kindern ersetzt werden.[524]

d) Methoden des maschinellen Lernens

Um bei der Erzeugung solcher „Deep Fakes" keine Gesichter von realen Kindern verwenden zu müssen, ist wiederum der Einsatz von Methoden des maschinellen Lernens denkbar, bei welchen die Gesichter echter Kinder als Grundlage für die Generierung von künstlichen Gesichtern verwendet werden.[525] Wie authentisch auf diese Weise künstlich erzeugte Gesichter aussehen, veranschaulicht die Webseite www.thispersondoesno texist (siehe *Abbildung 25*). Hier werden von einem Algorithmus erzeugte Portraits abgebildet, die nur schwer von echten Gesichtern unterschieden werden können. Vereinzelt macht der Algorithmus zwar noch Fehler in Details, zum Beispiel bei Haaransatz oder Augenpaaren der künstlich generierten Gesichter. Diese fehlerhaften Bilder könnten von den Ermittler*innen allerdings manuell aussortiert werden.[526]

---

523 *Wittmer/Steinebach*, MMR 2019, 650 (652).
524 *Wittmer/Steinebach*, MMR 2019, 650 (652).
525 *Wittmer/Steinebach*, MMR 2019, 650 (652).
526 *Wittmer/Steinebach*, MMR 2019, 650 (652).

Abbildung 25:   Künstlich erzeugte Gesichter auf „thispersondoesnotexist.com"

e) Erkennbarkeit aus Sicht der Multimedia-Forensik

Aus Sicht der Multimedia-Forensik sind die genannten Ansätze derzeit allerdings als erkennbar einzustufen.[527] In Fotografien existieren unvermeidbar verschiedene Typen von Rauschen, die durch die Kameraelektronik verursacht werden und bei synthetisch erzeugtem Material nicht vorhanden sind. „Deep Fakes" basieren wiederum auf Montagen, die Bilder unterschiedlicher Historie zusammenfügen und auch auf Skalierungen der Bildelemente angewiesen sind.[528] Beide Ansätze hinterlassen also „Spuren", die von den Administrator*innen der pädokriminellen Webseiten bei der Überprüfung des hochgeladenen Materials erkannt werden können.[529] Um dies zu vermeiden, können die Ermittler*innen wiederum technische Gegenmaßnahmen treffen. Das Rauschen von echten Fotos lässt sich nämlich bis in hohe Details simulieren oder nachträglich von anderen Fotos übertragen.[530] Spuren, die auf Montagen hinweisen, können zudem durch Weichzeichner oder das leichte Beschneiden der Bilder mit erneuter Kompression verwischt werden, da hierdurch Hinweise auf die Historie der Kompressionsvorgänge der einzelnen Bildelemente entfernt oder zumindest stark geschwächt werden.[531]

---

527 *Wittmer/Steinebach*, MMR 2019, 650 (652).
528 *Wittmer/Steinebach*, MMR 2019, 650 (653).
529 *Wittmer/Steinebach*, MMR 2019, 650 (653).
530 *Wittmer/Steinebach*, MMR 2019, 650 (653).
531 *Wittmer/Steinebach*, MMR 2019, 650 (653).

4. Zwischenergebnis

Der gegenwärtige Stand der Technik erlaubt es, künstliches kinderpornografisches Bild- und Videomaterial zu generieren, das ein Mensch – zumindest bei einer flüchtigen Prüfung – als „echt" ansehen würde und daher zum Bestehen der sogenannten „Keuschheitsprobe" verwendet werden kann. In Anbetracht der Alternative, auf von Opfern zur Verfügung gestelltes, echtes kinderpornografisches Material zurückzugreifen,[532] stellt der Upload von computergenerierten Missbrauchsabbildungen somit eine Individualrechtsgüter schonende Ermittlungsmethode dar, um verdeckten Ermittler*innen Zugang zu entsprechend gesicherten Webseiten im Tor-Netzwerk zu verschaffen. Zwar sind künstlich generierte Missbrauchsabbildungen aus Sicht der Multimedia-Forensik als erkennbar einzustufen. Allerdings können die Ermittler*innen Gegenmaßnahmen treffen, um eine „Enttarnung" des computergenerierten Materials im Rahmen einer Überprüfung durch die Administrator*innen der Plattformen und Foren zu vermeiden.

II. Geolokalisierung von Dateien über EXIF-Metadaten

Neben dem Upload von computergenerierten Missbrauchsabbildungen zum Bestehen der sogenannten „Keuschheitsprobe" stellt die Geolokalisierung von Bild- und Videodateien über sogenannte Exchangeable Image File Format-Metadaten (kurz EXIF-Metadaten) einen weiteren technischen Ermittlungsansatz dar, der zur Aufklärung von Straftaten im Tor-Netzwerk beitragen kann. Dieser Ermittlungsansatz kann im Rahmen von sämtlichen Delikten herangezogen werden, bei deren Anbahnung oder Abwicklung Bild- oder Videodateien von verdächtigen Plattform- und Foren-Mitgliedern auf Webseiten im Tor-Netzwerk hochgeladen werden.

---

532 Laut der hessischen Justizministerin Kühne-Hörmann gab es Angebote von Opfern, die echtes Missbrauchsmaterial für Ermittlungszwecke zur Verfügung stellen würden, vgl. *Siemens*, Kinderporno-Ermittlungen Hessens Justizministerin fordert den Tabubruch, Spiegel Online vom 04.06.2018, abrufbar unter https://www.spiegel.de/panorama/justiz/hessen-justizministerin-fordert-tabubruch-bei-kinderporno-ermittlungen-a-1211011.html (letzter Zugriff: 30.01.2022).

1. Upload von Bild- und Videodateien im Tor-Netzwerk

Neben der Verbreitung von kinderpornografischen Bild- und Videodateien auf pädokriminellen Tauschbörsen trifft dies grundsätzlich auch auf den Handel mit inkriminierten Waren über Online-Marktplätze und Diskussions-Foren zu. Werden illegale Handelsgüter im Tor-Netzwerk vertrieben, laden die Verkäufer*innen häufig Fotos von den von ihnen angebotenen Produkten auf den betreffenden Webseiten hoch. Auf diese Weise wollen einige Händler*innen ihre Glaubwürdigkeit erhöhen und nachweisen, dass sie tatsächlich im Besitz der von ihnen angebotenen, illegalen Waren sind. Die auf den Plattformen und Foren hochgeladenen Produktbilder werden in der Szene daher auch als „Proofpics" bezeichnet.[533]

2. Gespeicherte EXIF-Metadaten und GPS-Koordinaten

Für die Ermittler*innen von Vorteil ist dabei, dass einige dieser hochgeladenen Bild- und Videodateien EXIF-Metadaten enthalten, die Informationen über das Datum, die Uhrzeit und die Kamera, mit der das jeweilige Bild oder Video aufgenommen wurde, umfassen. Darüber hinaus werden in den EXIF-Metadaten vereinzelt auch die GPS-Koordinaten derjenigen Orte gespeichert, an denen eine Bild- oder Videodatei aufgenommen wurde (sogenanntes „Geo-Tagging", siehe *Abbildung 26*). Anhand dieser in den EXIF-Metadaten von Bild- und Videodateien hinterlegten GPS-Koordinaten können den Ermittler*innen sodann Rückschlüsse auf die Standorte ziehen, an denen sich die im Tor-Netzwerk angebotenen Waren befinden oder an denen die in Rede stehenden Abbildungen aufgenommen wurden.

---

533 Der auf „DiDW" registrierte Waffenhändler „rico", der dem Attentäter des Anschlags vor dem Münchener OEZ seine Tatwaffe verkaufte, hatte seine Handelswaren beispielsweise in einer Kiste vergraben, die er regelmäßig aufsuchte, um „Proofpics" von den Waffen und der Munition anzufertigen, vgl. LG München I, Urteil v. 19.01.2018 – 12 KLs 111 Js 239798/16, Rn. 143.

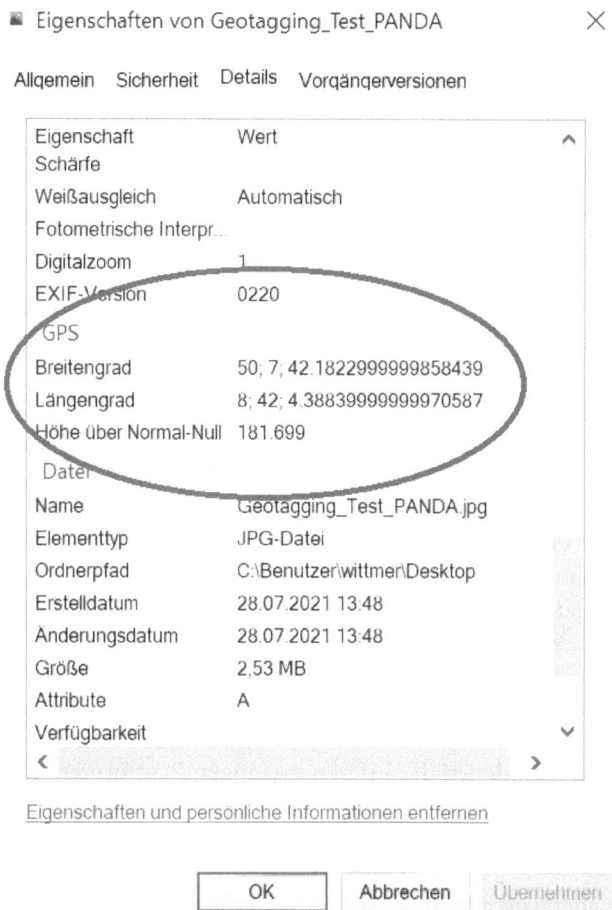

Abbildung 26: Beispiel für die EXIF-Metadaten einer Bilddatei mit GPS-Koordinaten

3. Rechtsgrundlage für das Aufrufen der Dateieigenschaften

Um die mit einer Bild- oder Videodatei aus dem Tor-Netzwerk verknüpften EXIF-Metadaten zu ermitteln, ist es ausreichend, die Dateieigenschaften der jeweiligen Abbildungen manuell aufzurufen. Eine spezielle Software oder besondere IT-Kenntnisse sind hierfür nicht erforderlich, da der Zugriff auf die mit den Bild- und Videoaufnahmen verknüpften EXIF-Metadaten nicht beschränkt oder geschützt ist. Wurden Bild- und Videodateien auf Plattformen und Foren im Tor-Netzwerk veröffentlicht, so sind auch die darin enthaltenen EXIF-Metadaten für sämtliche Plattform- und Foren-Mitglieder einsehbar. Wenn Ermittler*innen, die sich unter selbst erstellten „Fake-Accounts" oder von Dritten übernommenen Online-Profilen auf den entsprechenden Webseiten bewegen, die dort hochgeladenen Dateien nach EXIF-Metadaten und Hinweisen auf den Aufnahmeort der jeweiligen Abbildungen durchsuchen, können entsprechende Ermittlungshandlungen auf die Ermittlungsgeneralklausel aus §§ 161, 163 StPO gestützt werden.

4. Ausschaltung oder Löschung der EXIF-Metadaten

Um eine Geolokalisierung von Bild- und Videodateien über deren EXIF-Metadaten zu verhindern, kann eine Speicherung von GPS-Koordinaten von den Plattform- und Foren-Mitgliedern allerdings manuell ausgeschaltet oder die entsprechenden Informationen vor dem Upload aus den Dateieigenschaften der Abbildungen gelöscht werden. Bei einer im September 2016 veröffentlichten Analyse von über 200.000 Bilddateien, die auf Online-Marktplätzen wie „Agora", „Evolution", und „Silk Road 2" hochgeladen wurden, waren es insgesamt nur 229 Fotos, in deren EXIF-Metadaten tatsächlich GPS-Koordinaten enthalten waren.[534] Daher kann eine Geolokalisierung von Bild- und Videodateien über deren EXIF-Metadaten in der Praxis nur in Ausnahmefällen dazu beitragen, Rückschlüsse auf die Standorte zu ziehen, an denen die auf den jeweiligen Plattformen und Foren im Tor-Netzwerk hochgeladenen Abbildungen aufgenommen wurden.

III. Nachladen von externen Dateieinbettungen

Als Alternative zur Geolokalisierung von Bild- und Videodateien und dem Upload von computergenerierten Missbrauchsabbildungen können zur Aufklärung von Straftaten im Tor-Netzwerk auch solche Dateien zum Einsatz kommen, deren Inhalte beim Öffnen automatisch über externe,

---

534 Vgl. *Lisker/Rose*, Illuminating the Dark Web. Searching for geotags in dark net markets, Blogpost vom 13.09.2016, abrufbar unter https://medium.com/@rose lisker/illuminating-the-dark-web-d088a9c80240#.p6mkbkwjp (letzter Zugriff: 30.01.2022). Für Bild- und Videodateien, die auf Plattformen und Foren der pädokriminellen Szene im Tor-Netzwerk verbreitet werden, wurden bislang keine entsprechenden Untersuchungen durchgeführt.

außerhalb des Tor-Netzwerks befindliche Server nachgeladen werden. Gelingt es den Ermittler*innen, verdächtige Plattform- und Foren-Mitglieder zum Öffnen solcher Dokumente zu bewegen, können die IP-Adressen derjenigen Internetanschlüsse, von denen aus die in Rede stehenden Dateien aufgerufen werden, über externe Servern „mitgeloggt" und anschließend an die Ermittler*innen weitergeleitet werden. Dies ist aus technischer Perspektive möglich, da beim Aufrufen der in Rede stehenden Dokumente von den verdächtigen Plattform- und Foren-Mitgliedern auf das Internet zugegriffen wird, ohne dass der hierbei anfallende Datenverkehr von der Tor-Software anonymisiert wird. Die Tor-Software kann nämlich lediglich Datenpakete, die über das Tor-Netzwerk geroutet werden, anonymisieren. Werden von verdächtigen Tor-Nutzer*innen jedoch Dateien geöffnet, deren Inhalte nicht über das Tor-Netzwerk nachgeladen werden, sondern einen hiervon separaten Zugriff auf das Internet auslösen, kann dies eine Identifizierung der gesuchten Personen anhand ihrer IP-Adressen möglich machen.

1. Vorgehensweise der Ermittler*innen beim „IP-Tracking"

Diese Vorgehensweise ist bereits von strafrechtlichen Ermittlungsverfahren aus dem Clearnet bekannt und wird dort als „IP-Tracking" bezeichnet.[535] Im Rahmen dieser Ermittlungsmethode werden von den Ermittler*innen Dateien versendet, die mit einer Art „Lesebestätigungsfunktion" versehen sind.[536] Diese kann zum Beispiel aus funktionslosen, transparenten Bildern oder sonstigen Dateieinbettungen bestehen.[537] Wenn diejenigen Personen, denen diese Dateien von den Ermittler*innen zugesendet wurden, die entsprechenden Dokumente öffnen, werden die darin enthaltenen Dateieinbettungen sodann automatisch von einem externen Server nachgeladen.[538] Hierbei wird notwendigerweise auch die aktuelle IP-Adresse des Internetanschlusses an den externen Server übertragen, von dem aus die betreffende Person auf die jeweilige Datei zugegriffen hat.[539] Dies geschieht,

---

535 Vgl. BGH Beschl. v. 23.9.2014 – 1 BGs 210/14 = BeckRS 2015, 17557; *Krause*, NStZ 2016, 139; *Graf*, BeckOK StPO, 41. Ed. 1.10.2021, § 100a, Rn. 252.

536 *Krause*, NStZ 2016, 139, (139).

537 BGH Beschl. v. 23.9.2014 – 1 BGs 210/14 = BeckRS 2015, 17557; *Krause*, NStZ 2016, 139, (139).

538 *Krause*, NStZ 2016, 139 (139).

539 BGH Beschl. v. 23.9.2014 – 1 BGs 210/14 = BeckRS 2015, 17557; *Bär*, BeckOK StPO, 41. Ed. 1.10.2021, § 100g, Rn. 24; *Krause*, NStZ 2016, 139 (139).

ohne dass mit technischen Mitteln i.S.d. §§ 100 a, b StPO in das von der verdächtigen Person verwendete Gerät eingegriffen oder sonstige Änderungen daran vorgenommen werden. Über die Erhebung der IP-Adresse und den Zeitpunkt des Zugriffs hinaus werden keine weiteren Daten erhoben; insbesondere wird das von der Maßnahme betroffene IT-System nicht durchsucht.[540] Ein solches Nachladen von Inhalten bei der Online-Kommunikation ist inzwischen technisch üblich und kommt nicht nur bei vielen E-Mails, sondern vor allem auch beim Abruf von Web-Angeboten zum Einsatz.[541] Anhand der „getrackten" IP-Adressen können im nächsten Schritt sodann Ermittlungshandlungen zur Identifizierung der betreffenden Personen vorgenommen werden.[542] Aus strafprozessualer Perspektive kommen hierfür Bestandsdatenauskünfte i.S.d. § 100j Abs. 1 S. 1, Abs. 2 StPO in Betracht.[543] Auf diese Weise kann in Erfahrung gebracht werden, welchen Personen die Internetanschlüsse gehören, von denen aus auf die von den Ermittler*innen in Umlauf gebrachten Dateien zugegriffen wurde.[544]

2. „IP-Tracking" von Tatverdächtigen aus dem Tor-Netzwerk

Bei der Identifizierung von tatverdächtigen Personen aus dem Tor-Netzwerk kann das „IP-Tracking" allerdings nur Erfolg haben, wenn die von den Ermittler*innen versendeten Dateien zu einem Zeitpunkt aufgerufen werden, in dem eine Verbindung zum Internet besteht. Werden die betreffenden Dokumente hingegen zunächst nur heruntergeladen und anschließend im Offline-Modus geöffnet, können die verlinkten Dateieinbettungen nicht über externe, außerhalb des Tor-Netzwerks befindliche Server nachgeladen werden. Das „IP-Tracking" kann die Ermittler*innen in der Praxis daher nur zu verdächtigen Personen führen, wenn diese „unvorsichtig" agieren und bei bestehender Internetverbindung auf die präparierten Dateien zugreifen. Hinzu kommt, dass das „IP-Tracking" nur mit bestimmten Dokumenttypen wie zum Beispiel Word- oder Excel-Dateien funktioniert. Vor diesem Hintergrund ist jedoch fraglich, ob die gesuchten

---

540 BGH Beschl. v. 23.9.2014 – 1 BGs 210/14 = BeckRS 2015, 17557.
541 *Bär*, BeckOK StPO, 41. Ed. 1.10.2021, § 100g, Rn. 25.
542 *Bär*, BeckOK StPO, 41. Ed. 1.10.2021, § 100g, Rn. 24.
543 *Krause*, NStZ 2016, 139, (139); *Bär*, BeckOK StPO, 41. Ed. 1.10.2021, § 100g, Rn. 25.
544 *Bär*, BeckOK StPO, 41. Ed. 1.10.2021, § 100g, Rn. 25; siehe hierzu bereits § 5 A. I. 1. zu den „klassischen" Internetermittlungen.

Personen aus dem Tor-Netzwerk in der Praxis überhaupt dazu motiviert werden können, die betreffenden Dateien zu öffnen. Hierfür kommen aus Sicht der Ermittler*innen zwar Techniken des „Social Engineering" und der Einsatz von kriminalistischer List in Betracht.[545] Denkbar wäre zum Beispiel, dass verdeckte Ermittler*innen auf Kryptomärkten präparierte Preislisten in Umlauf bringen oder auf pädokriminellen Tauschbörsen vortäuschen, dass die von ihnen versendeten Dokumente pornografische Abbildungen enthalten. Allerdings ist den auf den Plattformen und Foren agierenden Tor-Nutzer*innen das mit dem Aufrufen der entsprechenden Dateien einhergehende Risiko der Deanonymisierung grundsätzlich bekannt, da auf einigen Webseiten ausdrücklich davor gewarnt wird.[546]

3. Rechtsgrundlage für das „IP-Tracking"

Auf welche Rechtsgrundlage das „IP-Tracking" zur Ermittlung von IP-Adressen gestützt werden kann, ist derzeit umstritten. Einerseits wird vertreten, dass das Versenden von Dateien zum Zwecke des „IP-Trackings" ein „technisches Mittel zu Observationszwecken" i.S.d. § 100h Abs. 1 Nr. 2 StPO darstellt.[547] Andererseits wird für das „IP-Tracking" ein Rückgriff auf die Ermittlungsgeneralklausel der §§ 161, 163 für zulässig erachtet, da ein Nachladen von externen Dateiinhalten technisch üblich ist und nicht

---

545 Zum Begriff des „Social Engineering" siehe *Müller*, NZWiSt 2020, 96 (97); ebenso *BKA*, Social Engineering – der Mensch als Schwachstelle, abrufbar unter https://www.bsi.bund.de/DE/Themen/Verbraucherinnen-und-Verbraucher/Cyber-Sicherheitslage/Methoden-der-Cyber-Kriminalitaet/Social-Engineering/social-engineering_node.html;jsessionid=8BE974516D99E9200117BB3F4FD620A2.in ternet471 (letzter Zugriff: 30.01.2022); ausführlich zur kriminalistischen List im Ermittlungsverfahren *Soiné*, NStZ 2010, 596–602.

546 Siehe hierzu etwa den Foreneintrag „Opening dangerous files on Tor" auf Reddit.com (12.08.2017), abrufbar unter https://www.reddit.com/r/TOR/comments/6tahhf/opening_dangerous_files_on_tor/ (letzter Zugriff: 30.01.2022). Auf der im April 2021 abgeschalteten Tauschbörse „Boystown" hatten die Administrator*innen den auf der Plattform aktiven Mitgliedern etwa „Sicherheitshinweise für das sichere Surfen" gegeben, um deren Entdeckungsrisiko zu minimieren, vgl. *Bettendorf/Jansen/Kotsev*, Was der Schlag gegen „Boystown" für den Kampf gegen „Kinderpornografie" bedeutet, Tagesspiegel vom 03.05.2021, abrufbar unter https://www.tagesspiegel.de/politik/wir-haben-dem-riesen-den-kopf-abgeschlagen-was-der-schlag-gegen-boystown-fuer-den-kampf-gegen-kinderpornografie-b edeutet/27154828.html (letzter Zugriff: 30.01.2022).

547 So etwa *Krause*, NStZ 2016, 139 (144); ebenso *Bär*, BeckOK StPO, 41. Ed. 1.10.2021, § 100g Rn. 25.

nur bei vielen E-Mails, sondern vor allem auch beim Abruf von Web-Angeboten zum Einsatz kommt.[548] In einem Beschluss aus dem Herbst 2014 führte der BGH sodann allerdings an, dass das „IP-Tracking" vielmehr als „Erhebung von Verkehrsdaten" i.S.v. § 100g Abs. 1 StPO anzusehen sei.[549] Diese Entscheidung wurde zu Recht dahingehend kritisiert, dass die Eingriffstiefe des „IP-Trackings" insgesamt nicht dem Regelfall des § 100 g StPO entspricht.[550] Im Hinblick auf strafrechtliche Ermittlungen im Tor-Netzwerk wirkt sie sich in erster Linie dahingehend aus, dass Maßnahmen i.S.v. § 100g Abs. 1 StPO über die Vorschriften der §§ 101a, 100e StPO einem Richtervorbehalt unterliegen und somit nur bei Gefahr im Verzug von der Staatsanwaltschaft angeordnet werden können. Für das „IP-Tracking" i.S.d. § 100 g StPO von tatverdächtigen Personen aus dem Tor-Netzwerk bedarf es demnach einer richterlichen Anordnung.

IV. Quellen-Telekommunikationsüberwachung

Neben dem „IP-Tracking" stellt die im Sommer 2017 in die StPO aufgenommene Quellen-Telekommunikationsüberwachung i.S.d. § 100a Abs. 1 S. 2 StPO eine weitere technische Ermittlungsmaßnahme dar, die bei der Aufklärung von Straftaten im Tor-Netzwerk zum Einsatz kommen kann. Durch das am 01.10.2021 in Kraft getretene Gesetz zur Einführung einer Strafbarkeit des Betreibens krimineller Handelsplattformen im Internet wurde der neu geschaffene Straftatbestand des § 127 StGB in den Straftatenkatalog des § 100a Abs. 2 Nr. 1 StPO aufgenommen. Die Vorschrift ermächtigt Ermittlungsbehörden dazu, in informationstechnische Systeme verdächtiger Personen einzugreifen, wenn dies notwendig ist, um die Überwachung und Aufzeichnung von telekommunikationsbezogenen Daten in unverschlüsselter Form zu ermöglichen. Hierfür wird auf den Rechnern der zu überwachenden Personen eine forensische Software installiert,

---

548 Vgl. *Bär*, BeckOK StPO, 41. Ed. 1.10.2021, § 100g Rn. 25; mitunter wurde argumentiert, dass es sich beim „IP-Tracking" letztlich um einen in der heutigen Internetwelt „völlig üblichen Vorgang" handelt, dessen Existenz inzwischen allgemein bekannt sein dürfte, nachdem diese Technik gerade für Werbezwecke häufig eingesetzt wird, siehe etwa *Graf*, BeckOK StPO, 41. Ed. 1.10.2021, § 100a Rn. 253.
549 BGH, Beschluss vom 23.09.2014 – 1 BGs 210/14 = BeckRS 2015, 17557; (m. krit. Anm. *Krause*, NStZ 2016, 139).
550 *Krause*, NStZ 2016, 139 (143).

die umgangssprachlich als „Staatstrojaner" bezeichnet wird.[551] Anschließend können sämtliche, von den infizierten Geräten ausgehende Kommunikationsvorgänge aufgezeichnet und an die Ermittler*innen weitergeleitet werden, ohne dass dies von den überwachten Personen bemerkt wird.

1. TLS-Verschlüsselung beim Onion Routing

Zwar werden über das Tor-Netzwerk geroutete Datenpakete mithilfe des Verschlüsselungsprotokolls TLS verschlüsselt.[552] Anders als bei der „klassischen" Telekommunikationsüberwachung werden im Rahmen der Quellen-Telekommunikationsüberwachung i.S.d. § 100a Abs. 1 S. 2 StPO jedoch Kommunikationsinhalte abgefangen, bevor sie verschlüsselt werden oder nachdem sie entschlüsselt wurden. Daher kann die Quellen-Telekommunikationsüberwachung i.S.d. § 100a Abs. 1 S. 2 StPO auch gegenüber verdächtigen Tor-Nutzer*innen zum Einsatz kommen, obwohl die über das Tor-Netzwerk gerouteten Datenpakete mehrlagig verschlüsselt werden.

2. Aufspielen von Überwachungsprogrammen

Um die Überwachung und Aufzeichnung von telekommunikationsbezogenen Daten durch das Aufspielen einer forensischen Software zu ermöglichen, müssen den Ermittler*innen allerdings bereits diejenigen Personen bekannt sein, gegen die der Verdacht besteht, dass sie auf Plattformen und Foren im Tor-Netzwerk Straftaten i.S.d. §§ 100a Abs. 2 StPO vorbereitet oder begangen haben. Eine initiale Identifizierung von verdächtigen Tor-Nutzer*innen kann die Quellen-Telekommunikationsüberwachung i.S.d. § 100a Abs. 1 StPO somit nicht bewirken. Stattdessen müssen im Vorfeld der Anordnung von entsprechenden Überwachungsmaßnahmen bereits Ermittlungen stattgefunden haben, die zu einer Identifizierung der zu überwachenden Personen geführt haben. Eine Ermittlung der IP-Adressen

---

551 Zur Zulässigkeit von Begleitmaßnahmen zur Quellen-Telekommunikationsüberwachung siehe *Derin/Golla*, NJW 2019, 1111–1116.
552 Transport Layer Security (TLS) ist ein hybrides Verschlüsselungsprotokoll, das symmetrische und asymmetrische Verschlüsselungsverfahren miteinander kombiniert. Es gewährleistet, dass Daten während der Übertragung von Dritten nicht mitgelesen oder manipuliert werden können, vgl. § 2 B. II.

derjenigen Personen, mit denen die i.S.d. § 100a StPO Überwachten kommunizieren, ist aus technischer Sicht ebenfalls nicht möglich.

3. Weitergehende ermittlungsrelevante Hinweise

Nichtsdestotrotz ermöglicht die Quellen-Telekommunikationsüberwachung i.S.d. § 100a StPO es den Ermittler*innen, an Hinweise auf weitere tatverdächtige Personen zu gelangen, die mit den von ihnen überwachten Personen in Austausch stehen. Dies können beispielsweise Personen sein, mit denen die von der Quellen-Telekommunikationsüberwachung Betroffenen gemeinschaftlich eine kriminelle Webseite im Tor-Netzwerk betreiben. Haben sich wie im Falle des Online-Marktplatzes „Wallstreet Market" verschiedene Personen zum Betrieb krimineller Plattformen und Foren im Tor-Netzwerk zusammengeschlossen, können die Ermittler*innen durch die Überwachung von verschlüsselten Kommunikationsinhalten beispielsweise in Erfahrung bringen, wie der Betrieb der in Rede stehenden Webseite intern organisiert wird, wie die Aufgabenverteilung zwischen den einzelnen Administrator*innen geregelt ist, wie viele Administrator*innen sich überhaupt zum gemeinsamen Betrieb einer Webseite zusammengeschlossen haben und ob möglicherweise ein *exit scam* von den überwachten Personen geplant wird.[553] Diese Informationen können in Hinblick auf den weiteren Fortgang der Ermittlungen von Relevanz sein oder als Beweismittel gegen einzelne Administrator*innen gesammelt und in einem späteren Strafverfahren verwendet werden.

V. Online-Durchsuchung

Gleiches gilt in Hinblick auf die Online-Durchsuchung i.S.v. § 100b Abs. 1 StPO, welche die Ermittler*innen dazu ermächtigt, in informationstechnische Systeme von verdächtigen Personen einzugreifen und daraus ermittlungsrelevante Daten zu erheben. Durch das am 01.10.2021 in Kraft getretene Gesetz zur Einführung einer Strafbarkeit des Betreibens krimineller Handelsplattformen im Internet wurde der neu geschaffene Straftatbestand des § 127 StGB auch in den Straftatenkatalog des § 100b Abs. 2 Nr. 1 StPO aufgenommen. Im Unterschied zur Quellen-Telekommunikationsüberwachung darf im Rahmen des § 100b Abs. 1 StPO auch auf sonsti-

---

553 Zum Begriff und Ablauf eines *exit scams* siehe § 3 A. I. 1. e).

ge, nicht kommunikationsbezogene Daten der Verdächtigen zugegriffen werden.[554] Die Online-Durchsuchung i.S.d. § 100b StPO wird daher als schwerster Ermittlungseingriff in der StPO bezeichnet und unterliegt – genau wie die Quellen-Telekommunikationsüberwachung – besonderen Anordnungsvoraussetzungen.[555]

1. Ausleiten von ermittlungsrelevanten Informationen

Bei der Online-Durchsuchung i.S.d. § 100b Abs. 1 StPO kann der behördliche Zugriff auf die informationstechnischen Systeme der Betroffenen nicht nur einmalig, sondern auch wiederkehrend stattfinden.[556] Genau wie bei der Quellen-Telekommunikationsüberwachung haben die Überwachten dabei weder von der Anordnung der Online-Durchsuchung, noch von der heimlichen Installation der hierfür benötigten Software Kenntnis.[557] Die ausgeleiteten Informationen dürfen dabei auch Passwörter und Zugangsdaten der Überwachten enthalten, die mittels Keylogging oder Screenbeziehungsweise Application-Shots abgegriffen werden konnten.[558] Diese über § 100b StPO ausgeleiteten Informationen können von den Beamt*innen im Anschluss für weitergehende Ermittlungshandlungen genutzt werden.

2. Beschlagnahme und Entschlüsselung von Datenträgern

Handelt es sich bei den über § 100b StPO ermittelten Informationen beispielsweise um Zugangsdaten für auf Plattformen und Foren im Tor-Netzwerk registrierte Online-Accounts, können die Ermittler*innen die betreffenden Konten durch ein Zurücksetzen beziehungsweise Ändern ihrer Passwörter zu Beweiszwecken oder zur Sicherung ihrer Einziehung über die Vorschriften der §§ 94, 111b StPO beschlagnahmen.[559] Außerdem können über die Vorschrift des § 100b Abs. 1 StPO erhobene Zugangsdaten

---

554 Zu den von der Vorschrift des § 100b StPO gedeckten, einzelnen Maßnahmen nach erfolgter Infiltration eines informationstechnischen Systems siehe *Soiné*, NStZ 2018, 497 (502).

555 *Singelnstein/Derin*, NJW 2017, 2646 (2647); *Soiné*, NStZ 2018, 497 (497).

556 *Soiné*, NStZ 2018, 497 (502).

557 *Soiné*, NStZ 2018, 497 (498).

558 *Soiné*, NStZ 2018, 497 (502).

559 Siehe hierzu ausführlich § 5 B. III. 2. b) und c).

auch zum Entschlüsseln von Datenträgern der Verdächtigen zum Einsatz kommen, die im Rahmen von Durchsuchungsmaßnahmen i.S.d. §§ 102, 105 StPO sichergestellt wurden.[560]

VI. Forensisches Hacking zur Serverlokalisierung

Neben technischen Überwachungsmaßnahmen i.S.d. §§ 100a, 100 b StPO können zur Aufklärung von Straftaten im Tor-Netzwerk auch solche Ermittlungsansätze zum Einsatz kommen, die darauf abzielen, trotz Onion Routing die IP-Adressen derjenigen Webserver zu ermitteln, über die kriminelle Plattformen und Foren im Tor-Netzwerk betrieben werden. Aus technischer Perspektive kommen hierfür Methoden des forensischen Hackings zur Anwendung, das eng verwandt mit Strategien wie dem „Penetration Testing" ist.[561] Hierunter ist eine Form des „Ethical Hackings" beziehungsweise „White Hat Hackings" zu verstehen, das darauf ausgerichtet ist, Sicherheitslücken in IT-Systemen zu identifizieren und diese zur Aufklärung von Straftaten zu nutzen.

1. Auffinden und Ausnutzen von Sicherheitslücken

Das forensische Hacking im Tor-Netzwerk kann allerdings nur Erfolg haben, wenn tatsächlich auch Sicherheitslücken existieren, die in der Praxis zur Ermittlung der in Rede stehenden IP-Adressen genutzt werden können. Werden beim Aufsetzen und Konfigurieren der Plattformen und Foren Fehler gemacht, kann dies dazu führen, dass die IP-Adressen der Webserver, über die sie gehostet werden, trotz Onion Routing einsehbar sind. Werden beispielsweise Bilder oder Videos in diesen Fällen auf den Plattformen und Foren hochgeladen, ist es möglich, die IP-Adressen der fehlerhaft konfigurierten Webserver einzusehen. Sollten die in Rede stehenden Webserver von den Plattform- und Foren-Betreiber*innen hingegen fehlerfrei

---

560 *Soiné*, NStZ 2018, 497 (502).
561 Im Rahmen von „Penetration-Tests" werden IT-Systeme auf Schwachstellen und Sicherheitslücken untersucht, bei denen Dritte – typischerweise IT-Expert*innen – versuchen, in fremde Computersysteme einzudringen, vgl. *Stiemerling*, in: Leupold/Wiebe/Glossner, IT-Recht, Teil 2.3.2, Rn. 35.

programmiert worden sein, bleiben ihre IP-Adressen und damit auch ihre geografischen Standorte infolge des Onion Routings unbekannt.[562]

2. Erforderlichkeit einer Ermächtigungsgrundlage

Aus rechtlicher Perspektive ist für das Ausnutzen von Sicherheitslücken fehlerhaft konfigurierter Webserver aus dem Tor-Netzwerk eine Rechtsgrundlage erforderlich, da hierdurch in das Grundrecht auf Gewährleistung der Vertraulichkeit und Integrität informationstechnischer Systeme aus Art. 2 Abs. 1 i.V.m. Art. 1 Abs. 1 GG (kurz „IT-Grundrecht") eingegriffen wird. Letzteres schützt auch das Interesse daran, dass von einem informationstechnischen System erzeugte, verarbeitete und gespeicherte Daten vertraulich bleiben.[563] Dieses Interesse wird von den Ermittler*innen beeinträchtigt, wenn aufgefundene Sicherheitslücken fehlerhaft konfigurierter Webserver zur Ermittlung ihrer IP-Adressen ausgenutzt werden.

a) Kein „staatliches Hacking" i.S.d. §§ 100a, b StPO

Ein verdecktes staatliches Hacking in Form der Online-Durchsuchung oder Quellen-Telekommunikationsüberwachung i.S.d. §§ 100a, b StPO ist in der Ermittlung von IP-Adressen fehlerhaft programmierter Webserver aus dem Tor-Netzwerk allerdings nicht zu sehen. Das Ziel des forensischen Hackings ist es in den vorliegenden Fällen nicht, eine heimliche Überwachung der Beschuldigten durch die Infizierung der dazugehörigen Webserver mittels einer Schadsoftware zu ermöglichen. Stattdessen werden in den genannten Konstellationen Programmierfehler der Plattform- und Foren-Administrator*innen dazu genutzt, im Rahmen des Uploads von Bild- oder Videodateien die IP-Adressen der jeweiligen Webserver zu ermitteln. Dabei werden jedoch keinerlei Kommunikationsinhalte oder sonstige auf den Webservern gespeicherte Informationen an die Ermittler*innen ausgeleitet.

---

562 Ausführlich zu den technischen Hintergründen und der Funktionsweise von Onion Services vgl. § 2 C. I.

563 BVerfG, Urteil des Ersten Senats vom 27.02.2008 – 1 BvR 370, 595/07, Rn. 240.

b) Erhebung von Verkehrsdaten i.S.d. § 100g StPO

Als Rechtsgrundlage für das forensische Hacking kommt daher die Vorschrift des § 100g Abs. 1 StPO in Betracht. Diese ermächtigt die Ermittler*innen dazu, die IP-Adressen von Personen zu erheben, gegen die der Verdacht besteht, dass sie Straftaten mittels Telekommunikation begangen haben.[564] Voraussetzung hierfür ist, dass die Erforschung des Sachverhalts auf andere Weise aussichtslos wäre und die Erhebung der IP-Adressen in einem angemessenen Verhältnis zur Bedeutung der Sache steht. Zudem unterliegt die Erhebung von IP-Adressen i.S.d. § 100g StPO über die Vorschriften der §§ 101a, 100e StPO einem Richtervorbehalt und kann nur bei Gefahr im Verzug von der Staatsanwaltschaft angeordnet werden. Werden Bilder oder Videos auf fehlerhaft programmierten Plattformen und Foren im Tor-Netzwerk hochgeladen, um im Wege des forensischen Hackings die IP-Adressen derjenigen Webserver zu ermitteln, über die die in Rede stehenden Webseiten gehostet werden, kann die Vorschrift des § 100g Abs. 1 StPO als Rechtsgrundlage für entsprechende Ermittlungshandlungen herangezogen werden.

3. Lokalisierung von Webservern anhand ihrer IP-Adressen

Sollte es den Beamt*innen gelingen, die IP-Adressen derjenigen Webserver, über die kriminelle Inhalte im Tor-Netzwerk gehostet werden, im Wege des forensischen Hackings zu ermitteln, können sie anschließend versuchen, den geografischen Standort der jeweiligen Webserver zu lokalisieren. Hierfür haben sie die Möglichkeit, auf sogenannte „Trace Routing"-Verfahren zurückzugreifen.[565] Anhand von diesen Verfahren kann ermittelt werden, über welche Router und Internet-Knoten versendete Datenpakete zu einem angefragten Webserver geleitet werden,[566] sodass sich die physischen Standorte der zu den jeweiligen IP-Adressen gehörenden Geräte geografisch eingrenzen lassen. Zu diesem Zweck können die Beamt*innen auf Online-Dienste wie „IPlocation.net", „iplocation.com"

---

564 Welche Daten über die Vorschrift des § 100g Abs. 1 StPO erhoben werden dürfen, wird durch den Verweis auf den abschließenden Katalog in § 96 Abs. 1 TKG bestimmt, der unter anderem auch IP-Adressen erfasst, BGH Beschl. v. 23.9.2014 – 1 BGs 210/14 = BeckRS 2015, 17557.

565 *Bell*, Strafverfolgung und die Cloud, S. 49.

566 *Bell*, Strafverfolgung und die Cloud, S. 49.

(siehe *Abbildung 27*) oder spezielle Software zurückgreifen.[567] Da bei der Lokalisierung von Webservern anhand ihrer IP-Adressen ausschließlich auf Informationen zugegriffen wird, die im Internet für jedermann öffentlich einsehbar sind, können entsprechende Recherchen auf die Ermittlungsgeneralklausel aus §§ 161, 163 StPO gestützt werden.

Where is Geolocation of an IP Address?

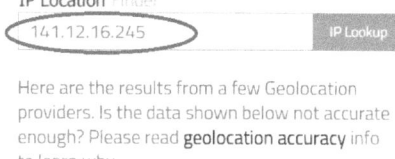

Abbildung 27: Lokalisierung des Serverstandorts von „panda-projekt.de"

4. Erforderlichkeit weiterer Ermittlungsmaßnahmen

Allerdings können „Trace Routing"-Verfahren zur Ermittlung der geografischen Standorte einzelner Webserver lediglich erste Ansatzpunkte für die Einleitung weiterer Ermittlungsmaßnahmen bieten. Für eine exakte Lokalisierung der gesuchten Webserver sind sie ungeeignet, da die ermittelten GPS-Koordinaten hierfür zu ungenau sind. Obwohl „Trace Routing"-Verfahren keine exakte Bestimmung der geografischen Standorte einzelner Webserver ermöglichen, kann durch entsprechende Recherchen jedoch zumindest in Erfahrung gebracht werden, in welchem Land und gegebe-

---

567 *Kleile*, Handbuch Internetrecherche, S. 54.

nenfalls in welcher Region oder Stadt sich ein von den Ermittler*innen gesuchter Webserver befindet.[568]

5. Einholung von Bestandsdatenauskünften i.S.d. § 100j StPO

Neben den geografischen Standorten der Webserver können über die genannten Online-Dienste zudem diejenigen Institutionen oder Unternehmen ermittelt werden, die den Internetzugang zu den gesuchten Webservern bereitstellen (sogenannte Internet-Service-Provider*innen oder kurz „ISP“, siehe oben *Abbildung 27*). Wenn die Geolokalisierung der Serverstandorte ergibt, dass sich die gesuchten Webserver innerhalb Deutschlands befinden, können die Beamt*innen bei diesen Internet-Service-Provider*innen sodann Bestandsdatenauskünfte i.S.d. § 100j StPO einholen, um die genaue Adresse derjenigen Internetanschlüsse in Erfahrung zu bringen, von denen aus die jeweiligen Plattformen und Foren betrieben werden. Wenn diese von eigenen, privaten Räumlichkeiten aus betrieben werden, führt diese Art der Ermittlungen die Beamt*innen letztlich zu denjenigen tatverdächtigen Personen, die als Administrator*innen für den Betrieb der in Rede stehenden Webseiten verantwortlich sind.[569]

6. Praxisbeispiel der pädokriminellen Tauschbörse „Elysium“

Als Beispiel für eine solche Konstellation kann etwa die Kinderporno-Tauschbörse „Elysium“ genannt werden, die im Juli 2017 nach mehrmonatigen aufwendigen Ermittlungen vom BKA abgeschaltet werden konnte.[570] Die IP-Adresse des Webservers von „Elysium“ konnte mittels Methoden des forensischen Hackings ausfindig gemacht werden, da aufgrund

---

568 Zu den Konstellationen, in denen die gesuchten Standorte der Webserver nicht mittels „Trace-Routing“-Verfahren ermittelt werden können und daher unbekannt bleiben, siehe § 5 D. VII. 4. c).

569 Eine Alternative zum Betrieb der in Rede stehenden Webserver von privaten Räumlichkeiten aus, stellt die Auslagerung der technische Infrastruktur an externe Dritte (sogenannte Host-Provider*innen) dar, siehe hierzu § 5 D. VII. 4.

570 Zu den Ermittlungen des BKA im Falle der pädokriminellen Tauschbörse „Elysium“ siehe *BKA*, Festnahme von mutmaßlichen Verantwortlichen und Mitgliedern der kinderpornographischen Darknet-Plattform "ELYSIUM" und Abschaltung dieser Plattform, Pressemitteilung vom 07.07.2017, abrufbar unter https://www.presseportal.de/blaulicht/pm/7/3678706 (letzter Zugriff: 30.01.2022).

einer Sicherheitslücke beim Upload von Profil-Bildern für kurze Zeit die IP-Adresse des Webservers von „Elysium" einsehbar war.[571] Den geografischen Standort des Webservers von „Elysium" konnten die Ermittler*innen sodann anhand seiner IP-Adresse in einer Werkstatt im hessischen Bad Camberg lokalisieren, die einem der Plattform-Betreiber von „Elysium" gehörte.[572] Der Upload von Profil-Bildern und das Erstellen von Fake-Accounts war im Falle von „Elysium" noch vor der Einführung der §§ 184b Abs. 6 StGB, 110d StPO rechtlich möglich, da auf der in Rede stehenden Webseite keine sogenannten „Keuschheitsproben" gefordert wurden.[573]

VII. Beschlagnahme von Speichermedien und Datenbeständen

In Konstellationen wie im Falle von „Elysium", in denen die Ermittler*innen die Standorte der von ihnen gesuchten Webserver innerhalb Deutschlands lokalisieren können und sich diese innerhalb der privaten Räumlichkeiten der mutmaßlichen Plattform- oder Foren-Administrator*innen befinden, können anschließend Durchsuchungsmaßnahmen i.S.d. §§ 102, 105 StPO an den jeweiligen Serverstandorten durchgeführt werden. Die hierbei aufgefundenen Datenträger können von den Beamt*innen vorläufig sichergestellt und über die Vorschriften der §§ 94, 98 StPO beschlagnahmt werden, wenn sich beweisrelevante Datenbestände auf ihnen befinden.

1. Entschlüsselung von beweisrelevanten Datenträgern

Um die auf den aufgefundenen Speichermedien befindlichen Datenbestände auswerten zu können, müssen diese allerdings in unverschlüsseltem Zustand sichergestellt werden. Andernfalls besteht das Risiko, dass die Er-

---

571 Vgl. *Locker/Hoppenstedt*, Jagd auf 'Elysium': Das Ende der größten deutschen Kinderporno-Plattform, VICE (07.03.2019), abrufbar unter https://www.vice.com/de/article/panv87/jagd-auf-elysium-das-ende-der-grossten-deutschen-kinderporno-plattform (letzter Zugriff: 30.01.2022).
572 Vgl. *Locker/Hoppenstedt*, Jagd auf 'Elysium': Das Ende der größten deutschen Kinderporno-Plattform, VICE (07.03.2019), abrufbar unter https://www.vice.com/de/article/panv87/jagd-auf-elysium-das-ende-der-grossten-deutschen-kinderporno-plattform (letzter Zugriff: 30.01.2022).
573 Ausführlich zum Phänomen der sogenannten „Keuschheitsproben" siehe § 5 D. I. 1.

mittler*innen trotz moderner IT-Forensik nicht auf sie zugreifen können. Aus ermittlungstaktischen Gründen wird daher versucht, Durchsuchungsmaßnahmen bei den mutmaßlichen Plattform- und Foren-Betreiber*innen in einem Zeitpunkt einzuleiten, in dem diese als Administrator*innen auf den von ihnen betriebenen Webseiten eingeloggt sind und vor unverschlüsselten Rechnern angetroffen werden. Um dies sicherzustellen, haben die Ermittler*innen die Möglichkeit, die Beschuldigten im Vorfeld der Durchsuchungsmaßnahmen gem. §§ 100a Abs. 1, 163f StPO zu überwachen und unmittelbar vor dem Zugriff in ein Online-Gespräch zu verwickeln. Der Beginn der Durchsuchungsmaßnahmen i.S.d. §§ 102, 105 StPO wird anschließend so koordiniert, dass die mutmaßlichen Plattform- und Foren-Betreiber*innen von Spezialeinheiten überrascht werden und keine Gelegenheit mehr bekommen, die von ihnen genutzten, entschlüsselten Geräte wieder herunterzufahren.[574]

2. Praxisbeispiel des Diskussionsforums „DiDW"

Als Beispiel für eine solche Vorgehensweise kann das im Juli 2017 vom BKA abgeschaltete Diskussionsforum „DiDW" genannt werden. Vor der Abschaltung der Webseite hatten die Ermittler*innen in dem Wissen, dass er fehlschlagen würde, einen sogenannten „SQL-Angriff" auf das System von „DiDW" unternommen.[575] Auf diese Weise wurde der Foren-Administrator dazu gebracht, sich zu Beginn der Wohnungsdurchsuchung vor seinem entschlüsselten Rechner aufzuhalten und als Admin auf „DiDW" eingeloggt zu sein. Im Zeitpunkt des Zugriffs war der Computer des Beschuldigten daher entsperrt und mit dem Webserver von „DiDW" verbunden, der sich ebenfalls in den von den Ermittler*innen durchsuchten Räumlichkeiten des Foren-Administrators befand.[576]

---

574 Siehe hierzu auch *Müller*, NZWiSt 2020, 96 (100).

575 *Tanriverdi*, Deutsche Darknet-Größe. Wie "Lucky" demaskiert wurde, Süddeutsche Zeitung Online (13.11.2018), abrufbar unter https://www.sueddeutsche.de/digital/darknet-amoklauf-muenchen-1.4208802 (letzter Zugriff: 30.01.2022).

576 Ausführlich zu den Ermittlungen gegen den „DiDW"-Administrator „lucky" siehe *Lemmer*, Forum im Darkweb: Prozess beleuchtet das Vorgehen eines Attentäters und die Ermittlungen, Heise Online (13.11.2018), abrufbar unter https://www.heise.de/newsticker/meldung/Forum-im-Darkweb-Prozess-beleuch tet-das-Vorgehen-eines-Attentaeters-und-die-Ermittlungen-4219446.html (letzter Zugriff: 30.01.2022).

3. Durchsicht beweisrelevanter Daten, § 110 StPO

Die bei den verdächtigen Plattform- und Foren-Administrator*innen sichergestellten Datenträger können anschließend auf Grundlage des § 110 Abs. 3 S. 1 StPO von den Ermittler*innen gesichtet werden. Dabei ist es Zweck der Durchsicht i.S.d. § 110 StPO, lediglich diejenigen Informationen der Beschlagnahme i.S.d. §§ 94, 98 StPO zuzuführen, die verfahrensrelevant und verwertbar sind.[577] Befinden sich auf den in Rede stehenden Speichermedien verschlüsselte Datenbestände, berechtigt die Vorschrift des § 110 StPO die Ermittler*innen außerdem dazu, sich im Wege der „Brute-Force" oder anderer IT-forensischer Mittel Zugriff auf die potentiell beweisrelevanten Datenbestände zu verschaffen.[578] Ergibt eine Durchsicht der vorläufig sichergestellten Datenträger, dass die auf ihnen gespeicherten Datenbestände für die weitere Untersuchung von Bedeutung sind, können die Ermittler*innen sie zu Beweiszwecken über die Vorschriften der §§ 94, 98 StPO beschlagnahmen.[579]

4. Nutzung von externen Hosting-Dienstleistungen

Anders als im Falle von „Elysium" oder „DiDW" befinden sich diejenigen Webserver, über die Plattformen und Foren mit kriminellen Inhalten im Tor-Netzwerk gehostet werden, jedoch nicht immer in den Räumlichkeiten der mutmaßlichen Plattform- und Foren-Betreiber*innen, die von den Ermittler*innen durchsucht werden. Häufig greifen die Beschuldigten für den Betrieb ihrer Webserver nämlich auf die Dienstleistungen sogenannter Hosting-Provider*innen zurück.[580] Dabei wird die technische Infrastruktur

---

577 BVerfG, Beschluss vom 12. 4. 2005 – 2 BvR 1027/02, Rn. 118 = NJW 2005, 1917 (1921); *Hegmann*, in: BeckOK StPO, 39. Ed. 1.1.2021, § 110 Rn. 6.

578 *Hegmann*, in: BeckOK StPO, 39. Ed. 1.1.2021, § 110 Rn. 18.

579 Ist den Ermittler*innen im Verfahren der Durchsicht unter zumutbaren Bedingungen eine materielle Zuordnung der beweiserheblichen Datenbestände einerseits und eine Löschung oder Rückgabe der verfahrensunerheblichen Daten andererseits nicht möglich, steht der Grundsatz der Verhältnismäßigkeit einer Beschlagnahme des gesamten Datenbestands nicht entgegen, vgl. *Hegmann*, in: BeckOK StPO, 39. Ed. 1.1.2021, § 110 Rn. 8.

580 Nicht selten handelt es sich bei diesen Provider*innen um sogenannte „Bulletproof-Hoster", die Serverkapazitäten und Speicherplatz für Webseiten und andere Online-Dienste zur Verfügung stellen, die von (Cyber-)Kriminelle betrieben werden. Ausführlich zum „Bulletproof-Hosting" siehe *Kochheim*, Cybercrime und Strafrecht in der IuK-Technik, S. 210–213, Rn. 523–529.

der in Rede stehenden Webseiten ausgelagert und von Dritten betrieben. Als Beispiel für diese Konstellation kann die im Mai 2019 abgeschaltete Handelsplattform „Wallstreet Market" genannt werden, die von drei Männern aus Bad Vilbel, Esslingen und Kleve administriert wurde, während sich die Plattform-Server von „Wallstreet Market" in einem Rechenzentrum im rheinland-pfälzischen Traben-Trarbach – dem sogenannten „Cyberbunker" – befanden.[581]

a) Räumlich getrennte Speichermedien innerhalb Deutschlands

Solange sich die Standorte der gesuchten Webserver – wie im Beispielsfall des „Cyberbunkers" – innerhalb Deutschlands befinden, können die Ermittler*innen jedoch auch in diesen Konstellationen auf sämtliche beweisrelevanten Datenbestände der Beschuldigten zugreifen. Denn über die Vorschrift des § 110 Abs. 3 S. 2 StPO darf sich die Durchsicht von elektronischen Speichermedien auch auf externe Datenträger der mutmaßlichen Plattform- und Foren-Betreiber*innen erstrecken, wenn andernfalls ein Beweismittelverlust zu besorgen ist.[582] Dies setzt allerdings voraus, dass auf die externen Datenträger von den Speichermedien der durchsuchten Beschuldigten aus zugegriffen werden kann.[583] Wenn sich die auf Grundlage des § 110 Abs. 3 StPO durchgesehenen Datenträger auf deutschem Hoheitsgebiet befinden, ist eine anschließende Beschlagnahme der auf ihnen gespeicherten Daten ebenfalls auf Grundlage der §§ 94, 98 StPO zulässig. In der Praxis kann dies auch ohne physischen Zugriff auf die jeweiligen Webserver bewerkstelligt werden, indem die beweisrelevanten Daten von

---

581 Die Server des sogenannten „Cyberbunkers" im rheinland-pfälzischen Traben-Trarbach konnten im September 2019 nach fünfjährigen Ermittlungen ausgehoben worden. Über die Server des „Bulletproof-Hosters" sollen neben der Plattform „Wall Street Market" auch kriminelle Webseiten wie „Cannabis Road", „Fraudsters" und „Flugsvamp" betrieben worden sein, vgl. *GenStA Koblenz* (07.04.2020), Landeszentralstelle Cybercrime der Generalstaatsanwaltschaft Koblenz erhebt Anklage gegen acht Tatverdächtige im Verfahren gegen die Betreiber des „Cyberbunkers", abrufbar unter https://web.archive.org/web/20200413005609/https://gstko.justiz.rlp.de/de/startseite/detail/news/News/detail/landeszentralstelle-cybercrime-der-generalstaatsanwaltschaft-koblenz-erhebt-anklage-gegen-acht-tatve/ (letzter Zugriff: 30.01.2022).

582 *Bruns*, in: KK-StPO, 8. Aufl. 2019, § 110, Rn. 8; *Hegmann*, in: BeckOK StPO, 39. Ed. 1.1.2021, § 110, Rn. 14.

583 Vgl. *Sinn*, Ermittlungen im Darknet, S. 150.

den Ermittler*innen im Rahmen eines Online-Zugriffs auf eigene Datenträger kopiert beziehungsweise „gespiegelt" werden.

aa) Durchsuchung bei den Hosting-Dienstleister*innen

Wenn von den Speichermedien der durchsuchten Beschuldigten aus nicht auf die externen Plattform- und Forenserver zugegriffen werden kann, kommt außerdem eine Durchsuchung i.S.d. § 103 StPO bei den Hosting-Anbieter*innen in Betracht, von denen die in Rede stehenden Webserver betrieben werden.[584] Darüber hinaus können beweiserhebliche Datenbestände von diesen auch über die Vorschrift des § 95 StPO herausverlangt werden.[585] In der Praxis kann die Herausgabe der Datenbestände dadurch vollzogen werden, dass die Provider*innen diese über einen Gastzugang zugänglich machen, ohne dass die Ermittler*innen die Räumlichkeiten der Hosting-Anbieter*innen überhaupt betreten müssen.[586] Sollten die Hosting-Anbieter*innen hingegen nicht mit den Ermittler*innen kooperieren, können gem. § 95 Abs. 2 StPO die in § 70 StPO bestimmten Ordnungs- und Zwangsmittel gegen sie festgesetzt werden.

bb) Kein Zugriff auf „Bulletproof-Hosting-Services"

Insbesondere in Konstellationen, in denen von den Beschuldigten keine „normalen" Host-Provider*innen, sondern sogenannte „Bulletproof-Hosting-Services" genutzt werden, gestaltet sich dies in der Praxis allerdings schwierig. Denn das Geschäftsmodell dieser Dienstleister*innen besteht gerade darin, unter keinen Umständen mit Strafverfolgungsbehörden zu kooperieren. Wenn es den Beamt*innen nicht gelingt, die physischen Standorte der gesuchten Webserver anhand ihrer IP-Adressen zu lokalisieren, kommt daher weder eine zwangsweise Durchsetzung der Herausgabepflicht aus § 95 StPO, noch die Durchführung von Durchsuchungsmaßnahmen i.S.d. 103 StPO bei den Hosting-Anbieter*innen in Betracht.[587] Ein Zugriff auf Plattform- und Forenserver, deren IP-Adressen den Ermitt-

---

584 Vgl. *Bell*, Strafverfolgung und die Cloud, S. 129.
585 Vgl. *Bell*, Strafverfolgung und die Cloud, S. 129.
586 Vgl. *Bell*, Strafverfolgung und die Cloud, S. 131.
587 Ausführlich zu Konstellationen, in denen die Standorte der gesuchten Webserver nicht lokalisiert werden können, siehe § 5 D. 4. c).

ler*innen nicht bekannt sind und die über „Bulletproof-Hosting-Services"
betrieben werden, ist in diesen Konstellationen daher nicht möglich.

b) Räumlich getrennte Speichermedien außerhalb Deutschlands

Sollten die Ermittlungen zu den IP-Adressen der Plattform- und Foren-Server ergeben, dass sich diese außerhalb Deutschlands befinden, ist ein Zugriff auf die auf ihnen gespeicherten Datenbestände (sogenannter „transborder search") ebenfalls nicht ohne weiteres möglich.[588] Da durch entsprechende Ermittlungshandlungen in die Souveränitätsrechte derjenigen Staaten eingegriffen wird, in denen sich die physischen Speicherorte der jeweiligen Datenbestände befinden, ist der grenzüberschreitende Zugriff auf potentiell beweiserhebliche Daten an die vorherige Einholung von Rechtshilfeersuchen gebunden.[589]

c) Erforderlichkeit der Einholung von Rechtshilfeersuchen

Die Einholung von Rechtshilfeersuchen ist allerdings dann entbehrlich, wenn die von der Durchsuchung Betroffenen ihre im Ausland gespeicherten Daten selbst herunterladen und freiwillig an die Ermittler*innen herausgeben.[590] In allen anderen Konstellationen ist ein „transborder search" aus völkerrechtlicher Perspektive davon abhängig, in welchem Staat sich der physische Speicherort der zu sichernden Datenbestände befindet. Insbesondere dann, wenn Plattformen und Foren im Tor-Netzwerk nicht nur von einem Webserver aus, sondern über mehrere, in unterschiedlichen Ländern befindliche Server betrieben werden, kann es daher erforderlich sein, dass bei der Strafverfolgung im Tor-Netzwerk Ermittlungsbehörden auf der ganzen Welt miteinander kooperieren. Als Beispiele für solche multinationalen Strafverfolgungsaktionen können etwa die „Operation Onymous" (2014), die „Operation Bayonet" (2017), sowie die „Operation DisrupTor" (2020) genannt werden.[591]

---

588 *Soiné*, NStZ 2018, 497 (500).
589 Vgl. *Soiné*, NStZ 2018, 497 (500).
590 *Hegmann*, in: BeckOK StPO, 39. Ed. 1.1.2021, § 110, Rn. 16.
591 Siehe zur „Operation Onymous" etwa *Europol*, Global action against dark markets on Tor network, Pressemitteilung vom 07.11.2014, abrufbar unter https://www.europol.europa.eu/newsroom/news/global-action-against-dark-markets-tor-network; zur „Operation Bayonet" siehe *Europol*, Massive blow to criminal

aa) Zugriff auf im EU-Inland gespeicherte Daten

Sind beweisrelevante Datenbestände auf Webservern gespeichert, die im europäischen Inland lokalisiert werden können, richtet sich die Sicherstellung und Beschlagnahme dieser Daten nach den Vorgaben der Richtlinie 2014/41/EU des Europäischen Parlaments und des Rates vom 3. April 2014 über die Europäische Ermittlungsanordnung in Strafsachen (kurz RL-EEA). Diese wurde erlassen, um die grenzüberschreitende Gewinnung von Beweismitteln innerhalb der europäischen Union zu erleichtern und es europäischen Ermittler*innen zu ermöglichen, strafrechtliche Ermittlungen und Beweiserhebungen in anderen EU-Mitgliedstaaten zu veranlassen. In Deutschland wurde die RL-EEA in den am 22.5.2017 in Kraft getretenen Vorschriften der §§ 91a ff. IRG umgesetzt.[592]

(1) Richtlinie 2014/41/EU vom 03.04.2014 über die EEA

Die RL-EEA ersetzt im Rechtshilfeverkehr innerhalb der EU-Mitgliedsstaaten sämtliche bisherige EU-Rechtshilfe-Übereinkommen ebenso wie die Cybercrime-Konvention des Europarats (CCC).[593] Andere völkerrechtliche Verträge – gleichgültig ob bi- oder multilateraler Natur – sind neben der RL-EEA vom 03.04.2014 nur anwendbar, wenn sie zu einer weiteren Vereinfachung oder Erleichterung der Verfahren zur Beweiserhebung beitragen und das in der RL-EEA niedergelegte Schutzniveau gewahrt ist.[594] Voraussetzung für den Erlass einer europäischen Ermittlungsanordnung ist,

---

Dark Web activities after globally coordinated operation (Pressemitteilung vom 20.07.2017), abrufbar unter https://www.europol.europa.eu/newsroom/news/m assive-blow-to-criminal-dark-web-activities-after-globally-coordinated-operation (letzter Zugriff: 30.01.2022) sowie zur „Operation DisrupTor" *Europol*, International sting against dark web vendors leads to 179 arrests, Pressemitteilung vom 22.09.2020, abrufbar unter https://www.europol.europa.eu/newsroom/news/in ternational-sting-against-dark-web-vendors-leads-to-179-arrests (letzter Zugriff: 30.01.2022).

592 Eine Umsetzung der RL-EEA ist auch in allen übrigen EU-Staaten erfolgt mit Ausnahme von Dänemark und Irland, die von der RL nicht gebunden werden, vgl. *Coen*, in: BeckOK StPO, 39. Ed. 1.1.2021, RiStBV 300, Rechtshilfeersuchen der Staatsanwaltschaft, Rn. 16.

593 *Coen*, in: BeckOK StPO, 39. Ed. 1.1.2021, RiStBV 300, Rechtshilfeersuchen der Staatsanwaltschaft, Rn. 19.

594 *Coen*, in: BeckOK StPO, 39. Ed. 1.1.2021, RiStBV 300, Rechtshilfeersuchen der Staatsanwaltschaft, Rn. 19.

dass sie notwendig und verhältnismäßig ist und dass die begehrten Ermittlungsmaßnahmen nach dem Recht des europäischen Anordnungsstaats bei
einem innerstaatlichen Fall unter denselben Bedingungen hätten angeordnet werden können (Art. 9 RL 2014/41/EU). Sofern keine ausdrücklichen
Zurückweisungsgründe im nationalen Recht des Vollstreckungsstaates bestehen, ist dieser nach der Übermittlung der europäischen Ermittlungsanordnung grundsätzlich zur Anerkennung und Vollstreckung der begehrten Ermittlungshandlung verpflichtet (Art. 9 RL 2014/41/EU).[595] Die Möglichkeit eines unmittelbaren Zugriffs auf beweisrelevante Daten, die auf
Webservern innerhalb der EU gespeichert sind, ist in der RL-EEA allerdings nicht vorgesehen.

(2) Vorschlag der EU-Kommission zur E-Evidence-VO

Um einen solchen unmittelbaren Datenzugriff zu ermöglichen, hat die
EU-Kommission Anfang 2018 einen Gesetzgebungsvorschlag für einen ver-
besserten grenzüberschreitenden Zugang zu elektronischen Beweismitteln
vorgelegt (sogenannte E-Evidence-VO).[596] Darin ist vorgesehen, dass die
Strafverfolgungsbehörden einzelner EU-Mitgliedstaaten in Zukunft unmittelbar, das heißt im Wege eines „Direktzugriffs" auf beweiserhebliche
Datenbestände zugreifen dürfen, wenn diese von Diensteanbieter*innen
gespeichert werden, die im europäischen Inland aktiv sind. Dieser Vorstoß
geht mit den Anstrengungen anderer Staaten einher, die sich ebenfalls
durch eine unmittelbare Inpflichtnahme privater Diensteanbieter*innen
Zugriff auf im Ausland befindliche Datenbestände verschaffen wollen.[597]
Hierdurch sollen zukünftig die derzeit innerhalb der EU erforderlichen
Rechtshilfeverfahren weitgehend ersetzt und schnellere, effizientere Instru-

---

595 In Deutschland sind diese Voraussetzungen der Anerkennung der EEA in den
§§ 91 b, 91 c IRG entweder als zwingende Zulässigkeits- oder in § 91 e IRG als
fakultative Bewilligungshindernisse abschließend aufgeführt, *Böhm*, NJW 2017,
1512 (1512).

596 Der Vorschlag für eine Verordnung des Europäischen Parlaments und des
Rates über Europäische Herausgabeanordnungen und Sicherungsanordnungen
für elektronische Beweismittel in Strafsachen, Ratsdokument 15292/18 vom
12.12.2018, ist abrufbar unter https://eur-lex.europa.eu/resource.html?uri=ce
llar:639c80c9-4322-11e8-a9f4-01aa75ed71a1.0003.02/DOC_1&format=PDF
(letzter Zugriff: 30.01.2022).

597 Prominentestes Beispiel hierfür ist etwa der US-Cloud-Act, vgl. *Burchard*, ZRP
2019, 164 (165).

mente für die Erhebung und den Austausch elektronischer Beweismittel geschaffen werden.[598]

bb) Zugriff auf Daten im Geltungsbereich der CCC

Befindet sich ein Webserver, auf dem beweisrelevante Datenbestände der mutmaßlichen Plattform- und Foren-Betreiber*innen gespeichert sind, in einem Staat außerhalb der EU, scheidet das Ersuchen von Rechtshilfe auf Grundlage der RL-EEA aus. In diesen Konstellationen kann ein grenzüberschreitender Datenzugriff aber auf Grundlage der Cyber-Crime-Konvention (CCC) in Betracht kommen, die 2001 vom Europarat initiiert wurde und auch sämtlichen Nicht-Mitgliedsstaaten des Europarats offen steht. Bislang wurde sie von insgesamt 66 verschiedenen Ländern ratifiziert, darunter neben Deutschland auch die USA, Kanada, Israel, Japan und Australien.[599]

(1) Geltungsbereich der Cybercrime-Konvention

Innerhalb des Geltungsbereichs der Cybercrime-Konvention kann ein grenzüberschreitender Zugriff auf beweisrelevante Datenbestände unter gewissen Voraussetzungen sogar ohne förmliches Rechtshilfeverfahren zulässig sein. Erforderlich hierfür ist, dass diejenigen Datenbestände, auf die die Ermittler*innen zugreifen wollen, i.S.d. Art. 32 CCC öffentlich einsehbar und nicht zugangsbeschränkt sind.[600] Ist der Zugang zu den beweisrelevanten Datenbeständen hingegen durch Sicherungsvorkehrungen – wie zum Beispiel einen Passwortschutz – beschränkt, erlaubt Art. 32

---

598 Vgl. *Rat der Europäischen Union*, Verordnung für den grenzüberschreitenden Zugang zu elektronischen Beweismitteln: Rat legt seinen Standpunkt fest, Pressemitteilung vom 07.12.2018, abrufbar unter https://www.consilium.europa.eu /de/press/press-releases/2018/12/07/regulation-on-cross-border-access-to-e-evide nce-council-agrees-its-position/ (letzter Zugriff: 30.01.2022). Ob und wann die Verordnung umgesetzt wird, ist derzeit allerdings noch nicht absehbar.

599 Eine aktuelle Liste mit den Vertragsstaaten der CCC ist auf der Webseite des Europarats abrufbar, vgl. https://www.coe.int/de/web/conventions/full-list/-/con ventions/treaty/185/signatures (letzter Zugriff: 30.01.2022).

600 Gleiches gilt für Nicht-Vertragsstaaten der CCC, dann allerdings auf Grundlage internationalen Gewohnheitsrechts, vgl. *Eisenberg*, Beweisrecht der StPO, 10. Auflage 2017, Fünfter Teil, Sachliche Beweismittel, Drittes Kapitel, II. Durchsuchung, Rn. 2449a.

lit. b CCC den unmittelbaren Zugriff auf diese Daten nur unter der Voraussetzung, dass die rechtmäßige und freiwillige Zustimmung der von den Durchsuchungsmaßnahmen Betroffenen vorliegt.[601] Ohne eine solche Zustimmung bindet die Cybercrime-Konvention die Sicherstellung und Beschlagnahme der in Rede stehenden Datenbestände – genau wie die RL-EEA – an die vorherige Einholung von Rechtshilfeersuchen, ohne dass die Möglichkeit eines unmittelbaren „Direktzugriffs" vorgesehen ist.

(2) Rechtshilfeersuchen i.S.d. Art. 31 Abs. 1 CCC

Im Rahmen der Art. 25 ff. CC haben sich die Vertragsstaaten der Cybercrime-Konvention dazu verpflichtet, einander im größtmöglichen Umfang Rechtshilfe bei der Erhebung von elektronischem Beweismaterial zu leisten. Unter den Voraussetzungen des Art. 31 Abs. 1 CCC kann ein Staat, der die Cybercrime-Konvention ratifiziert hat, eine andere Vertragspartei daher um die Sicherstellung, Beschlagnahme und Weitergabe von beweisrelevanten Daten ersuchen, die sich auf dem Hoheitsgebiet des jeweiligen ersuchten Staates befinden. In dringlichen Fällen besteht zudem die Möglichkeit, von einem Vertragsstaat der CCC im Wege der vorläufigen Rechtshilfe die umgehende Sicherung der beweisrelevanten Daten über die Vorschrift des Art. 29 Abs. 1 CCC zu verlangen und erst nachträglich ein förmliches Rechtshilfeersuchen einzureichen (sogenanntes „Quick-Freeze-Verfahren").[602]

cc) Sonstige bi- oder multilaterale Übereinkünfte

Außerhalb des Anwendungsbereichs der Cybercrime-Konvention und der RL-EEA ist die Einholung von Rechtshilfeersuchen davon abhängig, ob sonstige bi- oder multilaterale Übereinkünfte mit denjenigen Staaten bestehen, in denen sich die Webserver mit den beweisrelevanten Daten der mutmaßlichen Plattform- und Forenbetreiber*innen befinden. Fehlen

---

601 *Bruns*, in: KK-StPO, 8. Aufl. 2019, § 110 Rn. 8a. Eine Zustimmung des ausländischen Cloud-Dienstanbieters zur Datenübermittlung an inländische Strafverfolgungsbehörden i.S.d. Art. 32 b CCC ist nicht ausreichend, vgl. *Soiné* NStZ 2018, 497 (500).

602 *Deusch/Eggendorfer*, in: Taeger/Pohle, ComputerR-HdB, 36. EL Februar 2021, 50.1 IT-Sicherheit, Rn. 361.

völkerrechtliche Vereinbarungen mit diesen Staaten, richtet sich das weitere Vorgehen nach dem sogenannten vertragslosen oder „autonomen" Rechtshilfeverkehr.[603] Die rechtliche Grundlage für den Zugriff auf die im Ausland gespeicherten Daten der mutmaßlichen Plattform- und Forenbetreiber*innen bildet in diesen Konstellationen das innerstaatliche Rechtshilferecht derjenigen Länder, in denen sich die Webserver mit den beweisrelevanten Daten befinden. Im Grundsatz obliegt die Gewährung von Rechtshilfe dabei allerdings der Entscheidungsfreiheit und des außenpolitischen Ermessens der jeweiligen ersuchten Staaten.[604]

d) Unbekannte Serverstandorte

Neben den bislang dargestellten Möglichkeiten, dass externe Speichermedien der Beschuldigten von den Ermittler*innen innerhalb oder außerhalb Deutschlands lokalisiert werden konnten, gibt es allerdings auch Konstellationen, in denen die Standorte der gesuchten Webserver trotz umfangreichen Ermittlungen unbekannt bleiben.[605] Wenn die Beamt*innen die IP-Adressen der gesuchten Webserver mangels Sicherheitslücken nicht im Wege des forensischen Hackings ermitteln können, lassen sich deren Standorte auch nicht anhand von „Trace Routing"-Verfahren ausfindig machen. Werden von den Plattform- und Foren-Betreiber*innen sogenannte „Bulletproof-Hosting-Services" verwendet, haben zudem nicht einmal die Beschuldigten selbst Kenntnis davon, wo sich die Webserver befinden, über die ihre Webseiten im Tor-Netzwerk gehostet werden. Wollen die Ermittler*innen in diesen Fällen dennoch zu Beweiszwecken auf die von den Plattform- und Foren-Betreiber*innen verwendeten, externen Datenträger zugreifen und darauf gespeicherte Datenbestände beschlagnahmen, stellt sich die Frage, ob dies in Hinblick auf rechtshilferechtlichen Bestimmungen zulässig ist oder ob hierdurch völkerrechtliche Prinzipien verletzt werden, was gegebenenfalls Beweisverwertungsverbote nach sich ziehen könnte.

---

603 Eine Konkretisierungshilfe bieten hierbei die im Rang von Verwaltungsvorschriften angesiedelten Richtlinien für den Verkehr mit dem Ausland in strafrechtlichen Angelegenheiten (RiVASt), vgl. *Penkuhn*, Der ordre-public-Vorbehalt als Auslieferungshindernis im europäischen Auslieferungsverkehr 2020, S. 50–51.

604 *Penkuhn*, Der ordre-public-Vorbehalt als Auslieferungshindernis im europäischen Auslieferungsverkehr, S. 50.

605 Vgl. *Soiné*, NStZ 2018, 497 (500).

aa) Zulässigkeit des Zugriffs auf nicht-lokalisierbare Daten

Wurden im Rahmen von grenzüberschreitenden Ermittlungen rechtshilfe-rechtliche Bestimmungen verletzt, kommt ein Verwertungsverbot der auf diese Weise erlangten Beweismittel nur in Betracht, wenn der in seinen Souveränitätsrechten verletzte, ausländische Staat einer Verwertung der be-treffenden Beweismittel widersprochen hat oder diese durch eine bewusste Verletzung von rechtshilferechtlichen Vorschriften erlangt wurden.[606] Von einer solchen, bewussten Verletzung rechtshilferechtlicher Bestimmungen bei der Beweissicherung im Tor-Netzwerk kann allerdings nur ausgegan-gen werden, wenn deutsche Ermittler*innen von den ausländischen Stand-orten der in Rede stehenden Webserver Kenntnis hatten und dennoch auf die Einholung von Rechtshilfeersuchen verzichtet haben.

bb) Keine vorherige Einholung von Rechtshilfeersuchen

Ist der geografische Speicherort von Datenbeständen, die Ermittler*innen zu Beweiszwecken sichern wollen, infolge des Onion Routings jedoch unbekannt und kann trotz umfangreicher Ermittlungen nicht lokalisiert werden, haben die Beamt*innen keine Kenntnis darüber, ob sich die gesuchten Webserver im In- oder im Ausland befinden. Eine vorherige Einholung von Rechtshilfeersuchen kommt in diesen Konstellationen be-reits aus praktischen Gründen nicht in Frage. Die bloße Möglichkeit eines Serverstandorts im Ausland kann daher keine Rechtshilfeverpflichtung auslösen.[607] Da zumindest nicht ausgeschlossen werden kann, dass sich der tatsächliche Speicherort der zu sichernden Daten – wie im Falle des sogenannten „Cyberbunkers" – innerhalb Deutschlands befindet, ist im Zweifel eine Beweissicherung durchzuführen.[608] Sollte sich im Fortgang der Ermittlungen herausstellen, dass die sichergestellten Daten doch im Ausland gespeichert waren, wirkt sich dies nicht auf die Verwertbarkeit der sichergestellten Daten aus, da eine *bewusste* Verletzung von rechtshil-ferechtlichen Vorschriften in diesen Fällen nicht gegeben ist und sich

---

606 Vgl. *Hegmann*, in: BeckOK StPO, 39. Ed. 1.1.2021, § 110, Rn. 17; *Bär*, ZIS 2011, 53 (59); *Bruns*, in: KK-StPO, 8. Aufl. 2019, § 110, Rn. 8a; allgemein zur Verwert-barkeit von mittels Rechtshilfe eines ausländischen Staates erlangten Beweisen siehe BGH, Beschluss vom 21. 11. 2012 – 1 StR 310/12 = NStZ 2013, 596–600.

607 *Soiné*, NStZ 2018, 497 (500).

608 Vgl. *Krause*, Kriminalistik 2014, 213 (214–215); *Soiné*, NStZ 2018, 497 (500).

aus den Hoheitsrechten der betroffenen ausländischen Staaten keine subjektiven Rechte der mutmaßlichen Plattform- und Foren-Betreiber*innen ableiten lassen.[609] Ein Beweisverwertungsverbot im Rahmen von grenzüberschreitenden „transborder searches" ist somit nur in Konstellationen anzunehmen, in denen ein ausschließlich ausländischer Speicherort der zu sichernden Daten feststeht und rechtshilferechtliche Bestimmungen von den Ermittler*innen bewusst und gezielt umgangen wurden.[610]

5. Beschlagnahme und Abschaltung von lokalisierbaren Servern

Unabhängig davon, ob sich diejenigen Webserver, über die kriminelle Plattformen und Foren im Tor-Netzwerk gehostet werden, im In- oder Ausland befinden, werden diese von den zuständigen Behörden in aller Regel abgeschaltet, sobald die Beweismittelsicherung der auf ihnen gespeicherten Datenbestände abgeschlossen ist. Für in Deutschland befindliche Webserver kommt als Rechtsgrundlage für entsprechende Ermittlungshandlungen eine Beschlagnahme zur Sicherstellung der Einziehung i.S.d. § 111b in Betracht, da die in Rede stehenden Webserver Tatmittel (*„instrumenta sceleris"*) i.S.d. § 74 Abs. 1 StGB darstellen. Wenn die Beweismittelsicherung der auf den Webservern gespeicherten Datenbestände noch nicht abgeschlossen ist, kommt zudem auch eine Beschlagnahme der Geräte auf Grundlage der §§ 94, 98 StPO in Betracht.[611]

6. Beschlagnahme der dazugehörigen Onion-Domains

In Hinblick auf die Onion-Domains der jeweiligen Plattformen und Foren kommt sowohl eine Beschlagnahme auf Grundlage der §§ 94, 98 StPO, als auch der §§ 111b, 111c, 111j StPO in Betracht.[612] Eine Beschlagnahme i.S.d. §§ 94, 98 StPO ist allerdings nur möglich, wenn den betreffenden

609 Siehe hierzu bereits *Bell*, Strafverfolgung und die Cloud, S. 173–174.

610 So auch *Bär*, ZIS 2011, 53 (59); *Krause*, Kriminalistik 2014, 213 (215); *Hegmann*, in: BeckOK StPO, 39. Ed. 1.1.2021, § 110, Rn. 17; *Bruns*, in: KK-StPO, 8. Aufl. 2019, § 110, Rn. 8a.

611 Sollen Datenbestände und Speichermedien beschlagnahmt werden, die sich außerhalb Deutschlands befinden, gelten die unter § 5 D. VII 4 b) – c) thematisierten Regelungen.

612 Zur Subsumierbarkeit von Online-Domains unter den Gegenstandsbegriff des § 94 StPO siehe *Zenger*, MMR 2020, 806 (809–810).

Onion-Domains – beispielsweise aufgrund ihrer Namen – ein Beweiswert zukommt.[613] Da die in Rede stehenden Onion-Domains Tatmittel i.S.d. § 74 Abs. 1 StGB darstellen, können sie von den Ermittler*innen aber in jedem Falle auf Grundlage des § 111b StPO zur Sicherung der Einziehung beschlagnahmt werden. Nachdem die Plattformen und Foren durch die Beschlagnahme ihrer Onion-Domains geschlossen wurden, werden von den Ermittler*innen in aller Regel noch sogenannte „seizure banner" geschaltet (siehe *Abbildung 28*).[614] Nach diesem Zeitpunkt kann niemand mehr auf die betreffenden Webseiten und kriminellen Inhalte zugreifen.

Abbildung 28: „Seizure banner" auf dem abgeschalteten Marktplatz „Dark Market"[615]

---

613 Eine Pfändung über die Vorschrift des § 111f StPO zur Vollziehung des Vermögensarrests gem. § 111e StPO ist dagegen nicht möglich, da es hinsichtlich der betreffenden Domains nicht um die Einziehung von Wertersatz i.S.d. § 73c StGB geht und ein Vermögensarrest daher nicht in Betracht kommt, vgl. *Zenger*, MMR 2020, 806 (809).

614 *Fünfsinn/Ungefuk/Krause*, Kriminalistik 2017, 440 (444).

615 Der hier abgebildete Screenshot der „seizure notice" von „Dark Market" stammt aus einer Pressemitteilung von *Europol*, DarkMarket: world's largest illegal dark web marketplace taken down (12.01.2021), abrufbar unter https://www.europol.europa.eu/newsroom/news/darkmarket-worlds-largest-illegal-dark-web-marketplace-taken-down (letzter Zugriff: 30.01.2022).

VIII. Einsatz von behördlichen Honeypot-Servern

Anstatt die in Rede stehenden Webserver im Rahmen einer Beschlagnahme i.S.d. §§ 94, 98 oder § 111b StPO abzuschalten, besteht aus technischer Sicht jedoch auch die Möglichkeit, diese zu Ermittlungszwecken über sogenannte Honeypot-Server weiterlaufen zu lassen. Da sich Honeypot-Server durchgängig überwachen lassen, können Strafverfolgungsbehörden auf diese Weise an zahlreiche ermittlungsrelevante Informationen gelangen, die eine Identifizierung der auf den Plattformen und Foren agierenden Personen in der Offline-Welt möglich machen. Anders als bei Überwachungsmaßnahmen i.S.d. §§ 100a, b StPO[616] werden bei diesem Ermittlungsansatz die Daten der in Rede stehenden Geräte auf behördenzugehörige Webserver transferiert, sodass die in Rede stehenden Plattformen und Foren durch die Ermittler*innen in eigener Verantwortung weiterbetrieben werden können. Wenn Strafverfolger*innen Plattformen und Foren im Tor-Netzwerk über Honeypot-Server weiterbetreiben, nehmen sie daher *de facto* selbst die Rolle der „Administrator*innen" der in Rede stehenden Webseiten wahr.

1. Praxisbeispiel der Handelsplattform „Hansa Market"

Als Beispiel für eine solche Vorgehensweise kann die im Juli 2017 von niederländischen Ermittler*innen abgeschaltete Handelsplattform „Hansa Market" genannt werden.[617] Nachdem es den Beamt*innen gelungen war, die IP-Adresse und den Serverstandort der Plattform zu ermitteln, wurde die Webseite nicht vom Netz genommen, sondern auf behördeneigene Webserver transferiert und von dort aus weiterbetrieben.[618] Diese

---

616 Ausführlich hierzu siehe § 5 D. IV. und V.

617 Vgl. *Greenberg*, Operation Bayonet: Inside the Sting That Hijacked an Entire Dark Web Drug Market, WIRED 03.08.2018, abrufbar unter https://www.wired.com/story/hansa-dutch-police-sting-operation/?redirectURL=https%3A%2F%2Fwww.wired.com%2Fstory%2Fhansa-dutch-police-sting-operation%2F (letzter Zugriff: 30.01.2022). Ausführlich zu den Ermittlungen im Falle von „Hansa Market" siehe *Steiner*, Anklage im Fall „Hansa Market". Wenn die Polizei einen Darknet-Marktplatz übernimmt, hr-iNFO (21.04.2021), abrufbar unter https://www.hr-inforadio.de/programm/das-thema/anklage-im-fall-hansa-market-wenn-die-polizei-einen-darknet-marktplatz-uebernimmt,darknet-hansa-market-100.html (letzter Zugriff: 30.01.2022).

618 Vgl. *Europol*, Massive blow to criminal Dark Web activities after globally coordinated operation, Pressemitteilung vom 20.07.2017, abrufbar unter https://www.

Honeypot-Server dienten – wie ihr Name bereits suggeriert – als „Honig-topf" beziehungsweise „Köder",[619] um auf „Hansa Market" aktive Platt-form-Kund*innen anzulocken. Auf diese Weise war es den Beamt*innen gelungen, rund 10.000 ermittlungsrelevante Informationen über getätigte Ein- und Verkäufe, verwendete Versand- und Bitcoin-Adressen sowie Pass-wörter der Plattform-Kund*innen abzufangen und an Europol weiterzulei-ten.[620]

2. Weiternutzung zur Begehung von Straftaten

Werden kriminelle Webseiten von ausländischen Ermittler*innen über-nommen und über behördeneigene Webserver weiterbetrieben, können über die betreffenden Plattformen und Foren allerdings weiterhin unbe-grenzt illegale Handelswaren oder kinderpornografisches Material ausge-tauscht werden. Dies ist in der Praxis nicht vermeidbar, da die Mitglieder der jeweiligen Webseiten die Übernahme der Plattformen und Foren an-sonsten bemerken und misstrauisch werden würden. Im Falle der Handels-plattform „Hansa Market" stiegen die über den Online-Marktplatz abge-wickelten Handelsgeschäfte sogar von 1.000 auf über 8.000 pro Tag an, während die Webseite über behördeneigene Webserver gehostet wurde.[621]

3. Zulässigkeit der Übernahme von kriminellen Plattformen

Neben Online-Marktplätzen wie „Hansa Market" wurden in der Vergan-genheit aber auch pädokriminelle Taschbörsen von ausländischen Ermitt-

---

europol.europa.eu/newsroom/news/massive-blow-to-criminal-dark-web-activitie s-after-globally-coordinated-operation (letzter Zugriff: 30.01.2022).

619 *Vogelgesang/Möllers/Potel*, MMR 2017, 291 (291).

620 Vgl. *Europol*, Massive blow to criminal Dark Web activities after globally coordi-nated operation, Pressemitteilung vom 20.07.2017, abrufbar unter https://www. europol.europa.eu/newsroom/news/massive-blow-to-criminal-dark-web-activitie s-after-globally-coordinated-operation (letzter Zugriff: 30.01.2022).

621 Dieser Anstieg der Verkaufszahlen auf „Hansa Market" war darauf zurückzu-führen, dass von den Ermittler*innen kurz zuvor auch der Online-Marktplatz „Alphabay" geschlossen wurde, vgl. *Holland*, Darknet-Marktplätze: Ermittler schließen neben AlphaBay auch Hansa Market, Heise Online (20.07.2017), ab-rufbar unter https://www.heise.de/newsticker/meldung/Darknet-Marktplaetze -Ermittler-schliessen-neben-AlphaBay-auch-Hansa-Market-3779559.html (letzter Zugriff: 30.01.2022).

ler*innen übernommen und über behördeneigene Honeypot-Server weiterbetrieben. Als Beispiel kann die im September 2017 abgeschaltet Webseite „Childsplay" genannt werden, die von australischen Ermittler*innen
für ganze elf Monate nach der Verhaftung des Plattform-Administrators
weiterbetrieben wurde, um beweisrelevante Informationen wie über die
auf der Plattform registrierten Mitglieder zu sammeln.[622] Während die
Plattform über behördeneigene Webserver lief, konnten kinderpornografische Bild- und Videodateien ebenfalls ohne Beschränkungen ausgetauscht
und weltweit verbreitet werden.[623] Dies wirft die Frage auf, ob eine Übernahme und der anschließende Weiterbetrieb von kriminellen Plattformen
und Foren im Tor-Netzwerk in Deutschland überhaupt zulässig wäre.

a) Verwirklichung verschiedener Straftatbestände

In Deutschland werden durch den Betrieb von kriminellen Plattformen
und Foren im Tor-Netzwerk verschiedene Straftatbestände aus dem Kern-
und Nebenstrafrecht verwirklicht. Hierzu zählen betäubungs-, arzneimit-
tel- und waffenrechtliche Verstöße i.S.d. §§ 29 ff. BtMG, §§ 95 f. AMG und
§§ 51, 52 WaffG sowie § 184b StGB.[624] Seit dem 01.10.2021 wird außerdem
die Strafvorschrift des § 127 StGB durch den Plattform- und Foren-Betrieb
verwirklicht. Unabhängig von der Frage, ob für grundrechtsrelevante Ermittlungsmaßnahmen taugliche Ermächtigungsgrundlagen existieren, dür-

---

622 Vgl. *Knaus*, Australian police sting brings down paedophile forum on dark web,
The Guardian (07.10.2017), abrufbar unter https://www.theguardian.com/socie
ty/2017/oct/07/australian-police-sting-brings-down-paedophile-forum-on-dark
-web (letzter Zugriff: 30.01.2022).
623 Das Vorgehen der australischen Ermittler*innen wurde deshalb vom Kinder-
hilfswerk der Vereinten Nationen und NGOs wie Amnesty International stark
kritisiert, vgl. *Knoph Vigsnæs* et al., VG vom 9.10.2017, UNICEF: Clear violation of UN children's convention. International humanitarian organizations express strong reaction to Australia's undercover police operation, abrufbar unter
https://www.vg.no/nyheter/utenriks/i/L8ly4/unicef-clear-violation-of-un-childre
ns-convention (letzter Zugriff: 30.01.2022). Ähnliche Kritik wurde zuvor bereits
an US-amerikanischen Strafverfolger*innen geäußert, die im Rahmen der „Operation Pacifier" die pädokriminelle Plattform „Playpen" für einen Zeitraum von
insgesamt zwei Wochen über Webserver des FBI weiterbetrieben hatten, vgl.
Sullum, The FBI Distributes Child Pornography to Catch People Who Look at
It, Reason 08.03.2016, abrufbar unter https://reason.com/2016/08/31/the-fbi-dist
ributes-child-pornography-to/ (letzter Zugriff: 30.01.2022).
624 Ausführlich zu den verwirklichten Straftatbeständen siehe § 4 B. II.–V.

fen deutsche Ermittler*innen bei der Aufklärung von Straftaten allerdings nur dann selbst Straftatbestände verwirklichen, wenn hierfür ausdrückliche, gesetzliche Privilegierungstatbestände existieren.[625]

b) Keine gesetzliche Befugnisnorm in Deutschland

Dies ist zum Beispiel in den Vorschriften der §§ 184b Abs. 6 StPO, 110d StPO für den Upload von computergenerierten Missbrauchsabbildungen oder in § 202d Abs. 3 Nr. 1 StGB für den Ankauf sogenannter „Steuer-CDs" geregelt. Für das Betreiben von kriminellen Online-Plattformen im Tor-Netzwerk existiert eine solche Befugnisnorm jedoch nicht. Die neu eingefügte Strafvorschrift des § 127 StGB wurde nicht mit einem entsprechenden Ausnahmetatbestand versehen, obwohl im Zeitpunkt seiner Schaffung bereits bekannt war, dass im Ausland entsprechende Ermittlungsmethoden angewandt werden. Der Gesetzgeber hätte also die Möglichkeit gehabt, entsprechende Befugnisse durch die Einfügung einer Ausnahmeregelung – zum Beispiel nach dem Vorbild des § 184b Abs. 6 StPO – auch für deutsche Ermittler*innen zu schaffen. Dies ist jedoch nicht geschehen. Daher ist es in Deutschland *de lege lata* nicht möglich, zum Zwecke der Strafverfolgung illegale Plattformen und Foren im Tor-Netzwerk über behördeneigene Honeypot-Server weiterzubetreiben.[626] Im Falle von pädokriminellen Tauschbörsen lässt sich dieses Ergebnis auch mit Blick auf die grundrechtlichen Schutzpositionen derjenigen begründen, die auf den kinderpornografischen Missbrauchsabbildungen zu sehen sind. Ob es hierzulande mit dem allgemeinen Persönlichkeitsrecht aus Art. 2 Abs. 1 i.V.m. Art 1 Abs. 1 GG der Betroffenen vereinbar wäre, dass digitale Abbildungen ihres Missbrauchs über staatliche Webserver weltweit verfügbar gemacht werden, ist zweifelhaft. Hinzu kommt, dass der Rechtfertigungsbedarf von Ermittlungshandlungen, die in Art. 2 Abs. 1 i.V.m. Art. 1 Abs. 1 GG eingreifen, größer wird, je tiefer diese in den den engeren persönlichen Bereich der Betroffenen eingreifen.[627] Dies ergibt sich

---

625 Als Grund werden das Legalitätsprinzip und die andernfalls drohende Erschütterung des Vertrauens der Bevölkerung in die Integrität der Strafverfolgungsbehörden genannt, vgl. *Safferling*, DRiZ 2018, 206 (207); *Wittmer/Steinebach*, MMR 2019, 650 (651).

626 So auch *Sinn*, Ermittlungen im Darknet, S. 156 und *Gause* auf dem Erlanger Cybercrime Tag 2018, vgl. *Rückert/Wüst*, KriPoZ 2018, 247 (250).

627 *Di Fabio*, in: Maunz/Dürig, GG Kommentar, 93. EL Oktober 2020, Art. 2, Rn. 130.

allgemein bereits aus dem Grundsatz der Verhältnismäßigkeit, ist beim allgemeinen Persönlichkeitsrecht aber von besonderer Bedeutung, wenn sich der Eingriff dem absolut geschützten Persönlichkeitskern nähert, der durch Art. 1 Abs. 1, 19 Abs. 2 GG bestimmt wird.[628] Die Vorschriften der §§ 161, 163 StPO können einen verdeckten Weiterbetrieb von Plattformen und Foren über behördeneigene Honeypot-Server in Deutschland daher nicht rechtfertigen. Der Weiterbetrieb von Plattformen und Foren über behördeneigene Webserver ist hierzulande somit unzulässig.

4. Möglichkeit des polizeilichen Datenaustauschs

Allerdings können Informationen, die durch entsprechende Ermittlungshandlungen im Ausland gewonnen wurden, an deutsche Ermittler*innen übergeben und für Strafverfolgungsaktivitäten auf deutschem Hoheitsgebiet genutzt werden. Innerhalb des Geltungsbereichs der Cybercrime-Konvention regelt dies Art. 26 Abs. 1 CCC, wonach eine Vertragspartei einer anderen Vertragspartei ermittlungsrelevante Informationen weiterleiten kann, deren Erhebung nach dem innerstaatlichen Recht des übermittelnden Staates erlaubt war. Zwischen den EU-Mitgliedsstaaten richtet sich der grenzüberschreitende Informationsaustausch nach Art. 7 des Rahmenbeschluss 2006/960/JI des Rates vom 18. Dezember 2006 über die Vereinfachung des Austauschs von Informationen und Erkenntnissen zwischen den Strafverfolgungsbehörden der Mitgliedstaaten der Europäischen Union vom 18.12.2006 (kurz RB-InfA).[629] Unter den Voraussetzungen der §§ 92b, 77h IRG können die übermittelten Informationen sodann als Beweismittel in einem deutschen Strafverfahren verwendet werden.[630]

IX. Abgreifen von Zugangsdaten mittels Phishing

Eine Alternative zum *de lege lata* unzulässigen Weiterbetrieb von kriminellen Plattformen und Foren über behördeneigene Honeypot-Server kann aus technischer Sicht das Abgreifen von Login-Informationen über soge-

---

628 *Di Fabio*, in: Maunz/Dürig, GG Kommentar, 93. EL Oktober 2020, Art. 2, Rn. 130.
629 Vgl. *Hackner*, in: Wabnitz/Janovsky/Schmitt, WirtschaftsStrafR-HdB, 25. Kapitel, Internationale Rechtshilfe, Rn. 68e.
630 Vgl. OLG Bremen, Beschl. v. 18.12.2020 – 1 Ws 166/20, S. 9.

nannte Phishing-Webseiten darstellen. Beim Phishing werden die Webseiten bekannter Online-Dienste gefälscht beziehungsweise „nachgeahmt". Werden auf diesen manipulierten Webseiten täuschungsbedingt Login-Informationen wie Account-Namen und Passwörter eingegeben, können diese Informationen sodann von den Betreiber*innen der Phishing-Webseiten abgegriffen werden. Bei strafrechtlichen Ermittlungen im Tor-Netzwerk könnten die Beamt*innen auf diese Weise an die Zugangsdaten und Login-Informationen von gesuchten Plattform- und Foren-Mitglieder gelangen, um sich mithilfe dieser Informationen auf den „echten" kriminellen Plattformen und Marktplätzen einzuloggen.

1. Zulässigkeit des Betreibens von Phishing-Webseiten

Hierdurch wäre es möglich, auf die Online-Profile der gesuchten Plattform- und Foren-Mitglieder zuzugreifen und an ermittlungsrelevante Informationen wie zum Beispiel in der Vergangenheit getätigte Handelsgeschäfte sowie angegebene Liefer- und Bitcoin-Adressen zu gelangen. Denkbar ist außerdem, dass die auf den Phishing-Webseiten ausgespähten Login-Informationen dazu genutzt werden, um sich Zugriff auf fremde Online-Accounts zu verschaffen und diese anschließend für verdeckte Ermittlungen zu verwenden. Außerdem könnten die auf den Phishing-Webseiten ausgespähten Login-Informationen zum Einsatz kommen, um sich Zugang zu abgeschotteten Plattform- oder Forenbereichen der pädokriminellen Szene zu verschaffen, ohne dass von den Ermittler*innen hierfür eine „Keuschheitsprobe" abgelegt werden muss.

a) Ermächtigungsgrundlage des § 100b StPO

Allerdings ist zweifelhaft, ob für das Abgreifen von Login-Informationen über behördliche Phishing-Webseiten überhaupt eine geeignete Ermächtigungsgrundlage in der StPO existiert. Zwar ermächtigt die Online-Durchsuchung i.S.v. § 100b StPO Ermittlungsbehörden dazu, mithilfe von forensischer Software in informationstechnische Systeme tatverdächtiger Personen einzudringen,[631] um an deren Zugangsdaten und Passwörter zu

---

631 Vgl. *Bruns*, in: KK-StPO, 8. Aufl. 2019, § 100b, Rn. 4; *Graf*, in: BeckOK StPO, 39. Ed. 1.1.2021, § 100b, Rn. 10.

gelangen.[632] Beim Aufsetzen von Phishing-Webseiten wird jedoch nicht mithilfe von forensischer Software in ein informationstechnisches System i.S.v. § 100b Abs. 1 StPO eingegriffen. Vielmehr würden die betroffenen Plattform- und Foren-Mitglieder durch eine technische Manipulation dazu gebracht werden, ihre Login-Informationen täuschungsbedingt an die ermittelnden Behörden weiterzuleiten. Für das Abgreifen von Login-Informationen über Phishing-Webseiten kann § 100b Abs. 1 StPO daher nicht als taugliche Ermächtigungsgrundlage herangezogen werden.

b) Ermächtigungsgrundlage des § 100h StPO

Ebenso wenig könnte das Abgreifen von Zugangsdaten und Passwörtern auf § 100h Abs. 1 S. 1 Nr. 2 StPO gestützt werden, welcher die Verwendung technischer Mittel zu Observationszwecken regelt.[633] Denn der Betrieb der beschriebenen Phishing-Webseiten würde gerade nicht der Lokalisierung oder Beobachtung der ausgespähten Personen dienen, sondern das Abgreifen ihrer Login-Informationen bezwecken, um diese im Anschluss für weitergehende Ermittlungen im Tor-Netzwerk zu verwenden. Insofern kommt als Ermächtigungsgrundlage für entsprechende Ermittlungshandlungen nur noch ein Rückgriff auf die Ermittlungsgeneralklausel aus §§ 161 Abs. 1 S. 2 i.V.m. 163 Abs. 1 S. 2 StPO in Betracht.

c) Kein Rückgriff auf die §§ 161, 163 StPO

Allerdings kann auch diese Vorschrift die ermittelnden Beamt*innen nicht zum Aufsetzen und Betreiben von Phishing-Webseiten im Tor-Netzwerk ermächtigen. Denn die Ermittlungsgeneralklausel aus §§ 161 Abs. 1 S. 2 i.V.m. 163 Abs. 1 S. 2 StPO kommt ausschließlich zur Rechtfertigung von geringfügigen Grundrechtseingriffen in Betracht. Durch das Abgreifen von vertraulichen Login-Informationen und Passwörtern durch staatliche Stellen wird jedoch mehr als bloß geringfügig in das Grundrecht auf Gewähr-

---

632 Vgl. *Soiné*, NStZ 2018, 497 (502); *Roggan*, StV 2017, 821, (825); *Warken*, NZWiSt 2017, 329 (331).
633 *Bruns*, in: KK-StPO, 8. Aufl. 2019, § 100h, Rn. 1. Zu den i.S.v. § 100h Abs. 1 S. 1 Nr. 2 für Observationszwecke bestimmten technischen Mitteln gehören solche, die der Ortung und Aufenthaltsbestimmung dienen (wie zum Beispiel Peilsender, Nachtsichtgeräte, Bewegungsmelder, Alarmkoffer und GPS-Sender), vgl. *Gunther*, in: MüKo-StPO, 1. Aufl. 2014, § 100h, Rn. 6.

leistung der Vertraulichkeit und Integrität informationstechnischer Systeme aus Art. 2 Abs. 1 i.V.m. Art. 1 Abs. 1 GG eingegriffen. Dies geht in der Praxis bereits daraus hervor, dass durch das Ausspähen von Login-Informationen und Passwörtern über Phishing-Webseiten der Straftatbestand des § 202c Abs. 1 Nr. 1 StGB verwirklicht wird.[634]

2. Kein Abgreifen von Zugangsdaten mittels Phishing

Hinzu kommt, dass das Abgreifen von Login-Informationen über behördliche Phishing-Webseiten immer auch Personen betreffen würde, gegen die überhaupt kein Anfangsverdacht i.S.v. § 152 Abs. 2 StPO besteht. Denn Webseiten wie „DiDW 3.0", über die im Tor-Netzwerk Straftaten angebahnt und abgewickelt werden, können ebenso als Treffpunkte für den anonymen Austausch über strafrechtlich irrelevante Themen genutzt werden.[635] Eine Registrierung als Nutzer*in auf einer solchen Webseite im Tor-Netzwerk ist daher allein nicht ausreichend, um einen Anfangsverdacht i.S.v. § 152 Abs. 2 StPO gegen sämtliche auf einer Webseite registrierten Personen zu begründen. Das Abgreifen von Login-Informationen über behördliche Phishing-Webseiten ist daher unzulässig.

X. Nutzung von Open Source Intelligence (OSINT)

Eine weitere Möglichkeit, um gesuchte Plattform-Mitglieder und Plattform-Administrator*innen in der Offline-Welt zu ermitteln, stellt die Nutzung von Open Source Intelligence (kurz OSINT) dar. Dabei handelt es sich nicht um Open Source Software, sondern um Informationen aus öffentlich zugänglichen Quellen,[636] die von den Beamt*innen zusammengetragen und ausgewertet werden, um ermittlungsrelevante Erkenntnisse über verdächtige Personen zu erhalten.[637] Im Rahmen solcher OSINT-Re-

---

634 Vgl. *Kochheim*, Cybercrime und Strafrecht in der IuK-Technik, S. 542–543, Rn. 1468.

635 Siehe hierzu bereits § 3 A. I. 2. sowie § 5 B. III. 4. c) bb).

636 Zum Begriff der Open Source Intelligence siehe *Deusch/Eggendorfer*, in: Taeger/Pohle, ComputerR-HdB, 50.1 IT-Sicherheit, Rn. 159.

637 Siehe hierzu bereits *Sinn*, Ermittlungen im Darknet, S. 146; ausführlich zur Verarbeitung öffentlich zugänglicher Daten im strafrechtlichen Ermittlungsverfahren *Rückert*, ZStW 2017, 129 (2); 302–333; zur automatisierten Unterstützung von Polizeiarbeit in sozialen Netzwerken zudem *Golla*, DSRITB 2018, 871–883.

cherchen können sämtliche Informations- und Datenquellen genutzt werden, die im Internet – also sowohl im Clear- als auch im Darknet – frei einsehbar sind und für deren Aufruf keine besondere Legitimation benötigt wird. Unter Umständen lassen sich im Rahmen von OSINT-Ermittlungen sogar eindeutige Hinweise auf die Offline-Identitäten einzelner tatverdächtiger Personen generieren, wie es etwa im Falle des Betreibers der Handelsplattform „Silk Road" der Fall war.[638]

1. Manuelle Suche nach relevanten Informationen

Im Rahmen von OSINT-Recherchen können die Ermittler*innen in Erfahrung bringen, wie der Handel auf den Kryptomärkten im Tor-Netzwerk funktioniert, welche Webseiten aktuell beliebt sind und welche Trends sich auf den Plattformen und Foren der „Underground Economy" abzeichnen.[639] Darüber hinaus haben sie aber auch die Möglichkeit, gezielt nach öffentlich aufrufbaren Informationen zu suchen, die für die weiteren Ermittlungen von Relevanz sein könnten. Beispielsweise lässt sich auf den Plattformen und Foren durch manuelle Recherchen ermitteln, ob die Nicknamen einzelner tatverdächtiger Personen noch auf anderen kriminellen Online-Marktplätzen und Foren im Tor-Netzwerk auftauchen oder ob diese möglicherweise auch auf Webseiten im Clearnet verwendet werden. Von ermittlungspraktischer Relevanz können außerdem frühere Foren- oder Blog-Einträge sowie öffentlich einsehbare Kund*innen-Bewertungen und Ratings sein, die auf den Plattformen und Foren abgegeben werden, da sie Hinweise auf die Handelsvolumina, Angebotspaletten und Versandgebiete einzelner tatverdächtiger Personen enthalten.

2. Automatisierte Datenerhebung und -auswertung

Allerdings sind manuelle OSINT-Recherchen aufgrund der Größe der im Internet frei verfügbaren und potentiell ermittlungsrelevanten Datenbestände sehr zeitaufwändig. Neben der Möglichkeit, manuell nach ermittlungsrelevanten Informationen zu suchen, existieren daher spezielle

---

638 Ausführlich zu den Ermittlungen des FBI im Falle der Handelsplattform „Silk Road" siehe § 5 D. X. 2. b).
639 Siehe hierzu bereits die Ausführungen zur „Online-Streife" und dem sogenannten „schlicht-hoheitlichen Surfen", vgl. § 5 B. I.

Computerprogramme, die die Ermittler*innen bei ihren OSINT-Recherchen unterstützen. Aus technischer Sicht kommen hierfür sogenannte Web-Crawler (auch Web-Scraper genannt) zum Einsatz.[640] Diese sind in der Lage, öffentlich zugängliche Informationen aus dem Clear- und Darknet automatisiert zu erheben und in großen Datenbanken abzuspeichern.[641] Die gesammelten Daten können anschließend anhand von verschiedenen Analysemethoden ausgewertet, miteinander verknüpft und von den Beamt*innen in Hinblick auf ermittlungsrelevante Informationen durchsucht werden. Auf diese Weise lassen sich im Rahmen von OSINT-Ermittlungen Erkenntnisse generieren, die über den Informationsgehalt und die Aussagekraft der einzelnen erhobenen Datensätze weit hinausgehen (sogenannte Meta-Informationen).[642]

a) Kooperationsprojekt „Dark Web Monitor"

Als Praxisbeispiel für ein solches OSINT-Ermittlungstool, das mittels Web-Crawling öffentlich zugängliche Informationen aus dem Tor-Netzwerk sammelt und zu Auswertungszwecken in großen Datenbanken persistiert, kann die von der niederländischen Forschungseinrichtung TNO entwickelte Software „Dark Web Monitor" genannt werden.[643] Seit Juli 2020 wird das Tool durch die Zentralstelle Cybercrime Bayern (ZCB) in Bamberg getestet. Die Software soll als eine Art „Suchmaschine" für das Tor-Netzwerk fungieren und den Ermittler*innen dabei helfen, Querverbindungen zwischen einzelnen gecrawlten Datenbeständen herzustellen.[644]

---

640 *Rückert*, Mit künstlicher Intelligenz auf Verbrecherjagd: Einsatz von Gesichtserkennungstechnologie zur Aufklärung der „Kapitolverbrechen", VerfBlog vom 22.01.2021, abrufbar unter https://verfassungsblog.de/ki-verbrecherjagd (letzter Zugriff: 30.01.2022).

641 *Rückert*, Mit künstlicher Intelligenz auf Verbrecherjagd: Einsatz von Gesichtserkennungstechnologie zur Aufklärung der „Kapitolverbrechen", VerfBlog vom 22.01.2021, abrufbar unter https://verfassungsblog.de/ki-verbrecherjagd (letzter Zugriff: 30.01.2022).

642 *Rückert*, ZStW 2017, 129 (2); 302 (328).

643 Vgl. *Bayerisches Staatsministerium der Justiz*, Mehr Licht ins Darknet: Dark Web Monitor soll Strafverfolgungsbehörden bei Ermittlungen im Darknet verstärken, Pressemitteilung vom 27.07.2020, abrufbar unter https://www.justiz.bayern .de/presse-und-medien/pressemitteilungen/archiv/2020/69.php (letzter Zugriff: 30.01.2022).

644 *Eisenreich*, DRiZ 2020, 290 (291); *Bayerisches Staatsministerium der Justiz*, Mehr Licht ins Darknet: Dark Web Monitor soll Strafverfolgungsbehörden bei Er-

Genauere Informationen darüber, welche Art von Daten von dem Tool gesammelt werden und welche Methoden zu deren Auswertung und Analyse zur Anwendung kommen, wurden bei der Vorstellung des Kooperationsprojekts allerdings nicht geliefert.[645] Neben dem von der TNO entwickelten „Dark Web Monitor" existieren inzwischen auch kommerzielle Anbieter*innen wie „Hunchly"[646] oder „Recorded Future"[647], die ebenfalls Ermittlungstools für das Tor-Netzwerk entwickelt haben.

b) Praxisbeispiel der Handelsplattform „Silk Road"

Als wohl bekanntester Ermittlungserfolg, der auf die Nutzung von OSINT zurückzuführen ist, kann die Identifizierung des Administrators der Handelsplattform „Silk Road" genannt werden, die zwischen 2011 und 2013 den Markt für Drogen im Tor-Netzwerk dominierte.[648] Die Plattform konnte vom FBI abgeschaltet werden, nachdem die softwaregestützte

---

mittlungen im Darknet verstärken, Pressemitteilung vom 27.07.2020, abrufbar unter https://www.justiz.bayern.de/presse-und-medien/pressemitteilunge n/archiv/2020/69.php (letzter Zugriff: 30.01.2022). Einen ähnlichen Ansatz verfolgt seit 2015 bereits die US-amerikanische Behörde Defense Advanced Research Projects Agency (DARPA), welche die Darknet-Suchmaschine „MEMEX" entwickelt hat, vgl. *Scherschel*, Darknet-Suchmaschine Memex: DARPA legt Projekt-Bausteine als Open Source offen, Heise Online (20.04.2015), abrufbar unter https://www.heise.de/security/meldung/Darknet-Suchmaschine-Memex-DARP A-legt-Projekt-Bausteine-als-Open-Source-offen-2613349.html (letzter Zugriff: 30.01.2022).

645 Die gemeinsamen ersten Schritte seien laut dem Bayerischen Staatsminister der Justiz Georg Eisenreich aber „vielversprechend". Angekündigt wurde, dass vom „Dark Web Monitor" Ermittler*innen in ganz Deutschland und Europa profitieren werden, vgl. *Bayerisches Staatsministerium der Justiz*, Mehr Licht ins Darknet: Dark Web Monitor soll Strafverfolgungsbehörden bei Ermittlungen im Darknet verstärken, Pressemitteilung vom 27.07.2020, abrufbar unter https://www.justiz.bayern.de/presse-und-medien/pressemitteilungen/archiv/2020/69. php (letzter Zugriff: 30.01.2022).

646 Eine Online-Demo des Tools kann unter https://www.hunch.ly/osint-web inars/osint-webinar-dark-web-1252018 eingesehen werden (letzter Zugriff: 30.011.2022).

647 Vgl. *Recorded Future*, Identify and Profile Threats From Dark Web Sources, abrufbar unter https://www.recordedfuture.com/solutions/dark-web-monitor ing/ (letzter Zugriff: 30.01.2022).

648 Ausführlich zur Handelsplattform „Silk Road" siehe *Tzanetakis*, Zum Phänomen der Drogenmärkte im Darknet, in: *Tzanetakis/Stöver* (Hrsg.), Drogen, Darknet und Organisierte Kriminalität, S. 11.

Sammlung und Auswertung von frei zugänglichen Datenbeständen aus dem Clear- und Darknet amerikanische Ermittler*innen auf die Spur des Plattform-Administrators von „Silk Road" brachten. Dieser hatte im Januar 2011, also zu einem Zeitpunkt, in dem die Plattform der Öffentlichkeit noch nicht bekannt war, unter dem Nicknamen „altoid" auf einer Webseite im Clearnet einen Werbepost für seinen Online-Marktplatz „Silk Road" abgesetzt.[649] In ihren gecrawlten Datenbeständen suchten die Ermittler*innen nach weiteren unter diesem Pseudonym veröffentlichten Posts und konnten schließlich eine Nachricht in einem öffentlich einsehbaren Bitcoin-Forum ausfindig machen, in dem „altoid" als Kontaktmöglichkeit eine E-Mail-Adresse angegeben hatte.[650] Diese E-Mail-Adresse setzte sich aus seinem bürgerlichen Vor- und Nachnamen zusammen, sodass das FBI in der Lage war, den Plattform-Administrator von „Silk Road" in der Offline-Welt zu identifizieren und die Webseite im Herbst 2013 vom Netz zu nehmen.[651]

3. Rechtsgrundlage für OSINT-Ermittlungen

In welchen Grenzen öffentlich zugängliche Datenbestände aus dem Clear- und Darknet von staatlichen Stellen in strafprozessualen Ermittlungsverfahren gesammelt, gespeichert und zu Strafverfolgungszwecken ausgewertet werden dürfen, ist eine in der Rechtswissenschaft bislang allerdings nur spärlich diskutierte Frage.[652] Festeht, dass entsprechende Ermittlungshandlungen jedenfalls dann einer strafprozessualen Rechtsgrundlage bedürfen, wenn die von den Ermittlungsmaßnahmen Betroffenen in ihrem Grundrecht auf informationelle Selbstbestimmung aus Art. 2 Abs. 1 i.V.m. Art. 1 Abs. 1 GG beeinträchtigt werden.

---

649 Vgl. *Van Note*, How OSINT Took Down the Dark Web's Silk Road, Scopenow (22.07.2020), abrufbar unter https://www.skopenow.com/news/how-osint-took -down-the-dark-webs-silk-road (letzter Zugriff: 30.01.2022).

650 Vgl. *Van Note*, How OSINT Took Down the Dark Web's Silk Road, Scopenow (22.07.2020), abrufbar unter https://www.skopenow.com/news/how-osint-took -down-the-dark-webs-silk-road (letzter Zugriff: 30.01.2022).

651 Der betreffende Post vom 11.10.2011 ist auf „Bitcointalk" bis heute öffentlich einsehbar, vgl. https://bitcointalk.org/index.php?action=profile;u=3905;sa=show Posts (letzter Zugriff: 30.01.2022).

652 Ein erster, ausführlicher Beitrag zur Zulässigkeit der (automatisierten) Verarbeitung öffentlich zugänglicher Daten im strafrechtlichen Ermittlungsverfahren findet sich bei *Rückert*, ZStW 2017, 129 (2); 302–333.

a) Grundrechtsrelevanz von OSINT-Ermittlungen

Das Recht auf informationelle Selbstbestimmung aus Art. 2 Abs. 1 i.V.m. Art. 1 Abs. 1 GG schützt die Befugnis einzelner Personen, grundsätzlich selbst über die Preisgabe und Verwendung ihrer persönlichen Daten zu bestimmen.[653] Diese Gewährleistung greift insbesondere dann, wenn die freie Entfaltung der Persönlichkeit dadurch gefährdet wird, dass personenbezogene Informationen von staatlichen Stellen in einer Art und Weise genutzt und miteinander verknüpft werden, die Betroffene weder überschauen noch beherrschen können.[654] Dabei kommt es aufgrund der modernen Möglichkeiten der Datenverarbeitung nicht mehr auf einen eindeutigen Personenbezug der ausgewerteten Daten an.[655] Vielmehr werden auch anonymisierte oder pseudonymisierte Informationen von Art. 2 Abs. 1 i.V.m. Art. 1 Abs. 1 GG geschützt, wenn eine De-Anonymisierung oder De-Pseudonymisierung der jeweiligen Daten durch staatliche Stellen möglich ist.[656] Sollten öffentlich zugängliche Informationen aus dem Clear- und Darknet nicht nur einzeln erhoben, sondern gezielt zusammengetragen und zu Strafverfolgungszwecken von den Ermittler*innen ausgewertet werden, bedarf es daher einer strafprozessualen Ermächtigungsgrundlage.[657]

b) Ermächtigungsgrundlage des § 98a StPO

Auch wenn dies auf den ersten Blick nahe liegt, kommt die Vorschrift des § 98a StPO nicht als strafprozessuale Ermächtigungsgrundlage für die Sammlung, Speicherung und Auswertung von OSINT-Daten in Betracht.[658] Zwar ergibt sich eine gewisse „Verwandtschaft" zwischen automatisierten OSINT-Ermittlungen und der Rasterfahndung aus § 98a StPO daraus, dass im Rahmen beider Verfahren große Datensätze zu Ermittlungszwecken maschinell miteinander abgeglichen werden.[659] Allerdings werden im Rahmen von § 98a StPO bereits bestehende, nicht-öffentliche

---

653 BVerfG, Urteil des Ersten Senats vom 15. Dezember 1983 – 1 BvR 209/83, Rn. 147.

654 BVerfG, Beschluss des Ersten Senats vom 13. Juni 2007 – 1 BvR 1550/03, Rn. 87.

655 *Rückert*, ZStW 2017, 129 (2); 302 (313–314).

656 *Rückert*, ZStW 2017, 129 (2); 302 (314).

657 Siehe hierzu auch *Golla*, DSRITB 2018, 871 (871–872).

658 Vgl. *Rückert*, ZStW 2017, 129 (2); 302 (316).

659 Vgl. *Rückert*, ZStW 2017, 129 (2); 302 (316).

Datensätze ausgewertet, während bei OSINT-Ermittlungen ausschließlich Informationen zum Einsatz kommen, die öffentlich zugänglich sind, dafür aber zunächst noch mittels Web-Crawling erhoben werden müssen. Die Vorschrift des § 98a StPO ermächtigt allerdings nur zum maschinellem Abgleich von bereits gespeicherten Datenbeständen, nicht hingegen zur Sammlung und Erhebung dergleichen.[660] Daher kann die Rasterfahndung aus § 98a StPO nicht als strafprozessuale Ermächtigungsgrundlage für die automatisierte Sammlung und Auswertung von OSINT-Daten herangezogen werden. Gleiches gilt in Hinblick auf die Vorschrift des § 98c StPO, welche den maschinellen Abgleich von bereits erhobenen, justizinternen Informationen regelt.[661]

c) Rückgriff auf die §§ 161, 163 StPO

Mangels spezieller Ermächtigungsgrundlage in der StPO kommt für die Vornahme entsprechender Ermittlungshandlungen somit nur ein Rückgriff auf die Ermittlungsgeneralklausel der §§ 161, 163 StPO in Betracht.

aa) Manuelle OSINT-Ermittlungen

In Hinblick auf die Frage, ob OSINT-Ermittlungen auf die Ermittlungsgeneralklausel der §§ 161, 163 StPO gestützt werden können, ist zunächst zwischen manuellen und softwaregestützten OSINT-Ermittlungen zu unterscheiden. Erstere greifen aufgrund der beschränkten menschlichen Auswertungs- und Analysemöglichkeiten weniger intensiv in das Recht auf informationelle Selbstbestimmung aus Art. 2 Abs. 1 i.V.m. Art 1 Abs. 1 GG ein.[662] Obwohl die Ermittlungsgeneralklausel bloß geringfügige Eingriffe in das Recht auf informationelle Selbstbestimmung aus Art. 2 Abs. 1 i.V.m. Art. 1 Abs. 1 GG rechtfertigen kann, ist die manuelle Suche nach ermittlungsrelevanten Informationen in den öffentlich zugänglichen Bereichen des Clear- und Darknets daher bereits auf Grundlage der §§ 161, 163 StPO zulässig.

---

660 *Rückert*, ZStW 2017, 129 (2); 302 (317–318).
661 *Rückert*, ZStW 2017, 129 (2); 302 (318).
662 In Hinblick auf OSINT-Ermittlungen in sozialen Netzwerken so auch *Bauer*, Soziale Netzwerke und strafprozessuale Ermittlungen, S. 144.

bb) Automatisierte OSINT-Ermittlungen

Automatisierte OSINT-Ermittlungen unterscheiden sich in ihrer Grundrechtsintensität jedoch grundlegend von der Datenerhebung und Auswertung durch menschliche Ermittler*innen.[663] Sie sind eingriffsintensiver, da die technischen Datenerhebungs- und Analysemöglichkeiten im Vergleich zu manuellen OSINT-Recherchen personell und zeitlich nicht beschränkt sind. Je effektiver die softwaregestützte Sammlung und Auswertung von OSINT-Daten zu Strafverfolgungszwecken funktioniert, desto höher ist folglich auch die Intensität der Grundrechtseingriffe, die durch entsprechende Ermittlungshandlungen verwirklicht werden. Insofern muss geklärt werden, ob – und wenn ja, unter welchen Voraussetzungen – softwaregestützte OSINT-Ermittlungen (noch) auf die Ermittlungsgeneralklausel aus §§ 161, 163 StPO gestützt werden können.

(1) Vorliegen eines Anfangsverdachts

Grundsätzlich kann die Ermittlungsgeneralklausel der §§ 161, 163 nur dann als Rechtsgrundlage für Ermittlungshandlungen herangezogen werden, wenn zureichende tatsächliche Anhaltspunkte dafür vorliegen, dass eine verfolgbare Straftat i.S.d. § 152 Abs. 2 StPO begangen wurde und die ergriffenen Ermittlungsmaßnahmen der Sachverhaltserforschung i.S.d. § 160 Abs. 1 StPO dienen. Vorfeldermittlungen und sogenannte „Verdächtigengewinnungseingriffe" sind daher unzulässig.[664] In Hinblick auf automatisierte OSINT-Ermittlungen bedeutet dies, dass eine verdachtslose Erhebung und Auswertung von allgemein zugänglichen Daten aus dem Clear- und Darknet ohne tatsächliche Anhaltspunkte für das Vorliegen von Straftaten nicht auf die Vorschriften der §§ 161, 163 StPO gestützt werden kann. Ansonsten würde die Begrenzungsfunktion des Anfangsverdachts zum Schutze vor unberechtigter Strafverfolgung ausgehebelt werden.[665] Im Tor-Netzwerk kommen automatisierte OSINT-Ermittlungen daher nur in Betracht, wenn Webseiten gecrawlt werden sollen, die eine eindeutige kriminelle Ausrichtung aufweisen, wie es beispielsweise bei Online-Marktplätzen für illegale Waren oder Tauschbörsen für kinderpor-

---

663 Ebenso *Rückert*, ZStW 2017, 129 (2); 302 (326).
664 Siehe hierzu bereits *Bauer*, Soziale Netzwerke und strafprozessuale Ermittlungen, S. 141.
665 Vgl. *Peters*, in: MüKoStPO, 1. Aufl. 2016, § 152 Rn. 63.

nografisches Material der Fall ist. In Hinblick auf Diskussionsforen, die im Gegensatz zu reinen Online-Marktplätzen nicht ausschließlich auf den Handel von inkriminierten Waren und Dienstleistungen ausgerichtet sind, sondern auch als Treffpunkte für den anonymen Austausch über Nachrichten aus Politik und Wirtschaft, IT-Sicherheit und andere strafrechtlich irrelevante Themen genutzt werden,[666] besteht aus technischer Perspektive zudem die Möglichkeit, die Datenerhebung durch das Crawling auf bestimmte, ausschließlich kriminelle Teilbereiche – wie zum Beispiel separate Markplatzbereiche für illegale Waren – manuell zu begrenzen.[667] Bei Webseiten im Tor-Netzwerk, auf denen hingegen keine zureichenden tatsächlichen Anhaltspunkte dafür vorliegen, dass über sie verfolgbare Straftaten i.S.d. § 152 Abs. 2 StPO begangen werden, muss die automatisierte Erhebung und Auswertung mangels Rechtsgrundlage allerdings unterbleiben. Da der Anwendungsbereich der §§ 161, 163 StPO in diesen Konstellationen mangels Anfangsverdachts nicht eröffnet ist, fehlt es an einer tauglichen Rechtsgrundlage für entsprechende Ermittlungshandlungen.

(2) „Monitoring" mit anonymisierten Daten

Unter engen Voraussetzungen kommt eine automatisierte Erhebung, Speicherung und Auswertung von öffentlich zugänglichen Daten allerdings auch in Fällen in Betracht, in denen die gecrawlten Webseiten keinerlei Verbindungen zur kriminellen Szene im Tor-Netzwerk aufweisen. Zwar kann eine verdachtslose Erhebung, Speicherung und Auswertung von öffentlich zugänglichen Daten nicht auf die Vorschriften der §§ 161, 163 StPO gestützt werden. Solange die erhobenen Datenbestände von staatlichen Stellen nicht de-anonymisiert oder de-pseudonymisiert werden kön-

---

666 Siehe hierzu bereits ausführlich die rechtstatsächliche Beschreibung von Diskussionsforen im Tor-Netzwerk in § A. I. 1.

667 Um eine verdachtslose Erhebung und Auswertung von allgemein zugänglichen Daten aus dem Tor-Netzwerk in der Praxis vorzubeugen, kann das Crawling von Daten von den Ermittler*innen von vornherein (manuell) auf strafrechtlich relevante Teilbereiche begrenzt werden, sodass im vorliegenden Beispielsfall von „DiDW 3.0" nur Informationen aus dem illegalen Marktplatzbereich erhoben werden. Andersrum ist es aus technischer Perspektive ebenso möglich, strafrechtlich relevante Webseiten in ihrer Gesamtheit zu crawlen und hierbei (manuell) zu verfügen, dass bestimmte, nicht kriminelle Teilbereiche ausgelassen werden. Im Falle von pädokriminellen Tauschbörsen kann zudem das Crawling von bestimmten Dateiformaten (wie zum Beispiel Fotos oder Videos) ausgeschaltet werden.

nen, ist dies mangels Grundrechtseingriff in das Recht auf informationelle Selbstbestimmung aus Art. 2 Abs. 1 i.V.m. Art. 1 Abs. 1 GG jedoch auch nicht erforderlich. Aus technischer Sicht ist es beispielsweise möglich, nur solche öffentlich zugänglichen Daten zu sammeln und in Datenbanken zu persistieren, die vollständig anonymisiert wurden und daher keinerlei Personenbezug (mehr) aufweisen. In der Praxis kann dies vor allem in Konstellationen sinnvoll sein, in denen es um das reine „Monitoring" von einzelnen Webseiten geht, also zum Beispiel um die Frage, welche Gesprächsthemen in einem bestimmten Forum relevant sind und welche Entwicklungen und Trends sich in Hinblick auf verwendete Kryptowährungen oder im Tor-Netzwerk gehandelte Waren abzeichnen.[668]

(3) Datenschutzrechtliche Bestimmungen

Einzelne Tatverdächtige – wie es im Falle des Online-Marktplatzes „Silk Road" der Fall war – können durch die Sammlung und Auswertung von anonymisierten Datenbeständen allerdings nicht identifiziert werden. Um dies zu ermöglichen, müssen notwendigerweise auch Informationen erhoben und ausgewertet werden, die einen Personenbezug aufweisen oder von staatlichen Stellen zumindest wieder de-anonymisiert beziehungsweise de-pseudonymisiert werden können. In diesen Konstellationen ist erforderlich, dass von den Ermittler*innen – neben den tatbestandlichen Voraussetzungen der §§ 161, 163 StPO – auch datenschutzrechtliche Bestimmungen beachtet werden. Hierfür sind insbesondere die unionsrechtlichen Vorgaben der Richtlinie (EU) 2016/680 des Europäischen Parlaments und des Rates vom 27. April 2016 zum Schutz natürlicher Personen bei der Verarbeitung personenbezogener Daten durch die zuständigen Behörden zum Zwecke der Verhütung, Ermittlung, Aufdeckung oder Verfolgung von Straftaten oder der Strafvollstreckung (kurz EU-RL 2016/680) maßgeblich.[669] Demnach dürfen personenbezogene Daten, die für Strafverfol-

---

668 Die Einholung dieser Informationen ist insofern von Bedeutung, als dass eine eingehende Kenntnis der Szene und der auf den Plattformen üblichen Abläufe hilfreich ist, um eine passende Strategie für mögliche weitere Ermittlungsansätze zu erarbeiten, siehe hierzu etwa *Krause*, NJW 2018, 678 (679–680) sowie § 5 B. I.

669 In Deutschland umgesetzt wurden die Vorgaben der EU-RL 2016/680 durch das Gesetz zur Umsetzung der RL (EU) 2016/680 im Strafverfahren sowie zur Anpassung datenschutzrechtlicher Bestimmungen an die Verordnung (EU) 2016/679 vom 20.11.2019, vgl. BGBl. 2019 I, S. 1724 ff.

gungszwecke erhoben wurden, gem. Art. 4 EU-RL 2016/680 von den Ermittler*innen nicht in einer mit diesem Zweck nicht zu vereinbarenden
Weise verarbeitet werden. Außerdem müssen sie durch geeignete technische und organisatorische Maßnahmen vor unbefugter oder unrechtmäßi-
ger Verarbeitung geschützt werden und ihre Speicherung im Sinne der Da-
tenminimierung verhältnismäßig sein. Sollen softwaregestützte OSINT-Ermittlungen zur Strafverfolgung im Tor-Netzwerk zum Einsatz kommen,
ist zudem die vorherige Durchführung einer sogenannten „Datenschutz-
Folgenabschätzung" i.S.d. § 67 BDSG erforderlich.

(4) Qualitatives Element

Ist die automatisierte Sammlung und Auswertung von öffentlich zugänglichen Informationen mit datenschutzrechtlichen Bestimmungen vereinbar
und liegen die tatbestandlichen Voraussetzungen der §§ 161, 163 StPO
vor, hängt die Zulässigkeit von OSINT-Ermittlungen weiterhin von der
Qualität derjenigen Daten ab, die von den Ermittler*innen im Tor-Netzwerk erhoben und anschließend zu Strafverfolgungszwecken ausgewertet
werden.

(a) Bloß geringfügige Persönlichkeitsrelevanz

Beschränkt sich die automatisierte Erhebung, Speicherung und Auswertung auf inhaltlich eng begrenzte Daten, die weder höchstpersönliche Informationen umfassen, noch die Erstellung von Persönlichkeits- oder Bewegungsprofilen ermöglichen, können entsprechende OSINT-Ermittlungen (noch) auf die Ermittlungsgeneralklausel der §§ 161, 163 StPO gestützt
werden.

(b) Praxisbeispiel des Crawlings von Verkaufsangeboten

Als Beispiel hierfür kann etwa das Crawling und die anschließende Auswertung von sämtlichen, auf einem Online-Marktplatz im Tor-Netzwerk
veröffentlichten Verkaufsangeboten genannt werden. Mithilfe solcher Datenanalysen können die Ermittler*innen diejenigen Händler*innen identifizieren, die auf den in Rede stehenden Webseiten über besonders
hohe Handels- beziehungsweise Umsatzvolumina verfügen (sogenannte

Power-Seller*innen oder Top-Vendor*innen). Gegenüber diesen können sodann weitere Ermittlungsmaßnahmen, wie etwa die Durchführung von Testkäufen, eingeleitet werden. Als weiteres Beispiel für automatisierte OSINT-Ermittlungen mit bloß geringfügiger Persönlichkeitsrelevanz können Datenanalysen genannt werden, anhand derer die Ermittler*innen feststellen können, ob auf unterschiedlichen Webseiten im Tor-Netzwerk veröffentlichte Verkaufsangebote und Foreneinträge möglicherweise ein und derselben verdächtigen Person zugeordnet werden können (sogenannte „authorship verification").[670]

(c) Erstellung von Persönlichkeits- und Bewegungsprofilen

Ermöglichen automatisierte OSINT-Ermittlungen hingegen die Erstellung von umfangreichen Persönlichkeits- oder Bewegungsprofilen einzelner tatverdächtiger Personen aus dem Tor-Netzwerk, kann nicht mehr von einer bloß geringfügigen Beeinträchtigung des Grundrechts auf informationelle Selbstbestimmung ausgegangen werden. Als Indiz für solche, nicht mehr bloß geringfügigen Eingriffe in Art. 2 Abs. 1 i.V.m. Art. 1 Abs. 1 GG kann die Erhebung und Auswertung von öffentlich zugänglichen Daten herangezogen werden, die eine hohe Persönlichkeitsrelevanz aufweisen und daher besonders „sensibel" sind. Hierunter fallen zum Beispiel Daten, aus denen – in Anlehnung an Art. 10 der EU-RL 2016/680 – die ethnische Herkunft, sexuelle Orientierung, politische Meinung sowie religiöse oder weltanschauliche Überzeugung einer tatverdächtigen Person hervorgehen.[671] Werden derlei Informationen automatisiert erhoben und zu Strafverfolgungszwecken ausgewertet, sind die hierdurch verwirklichten Grundrechtseingriffe in Art. 2 Abs. 1 i.V.m. Art. 1 Abs. 1 GG mehr als nur geringfügig, sodass sie nicht auf die Ermittlungsgeneralklausel der §§ 161, 163 StPO gestützt werden können.

---

670 Siehe hierzu etwa *Halvani/Winter/Pflug*, Authorship verification for different languages, genres and topics, Digital Investigation 16 (2016), S33–S44.

671 Weitere Beispiele für in Art. 10 der EU-RL 2016/680 genannte „sensible" Daten sind genetische Daten, biometrische Daten, Gesundheitsdaten sowie Daten zum Sexualleben oder zur Gewerkschaftszugehörigkeit einer Person.

(5) Quantitatives Element

Ein weiteres Kriterium für die Beurteilung der Zulässigkeit von automatisierten OSINT-Ermittlungen stellt die Menge an Datensätzen sowie die Anzahl der verwendeten Datenquellen dar, die von den Ermittler*innen zu Strafverfolgungszwecken ausgewertet werden. Denn je mehr Daten gesammelt werden und je diverser die Datenquellen sind, aus denen die betreffenden Informationen erhoben werden, desto aufschlussreicher sind in aller Regel auch die Meta-Informationen, die aus einer Zusammenschau dieser Daten resultieren. Selbst wenn die gesammelten Daten keine höchstpersönlichen Informationen umfassen, können auf diese Weise Beziehungen oder Zusammenhänge zwischen einzelnen tatverdächtigen Personen, Personengruppierungen, Institutionen, Organisationen, Objekten und Sachen ermittelt werden, die – unabhängig von deren Persönlichkeitsrelevanz i.S.d. Art. 10 EU-RL 2016/680 – in Hinblick auf Art. 2 Abs. 1 i.V.m. Art. 1 Abs. 1 GG für einen nicht mehr bloß geringfügigen Grundrechtseingriff sprechen. Die automatisierte Erhebung und Auswertung von Daten, die allesamt von ein und derselben Webseite – wie zum Beispiel einem Online-Marktplatz oder einem Diskussionsforum im Tor-Netzwerk stammen –, ist daher weniger eingriffsintensiv, als wenn diese Informationen – wie im Beispielsfall der Handelsplattform „Silk Road" – anschließend noch mit weiteren, externen Datenbeständen abgeglichen werden, um etwa nach Querverbindungen zu sozialen Netzwerken oder Diskussions-Foren aus dem Clearnet zu suchen. Je größer die Menge an gesammelten Datensätzen und die Anzahl der ausgewerteten Datenquellen ist, desto intensiver wird im Rahmen von automatisierten OSINT-Ermittlungen in das Recht auf informationelle Selbstbestimmung aus Art. 2 Abs. 1 i.V.m. Art 1 Abs. 1 GG eingegriffen.

(6) Algorithmisches Element

Weiterhin hängt die Frage, ob automatisierte OSINT-Ermittlungen auf die Vorschriften der §§ 161, 163 StPO gestützt werden können, von der Art der algorithmischen Verarbeitung ab, mit dem die gesammelten Datenbestände zu Strafverfolgungszwecken ausgewertet werden. Werden öffentlich zugängliche Datenbestände von einem Webcrawler gesammelt und anschließend in Datenbanken persistiert, damit sie von den Ermittler*innen nach bestimmten Schlüsselbegriffen („Keywords") durchsucht werden können, basiert die maschinelle Entscheidungsfindung auf sogenannten

String-Matching-Algorithmen und ist für Dritte weitgehend erklärbar beziehungsweise nachvollziehbar. Kommen im Rahmen von automatisierten OSINT-Ermittlungen hingegen Algorithmen auf Basis von künstlicher Intelligenz zum Einsatz, ist die mit der Datenanalyse einhergehende maschinelle Entscheidungsfindung wesentlich komplexer und teilweise nicht mehr rekonstruierbar, sodass sie (wenn überhaupt) nur eingeschränkt validiert beziehungsweise verifiziert werden kann.[672] Hiermit gehen verschiedene rechtliche Probleme einher, die sich auch in Hinblick auf die Eingriffsintensität von OSINT-Ermittlungen in das Grundrecht auf informationelle Selbstbestimmung auswirken können.[673] Als Beispiel für eine in Hinblick auf Art. 2 Abs. 1 i.V.m. Art. 1 Abs. 1 StPO besonders grundrechtsintensive, KI-basierte Datenanalyse kann etwa die automatisierte Sammlung und Auswertung verschiedener Foren-Postings ein und derselben, bislang unbekannten Person genannt werden, anhand derer ermittelt werden soll, welche soziodemografischen Variablen – wie zum Beispiel Alter, Geschlecht, Bildungsgrad oder ethnische Herkunft – dieser Person zugeordnet werden können (sogenanntes „authorship profiling").[674] In diesen Konstellationen sind es zwar nicht die gesammelten Daten selbst, sondern die KI-basierte Analyse dergleichen, die eine Erstellung von umfangreichen Persönlichkeits- und Bewegungsprofilen einzelner tatverdächtiger Tor-Nutzer*innen möglich macht. In diesen Fällen kann nicht mehr von einer bloß geringfügigen Beeinträchtigung des Grundrechts auf informationelle Selbstbestimmung ausgegangen werden, sodass die §§ 161, 163 StPO nicht als Rechtfertigung für entsprechende OSINT-Ermittlungen herangezogen werden können.

(7) Zeitliches Element

In zeitlicher Hinsicht ist außerdem relevant, auf welchen Zeitraum sich automatisierte OSINT-Ermittlungen erstrecken, die gegenüber einzelnen Tatverdächtigen im Tor-Netzwerk zum Einsatz kommen. Je weiter die

---

[672] Vgl. *Staffler/Jany*, ZIS 2020, 164 (166–167).

[673] Siehe hierzu ausführlich den Report der *European Union Agency for Fundamental Rights*, Getting the future right. Artificial Intelligence and fundamental rights (2020), abrufbar unter https://fra.europa.eu/sites/default/files/fra_uploads/fra-20 20-artificial-intelligence_en.pdf (letzter Zugriff: 30.01.2022).

[674] Zum KI-basierten „authorship profiling" siehe etwa *Sierra/Montes-y-Gómez/Solorio/González*, Convolutional Neural Networks for Author Profiling, Notebook for PAN at CLEF 2017, S. 1–7.

gesammelten Datenbestände in die Vergangenheit zurückreichen und je länger der Zeitraum ist, in dem einzelne Personen anhand von gecrawlten Datensätzen im Rahmen von OSINT-Ermittlungen beobachtet werden, desto intensiver sind auch die Grundrechtseingriffe in Art. 2 Abs. 1 i.V.m. Art. 1 Abs. 1 GG zu bewerten, die durch diese Ermittlungshandlungen verwirklicht werden. Dies ergibt sich nicht zuletzt auch aus einem Vergleich mit der Vorschrift des § 163f StPO, die geschaffen wurde, um die längerfristige Beobachtung von Tatverdächtigen und ihrer Kontaktpersonen in der Offline-Welt zu rechtfertigen. Eine planmäßige, nicht bloß kurzfristige Beobachtung von einzelnen verdächtigen Tor-Nutzer*innen und ihren Gesprächskontakten kann demnach nicht auf die Ermittlungsgeneralklausel der §§ 161, 163 StPO gestützt werden, sondern bedarf einer eigenständigen strafprozessualen Ermächtigungsgrundlage.

cc) Zusammenfassung

Die Frage, ob softwaregestützte OSINT-Ermittlungen auf die Ermittlungsgeneralklausel aus §§ 161, 163 StPO gestützt werden können, hängt von dem Vorliegen eines Anfangsverdachts i.S.d. § 152 Abs. 2 StPO, datenschutzrechtlichen Vorgaben, der Qualität und Quantität der erhobenen Daten sowie der Art und dem Zeitraum ihrer Sammlung und Auswertung ab. Sobald mehr als bloß geringfügig in das Recht auf informationelle Selbstbestimmung aus Art. 2 Abs. 2 i.V.m. Art. Abs. 1 GG eingegriffen wird, können die Vorschriften der §§ 161, 163 StPO nicht mehr herangezogen werden, um automatisierte OSINT-Ermittlungen zu Strafverfolgungszwecken im Tor-Netzwerk zu legitimieren.

4. Zwischenergebnis zu X.

Die automatisierte Erhebung und Auswertung von öffentlich zugänglichen Informationen aus dem Internet ist zu Strafverfolgungszwecken *de lege lata* daher nur zulässig, wenn mit ihr bloß geringfügige Grundrechtseingriffe einhergehen und entsprechende Ermittlungshandlungen daher noch auf die Ermittlungsgeneralklausel §§ 161, 163 StPO gestützt werden können.

XI. Auswertung der Bitcoin-Blockchain

Zum Abschluss dieses Kapitels gibt es noch einen weiteren Ermittlungsansatz, der auf der Erhebung und Auswertung von frei zugänglichen Datenbeständen aus dem Internet basiert und daher als Unterfall der Open
Source Intelligence (OSINT) angesehen werden kann. Hierbei handelt es
sich um die Rückverfolgung von inkriminierten Bitcoin-Transaktionen in
der Bitcoin-Blockchain. Da sämtliche Bezahlvorgänge im Bitcoin-System
in einer öffentlich einsehbaren Transaktionshistorie dokumentiert werden,
eröffnet dies den Ermittler*innen die Möglichkeit, der digitalen „Spur des
Geldes" zu folgen, um von ihnen gesuchte Personen in der Offline-Welt
zu identifizieren.[675] In der Praxis konnten Kryptowährungsermittlungen
bereits dazu beitragen, dass im Juni 2017 der Betreiber des Diskussionsforums „DiDW" festgenommen werden konnte.[676] Auch im Falle der im
Mai 2019 abgeschalteten Handelsplattform „Wall Street Market"[677] und
der pädokriminellen Tauschbörse „Welcome to Video"[678] waren es verdächtige Bitcoin-Transaktionen, die die Ermittler*innen zu den Plattform-
Administrator*innen führten.

---

675 Zum Thema „Auswertung von Blockchain-Inhalten zu Strafverfolgungszwecken" erscheint demnächst eine Dissertationsschrift von Michael Koenen, vgl.
https://www.jura.uni-bonn.de/fileadmin/Fachbereich_Rechtswissenschaft/Einri
chtungen/Lehrstuehle/Boese/Doktoranden/2019_05_24_Expose_-_Auswertung_
von_Blockchain-Inhalten_zu_Strafverfolgungszwecken_-_Michael_Koenen.pdf
(letzter Zugriff: 30.01.2022).

676 Dieser hatte auf seiner Webseite zuvor um Spenden für den Betrieb seiner Foren-Server gebeten. Die Transaktionsdaten der Bitcoin-Blockchain führten die
Beamt*innen schließlich zu einem Account bei der Krypto-Börse „Bitcoin.de",
über die er Bitcoins in mindestens einem Fall in Euro zurückgetauscht hatte
und wo sowohl sein vollständiger Namen, als auch seine Anschrift hinterlegt
war, vgl. LG Karlsruhe Urteil vom 19.12.2018, 4 KLs 608 Js 19580/17, Rn. 229–
230.

677 Zur Rückverfolgung von Bitcoin-Transaktionen im Falle von „Wallstreet Market" siehe *Muth*, Wall Street Market: Die Fehler der Darknet-Bosse, Süddeutsche
Zeitung (08.05.2019), abrufbar unter https://www.sueddeutsche.de/digital/wal
l-street-market-darknet-verhaftung-administratoren-1.4437605 (letzter Zugriff:
30.01.2022).

678 Zu den Blockchain-Ermittlungen im Falle von „Welcome to Video" siehe etwa
Hoppenstedt, Wie eine der größten Kinderporno-Plattformen des Darknets aufflog, Süddeutsche Zeitung (18.10.2019), abrufbar unter https://www.sueddeutsc
he.de/digital/darknet-kinderporno-plattform-wie-die-ermittler-welcome to video
-abschalteten-1.4646972 (letzter Zugriff: 30.01.2022).

1. Bitcoin als meist genutztes Zahlungsmittel im Tor-Netzwerk

Wenngleich eine Vielzahl an verschiedenen Kryptowährungen wie Ethereum (ETH), Litecoin (LTC), Monero (XMR) und Ripple (XRP) existiert, stellen Bitcoins (BTC) nach wie vor das am weitesten verbreitete Zahlungsmittel im Tor-Netzwerk dar.[679] Sie lassen sich auf Krypto-Börsen wie „Bitcoin.de" oder „Coinbase.com" erwerben und werden in einer Art digitalem Portemonnaie – dem sogenannten „Wallet" – aufbewahrt.[680] Ihre Generierung und Verwendung ist grundsätzlich legal,[681] allerdings hat eine im Jahr 2019 veröffentlichte Studie ergeben, dass etwa ein Viertel der Bitcoin-Nutzer*innen in illegale Aktivitäten verwickelt sind und circa 46 % der Bitcoin-Transaktionen im Zusammenhang mit illegalen Aktivitäten stehen.[682] Da Bezahlvorgänge im Bitcoin-System dezentral abgewickelt werden, verlaufen „klassische" Finanzermittlungen, die bei der Verwendung von Fiatwährungen wie Euro oder US-Dollar zum Einsatz kommen, erfolglos.[683] Dies kann damit begründet werden, dass keine zentrale Institution – wie zum Beispiel eine Bank – existiert, an welche die Ermittler*innen Auskunftsersuchen i.S.v. §§ 161, 95 StPO richten oder bei der sie ermittlungsrelevante Unterlagen sowie Kontoauszüge beschlagnahmen könnten.[684] Für die Strafverfolgungspraxis bedeutet dies, dass die Rückverfolgung der „Spur des Geldes" im Falle von Kryptowährungen nichts mehr mit herkömmlichen Finanzermittlungen in der Offline-Welt gemein hat. Sollen tatverdächtige Personen anhand von Bitcoin-Transaktionen identifiziert werden, ist daher die Expertise und das „Know-How" von Spezialist*innen erforderlich, die mit der technischen Infrastruktur des Bitcoin-Systems vertraut sind.

---

679 *Krause*, NJW 2018, 678 (679).
680 Siehe hierzu bereits § 3 A. I. 1. d). Eine detaillierte Beschreibung der Funktionsweise des Bitcoin-Systems findet sich bei *Grzywotz*, Virtuelle Kryptowährungen und Geldwäsche, S. 30–53.
681 Für eine ausführliche rechtliche Betrachtung verschiedener sogenannter „Distributed-Ledger-Technologien" und Kryptowährungen siehe *Schlund/Pongratz*, DStR 2018, 598–604.
682 *Foley/Karlsen/Putniņš*, The Review of Financial Studies, Vol. 32, Issue 5, 1798 (1798); siehe hierzu bereits *Koenen*, PIR 2021, 7 (7).
683 *Grzywotz/Köhler/Rückert*, StV 2016, 753 (758); *Krause*, NJW 2018, 678 (679).
684 *Grzywotz/Köhler/Rückert*, StV 2016, 753 (758).

a) Öffentlich einsehbare Transaktionshistorie im Bitcoin-System

Wenngleich „klassische" Finanzermittlungen aufgrund der dezentralen Infrastruktur des Bitcoin-Systems erfolglos verlaufen, gibt es aus Sicht der Ermittler*innen einen klaren „Vorteil" im Vergleich zu normalen Banküberweisungen oder Bargeldübergaben: Sämtliche getätigte Bezahlvorgänge werden in einer öffentlich einsehbaren Transaktionshistorie – der sogenannten Bitcoin-Blockchain – dokumentiert.[685] Anders als dies in der öffentlichen Wahrnehmung kundgetan wird, handelt es sich bei der Kryptowährung Bitcoin nicht um ein anonymes, sondern um ein pseudonymes Zahlungsmittel.[686] Die in den Blockchain gespeicherten, öffentlich einsehbaren Transaktionsdaten stellen daher einen wichtigen Ermittlungsansatz für die Strafverfolgung im Tor-Netzwerk dar.

aa) Erstellung von Schlüsselpaaren aus *public* und *private keys*

Um die Kryptowährung empfangen und transferieren zu können, müssen sich Bitcoin-Nutzer*innen zunächst ein Schlüsselpaar bestehend aus einem *public* und einem *private key* erstellen.[687] Der *public key* des Schlüsselpaares wird dabei häufig mit einer herkömmlichen Kontonummer beziehungsweise IBAN verglichen, der *private key* mit der PIN einer EC-Karte beziehungsweise der Signatur auf einem Bar-Scheck.[688] Aus dem *public key* wird sodann ein Hashwert berechnet, der später bei Transaktionsvorgängen in der Blockchain öffentlich eingesehen werden kann und als Bitcoin-Adresse bezeichnet wird.[689] Grundsätzlich kann jede*r Bitcoin-Nutzer*in beliebig viele dieser Schlüsselpaare mithilfe des sogenannten Bitcoin-Core-Clients selbst erstellen.[690] Allerdings nimmt die Synchronisierung des Clients einige Zeit in Anspruch und setzt voraus, dass ausreichend Bandbreite und Speicherplatz für den Download der Blockchain (über 380 GB) zur Ver-

---

685 *Grzywotz/Köhler/Rückert*, StV 2016, 753 (758).
686 *Koenen*, PIR 2021, 7 (7); *Fröwis* et al., Forensic Science International: Digital Investigation 33 (2020) 200902, (200902).
687 *Koenen*, PIR 2021, 7 (8); *Grzywotz/Köhler/Rückert*, StV 2016, 753 (754).
688 *Koenen*, PIR 2021, 7 (8); *Martini/Weinzierl*, NVwZ 2017, 1251 (1251).
689 *Grzywotz*, Virtuelle Kryptowährungen und Geldwäsche, S. 33, *Koenen*, PIR 2021, 7 (8).
690 *Koenen*, PIR 2021, 7 (8–9).

fügung stehen.[691] Insbesondere für technisch weniger versierte Personen kann es daher zu anspruchsvoll sein, selbst mit einem Bitcoin-Core-Client im Bitcoin-Netzwerk aktiv zu werden.[692] Dementsprechend bieten inzwischen verschiedene Dienstleister*innen wie zum Beispiel „Coinbase" oder „eToro" an, die Erstellung und Verwaltung von Bitcoin-Adressen für ihre Kund*innen zu übernehmen.[693]

bb) Manuelle Einsicht und Auswertung von Transaktionsvorgängen

Da sämtliche Transaktionsvorgänge im Bitcoin-System in der öffentlichen Blockchain dokumentiert werden, ist zu jeder Zeit einsehbar, von welcher Bitcoin-Adresse welcher Betrag wann an welche andere Bitcoin-Adresse transferiert wurde.[694] Diese Informationen können von den Ermittler*innen über frei zugängliche Webseiten wie zum Beispiel „Blockchain.com" oder „Walletexplorer.com" aufgerufen werden. Wer beispielsweise auf „Walletexplorer.com" die Bitcoin-Adresse des offiziellen Spendenkontos von „DiDW 3.0" eingibt, erhält einen unmittelbaren Einblick in sämtliche Transaktionsvorgänge, die auf diesem Bitcoin-Spendenkonto ein- beziehungsweise ausgegangen sind (siehe unten *Abbildung 29*).

---

691 Vgl. *Bitcoin.org*, Download Bitcoin Core, abrufbar unter https://bitcoin.org/de/d ownload (letzter Zugriff: 30.01.2022).

692 *Koenen*, PIR 2021, 7 (9).

693 Siehe hierzu etwa *Coinbase*, Wallet FAQ, abrufbar unter https://wallet.coinbase. com/faq (letzter Zugriff: 30.01.2022) oder *eToro*, Crypto Wallet, https://www.eto ro.com/de/crypto/wallet/ (letzter Zugriff: 30.01.2022).

694 *Grzywotz/Köhler/Rückert*, StV 2016, 753 (755); *Koenen*, PIR 2021, 7 (8); *Fröwis* et al., Forensic Science International: Digital Investigation 33 (2020) 200902, (200906).

Address bc1qz446xur3y7ta68nc507s9ntenkka25xs7shuex

part of wallet ■ [82d0802d00]

Page 1 / 1 (total transactions: 22)

date	received/sent	balance	transaction
2021-02-25 03:06:01	+0.00123	0.00199205	e"a"943b58802bc6f4dd1a694983if9dec8fdf49afdc"2"4bbfcc2bb0cp39i4
2021-02-21 13:35:13	+0.00076205	0.00076205	c9c8f1d1fde19a0fcffc8"dcea1491d1eecff1394b8ff9f9"242db4cb1f01dfa
2021-02-18 04:11:50	-0.00414761	0.	08f3d7ac23ff2c3cfd"e2dfd28iaaae09b000911a3afbb0c4ba2de2adfca4af9
2021-02-15 19:57:42	+0.00362307	0.00414761	fcce4"22fbfe3d1ed3b4cc80f""c"4f8fa17cfbf""i2d4fee0292"3feecf"02c
2021-02-15 15:33:17	+0.00060397	0.00352454	b12eadef61a99158e0232"2593c06aa"1c9fd9eaf3126"8e4e0f1b8fdfdf"aes
2021-02-15 10:00:21	+0.00089214	0.00292057	b19eac6fd929329333a2d0"9a3b"d44cfaf610bkc2f"6af3"c1ef"125c2bcfa
2021-02-14 06:58:12	+0.00047989	0.00202843	35fb01aadf13473ef2eda2ba9abb423edfe1ccad4e36if8di2bf4f3f6ifa"
2021-02-12 02:16:16	+0.00013257	0.00154854	2ff"ce4a1"fbe2dd333c4cb424ca2a3"8c9af4fe"2ca9f"2c12"dbad0f11fdae9
2021-02-09 23:20:38	+0.00076845	0.00141597	1fb01ebb33aab9439aef419c1ddfaf312988"deed13c0"ef3eeaicdfaefcd1f1
2021-02-09 23:20:38	+0.00064752	0.00064752	1ad0e2dbf110b2d8"04ff28ff32d"24"614fe4"e90"12afd31c"bd4e0fdf94cc
2021-02-08 14:44:52	-0.0030744	0.	6b39f62bfe802af0d40f"f04e72b31"92f283393d24931493f2a3ee4afb"44efe
2021-02-07 09:49:48	+0.00215	0.0030744	8"fb2"a0df9e9941fff2"0f4dee9ee288ce0fcdf"1"cf630cdffeb9b9d0fda34c
2021-01-28 11:46:03	+0.0009244	0.0009244	cde34ce42a09831bebc8aeg98aa91cef323c0b9acf09b6d12c419da99dff0ff
2021-01-18 00:40:27	-0.0047621	0.	1e"fd2"be2efce8"4"6bb8ac2969fe3b1c8fdf4a40f3cd49b1af81fb4aeeff"
2021-01-17 22:14:38	+0.00166	0.0047621	eff4i392f4acfbf"f9eea3e21f"f0dbf2ecbd9f931fb932dab8f"961f8feffddfd
2021-01-16 16:04:12	+0.002	0.0031021	1af1"19c18ff"393ffb3"3bfadf9bd9f2c9cfdb"433fffe"9afa0fa133cde23f4f
2021-01-15 15:28:11	+0.0011021	0.0011021	191cde431bf0882e04"59dee"464c89f9bcf4c1cf0c"bf40f4df2fd9f9c1f6
2021-01-14 18:18:05	-0.00499991	0.	46dff33c4"1093b40fee"e44cfbccfaa89e"9fa"933e09f0c90cbeaacd949pc9
2021-01-12 15:21:33	+0.00173	0.00499991	9aa4321bc1faac34bccfeac9933f31"9e44aaf340"eb4d12f0e"ffcacaea"bfb
2021-01-12 13:48:58	+0.00215037	0.00326991	9be43f1d1faf3f91ecf3ffc1ab01c023fe9cca3f0c44b9e9ede4cab311249bfc
2020-12-31 21:23:25	+0.0005	0.00111954	b"2ffac49dfdebb0f39ffff30efb"ecfc0db0f11feaee44c1a2c0bc09eacge"94
2020-12-23 22:47:15	+0.00061954	0.00061954	f3cefb9efeded0f0b9a1fc0f9""1ce99zc1a6c9b30"1b90"cb99004"099f0e391a

Page 1 / 1 (total transactions: 22)

Abbildung 29:   Transaktionsvorgänge auf dem Bitcoin-Spendenkonto von „DiDW 3.0"

Da die Ermittler*innen bei der Einsicht von Transaktionsvorgängen in der öffentlichen Bitcoin-Blockchain ausschließlich auf Informationen zugreifen, die für jedermann frei zugänglich sind, können entsprechende Ermittlungshandlungen auf die Ermittlungsgeneralklausel der §§ 161, 163 StPO gestützt werden.[695]

cc) Beispiel des Bitcoin-Spendenkontos von „DiDW 3.0"

Welche Personen hinter einzelnen verdächtigen Transaktionsvorgängen stehen, wer also eine bestimmte Summe überwiesen und wer diese wiederum empfangen hat, kann alleine anhand der öffentlichen Transaktionsdaten aus der Bitcoin-Blockchain allerdings nicht in Erfahrung gebracht wer-

---

695 *Krause*, NJW 2018, 678 (679); ebenso *Fröwis* et al., Forensic Science International: Digital Investigation 33 (2020) 200902, 200906.

den. Im Falle des Bitcoin-Spendenkontos von „DiDW 3.0" aus *Abbildung 29* kann lediglich ausgelesen werden, dass beispielsweise am 25.02.2021 von der Bitcoin-Adresse „1AuUfMifEwheFDZbCzHuya1a3ad5KEZ5Q4" eine Summe von 0.00123000 BTC auf die Bitcoin-Adresse „bc1qz446-xur3y7ta68nc507s9ntenkka25xs7shuex" transferiert wurde.[696] Dass letztgenannte Bitcoin-Adresse dem Forum „DiDW 3.0" zugeordnet werden kann, ist wiederum nur bekannt, weil der Foren-Administrator von „DiDW 3.0" öffentlich zu Spenden auf diese Bitcoin-Adresse aufgerufen hat.[697] Welche Person diesem Aufruf nachgekommen ist und im Beispielsfall an „DiDW 3.0" gespendet hat, ergibt sich aus den in der Blockchain gespeicherten Informationen hingegen nicht. Zur Identifizierung von tatverdächtigen Transaktionsbeteiligten im Bitcoin-System ist daher der Zugriff auf weitere Informationen erforderlich, die nicht in der öffentlich einsehbaren Blockchain gespeichert werden.

b) Softwaregestützte Auswertung der Bitcoin-Blockchain

Über das Einsehen von Zahlungsströmen über Webseiten wie „Blockchain.com" oder „Walletexplorer.com" hinaus ist es inzwischen jedoch möglich, die Transaktionsdaten aus der Bitcoin-Blockchain automatisiert auszuwerten, etwa um bestimmte Transaktionsmuster zu identifizieren.[698] Eine solche Möglichkeit zur softwaregestützen Auswertung der Blockchain wurde beispielsweise im Rahmen des EU-Forschungsprojekts „TITANIUM: Tools for the Investigation of Transactions in Underground Markets"[699] in Form von des sogenannten KriptoSare-Verfahrens entwickelt.[700] Im Rahmen dieses Verfahrens können die Transaktionsdaten – also die bloßen Informationen darüber, dass und zwischen welchen Bitcoin-Adres-

---

696 In diesem Beispielsfall handelt es sich um die erste Transaktion in der ersten Zeile, die in der *Abbildung 29* zu sehen ist.
697 Der öffentliche Spendenaufruf des „DiDW 3.0"-Administrators „sudo" ist unter http://germany2igel45jbmjdipfbzdswjcpjqzqozxt4l33452kzrrda2rbid.onion/announcement-10.html abrufbar (letzter Zugriff: 30.01.2022).
698 Siehe hierzu *Koenen*, PIR 2021, 7 (7).
699 Vgl. *Titanium Project*, TTITANIUM: Tools for the Investigation of Transactions in Underground Markets, abrufbar unter https://www.titanium-project.eu/ (letzter Zugriff: 30.01.2022).
700 *Koenen*, PIR 2021, 7 (7). Beispiele für kommerzielle Anbieter*innen von Blockchain-Analysetools sind etwa „Chainalysis" (www.chainalysis.com) oder „Elliptic" (www.elliptic.co).

sen eine Transaktion in einer bestimmten Höhe stattgefunden hat – um weitere ermittlungsrelevante Informationen ergänzt werden.[701] Wenn etwa im Zusammenhang mit einer bestimmten Bitcoin-Adresse der Verdacht einer Straftat besteht, kann anhand des KriptoSare-Verfahrens festgestellt werden, ob die betreffende Bitcoin-Adresse mit einem Exchange-Service (also einer Krypto-Börse, die den Wechsel zwischen Fiat-Geld und Bitcoin anbietet) interagiert hat.[702] Aus Sicht der Ermittler*innen ist dies von Relevanz, da Tatverdächtige, die über Webseiten im Tor-Netzwerk Bitcoins erwirtschaftet haben, ihre Einnahmen wieder in Fiatwährungen zurücktauschen müssen, wenn sie von diesen in der Offline-Welt profitieren wollen.[703] Bei diesem Vorgang, der auch als „Auscashen" bezeichnet wird, können sodann Informationen anfallen, die eine Identifizierung von einzelnen gesuchten, hinter verdächtigen Transaktionen stehenden Personen möglich machen.

c) „Know your customer"-Prinzip, §§ 2 Abs. 1, 10 ff. GwG

Hierfür kommen in erster Linie diejenigen Informationen in Betracht, die von den tatverdächtigen Transaktionsbeteiligten bei der Registrierung auf Krypto-Börsen wie „Bitcoin.de" oder „Coinbase.com" angegeben wurden. Für die Ermittler*innen von Vorteil ist dabei, dass diese Exchange-Services seit der Umsetzung der 5. EU-Geldwäscherichtlinie vom 30.05.2018 „Finanzdienstleistungsinstitute" i.S.d. § 1 Abs. 1 a Nr. 6; Nr. 11 KWG darstellen.[704] Seit Januar 2020 sind sie daher über die Vorschriften der §§ 2 Abs. 1 Nr. 2, 6; Abs. 2 Nr. 1 b, 10 ff. GwG dazu verpflichtet, die von ihren Kund*innen gemachten Angaben i.S.d. sogenannten „Know your customer"-Prinzips zu verifizieren.[705] Gem. § 11 Abs. 1 Nr. 1; Abs. 4, 5 GwG müssen hierbei Angaben wie Vor- und Nachname, Geburtsort, Geburtsdatum, Staatsangehörigkeit und Wohnanschrift der Transaktionsbeteiligten erhoben und gem. § 12 Abs. 1 Nr. 1 GwG anhand gültiger amtlicher Ausweisdokumente überprüft werden. Werden diese bei den Exchange-Services gespeicherten Informationen sodann von den Ermittler*innen ab-

---

701 Ausführlich zu der technischen Funktionsweise des KriptoSare-Verfahrens und der sich aus seiner Anwendung ergebenen rechtlichen Fragestellungen *Koenen*, PIR 2021, 7 (9–10).

702 Koenen, PIR 2021, 7 (7).

703 Siehe hierzu bereits *Sinn*, Ermittlungen im Darknet, S. 148.

704 *Koenen*, PIR 2021, 7 (9).

705 *Koenen*, PIR 2021, 7 (9).

gefragt, können verdächtige Bezahlvorgänge und Bitcoin-Adressen schlussendlich realen Personen zugeordnet werden. Auf strafprozessualer Ebene
können hierfür Auskunftsverlangen i.S.d. §§ 161, 161a StPO gegenüber
den genannten Finanzdienstleistungsinstituten herangezogen werden.

2. Gegenmaßnahmen zur Verschleierung von Transaktionsvorgängen

Zum Schluss ist in diesem Zusammenhang allerdings noch erwähnens-
wert, dass aus Sicht der Transaktionsbeteiligen wiederum die Möglichkeit
besteht, sogenannte „Mixing-" beziehungsweise „Tumbling-Dienste" zu
verwenden, um eine Auswertung von Transaktionsdaten aus der Bitcoin-
Blockchain zu erschweren und inkriminierte Bezahlvorgänge zu verschleiern.[706] Hierbei werden Bitcoins unterschiedlicher Herkunft miteinander
vermischt und anschließend – meist abzüglich einer Provision – auf neu
generierte, unverdächtige Bitcoin-Adressen zurücküberwiesen.[707] Auf diese
Weise wird versucht, inkriminierte Bitcoins unauffällig in den legalen Fi-
nanzkreislauf zurückzuschleusen und verdächtige Transaktionsvorgänge in
der Bitcoin-Blockchain zu verbergen. Die Erfolgsaussichten der beschriebenen Finanzermittlungen in der Bitcoin-Blockchain sind also unter anderem davon abhängig, wie „vorsichtig" sich die gesuchten Personen beim
Umtauschen beziehungsweise „Auscashen" ihrer Bitcoins verhalten. Die
beschriebenen Kryptowährungsermittlungen zur Aufklärung von Straftaten im Tor-Netzwerk können demnach von den gesuchten Personen aktiv
erschwert beziehungsweise verhindert werden.

E. Zusammenfassung

Zusammenfassend wurden in § 5 die derzeit existierenden Ermittlungsbefugnisse der Strafverfolgungsbehörden untersucht und analysiert, wie es
Ermittler*innen trotz Onion Routing und der Anonymisierung von IP-
Adressen gelingen kann, tatverdächtige Tor-Nutzer*innen in der Offline-
Welt zu identifizieren. Zu Beginn wurde festgestellt, dass die Anonymisierung von IP-Adressen durch das Onion Routing zur Folge hat, dass
„klassische" Ermittlungsmaßnahmen, die im Clearnet standardmäßig zum

---

706 *Grzywotz*, Virtuelle Kryptowährungen und Geldwäsche, S. 104; *Krause*, NJW
2018, 678 (679).
707 *Grzywotz/Köhler/Rückert*, StV 2016, 753 (755); siehe hierzu bereits § 3 C. II. 3.

Einsatz kommen, im Tor-Netzwerk erfolglos verlaufen. Die Ermittler*innen können weder auf die IP-Adressen von verdächtigen Plattform- und Foren-Mitgliedern, noch auf die IP-Adressen der Webserver, über die kriminelle Inhalte im Tor-Netzwerk gehostet werden, zugreifen. Da die Einholung von Auskunftsverlangen i.S.d. §§ 15 Abs. 1, Abs. 5 S. 4, 14 Abs. 2 TMG i.V.m. §§ 161, 163 StPO und Bestandsdatenauskünften i.S.v. § 100j Abs. 1 S. 1, Abs. 2 StPO nicht zielführend ist, müssen die Ermittler*innen auf alternative Ermittlungsansätze zurückgreifen.

Als erfolgversprechend haben sich dabei verdeckte Ermittlungen mittels selbst erstellter oder von Dritten übernommenen Online-Accounts erwiesen. Abhängig davon, ob einzelne, kurzfristige Gesprächskontakte oder langfristige Kommunikations- und Vertrauensbeziehungen zu den kontaktierten Personen aufgebaut werden, kommt als Ermächtigungsgrundlage für entsprechende Ermittlungshandlungen entweder die Ermittlungsgeneralklausel der §§ 161 Abs. 1 S. 2 i.V.m. 163 Abs. 1 S. 2 StPO (noeP) oder die Vorschrift des § 110a StPO (VE) in Betracht.

Neben verdeckten Ermittlungen über selbst erstellte oder von Dritten übernommene Online-Accounts können die Ermittler*innen die in Rede stehenden Online-Profile auch dafür nutzen, auf den Plattformen und Foren Testkäufe von illegalen Waren zu tätigen. Wenn verdeckte Ermittler*innen im Tor-Netzwerk als sogenannte „agents provocateurs" auftreten, müssen von ihnen allerdings rechtsstaatliche Standards gewahrt werden. Tatprovozierende Ermittlungshandlungen im Tor-Netzwerk können daher nur auf die Vorschriften der §§ 161 Abs. 1 S. 2 i.V.m. 163 Abs. 1 S. 2 StPO gestützt werden, wenn eine bereits bestehende Bereitschaft zur Begehung von Straftaten zu Strafverfolgungszwecken ausgenutzt wird.

Kommt es im Anschluss zum Postversand der bestellten Handelswaren, stellt dies den Ausgangspunkt für die Einleitung verschiedener weiterer Ermittlungsmaßnahmen dar. Sollte auf den versendeten Gegenständen serologisches oder daktyloskopisches Spurenmaterial aufgefunden werden, kann dieses über § 98c StPO mit den Referenzbeständen der zentralen Fingerabdrucksammlung sowie der DNA-Analyse-Datei des Bundeskriminalamtes abgeglichen werden. Außerdem können die Ermittler*innen über die Vorschrift des § 99 StPO strafprozessuale Auskunftsverlangen bei Postdienstleister*innen wie DHL und Hermes einholen. Auf diese Weise können sie Zugriff auf Kund*innen- und Sendungsdaten erhalten, die unter den Voraussetzungen der §§ 5, 7 und 8 PDSV von privaten Postunternehmen gespeichert werden und den Ermittler*innen Hinweise auf die Identitäten der mutmaßlichen Paket-Versender*innen liefern können.

Werden über Plattformen und Foren im Tor-Netzwerk Straftaten begangen, bei denen keine illegalen Handelswaren per Postversand verschickt
werden, haben die Ermittler*innen außerdem die Möglichkeit, auf technische Ermittlungsansätze zurückzugreifen. Hierzu zählt einerseits der
Upload von computergenerierten, künstlich erstellten Bild- und Videodateien, mittels derer sich die Ermittler*innen über die Vorschriften der
§§ 184b Abs. 6, 110d StPO Zugang zu pädokriminellen Plattformen und
Foren im Tor-Netzwerk verschaffen können, um dort verdeckt zu ermitteln.

Darüber hinaus ermächtigt die Vorschrift des § 100g Abs. 1 StPO die
Beamt*innen dazu, Dateien auf den Plattformen und Foren in Umlauf
zu bringen, deren Inhalte beim Öffnen automatisch über externe, außerhalb des Tor-Netzwerks befindliche Server nachgeladen werden müssen
(sogenanntes „IP-Tracking"). Hierzu können die Ermittler*innen auf Online-Marktplätzen präparierte Preislisten in Umlauf bringen oder auf pädokriminellen Tauschbörsen vortäuschen, dass die von ihnen versendeten
Dateien pornografische Abbildungen enthalten. Gelingt es, die Mitglieder
der jeweiligen Webseiten zum Öffnen dieser Dokumente zu bewegen,
kann das Onion Routing umgangen und damit einhergehend eine Anonymisierung von IP-Adressen im Tor-Netzwerk „ausgehebelt" werden.

Obwohl sämtliche Kommunikationsdaten von der Tor-Software mithilfe von symmetrischen und asymmetrischen Verschlüsselungsverfahren verschlüsselt werden, kann zur Überwachung laufender Kommunikationsvorgänge außerdem die im Sommer 2017 eingeführte Quellen-Telekommunikationsüberwachung i.S.d. § 100a Abs. 1 StPO zum Einsatz kommen.
Über die Vorschrift des § 100b StPO können darüber hinaus auch sonstige ermittlungsrelevante Informationen, wie zum Beispiel Login- und Zugangsdaten der Tatverdächtigen ausgeleitet werden, die anschließend zur
Entschlüsselung von potentiell beweiserheblichen Datenträgern verwendet
werden können.

Wenn sich diese Datenträger innerhalb Deutschlands befinden, können
sie von den Ermittler*innen auf Grundlage des § 110 Abs. 3 StPO durchgesehen werden, um diejenigen Informationen, die verfahrensrelevant und
verwertbar sind, der Beschlagnahme i.S.d. §§ 94, 98 StPO zuzuführen. Bei
im Ausland befindlichen Datenträgern ist der Zugriff auf beweisrelevante
Datenbestände (sogenannter „transborder search") aus völkerrechtlicher
Perspektive davon abhängig, ob und wo die physischen Speicherorte der
zu sichernden Daten lokalisiert werden können. Da durch „transborder
searches" in die Souveränitätsrechte derjenigen Staaten eingegriffen wird,
in denen sich die Datenträger physisch befinden, ist der grenzüberschrei-

tende Zugriff auf die in Rede stehenden Daten grundsätzlich an die vorherige Einholung von Rechtshilfeersuchen gebunden. Dies gilt nicht, wenn die physischen Speicherorte der Daten infolge des Onion Routings trotz umfangreicher Ermittlungen unbekannt bleiben.

Eine Übernahme und Weiterführung von kriminellen Plattformen und Foren über behördeneigene Honeypot-Server, wie dies in den Niederlanden, Australien und den Vereinigten Staaten von Amerika praktiziert wird, ist in Deutschland *de lege lata* nicht möglich. Da hierdurch verschiedene Straftatbestände aus dem Kern- und Nebenstrafrecht verwirklicht werden, ohne dass ein gesetzlicher Ausnahmetatbestand existiert, sind entsprechende Ermittlungshandlungen unzulässig. Allerdings können Informationen, die durch eine Übernahme und Weiterführung von kriminellen Plattformen und Foren im Ausland gewonnen wurden, an deutsche Ermittler*innen übergeben und unter den Voraussetzungen der §§ 92b, 77h IRG als Beweismittel in deutschen Strafverfahren verwendet werden.

Einen vielversprechenden Ermittlungsansatz im Tor-Netzwerk stellt außerdem die Erhebung und Auswertung von öffentlich zugänglichen Informationen dar, die als Open Source Intelligence (kurz OSINT) bezeichnet wird. Im Rahmen solcher OSINT-Recherchen können sämtliche Informations- und Datenquellen genutzt werden, die im Internet – also sowohl im Clear- als auch im Darknet – frei einsehbar sind und für deren Aufruf keine besondere Legitimation benötigt wird. Die gesammelten Informationen können anschließend anhand von verschiedenen Analysemethoden ausgewertet, miteinander verknüpft und in Hinblick auf ermittlungsrelevante Informationen durchsucht werden. Auf diese Weise lassen sich im Rahmen von OSINT-Ermittlungen Erkenntnisse generieren, die über den Informationsgehalt und die Aussagekraft der einzelnen erhobenen Datensätze weit hinausgehen (sogenannte „Meta-Informationen").

Die Frage, ob OSINT-Ermittlungen noch auf die Ermittlungsgeneralklausel aus §§ 161, 163 StPO gestützt werden können, hängt dabei von dem Vorliegen eines Anfangsverdachts i.S.d. § 152 Abs. 2 StPO, datenschutzrechtlichen Vorgaben, der Qualität und Quantität der erhobenen Daten sowie der Art und dem Zeitraum ihrer Sammlung und Auswertung ab. Sollte durch OSINT-Ermittlungen ein mehr als bloß geringfügiger Eingriff in das Recht auf informationelle Selbstbestimmung aus Art. 2 Abs. 1 i.V.m. § 1 Abs. 1 StPO verwirklicht werden, fehlt es *de lege lata* an einer tauglichen strafprozessualen Rechtsgrundlage.

Als Unterfall von OSINT-Ermittlungen kommt zur Aufklärung von Straftaten aus dem Tor-Netzwerk schließlich noch die Rückverfolgung von inkriminierten Bitcoin-Transaktionen in der öffentlich einsehbaren

Blockchain in Betracht. Auskunftsverlangen i.S.d. §§ 161, 161a StPO über Kund*innen-Daten, die für den Handel mit Bitcoins auf Krypto-Börsen infolge des „Know Your Customer"-Prinzips hinterlegt werden müssen, eröffnen den Ermittler*innen die Möglichkeit, von ihnen gesuchte Personen in der Offline-Welt zu identifizieren. Dies kann in der Praxis allerdings dadurch erschwert werden, dass die Transaktionsbeteiligten sogenannte „Mixing-Dienste" zur Verschleierung inkriminierter Zahlungsströme nutzen.

§ 6 Gesamtergebnis der Untersuchung

„We will never be able to de-anonymize all Tor users all the time. (…) we can de-anonymize a very small fraction of Tor users, however, no success de-anonymizing a user in response to a TOPI request/on demand."[708]

Diese Aussage aus der „Tor-Stinks"-Präsentation aus dem Juni 2012 ist siebzehn Jahre nachdem der anonyme Betrieb von Internetdiensten durch die Tor-Software ermöglicht wurde, immer noch zutreffend. Bis heute gibt nicht das *eine* IT-forensische Mittel, um eine Anonymisierung von IP-Adressen durch das Onion Routing zu Strafverfolgungszwecken zu umgehen. Dennoch konnten Strafverfolgungsaktivitäten aus vergangenen Jahren wie etwa die Abschaltung des weltweit zweitgrößten Online-Marktplatzes „Wallstreet Market", der pädokriminellen Tauschbörsen „Elysium" und „Boystown" und des Diskussionsforums „DiDW" zeigen, dass das Tor-Netzwerk für Ermittler*innen hierzulande keine *terra incognita* mehr ist. Darüber hinaus haben erfolgversprechende strafprozessuale Reformen wie etwa die im März 2020 in Kraft getretene Ermöglichung des Uploads von computergenerierten Missbrauchsabbildungen deutlich gemacht, dass der Gesetzgeber bereit ist, auf neuartige Kriminalitätsphänomene und Entwicklungen in der „Underground Economy" zu reagieren.

Wenngleich ein Missbrauch der Tor-Software zur anonymen Begehung von Straftaten im Internet nie ganz verhindert werden kann, sollten Strafverfolgungsbehörden in Zukunft personell und technisch so ausgestattet werden, dass sie die in dieser Arbeit aufgezeigten rechtlichen Rahmenbedingungen zur Kriminalitätsbekämpfung im Tor-Netzwerk voll ausschöpfen können. Das übergeordnete Ziel muss es dabei sein, kriminelle Aktivitäten aus anonymen Teilbereichen des Internets weitgehend zu verdrängen und den Strafverfolgungsdruck auf kriminell ausgerichteten Plattformen und Foren im Tor-Netzwerk weiter zu erhöhen. Vor diesem Hintergrund sollen nachfolgend die in dieser Arbeit gewonnenen rechtstatsächlichen, telemedienrechtlichen, materiell-strafrechtlichen und strafprozessualen Erkenntnisse zusammengefasst werden.

---

708 Auszug aus der „Tor Stinks"-Präsentation der National Security Agency of the United States of America, S. 2, abrufbar unter *The Guardian*, Tor Stinks presentation (04.10.2013), https://www.theguardian.com/world/interactive/2013/oct/0 4/tor-stinks-nsa-presentation-document (letzter Zugriff: 30.01.2022).

A. Ergebnisse auf rechtstatsächlicher Ebene

Als Grundlage für die vorliegende Untersuchung wurde das Tor-Netzwerk als weltweit größtes Darknet ausgewählt. Der Fokus der rechtstatsächlichen Untersuchung lag dabei auf Webseiten, die hauptsächlich dafür genutzt werden, illegale Handels- und Tauschgeschäfte weitgehend anonym anbahnen und abwickeln zu können. Diese Webseiten lassen sich aufgrund ihrer unterschiedlichen inhaltlichen Ausrichtung und Geschäftsmodelle in Online-Marktplätze, Diskussionsforen und Tauschbörsen untergliedern.

Es wurde festgestellt, dass auf den Handelsplattformen, die auch als Kryptomärkte bezeichnet werden, ein Großteil des im Tor-Netzwerk angesiedelten Schwarzmarkthandels abgewickelt wird. Ohne davon Kenntnis zu erlangen, übernehmen zumeist konventionelle Post- und Kurierdienstleister wie DHL oder Hermes die Zustellung der Waren. Für die Entgegennahme der Sendungen werden Packstationen oder die Briefkästen fremder Immobilien (sogenannte „Briefkastendrops") genutzt. Um auch bei Bezahlung der Waren unerkannt zu bleiben, verwenden die Plattform- und Foren-Mitglieder fast ausschließlich Kryptowährungen wie Bitcoin (BTC) oder Monero (XMR).

Da auf Kryptomärkten und Diskussionsforen der Austausch von kinderpornografischem Bild- und Videomaterial ausdrücklich untersagt ist, konnte außerdem beobachtet werden, dass sich die pädokriminelle Szene von anderen illegalen Plattformen im Tor-Netzwerk weitgehend abgegrenzt hat. Sie agiert auf eigens für die Verbreitung von kinderpornografischen Dateien aufgesetzten Plattformen, die häufig in Form von unentgeltlichen Tauschbörsen organisiert sind. Vereinzelt wurden allerdings auch Webseiten aufgefunden, auf denen kinderpornografische Inhalte nur gegen Bezahlung freigeschaltet werden. Einige dieser Tauschbörsen verfügen zudem über Chatrooms, über welche die Forenmitglieder miteinander in Kontakt treten können.

Die Untersuchung ergab, dass für die Programmierung und Instandhaltung der Plattformen und Foren im Tor-Netzwerk deren Betreiber*innen zuständig sind, die auch als Administrator*innen bezeichnet werden. Es konnte aufgezeigt werden, dass diese in aller Regel einer bloßen Vermittlungstätigkeit nachgehen, was bedeutet, dass sie über die von ihnen betriebenen Plattformen und Foren keine eigenen Waren oder Dienstleistungen vertreiben. Stattdessen stellen sie Anbieter*innen und Interessent*innen von inkriminierten Waren einen virtuellen Treffpunkt zur Verfügung, über den diese weitgehend anonym tätig werden können. In der Regel ge-

schieht dies mit einem finanziellen Interesse, da die Administrator*innen
– abhängig von der Art der betriebenen Plattformen und Foren – für die
Durchführung der Treuhanddienste, das Freischalten von Händler*innen-
Accounts und das Schalten von Werbeangeboten Gebühren erheben.

B. Ergebnisse auf telemedienrechtlicher Ebene

Auf telemedienrechtlicher Ebene wurde festgestellt, dass Plattform- und
Foren-Administrator*innen im Tor-Netzwerk grundsätzlich als sogenannte
Host-Provider*innen gem. § 10 S. 1 TMG haftungsprivilegiert sind. Für
nutzergenerierte Posts auf ihren Webseiten können sie daher nur haftbar gemacht werden, wenn ihnen eine positive Kenntnis der konkreten
strafbaren Inhalte nachgewiesen werden kann. In den oben geschilderten
Konstellationen, in denen Webseiten im Tor-Netzwerk jedoch in erster
Linie auf die anonyme Anbahnung und Abwicklung von Straftaten Dritter ausgerichtet sind, können sich die verantwortlichen Plattform- und
Foren-Administrator*innen nicht auf die Vorschrift des § 10 S. 1 TMG berufen. In diesen Fällen ist eine Haftungsprivilegierung in Hinblick auf die
höchstrichterliche Rechtsprechung des EuGH zur aktiven Rolle von Host-
Provider*innen, sowie die vom BGH geschaffene Rechtsfigur des „Zu-Eigen-Machens" von fremden Informationen ausgeschlossen. Der Annahme,
dass der neu eingeführte Straftatbestand des § 127 StGB in Hinblick auf die
telemedienrechtliche Haftungsbeschränkung des § 10 S. 1 TMG leerlaufen
wird, kann demnach nicht zugestimmt werden.

C. Ergebnisse auf materiell-strafrechtlicher Ebene

Auf materiell-strafrechtlicher Ebene wurde untersucht, ob die technischen
Innovationen, die mit der Nutzung der Tor-Software einhergehen, neu-
artige Betätigungsfelder für Cyberkriminelle eröffnet haben. Zu diesem
Zweck wurde das Spektrum an Straftaten analysiert, die von den Platt-
form- und Foren-Mitgliedern über Webseiten im Tor-Netzwerk typischer-
weise begangen werden. Dabei wurde festgestellt, dass die genannten
Straftaten den Handel mit Betäubungs- und Arzneimitteln i.S.d. §§ 29 ff.
BtMG und §§ 95 f. AMG, Verstöße gegen die §§ 51, 52 WaffG, die Verbrei-
tung kinderpornografischer Inhalte i.S.d. § 184b StGB sowie Geld- und
Urkundenfälschungsdelikte i.S.d. §§ 146 ff. und §§ 267 ff. StGB umfassen.
Des Weiteren wird mit verschiedenen Formen von Schadsoftware i.S.d.

§ 202c Abs. 1 Nr. 2 und § 303a Abs. 3 StGB, ausgespähten Daten i.S.v. § 202d StGB sowie Geldwäschedienstleistungen i.S.v. § 261 StGB gehandelt. Zudem werden aus Cyber-Angriffen stammende personenbezogene sowie betriebsinterne Daten über sogenannte „Doxing"-Webseiten veröffentlicht und Botnetze über anonyme „Command & Control-Server" gesteuert. Seit dem Aufkommen der COVID-19-Pandemie wird außerdem auch mit gefälschten Impfpässen und Impfetiketten gehandelt, wodurch seit der Einführung des § 277 StGB im November 2021 ein eigenständiger Straftatbestand verwirklicht wird.

Trotz des vielschichtigen Spektrums an kriminellen Aktivitäten konnte bei der Untersuchung der in Rede stehenden Webseiten kein strafwürdiges Verhalten identifiziert werden, dass nicht bereits auf Grundlage des geltenden Kern- und Nebenstrafrechts sanktioniert wird. Stattdessen konnte im Rahmen der Untersuchung aufgezeigt werden, dass die auf den Plattformen und Foren abgewickelten Handelsgeschäfte und angebotenen Dienstleistungen aus phänomenologischer Perspektive bereits *de lege lata* strafrechtlich erfasst werden. Dieses Ergebnis deckt sich mit der Feststellung *Kochheims*, wonach die Grundformen des Cybercrime seit dem Jahr 2005 bekannt sind und seit 2015 nur noch Varianten und Abwandlungen dieser bereits bekannten Grundformen in Erscheinung getreten sind.[709] Das Tor-Netzwerk stellt hinsichtlich der untersuchten Aktivitäten der Plattform- und Foren-Mitglieder daher keinen „rechtsfreien Raum" dar.

Gleiches wurde in Hinblick auf das Betreiben der in Rede stehenden Webseiten durch die Plattform- und Foren-Administrator*innen festgestellt. Es konnte gezeigt werden, dass deren Vermittlungstätigkeiten bereits vor der Einführung des § 127 StGB auf Grundlage verschiedener Straftatbestände aus dem Kern- und Nebenstrafrecht strafbar waren. Hierzu zählen betäubungs-, arzneimittel- und waffenrechtliche Verstöße i.S.d. §§ 29 ff. BtMG, §§ 95 f. AMG und §§ 51, 52 WaffG sowie § 184b StGB und gegebenenfalls § 129 StGB. Allerdings weist das Betreiben der in Rede stehenden Plattformen – losgelöst von den späteren über die Webseiten begangenen Haupttaten – einen eigenen Unrechtsgehalt auf, sodass es vertretbar ist, die Förderung der anonymen Anbahnung und Abwicklung von Straftaten Dritter in einem eigenständigen Straftatbestand zu typisieren. Da die Vorschrift des § 127 StGB im Wege der formellen Subsidiarität hinter einem

---

709 Vgl. *Kochheim*, Arbeitsteiliges Cybercrime und strafrechtliche Verantwortung, KSV Polizeipraxis (27.05.2021), abrufbar unter https://ksv-polizeipraxis.de/ar beitsteiliges-cybercrime-und-strafrechtliche-verantwortung/ (letzter Zugriff: 30.01.2022).

Großteil der von den Plattform- und Foren-Administrator*innen mitverwirklichten Delikten zurücktreten und somit bloß einen geringen praktischen Nutzen haben wird, wurde im Rahmen dieser Arbeit allerdings
prognostiziert, dass mit der Gesetzreform in Zukunft kein Paradigmenwechsel bei der Kriminalitätsbekämpfung im Tor-Netzwerk einhergehen
wird.

D. Ergebnisse auf strafprozessualer Ebene

Auf strafprozessualer Ebene wurden die derzeit existierenden Ermittlungsbefugnisse der Strafverfolgungsbehörden untersucht und analysiert, wie
es Ermittler*innen trotz Onion Routing und der Anonymisierung von
IP-Adressen gelingen kann, tatverdächtige Tor-Nutzer*innen in der Offline-Welt zu identifizieren. Dabei wurde herausgearbeitet, dass das Tor-
Netzwerk für Ermittler*innen hierzulande keine *terra incognita* mehr ist,
wenngleich „klassische" Internetermittlungen den Beamt*innen infolge
des Onion Routings nicht zur Verfügung stehen.

Als erfolgsversprechende Alternative zu den herkömmlichen, „klassischen Internetermittlungen" wurden verdeckte Ermittlungen mittels selbst
erstellter oder von Dritten übernommener Online-Accounts identifiziert.
Abhängig davon, ob einzelne, kurzfristige Gesprächskontakte oder langfristige Kommunikations- und Vertrauensbeziehungen zu den verdächtigen Personen aufgebaut werden sollen, kommt als Ermächtigungsgrundlage für die Nutzung selbst erstellter Online-Accounts entweder die Ermittlungsgeneralklausel der §§ 161 Abs. 1 S. 2 i.V.m. 163 Abs. 1 S. 2 StPO
(noeP) oder die Vorschrift des § 110a StPO (VE) in Betracht.

In Hinblick auf von Dritten übernommene Online-Accounts ist zu be-
achten, dass die in Rede stehenden Konten nur mit Einwilligung der ursprünglichen Account-Inhaber*innen von den Ermittler*innen zu Strafverfolgungszwecken im Tor-Netzwerk genutzt werden dürfen. Anders als bei
der Nutzung von selbst erstellten „Fake-Accounts" scheidet bei verdeckten
Ermittlungen mittels von Dritten übernommener Online-Accounts außerdem ein Rückgriff auf die Ermächtigungsgrundlage des § 110a Abs. 1 StPO
allerdings aus, da die Vorschrift nach ihrem eindeutigen Wortlaut den
Aufbau einer Legende mit frei erfundenen Angaben, nicht aber die Übernahme einer fremden, real existierenden privaten Identität erfasst.

Neben verdeckten Ermittlungen über selbst erstellte oder von Dritten
übernommene Online-Accounts können die Ermittler*innen die in Rede
stehenden Online-Profile auch dafür nutzen, auf den Plattformen und Fo-

ren Testkäufe von illegalen Waren zu tätigen. Für den Fall, dass verdeckte Ermittler*innen im Tor-Netzwerk als sogenannte „agents provocateurs" auftreten, wurden rechtsstaatliche Standards herausgearbeitet, die bei entsprechenden Ermittlungshandlungen gewahrt werden müssen. Tatprovozierende Ermittlungshandlungen im Tor-Netzwerk können demnach nur auf die Vorschriften der §§ 161 Abs. 1 S. 2 i.V.m. 163 Abs. 1 S. 2 StPO gestützt werden, wenn kein psychischer oder physischer Druck auf die tatverdächtigen Personen ausgeübt wird, sondern eine bereits bestehende Bereitschaft zur Begehung von Straftaten im Wege weitgehend passiver Ermittlungshandlungen ausgenutzt wird.

Kommt es im Anschluss an tatprovozierende Ermittlungshandlungen zum Postversand der bestellten (illegalen) Waren, konnte dargelegt werden, dass dies den Ausgangspunkt für die Einleitung verschiedener weiterer Ermittlungsmaßnahmen darstellt. Sollte auf den versendeten Gegenständen serologisches oder daktyloskopisches Spurenmaterial aufgefunden werden, kann dieses beispielsweise über § 98c StPO mit den Referenzbeständen der zentralen Fingerabdrucksammlung sowie der DNA-Analyse-Datei des Bundeskriminalamtes abgeglichen werden.

Außerdem können die Ermittler*innen über die im Sommer 2021 reformierte Vorschrift des § 99 StPO strafprozessuale Auskunftsverlangen bei Postdienstleister*innen wie DHL und Hermes einholen. Obwohl davon ausgehen ist, dass die Reformierung des § 99 Abs. 2 StPO die Verfolgung von Straftaten, bei denen illegale Waren über Plattformen und Foren im Tor-Netzwerk gehandelt werden, erheblich vereinfachen wird, wurde aufgezeigt, dass ihr Anwendungsbereich im Ergebnis kurz geraten ist. Es besteht weiterer Änderungsbedarf dahingehend, die Vorschrift auch auf die bei der Sendungsverfolgung anfallenden Nutzungsdaten von verdächtigen Post-Kund*innen auszuweiten. Auf diese Weise könnten in Zukunft die IP-Adressen derjenigen Personen abgefragt werden, die auf den Webseiten der Postdienstleister*innen verdächtige Postlieferungen verfolgen, etwa um die Zustellung von Paketen mit illegalen Inhalten zeitlich abzupassen oder deren Auslieferung zu kontrollieren.

Im Anschluss wurde auf die Möglichkeiten der Ermittler*innen eingegangen, zu Strafverfolgungszwecken im Tor-Netzwerk auf technische Ermittlungsansätze zurückzugreifen. Hierzu zählt einerseits der Upload von computergenerierten, künstlich erstellten Bild- und Videodateien, mittels derer sich die Ermittler*innen seit März 2020 über die Vorschriften der §§ 184b Abs. 6 StGB, 110d StPO Zugang zu pädokriminellen Plattformen und Foren im Tor-Netzwerk verschaffen können. Es wurden verschiedene Methoden zur Erzeugung von computergenerierten Missbrauchsabbildungen vorgestellt und aufgezeigt, dass es der gegenwärtige Stand der Technik erlaubt, künstliches kinderpornografisches Material zu generieren, das ein Mensch – zumindest bei einer flüchtigen Prüfung – als „echt" ansehen würde und daher zum Bestehen der sogenannten „Keuschheitsprobe" i.S.d. §§ 184b Abs. 6 StGB, 110d StPO verwendet werden kann. Als Veranschaulichung dieser Annahme wurde der in den Niederlanden von *Terre des hommes* entwickelte, computergenerierte Chatbot „Sweetie" vorgestellt.

Darüber hinaus wurde aufgezeigt, dass die Vorschrift des § 100g Abs. 1 StPO Ermittler*innen dazu ermächtigt, Dateien auf den Plattformen und Foren in Umlauf zu bringen, deren Inhalte beim Öffnen automatisch über externe, außerhalb des Tor-Netzwerks befindliche Server nachgeladen werden müssen (sogenanntes „IP-Tracking"). Gelingt es, die Mitglieder der jeweiligen Webseiten zum Öffnen dieser Dokumente zu bewegen, kann auf diese Weise das Onion Routing umgangen und damit einhergehend eine Anonymisierung von IP-Adressen im Tor-Netzwerk „ausgehebelt" werden. Gleichzeitig wurde darauf hingewiesen, dass das mit dem Aufrufen der entsprechend präparierten Dateien einhergehende Risiko der Deanonymisierung grundsätzlich bekannt ist, da auf einigen Webseiten im Tor-Netzwerk ausdrücklich davor gewarnt wird. Vor diesem Hintergrund wurde auf Techniken des „Social Engineering" sowie den Einsatz von kriminalistischer List verwiesen, um tatverdächtige Personen aus dem Tor-Netzwerk in der Praxis dazu zu bewegen, die betreffenden Dokumente zu öffnen.

Außerdem wurde aufgezeigt, dass zur Überwachung laufender Kommunikationsvorgänge im Tor-Netzwerk die im Sommer 2017 eingeführte Quellen-Telekommunikationsüberwachung aus § 100a Abs. 1 StPO zum Einsatz kommen kann, obwohl sämtliche Kommunikationsdaten von der Tor-Software mithilfe von symmetrischen und asymmetrischen Verschlüsselungsverfahren verschlüsselt werden. Über die Vorschrift des § 100b StPO können darüber hinaus auch sonstige ermittlungsrelevante Informationen, wie zum Beispiel Login- und Zugangsdaten der Tatverdächtigen ausgeleitet werden, die anschließend von den Ermittler*innen zur Entschlüsselung von potentiell beweiserheblichen Datenträgern der Verdächtigen verwendet werden können.

Wenn sich diese Datenträger innerhalb Deutschlands befinden, wurde dargelegt, dass sie von den Ermittler*innen zunächst auf Grundlage des § 110 Abs. 3 StPO durchgesehen werden können, um diejenigen Informationen, die verfahrensrelevant und verwertbar sind, der Beschlagnahme i.S.d. §§ 94, 98 StPO zuzuführen. Bei im Ausland befindlichen Datenträgern wurde herausgearbeitet, dass der Zugriff auf potentiell beweisrelevante Datenbestände (sogenannter „transborder search") aus völkerrechtlicher

Perspektive davon abhängig ist, ob und wo die physischen Speicherorte der zu sichernden Daten lokalisiert werden können.

Als vielversprechenden Ermittlungsansatz im Tor-Netzwerk wurde sodann die Erhebung und Auswertung von öffentlich zugänglichen Informationen thematisiert, die als Open Source Intelligence (kurz OSINT) bezeichnet wird. Im Rahmen solcher OSINT-Recherchen werden sämtliche Informations- und Datenquellen genutzt, die im Internet – also sowohl im Clear- als auch im Darknet – frei einsehbar sind und für deren Aufruf keine besondere Legitimation benötigt wird. Die gesammelten Informationen können anschließend von den Ermittler*innen anhand von verschiedenen Analysemethoden ausgewertet, miteinander verknüpft und in Hinblick auf ermittlungsrelevante Informationen durchsucht werden. In einem ersten Schritt wurde hinterfragt, ob OSINT-Ermittlungen noch auf die Ermittlungsgeneralklausel aus §§ 161, 163 StPO gestützt werden können. Sodann wurde herausgearbeitet, dass die Beantwortung dieser Frage von dem Vorliegen eines Anfangsverdachts i.S.d. § 152 Abs. 2 StPO, datenschutzrechtlichen Vorgaben sowie der Art und dem Zeitraum der Daten-Sammlung und -Auswertung abhängt. In diesem Zusammenhang wurden selbstständige Kriterien – das qualitative, quantitative, algorithmische und zeitliche Element – entwickelt, anhand derer die Eingriffsintensität von OSINT-Ermittlungen im Einzelfall beurteilt werden kann.

Als Unterfall von OSINT-Ermittlungen wurde schlussendlich noch auf die Rückverfolgung von inkriminierten Bitcoin-Transaktionen in der öffentlich einsehbaren Blockchain eingegangen. Es wurde aufgezeigt, wie es den Ermittler*innen gelingen kann, über die Nachverfolgung von Bitcoin-Transaktionen gesuchte Personen aus dem Tor-Netzwerk in der Offline-Welt zu identifizieren. In diesem Zusammenhang wurde festgestellt, dass hierfür der Zugriff auf weitere Informationen erforderlich ist, die nicht in der öffentlich einsehbaren Blockchain gespeichert werden. Im Anschluss wurde aufgezeigt, dass zu diesem Zwecke insbesondere solche Daten herangezogen werden können, die seit der Umsetzung der 5. EU-Geldwäscherichtlinie vom 30.05.2018 bei Finanzdienstleistungsinstituten (wie zum Beispiel Krypto-Börsen) i.S.d. „Know your customer"-Prinzips" erhoben werden.

Zum Schluss wurde resümiert, dass ein Missbrauch der Tor-Software zur anonymen Begehung von Straftaten im Internet wohl nie ganz verhindert werden kann, da es bis heute nicht das *eine* IT-forensische Mittel gibt, um eine Anonymisierung von IP-Adressen durch das Onion Routing zu Strafverfolgungszwecken zu umgehen. Gleichzeitig wurde auf die Notwendigkeit verwiesen, kriminelle Aktivitäten aus anonymen Teilbereichen des

Internets weitestgehend zu verdrängen und den Strafverfolgungsdruck auf kriminell ausgerichteten Plattformen und Foren im Tor-Netzwerk (weiter) zu erhöhen.

Literaturverzeichnis

Achenbach, Hans/Ransiek, Andreas/Rönnau, Thomas (Hrsg.): Handbuch Wirtschafts-strafrecht, 5. Auflage 2019, C.F. Müller Verlag Heidelberg.

Aldridge, Judith/Décary-Hétu, David: Not an 'Ebay for Drugs': The Cryptomarket 'Silk Road' as a Paradigm Shifting Criminal Innovation, Social Science Research Network (13.05.2014), abrufbar unter https://ssrn.com/abstract=2436643 (letzter Zugriff: 30.01.2022).

Bachmann, Mario/Arslan, Nergiz: „Darknet"-Handelsplätze für kriminelle Waren und Dienstleistungen: Ein Fall für den Strafgesetzgeber?, NZWiSt 2019, 241–248.

Bäcker, Matthias/Golla, Sebastian J.: Strafrecht in der Finsternis: Zu dem Vorhaben eines „Darknet-Tatbestands", Verfassungsblog vom 21.03.2019, abrufbar unter https://verfassungsblog.de/strafrecht-in-der-finsternis-zu-dem-vorhaben-eines-dar knet-tatbestands/ (letzter Zugriff: 30.01.2022).

Bär, Wolfgang: Transnationaler Zugriff auf Computerdaten, ZIS 2011, 53–59.

Bannenberg, Britta: Die Amoktat des David (Ali) Sonboly. Kriminologische Betrach-tung der Tat in München am 22. Juli 2016, abrufbar unter https://www.uni-giess en.de/fbz/fb01/professuren-forschung/professuren/bannenberg/news/Gutachten _Muenchen_Bannenberg_anonymKopieren.pdf (letzter Zugriff: 30.01.2022).

Bartl, Moritz/Moßbrucker, Daniel/Rückert, Christian: Angriff auf die Anonymität im Internet. Folgen des sogenannten „Darknet-Paragraphen" als § 126a Strafgesetz-buch für die rechtliche Praxis – und Kollateralschäden seines Einsatzes für die Presse-, Meinungs- und Telekommunikationsfreiheiten, Reporter ohne Grenzen e.V., Berlin 2019, abrufbar unter https://www.reporter-ohne-grenzen.de/uploads /tx_lfnews/media/20190630_Darknet Paragraf StN-Bartl-Mossbrucker-Rueckert .pdf (letzter Zugriff: 30.01.2022).

Barrat, Monica/Aldridge, Judith: Everything you always wanted to know about drug cryptomarkets* (*but were afraid to ask), International Journal of Drug Policy (35) 2016, S. 1–6.

Bauer, Sebastian: Soziale Netzwerke und strafprozessuale Ermittlungen, in: Schrö-der, Friedrich-Christian/ Hoyer, Andreas (Hrsg.), Strafrechtliche Abhandlungen, Band 281, Duncker & Humblot Berlin, zugleich Dissertation, Bucerius Law School Hamburg 2016.

Bayerische Staatsministerium der Justiz: Mehr Licht ins Darknet: Dark Web Monitor soll Strafverfolgungsbehörden bei Ermittlungen im Darknet verstärken, Presse-mitteilung vom 27.07.2020, abrufbar unter https://www.justiz.bayern.de/pr esse-und-medien/pressemitteilungen/archiv/2020/69.php (letzter Zugriff: 30.01.2022).

Beck, Benjamin: Bitcoins als Geld im Rechtssinne, NJW 2015, S. 580–586.

Beck, Susanne/Nussbaum, Maximilian: Die Beihilfe- und Fahrlässigkeitsstrafbarkeit eines DarkNet-Plattformbetreibers. Zugleich Besprechung von LG Karlsruhe, Urteil vom 19.12.2018 – 4 KLs 608 Js 19580/17, HRRS 2020, 112–122.

Becker, Christian: Besprechung zu BGH, Beschl. v. 19.8.2014 – 3 StR 88/14 (Öffentliches Verwenden von Kennzeichen durch Upload bei „YouTube" und „Facebook"), NStZ 2015, 81–84.

Beer, Kristina: Botnetz versteckt sich im Tor-Netzwerk, Heise Online (10.12.2012), abrufbar unter https://www.heise.de/security/meldung/Botnetz-versteckt-sich-im-Tor-Netzwerk-1764791.html (letzter Zugriff: 30.01.2022).

Bell, Senta: Strafverfolgung und die Cloud. Strafprozessuale Ermächtigungsgrundlage und deren völkerrechtliche Grenzen, Schriften zum Strafprozessrecht, Band 254, Duncker & Humblot Berlin, zugleich Dissertation der Juristischen Fakultät der Universität Würzburg.

Bergeron, Andréanne/Décary-Hétu, David/Giommoni, Luca: Preliminary findings of the impact of COVID-19 on drugs crypto markets, International Journal of Drug Policy 2020 (83), S. 102870–102874.

Beschluss der Justizministerinnen und Justizminister der Länder vom 7. Juni 2018: Effektive Verfolgung und Verhinderung von Kinderpornographie und Kindesmissbrauch im Darknet durch die ausnahmsweise Zulassung von sog. Keuschheitsproben für Verdeckte Ermittler (TOP II.9), S. 1–2, abrufbar unter https://www.justiz.nrw.de/JM/jumiko/beschluesse/2018/Fruehjahrskonferenz_2018/II-9-BY---Effektive-Verfolgung-und-Verhinderung-von-Kinderpornografie-und-Kindesmissbrauch-im-Darknet.pdf (letzter Zugriff: 30.01.2022).

Bettendorf, Selina/Jansen, Frank/Kotsev, Maria: Was der Schlag gegen „Boystown" für den Kampf gegen „Kinderpornografie" bedeutet, Tagesspiegel (03.05.2021), abrufbar unter https://www.tagesspiegel.de/politik/wir-haben-dem-riesen-den-kopf-abgeschlagen-was-der-schlag-gegen-boystown-fuer-den-kampf-gegen-kinderpornografie-bedeutet/27154828.html (letzter Zugriff: 30.01.2022).

Biryukov, Alex/Pustogarov, Ivan/Thill, Fabrice/Weimann, Ralf-Phillipp: Content and popularity analysis of Tor hidden services, Proceedings of the IEEE 34th International Conference on Distributed Computing Systems Workshops 2014, S. 188–193 (zitiert: *Biryukov* et al., Proceedings of the IEEE 34th International Conference on Distributed Computing Systems Workshops 2014, S.).

Biryukov, Alex/Khovratovich, Dmitry/Pustogarov, Ivan: Deanonymisation of Clients in Bitcoin P2P Network, Proceedings of the 2014 ACM SIGSAC Conference on Computer and Communications Security, S. 15–29, abrufbar unter https://orbilu.uni.lu/bitstream/10993/18679/1/Ccsfp614s-biryukovATS.pdf (letzter Zugriff: 30.01.2022), (zitiert: *Biryukov* et al., Proceedings of the 2014 ACM SIGSAC Conference on Computer and Communications Security, S.).

Böhm, Markus: Bluttaten von Herne. Darknet-Killer ohne Darknet, Spiegel Online (13.03.2017), abrufbar unter https://www.spiegel.de/netzwelt/netzpolitik/herne-die-geschichte-vom-darknet-killer-ohne-darknet-a-1138492.html (letzter Zugriff: 30.01.2022).

Böhm, Klaus: Die Umsetzung der Europäischen Ermittlungsanordnung. Strafprozessualer Beweistransfer auf neuer Grundlage, NJW 2017, 1512–1515.

Bohn, André: Das Gesetz zur Fortentwicklung der StPO und zur Änderung weiterer Vorschriften – Eine kritische Würdigung der Neuregelungen, KriPoZ 2021, 350–353.

Bohnen, Wolfgang/Schmidt, Detlev (Hrsg.): Beck'scher Online-Kommentar zum BtMG, 7. Auflage 2020, C. H. Beck Verlag München (zitiert: *Bearbeiter*in*, in: BeckOK BtMG).

Bovermann, Philipp: Framing-Check: "Darknet", Süddeutsche Zeitung (03.05.2019), abrufbar unter https://www.sueddeutsche.de/kultur/framing-darknet-tor-anony m-internet-silk-road-1.4367011 (letzter Zugriff: 30.01.2022).

Borchers, Detlef: Europäischer Polizeikongress: Weg mit dem Darknet, Heise Online (20.02.2019), abrufbar unter https://www.heise.de/newsticker/meldung/Europ aeischer-Polizeikongress-Weg-mit-dem-Darknet-4313276.html (letzter Zugriff: 30.01.2022).

Borufka, Heike: Prozess um zweitgrößten Darknet-Markt Wallstreet Market: Lange Haftstrafen für Betreiber, hr-iNFO (02.07.2021), abrufbar unter https://www.hes senschau.de/panorama/prozess-um-zweitgroessten-darknet-markt-lange-haftstraf en-fuer-betreiber-,urteil-wallstreet-market-100.html (letzter Zugriff: 30.01.2022).

Breuer, Barbara: Anwendbarkeit des deutschen Strafrechts auf exterritorial handeln- de Internet-Benutzer, MMR 1998, S. 141–145.

Broadhurst, Roderic/Lord, David/Maxim, Donald/Woodford-Smith, Hannah/Johnston, Corey/ Chung, Ho Woon/ Carroll, Samara/ Trivedi, Harshit/ Sabol, Bianca: Malware Trends on Darknet Crypto-markets: Research Review 2018, Report of the Aus- tralian National University Cybercrime Observatory, abrufbar unter http://regne t.anu.edu.au/sites/default/files/publications/attachments/2019-01/KIC%20report _combined%205%20Sept.pdf (letzter Zugriff: 30.01.2022).

Brodowski, Dominik: Stellungnahme zum Gesetzentwurf der Bundesregierung: Ent- wurf eines Gesetzes zur Änderung des Strafgesetzbuches – Strafbarkeit des Be- treibens krimineller Handelsplattformen im Internet und des Bereitstellens ent- sprechender Server-Infrastrukturen (BT-Drs. 19/28175), S. 1–7, abrufbar unter https://kripoz.de/wp-content/uploads/2021/05/stellungnahme-brodowski-betreib en-krimineller-handelsplattformen.pdf (letzter Zugriff: 30.01.2022).

Bundeskriminalamt: Sonderauswertung Cybercrime in Zeiten der Corona-Pande- mie (30.09.2020), abrufbar unter https://www.bka.de/SharedDocs/Downloads/ DE/Publikationen/JahresberichteUndLagebilder/Cybercrime/cybercrimeSon derauswertungCorona2019.pdf?__blob=publicationFile&v=3 (letzter Zugriff: 30.01.2022).

Bundeskriminalamt: Bundeslagebild Cybercrime 2020, abrufbar unter https://www. bka.de/SharedDocs/Downloads/DE/Publikationen/JahresberichteUndLagebilde r/Cybercrime/cybercrimeBundeslagebild2020.pdf;jsessionid=2BF3D5D1FC123 C3D8AE79BD704DF0F43.live292?__blob=publicationFile&v=4 (letzter Zugriff: 30.01.2022).

Bundeskriminalamt: Bundeslagebild Cybercrime 2018, abrufbar unter https://www. bka.de/SharedDocs/Downloads/DE/Publikationen/JahresberichteUndLagebilder /Cybercrime/cybercrimeBundeslagebild2018.html (letzter Zugriff: 30.01.2022).

Bundeskriminalamt: Festnahme von mutmaßlichen Verantwortlichen und Mitgliedern der kinderpornographischen Darknet-Plattform "ELYSIUM" und Abschaltung dieser Plattform, Pressemitteilung vom 07.07.2017, abrufbar unter https://www.presseportal.de/blaulicht/pm/7/3678706 (letzter Zugriff: 30.01.2022).

Bundeskriminalamt: Zahlen und Fakten zur Bekämpfung der Kinderpornografie, abrufbar unter https://www.bka.de/DE/UnsereAufgaben/Deliktsbereiche/Kinderpornografie/Zahlen_und_Fakten/zahlen_und_fakten_node.html (letzter Zugriff: 30.01.2022).

Bundesministerium des Innern, für Bau und Heimat: Die Digitale Agenda des BMI (20.03.2019), S. 1–9, abrufbar unter https://www.bmi.bund.de/SharedDocs/downloads/DE/veroeffentlichungen/themen/it-digitalpolitik/digitale-agenda.pdf?__blob=publicationFile&v=1 (letzter Zugriff: 30.01.2022).

Bundeszentrale für politische Bildung (Hrsg.): Darknet, APuZ 46–47/2017.

Burchard, Christoph: Europäische E-Evidence-Verordnung. Rechtsstaatlich defizitär, der Realität hinterher und langfristig konträr zu europäischen Interessen, ZRP 2019, 164–167.

Busse-Muskala, Veit: Strafrechtliche Verantwortlichkeit der Informationsvermittler im Netz. Eine Untersuchung zur Strafbarkeit der Anbieter von Hyperlinks und Suchmaschinen, in: Manssen, Gerrit/Fritzsche, Jörg/Uerpmann-Wittzack, Robert (Hrsg.), Recht der Informationsgesellschaft, Band 7, Lit Verlag Berlin, zugleich Dissertation, Europa-Universität Viadrina Frankfurt/Oder 2006.

Caudevilla, Fernando/ Ventura, Mireia/ Fornís, Iván/ Barratt, Monica J./ Vidal, Claudio/ Gil, Christina, Iladanosa, Quintana/ Muñoz, Ana/ Calzada, Nuria: Results of an international drug testing service for cryptomarket users, International Journal of Drug Policy, Volume 35, September 2016, S. 38–41.

Ceffinato, Tobias: Die strafrechtliche Verantwortlichkeit von Internetplattformbetreibern, JuS 2017, S. 403–408.

Ceffinato, Tobias: Bereitstellen krimineller Infrastruktur im Internet, ZRP 2019, S. 161–163.

Chaabane, Abdelberi/Manils, Pere/ Kaafar, Mohamed Ali: Digging into Anonymous Traffic: A Deep Analysis of the Tor Anonymizing Network, Proceedings of the 4th International Conference on Network and System Security 2010, S. 167–174.

CipherTrace: CipherTrace Geographic Risk Report: VASP KYC by Jurisdiction, S. 1–15, abrufbar unter https://ciphertrace.com/wp-content/uploads/2020/10/CipherTrace-2020-Geographic-Risk-Report-100120.pdf (letzter Zugriff: 30.01.2022).

Cirener, Gabriele/Radtke, Henning/Rissing-van Saan, Ruth/Rönnau, Thomas/Schluckebier, Wilhelm (Hrsg.): Leipziger Kommentar zum Strafgesetzbuch, 13. Auflage 2020, Band 1 (Einleitung, §§ 1 bis 18), Walter de Gruyter Verlag Berlin.

Cornils, Karin: Der Begehungsort von Äußerungsdelikten im Internet, JZ 1999, S. 394–398.

Décary-Hétu, David/Giommoni, Luca: Do police crackdowns disrupt drug cryptomarkets? A Longitudinal Analysis Of The Effects Of Operation Onymous, Crime, Law and Social Change 2017, Vol. 67, Issue 1, S. 55–75.

Derin, Benjamin/Golla, Sebastian J.: Der Staat als Manipulant und Saboteur der IT-Sicherheit? Die Zulässigkeit von Begleitmaßnahmen zu „Online-Durchsuchung" und Quellen-TKÜ, NJW 2019, 1111–1116.

Dingledine, Roger/Mathewson, Nick/Syverson, Paul: Tor: The Second-Generation Onion Router, Proceedings of the 13th USENIX Security Symposium 2004, S. 303–320, abrufbar unter https://www.usenix.org/legacy/event/sec04/tech/full_papers/dingledine/dingledine.pdf (letzter Zugriff: 30.01.2022).

Dölle, Mirko: Spur des Geldes. Wie das größte deutsche Darknet-Forum aufflog, c't 25/2018, S. 16–17, abrufbar unter https://www.heise.de/select/ct/2018/25/1544254736623078 (letzter Zugriff: 30.01.2022).

Dörr, Oliver/Grote, Rainer/Marauhn, Thilo (Hrsg.): EMRK/GG. Konkordanzkommentar zum europäischen und deutschen Grundrechtsschutz, 2. Auflage 2013, Mohr Siebeck Verlag Tübingen.

DW Shift – Leben in der digitalen Welt: Dark Web: How Easy Can Pedophiles Share Images Online?, (07.01.2021); abrufbar unter https://www.youtube.com/watch?v=lc59t7cJwvY, Minute 2:33 (letzter Zugriff: 30.01.2022).

Eisele, Jörg: Strafrechtliche Verantwortung des Betreibers einer sog. Darknet-Plattform, JuS 2019, 1122–1124.

Eisenberg, Ulrich: Beweisrecht der StPO. Spezialkommentar, 10. Auflage 2017, C. H. Beck Verlag München.

Eisenreich, Georg: „Dark Web Monitor": Suchmaschine für das Darknet, DRiZ 2020, S. 290–291.

El-Ghazi, Mohamad: Die Einwilligung in strafprozessuale Zwangsmaßnahmen nach der Umsetzung der Richtlinie (EU) 2016/680 – das Ende der freiwilligen Atemalkoholkontrolle!, ZIS 2/2019, S. 110–118.

Engländer, Armin: Entscheidungsbesprechung zu BGH 3 StR 104/07 (Das nemo-tenetur-Prinzip als Schranke verdeckter Ermittlungen), ZIS 2008, S. 163–167.

Epping, Volker/Hillgruber, Christian: Beck'scher Online-Kommentar Grundgesetz, 47. Edition (Stand 15.05.2021), C. H. Beck Verlag München (zitiert: Bearbeiter*in, in: BeckOK GG, 47. Ed. 15.05.2021).

Erbs, Georg/Kohlhaas, Max: Beck'sche Kurz-Kommentare. Strafrechtliche Nebengesetze, Band 4, 230. Ergänzungslieferung 2020, C. H. Beck Verlag München (zitiert: *Bearbeiter*in*, in: Erbs/Kohlhaas, Strafrechtliche Nebengesetze).

European Monitoring Centre for Drugs and Drug Addiction: EMCDDA special report: COVID-19 and drugs – Drug supply via darknet markets (May 2020), Lisbon, S. 1–22, abrufbar unter https://www.emcdda.europa.eu/system/files/publications/13042/EMCDDA-report_COVID19-darknet-final.pdf (letzter Zugriff: 30.01.2022).

European Monitoring Centre for Drugs and Drug Addiction: Drugs and the darknet: Perspectives for enforcement, research and policy, EMCDDA – Europol Joint publications 2017, abrufbar unter http://www.emcdda.europa.eu/system/files/publications/6585/TD0417834ENN.pdf (letzter Zugriff: 30.01.2022).

European Union Agency for Fundamental Rights: Getting the future right. Artificial Intelligence and fundamental rights (2020), abrufbar unter https://fra.europa.e u/sites/default/files/fra_uploads/fra-2020-artificial-intelligence_en.pdf (letzter Zugriff: 30.01.2022).

Europol: Internet Organised Crime Threat Assessment (IOCTA) 2020, S. 1–64.

Europol: Massive blow to criminal Dark Web activities after globally coordinated operation, Pressemitteilung vom 20.07.2017, abrufbar unter https://www.europ ol.europa.eu/newsroom/news/massive-blow-to-criminal-dark-web-activities-after -globally-coordinated-operation (letzter Zugriff: 30.01.2022).

Europol: DarkMarket: world's largest illegal dark web marketplace taken down, Pressemitteilung vom 12.01.2021, abrufbar unter https://www.europol.europa.e u/newsroom/news/darkmarket-worlds-largest-illegal-dark-web-marketplace-take n-down (letzter Zugriff: 30.01.2022).

Europol: Multi-million euro cryptocurrency laundering service Bestmixer.io taken down (Pressemitteilung vom 19.05.2021), abrufbar unter https://www.europol.e uropa.eu/newsroom/news/multi-million-euro-cryptocurrency-laundering-service -bestmixerio-taken-down (letzter Zugriff: 30.01.2022).

Europol: Global action against dark markets on Tor network, Pressemitteilung vom 07.11.2014, abrufbar unter https://www.europol.europa.eu/newsroom/news/glo bal-action-against-dark-markets-tor-network (letzter Zugriff: 30.01.2022).

Europol: International sting against dark web vendors leads to 179 arrests, Presse- mitteilung vom 22.09.2020, abrufbar unter https://www.europol.europa.eu/ne wsroom/news/international-sting-against-dark-web-vendors-leads-to-179-arrests (letzter Zugriff: 30.01.2022).

Esser, Robert: BGH zu Agent Provocateur. Hindernis für Verfahren, Legal Tribune Online (11.06.2015), abrufbar unter https://www.lto.de/recht/hintergruende/h/b gh-urteil-2-str-97-14-lockspitzel-agent-provocateur-verfahrenseinstellung/ (letzter Zugriff: 30.01.2022).

Fahl, Christian: Die Strafbarkeit des Verkaufens von Waffen im Darknet wegen fahrlässiger Tötung, JuS 2018, 531–534.

Fanusie, Yaya J./Robinson, Tom: Bitcoin Laundering: An Analysis Of Illicit Flows Into Digital Currency Services, The Foundation for Defense of Democracies (FDD), Center on Sanctions and Illicit Financy, abrufbar unter https://info.ellipt ic.co/whitepaper-fdd-bitcoin-laundering (letzter Zugriff: 30.01.2022).

Fittkau, Ludger: Die Darknet-Ermittler von Gießen, Deutschlandfunk Kultur (09.08.2016), abrufbar unter https://www.deutschlandfunkkultur.de/krimina litaet-die-darknet-ermittler-von-giessen.2165.de.html?dram:article_id=362524 (letzter Zugriff: 30.01.2022).

Fitzner, Julia: Sind Haftungsbeschränkungen für Host-Provider noch zeitgemäß? – Der „Safe Harbor" gem. § 512 (c) Copyright Act und die Haftungsbeschrän- kungen gem. Art. 14 E-Commerce-Richtlinie bzw. § 10 TMG, GRUR Int 2012, S. 109–117.

Foley, Sean/Karlsen, Jonathan/Putniņš, Tālis: Sex, Drugs, and Bitcoin: How Much Illegal Activity Is Financed through Cryptocurrencies?, The Review of Financial Studies, Volume 32, Issue 5, May 2019, S. 1798–1853, https://doi.org/10.1093/rfs/hhz015.

Franzius, Claudio: Das Recht auf informationelle Selbstbestimmung, ZJS 2015, S. 259–270.

Fröwis, Michael/Gottschalk, Thilo/Haslhofer, Bernhard/Rückert, Christian/Pesch, Paulina: Safeguarding the evidential value of forensic cryptocurrency investigations, Forensic Science International: Digital Investigation 33 (2020) S. 200902–200916.

Fünfsinn, Helmut/Ungefuk, Georg/Krause, Benjamin: Das Darknet aus Sicht der Strafverfolgungsbehörden, Kriminalistik 2017, S. 440–445.

Fünfsinn, Helmut/Krause, Benjamin: Plattformen zur Ermöglichung krimineller Handlungen im Internet. Überlegungen zur strafrechtlichen Erfassung de lege lata und de lege ferenda, in: Goeckenjan, Ingke/Puschke, Jens/Singelnstein, Tobias (Hrsg.), Für die Sache – Kriminalwissenschaften aus unabhängiger Perspektive, Festschrift für Ulrich Eisenberg zum 80. Geburtstag, Duncker & Humblot Berlin 2019, S. 641–653.

Generalstaatsanwaltschaft Frankfurt am Main (ZIT) und BKA: Infrastruktur der Emotet-Schadsoftware zerschlagen, Pressemitteilung vom 27.01.2021, abrufbar unter https://www.bka.de/DE/Presse/Listenseite_Pressemitteilungen/2021/Presse2021/210127_pmEmotet.html (letzter Zugriff: 30.01.2022).

Gercke, Marco: Die Entwicklung des Internetstrafrechts 2018/2019, ZUM 2019, 798–807.

Gercke, Marco: Brauchen Ermittlungsbehörden zur Bekämpfung von Kinderpornographie im sog. „Darknet" weitergehende Befugnisse? Die Pläne der Justizministerkonferenz zur „Ausweitung" der Ermittlungsbefugnisse zur Bekämpfung von Kinderpornographie, CR 2018, 480–484.

Gercke, Marco: Die strafrechtliche Verantwortlichkeit für Hyperlinks. Warum die Verantwortlichkeitsregelungen des TDG bei einer strafrechtlichen Prüfung irrelevant sind, CR 2006, 844–850.

Gercke, Marco: Verbreitung von Kinderpornografie im Internet, Entscheidungsanmerkung zu BGH, Urteil vom 27.6.2001, MMR 2001, 676–680.

Gerhold, Sönke Florian: Strafbarkeit des Betreibens krimineller Internethandelsplattformen, ZRP 2021, S. 44–46.

Gersdorf, Hubertus/Paal, Boris P.: BeckOK Informations- und Medienrecht. 27. Edition, Stand: 01.02.2020, C H. Beck Verlag München (zitiert: *Bearbeiter*in*, in: BeckOK InfoMedienrecht).

Götze, Michael Jan Werner: Aktuelle Fragen der strafrechtlichen Providerhaftung. Inaugural-Dissertation zur Erlangung der Würde eines doctor iuris der Juristischen Fakultät der Bayerischen Julius-Maximilians-Universität Würzburg, 2015, abrufbar unter //opus.bibliothek.uni-wuerzburg.de/files/15638/Goetze_Michael_Dissertation.pdf (letzter Zugriff: 30.01.2022).

Golla, Sebastian J.: Lizenz zum Schürfen: Rechtsgrundlagen für die automatisierte Polizeiarbeit im Social Web, in: Taeger, Jürgen (Hrsg.), Tagungsband Herbstakademie 2018, Rechtsfragen digitaler Transformationen – Gestaltung digitaler Veränderungsprozesse durch Recht, S. 871–885, Oldenburger Verlag für Wirtschaft, Informatik und Recht (zitiert: *Golla*, DSRITB 2018).

Graf, Jürgen (Hrsg.):
- BeckOK StPO mit RiStBV und MiStra, 38. Ed. 01.10.2020, C. H. Beck Verlag München (zitiert: *Bearbeiter*in*, in: Beck OK StPO, 38. Ed. 01.10.2020).
- BeckOK StPO mit RiStBV und MiStra, 39. Ed. 01.01.2021, C. H. Beck Verlag München (zitiert: *Bearbeiter*in*, in: Beck OK StPO, 39. Ed. 01.01.2021).
- BeckOK StPO mit RiStBV und MiStra, 41. Ed. 01.10.2021, C. H. Beck Verlag München (zitiert: *Bearbeiter*in*, in: Beck OK StPO, 41. Ed. 01.10.2021).

Greco, Luís: Strafbarkeit des Unterhaltens einer Handels- und Diskussionsplattform insbesondere im sog. Darknet, ZIS 2019, S. 435–450.

Greenberg, Andy: Operation Bayonet: Inside the Sting That Hijacked an Entire Dark Web Drug Market. Dutch police detail for the first time how they secretly hijacked Hansa, WIRED (03.08.2018), abrufbar unter https://www.wired.com/story/hansa-dutch-police-sting-operation/?redirectURL=https%3A%2F%2Fwww.wired.com%2Fstory%2Fhansa-dutch-police-sting-operation%2F (letzter Zugriff: 30.01.2022).

Grimberg, Steffen: Politik will IT-Strafrecht verschärfen. Kritik an geplanter Kriminalisierung des Darknets, MDR Portal für Medienthemen „360G" (17.02.2020), abrufbar unter https://www.mdr.de/medien360g/ueber-uns/index.html (letzter Zugriff: 30.01.2022).

von der Grün, Ursula-Isabel: Verdeckte Ermittlungen. Eine praxisorientierte Darstellung der verdeckten Ermittlungsmaßnahmen der StPO, 1. Auflage 2018, C. H. Beck Verlag München.

The Guardian: 'Tor Stinks' presentation (04.10.2013), abrufbar unter https://www.theguardian.com/world/interactive/2013/oct/04/tor-stinks-nsa-presentation-document (letzter Zugriff: 30.01.2022).

Grzywotz, Johanna/Köhler, Markus/Rückert, Christian: Cybercrime mit Bitcoins – Straftaten mit virtuellen Währungen und deren Verfolgung und Prävention, StV 2016, 753–759.

Grzywotz, Johanna: Virtuelle Kryptowährungen und Geldwäsche, in: Heckmann, Dirk (Hrsg.), Internetrecht und Digitale Gesellschaft, Band 15, Duncker & Humblot Berlin, zugleich Dissertation, Friedrich-Alexander-Universität Erlangen-Nürnberg 2018.

Halvani, Oren/ Winter, Christian/ Pflug, Anika: Authorship verification for different languages, genres and topics, Digital Investigation 16 (2016), S33–S44.

Hannich, Rolf (Hrsg.): Karlsruher Kommentar zur Strafprozessordnung mit GVG, EGGVG und EMRK, 8. Auflage 2019, C. H. Beck Verlag München (zitiert: *Bearbeiter*in*, in: KK-StPO).

Handel, Timo: Hate Speech – Gilt deutsches Strafrecht gegenüber ausländischen Anbietern sozialer Netzwerke? Untersuchung der §§ 3,9 StGB unter Berücksichtigung des Herkunftslandprinzips, MMR 2017, S. 227–231.

Hassemer, Ines: Besprechung zu KG, Beschluss vom 25.8.2014 – 4 Ws 71/14 – 141 AR 363/14 (Haftungsprivileg des Host-Providers auch im Strafrecht), NJW 2014, 3798–3801.

Hecker, Bernd: Tatortbegründung gem. §§ 3, 9 Abs. 1 Var. 3 StGB durch Eintritt einer objektiven Bedingung der Strafbarkeit?, ZIS 2011, S. 398–401.

Hecker, Bernd: Die Strafbarkeit grenzüberschreitender Luftverunreinigungen im deutschen und europäischen Umweltstrafrecht, ZStW 2003, S. 880–905.

Heghmanns, Michael: Anmerkung zum Urteil des Landgerichts München I vom 17. November 1999 – 20 Ns 465 Js 173158/95 – CompuServe, ZUM 2000, S. 463–466.

von Heintschel-Heinegg, Bernd: Beck Online Kommentar StGB, 46. Ausgabe 2020, C. H. Beck Verlag München (zitiert: *Bearbeiter*in*, in: BeckOK StGB).

Heinrich, Bernd: Der Erfolgsort beim abstrakten Gefährungsdelikt, GA 1999, S. 72–84.

Hoeren, Thomas/ Sieber, Ulrich/ Holznagel, Bernd (Hrsg.): Handbuch Multimedia-Recht. Rechtsfragen des elektronischen Geschäftsverkehrs, 54. Ergänzungslieferung Oktober 2020, C. H. Beck Verlag München (zitiert: *Bearbeiter*in*, in: Hoeren/Sieber/Holznagel, MMR-Hdb, Teil, Rn.).

Hoeren, Thomas: Entscheidungsbesprechung zu EuGH, Urteil vom 12.7.2011 – C-324/09, Verantwortlichkeit von Betreibern eines Internet-Marktplatzes für Markenrechtsverletzungen, MMR 2011, S. 596–605.

Hoffmann, Annemarie: Kann das allgemeine System von Täterschaft und Teilnahme im Strafgesetzbuch die Betreiber einer Plattform im Darknet erfassen?, in: Zeh/Hoffmann/Biernacik/Brandt/Golla (Hrsg.), Die Internetkriminalität boomt. Braucht das Strafgesetzbuch ein Update?, Schriftenreihe der Stiftung der Hessischen Rechtsanwaltschaft, Band 8, 1. Auflage 2017, S. 49–71.

Holland, Martin: Darknet-Marktplätze: Ermittler schließen neben AlphaBay auch Hansa Market, Heise Online (20.07.2017), abrufbar unter https://www.heise.de/newsticker/meldung/Darknet-Marktplaetze-Ermittler-schliessen-neben-AlphaBay-auch-Hansa-Market-3779559.html (letzter Zugriff: 30.01.2022).

Hoppenstedt, Max: Wie eine der größten Kinderporno-Plattformen des Darknets aufflog, Süddeutsche Zeitung (18.10.2019), abrufbar unter https://www.sueddeutsche.de/digital/darknet-kinderporno-plattform-wie-die-ermittler-welcome-to-video-abschalteten-1.4646972 (letzter Zugriff: 30.01.2022).

Hunchly: „Dark Web Investigation Guide", abrufbar unter https://www.hunch.ly/resources/Hunchly-Dark-Web-Setup.pdf (letzter Zugriff: 30.01.2022).

Ihwas, Saleh: „Die digitale Unterwelt" – Strafprozessuale Ermittlungsmöglichkeiten im Darknet, WiJ 3/2018, S. 138–147.

International Harm Reduction Association: Was ist Harm Reduction? Eine Erklärung der International Harm Reduction Association, IHRA Briefing, abrufbar unter https://www.hri.global/files/2010/06/01/Briefing_What_is_HR_German.pdf (letzter Zugriff: 30.01.2022).

Jahn, Matthias: Schriftliche Stellungnahme für die öffentliche Anhörung im Rechtsausschuss des Deutschen Bundestages zu dem Regierungsentwurf eines Gesetzes zur Änderung des Strafgesetzbuches – Strafbarkeit des Betreibens krimineller Handelsplattformen im Internet und des Bereitstellens entsprechender Server-Infrastrukturen – BT-Drs. 19/28175 (5.05.2021), S. 1–14, abrufbar unter https://k ripoz.de/wp-content/uploads/2021/05/stellungnahme-jahn-betreiben-krimineller -handelsplattformen.pdf (letzter Zugriff: 30.01.2022).

Joecks, Wolfgang/Miebach, Klaus (Hrsg.):
– Münchener Kommentar zum StGB, Band 1 (§§ 1–37 StGB), 4. Auflage 2020 (zitiert: *Bearbeiter*in*, in: MüKo-StGB, Bd. 1).
– Münchener Kommentar zum StGB, Band 3 (§§ 80- 184j), 4. Auflage 2021 (zitiert: *Bearbeiter*in*, in: MüKo-StGB, 4. Aufl. 2021)
– Münchener Kommentar zum StGB, Band 3 (§§ 80- 184j), 3. Auflage 2017 (zitiert: *Bearbeiter*in*, in: MüKo-StGB, Bd. 3).
– Münchener Kommentar zum StGB, Band 6 (Nebenstrafrecht I), 3. Auflage 2018 (zitiert: *Bearbeiter*in*, in: MüKo-StGB, Bd. 6).
– Münchener Kommentar zum StGB, Band 7 (Nebenstrafrecht II), 3. Auflage 2019 (zitiert: *Bearbeiter*in*, in: MüKo-StGB, Bd. 7).

Jung, Marcus: Drogenhandel im Internet: Anklage gegen Macher des „Wall Street Market" erhoben, Frankfurter Allgemeine Zeitung (aktualisiert am 22.06.2020), abrufbar unter https://www.faz.net/aktuell/wirtschaft/digitec/anklage-gegen-mac her-des-wall-street-market-erhoben-16826880.html (letzter Zugriff: 30.01.2022).

Kamphausen, Gerrit/Werse, Bernd: Digitale Figurationen des Onlinehandels mit illegalen Drogen, in: Tzanetakis/Stöver (Hrsg.), Drogen, Darknet und Organisierte Kriminalität. Herausforderungen für Politik, Justiz und Drogenhilfe, S. 161–186, 1. Auflage 2019, Nomos Verlag Baden-Baden.

Kartal-Aydemir, Aliye/Krieg, Rebecca: Haftung von Anbietern kollaborativer Internetplattformen. Störerhaftung für User Generated Content?, MMR, 2012, 647–652.

Keller, Christoph/Braun, Frank: Telekommunikationsüberwachung und andere verdeckte Ermittlungsmaßnahmen, 3. Auflage 2019, Richard Boorberg Verlag Stuttgart.

Kersten, Jens: Anonymität in der liberalen Demokratie, JuS 2017, 193–203.

Klaus, Julia: Das Ende der Strafzumessungslösung nach einer menschenrechtswidrigen Tatprovokation. Zugleich Besprechung von EGMR, Urt. v. 15.10.2020 – 40495/15, 37273/15, 40913/15 (Akbay u.a. v. Deutschland), ZIS 2021, S. 388–398.

Kleile, Martin: Handbuch Internetrecherche: Personen – Firmen – Verantwortlichkeiten für Webseiten, 1. Auflage 2015, Richard Boorberg Verlag Stuttgart.

Kindhäuser, Urs/Neumann, Ulfrid/Paeffgen, Hans-Ullrich (Hrsg.): Nomos Kommentar Strafgesetzbuch, 5. Auflage 2017, Nomos Verlag Baden-Baden (zitiert: *Bearbeiter*in*, in: NK-StGB).

Knaus, Christopher: Australian police sting brings down paedophile forum on dark web, The Guardian (07.10.2017), abrufbar unter https://www.theguardian.com/s ociety/2017/oct/07/australian-police-sting-brings-down-paedophile-forum-on-dar k-web (letzter Zugriff: 30.01.2022).

Knop, Dirk Martin: Tor-Server-Betreiber stellt nach Razzia Anonymisierungsserver ab, Heise Online vom 17.09.2007), abrufbar unter https://www.heise.de/security/ meldung/Tor-Server-Betreiber-stellt-nach-Razzia-Anonymisierungsserver-ab-1757 55.html (letzter Zugriff: 30.01.2022).

Knoph Vigsnæs, Maria/Høydal, Håkon F./Einar, Otto Stangvik/Remøe Hansen, Natalie: UNICEF: Clear violation of UN children's convention. International humanitarian organizations express strong reaction to Australia's undercover police operation, VG (09.10.2017), abrufbar unter https://www.vg.no/nyheter/utenri ks/i/L8ly4/unicef-clear-violation-of-un-childrens-convention (letzter Zugriff: 30.01.2022).

Kochheim, Dieter: Arbeitsteiliges Cybercrime und strafrechtliche Verantwortung, KSV Polizeipraxis (27.05.2021), abrufbar unter https://ksv-polizeipraxis.de/ar beitsteiliges-cybercrime-und-strafrechtliche-verantwortung (letzter Zugriff: 30.01.2022).

Kochheim, Dieter: Onlinedurchsuchung und Quellen-TKÜ in der Strafprozessordnung – Neuordnung der tiefen technischen Eingriffsmaßnahmen in der StPO seit dem 24.8.2017, KriPoZ 2018, S. 60–69.

Kochheim, Dieter: Verdeckte Ermittlungen im Internet, S. 1–69, abrufbar unter https://www.cyberfahnder.de/doc/Kochheim-Internet-Ermittlungen.pdf (letzter Zugriff: 25.08.2022).

Koenen, Michael: KI-gestützte Auswertung von Blockchain-Inhalten zur Strafverfolgung – Ergebnisse des EU-Forschungsprojekts Titanium, PIR 2021, S. 7–11.

Konferenz der Justizministerinnen und Justizminister der Länder: Beschluss vom 17. November 2016, Effektivität strafrechtlicher Ermittlungen in getarnten Computernetzwerken (TOP II.8), abrufbar unter https://www.justiz.nrw.de/J M/jumiko/beschluesse/2016/Herbstkonferenz-2016/top_ii_8_-_effektivitaet_straf rechtlicher_ermittlungen_in_getarnten_computernetzwerken__sog_darknet_he rbstkonferenz.pdf.

Körner, Hans/Patzak, Jörn/Volkmer, Mathias (Hrsg.): Betäubungsmittelgesetz, Beck'sche Kurz-Kommentare, Band 37, 9. Auflage 2019, C. H. Beck Verlag München (zitiert: *Bearbeiter*in*, in: Körner/Patzak/Volkmer, BtMG Kommentar).

Kubiciel, Michael/Mennemann, Malte: Kriminalisierung internetbasierter Handelsplattformen im Darknet und Surface-Web, 24.04.2019, jurisPR-StrafR 8/2019, S. 1–4.

Kubiciel, Michael/Großmann, Sven: Doxing als Testfall für das Datenschutzstrafrecht, NJW 2019, S. 1050–1055.

Kudlich, Hans: Strafverfolgung im Internet. Bestandsaufnahme und aktuelle Probleme, GA 2011, S. 193–208.

Kudlich, Hans/Berberich, Bernd: Abstrakte Gefährdungsdelikte im Internet und die Anwendbarkeit deutschen Strafrechts, NStZ 2019, 633–696.

Krause, Benjamin: Ermittlungen im Darknet – Mythos und Realität, NJW 2018, 678–681.

Krause, Benjamin: „Retrograde" Auskunftsverlangen der Strafverfolgungsbehörden an Postdienstleister – Zugleich Besprechung von BGH, Beschl. v. 27.10.2016 – 1 BGs 107/16, NZWiSt 2017, 60–62.

Krause, Benjamin: IP-Tracking durch Ermittlungsbehörden: Ein Fall für § 100 g StPO? – Zugleich Besprechung des BGH-Beschl. v. 23.9.2014 – 1 BGs 210/14, NStZ 2016, 139–144.

Krause, Benjamin: Sicherung von ausländischen E-Mail-Postfächern durch heimliches Einloggen – innovativ oder unzulässig?, Kriminalistik 2014, S. 213–217.

Kremp, Matthias: Millionenvermögen des mutmaßlichen AlphaBay-Gründers beschlagnahmt, Spiegel Online (25.07.2017), abrufbar unter https://www.spiegel.de/netzwelt/web/darknet-behoerden-beschlagnahmen-millionenvermoegen-von-alphabay-betreiber-a-1159577.html (letzter Zugriff: 30.01.2022).

Kremp, Matthias: Drogenplattform »Hansa Market«. Mutmaßliche Betreiber von Darknet-Marktplätzen stehen vor Gericht, Spiegel Online (22.04.2021), abrufbar unter https://www.spiegel.de/netzwelt/web/hansa-market-anklage-gegen-mutmassliche-betreiber-von-kriminellen-darknet-marktplaetzen-a-576b7568-1820-4c29-a4f1-338fde0faca4 (letzter Zugriff: 30.01.2022).

Krempl, Stefan: Wachsende Besorgnis über BGH-Urteil gegen Holocaust-Leugner. Kann ein Land über die Rechtsmaßstäbe im globalen Internet bestimmen?, Heise Online (21.12.2000), abrufbar unter https://www.heise.de/tp/features/Wachsende-Besorgnis-ueber-BGH-Urteil-gegen-Holocaust-Leugner-3442967.html (letzter Zugriff: 30.01.2022).

Kruithof, Kristy/Aldridge, Judith/Décary-Hétu, David/Sim, Megan/Dujso, Elma/Hoorens, Stijn: Internet-facilitated drugs trade. An analysis of the size, scope and the role of the Netherlands, RAND Europe 2016, abrufbar unter https://www.rand.org/pubs/research_reports/RR1607.html (letzter Zugriff: 30.01.2022).

Kruithof, Kristy/Aldridge, Judith/Décary-Hétu, David/Sim, Megan/Dujso, Elma/Hoorens, Stijn: The role of the 'dark web' in the trade of illicit drugs. RAND Europe 2016, abrufbar unter https://www.rand.org/pubs/research_briefs/RB9925.html (29.01.2022).

Kochheim, Dieter: Cybercrime und Strafrecht in der Informations- und Kommunikationstechnik, 2. Auflage 2018, C.H. Beck Verlag München.

Lackner, Karl/Kristian, Kühl: Strafgesetzbuch Kommentar, 29. Auflage 2018, C.H. Beck Verlag München (zitiert: *Bearbeiter*in*, in: Lackner/Kühl, StGB Kommentar).

Landgraf, Monika: Darknet-Kriminalität wirksam bekämpfen. EU-Projekt TITANIUM startet polizeiliche Testphase – KIT überwacht Rechtskonformität, KIT-Presseinformation 012/2019, abrufbar unter http://www.kit.edu/downloads/pi/PI_2019_012_Darknet-Kriminalitaet%20wirksam%20bekaempfen.pdf (letzter Zugriff: 30.01.2022).

Laudon, Mirko: Passwort oder Beugehaft: Das Ende des Schweigerechts?, Strafakte.de (10.04.2019), abrufbar unter https://www.strafakte.de/gesetzgebung/passwort-beugehaft/ (15.04.2021).

Lemmer, Christoph: Prozess um Darkweb-Forum: Wie unterschiedlich die Ermittler vorgingen, Heise Online (01.12.2018), abrufbar unter https://www.heise.de/newsticker/meldung/Prozess-um-Darkweb-Forum-Wie-unterschiedlich-die-Ermittler-vorgingen-4236871.html (letzter Zugriff: 30.01.2022).

Lemmer, Christoph: Forum im Darkweb: Prozess beleuchtet das Vorgehen eines Attentäters und die Ermittlungen, Heise Online (13.11.2018), abrufbar unter https://www.heise.de/newsticker/meldung/Forum-im-Darkweb-Prozess-beleuchtet-das-Vorgehen-eines-Attentaeters-und-die-Ermittlungen-4219446.html (letzter Zugriff: 30.01.2022).

Leupold, Andreas/Wiebe, Andreas/Glossner, Silke (Hrsg.): IT-Recht. Recht, Wirtschaft und Technik der digitalen Transformation, 4. Auflage 2021, C. H. Beck Verlag München (zitiert: *Bearbeiter*in*, in: IT-Recht, Teil, Rn).

Lisker, Paul/Rose, Michael: Illuminating the Dark Web. Searching for geotags in dark net markets, Blogpost vom 13.09.2016, abrufbar unter https://medium.com/@roselisker/illuminating-the-dark-web-d088a9c80240#.p6mkbkwjp (letzter Zugriff: 30.01.2022).

Locker, Theresa/Hoppenstedt, Max: Jagd auf 'Elysium': Das Ende der größten deutschen Kinderporno-Plattform, VICE (07.03.2019), abrufbar unter https://www.vice.com/de/article/panv87/jagd-auf-elysium-das-ende-der-grossten-deutschen-kinderporno-plattform (letzter Zugriff: 30.01.2022).

Madel, Uwe: Die Spur der Täter – Shiny Flakes, RBB Online (02.08.2020), abrufbar unter https://web.archive.org/web/20210130234235/https://www.rbb-online.de/taeteropferpolizei/themen/spur-der-taeter--shiny-flakes.html (letzter Zugriff: 30.01.2022).

von Mangoldt, Hermann/Klein, Friedrich/Starck, Christian (Hrsg): GG Kommentar, Band 1, 7. Aufl. 2018, C. H. Beck Verlag München.

Martini, Mario/Weinzierl, Quirin: Die Blockchain-Technologie und das Recht auf Vergessen werden: zum Dilemma zwischen Nicht-Vergessen-Können und Vergessen-Müssen, NVwZ 2017, S. 1251–1259.

Marwan, Peter: Behörden schalten mit Hansa und AlphaBay zwei der größten Darknet-Marktplätze ab, Silicon.de (21.7.2017), abrufbar unter https://www.silicon.de/41654041/behoerden-schalten-mit-hansa-und-alphabay-zwei-der-groessten-darknet-marktplaetze-ab (letzter Zugriff: 30.01.2022).

Maunz, Theodor/Dürig, Günter (Hrsg):
– GG Kommentar, Band I (Art. 1 – 5), 93. EL Januar 2020, C. H. Beck Verlag München (zitiert: *Bearbeiter*in*, in: Maunz/Dürig, GG Kommentar, 93. EL Januar 2020).
– GG Kommentar, Band I (Art. 1 – 5), 94. EL Januar 2021, C. H. Beck Verlag München (zitiert: *Bearbeiter*in*, in: Maunz/Dürig, GG Kommentar, 94. EL Januar 2021).

Maxwill, Peter: Katastrophenfall in Sachsen-Anhalt. Hacker stellen persönliche Daten von Abgeordneten ins Darknet, Spiegel Online (06.08.2021), abrufbar unter https://www.spiegel.de/netzwelt/netzpolitik/anhalt-bitterfeld-hacker-stellen-pers oenliche-daten-von-abgeordneten-ins-darknet-a-b3655f6d-0002-0001-0000-00017 8686047 (letzter Zugriff: 30.01.2022).

Medienservice Sachsen: Versuchte Anstiftung zum Mord. Staatsanwaltschaft Dresden erhebt Anklage zum Schwurgericht des Landgerichts Dresden (Pressemitteilung vom 21.06.2021), abrufbar unter https://www.medienservice.sachsen.de/medien/ news/253560 (letzter Zugriff: 30.01.2022).

Meier, Daniel: „Digitale Erpressung", Kriminalistik 2016, 361–365.

Meister, Andre: Geheime Dokumente: Der BND hat das Anonymisierungs-Netzwerk Tor angegriffen und warnt vor dessen Nutzung, Heise Online (14.09.2017), abrufbar unter https://netzpolitik.org/2017/geheime-dokument e-der-bnd-hat-das-anonymisierungs-netzwerk-tor-angegriffen-und-warnt-vor-dess en-nutzung/ (letzter Zugriff: 30.01.2022).

Meister, Andre/Biselli, Anna: IT-Sicherheitsgesetz 2.0. Wir veröffentlichen den Entwurf, der das BSI zur Hackerbehörde machen soll, netzpolitik.org vom 03.04.2019, abrufbar unter https://netzpolitik.org/2019/it-sicherheitsgesetz-2 -0-wir-veroeffentlichen-den-entwurf-der-das-bsi-zur-hackerbehoerde-machen-soll/ (letzter Zugriff: 30.01.2022).

Mey, Konstantin: Die Anwendbarkeit des deutschen Strafrechts bei Straftaten via Internet, in: Heger, Martin/ Jeßberger, Florian/ Neubacher, Frank/ Satzger, Helmut, Werle/Gerhard (Hrsg.), Schriften zum Internationalen und Europäischen Strafrecht, Band 47, 1. Auflage 2020, Nomos Verlag Baden-Baden, zugleich Dissertation Fakultät für Rechtswissenschaft der Universität Regensburg 2020.

Meywirth, Carsten: Crime-as-a-Service. Die kriminelle Cloud verändert das Kriminalitätsgeschehen!, Kriminalistik 2016, S. 355–360.

Mihr, Christian: Das Darknet als geschützter Raum gegen Überwachung und Selbstzensur, bpb (07.03.2017), abrufbar unter https://www.bpb.de/dialog/netzdebatt e/239003/das-darknet-als-geschuetzter-raum-gegen-ueberwachung-und-selbstzen sur (letzter Zugriff: 30.01.2022).

Minárik, Tomáš /Osula, Anna-Maria: Tor does not stink: Use and abuse of the Tor anonymity network from the perspective of law, Computer Law & Security Review 32/2016, S. 111–127.

Moore, Daniel/Rid, Thomas: Cryptopolitik and the Darknet, Survival 58(1)/2016, S. 7–38, abrufbar unter https://www.tandfonline.com/doi/pdf/10.1080/00396338 .2016.1142085?needAccess=true (letzter Zugriff: 30.01.2022).

Müller, Sebastian T.: Internetermittlungen und der Umgang mit digitalen Beweismitteln im (Wirtschafts-)Strafverfahren, NZWiSt 2020, 96–101.

Müller, Eckhart, Schlothauer, Reinhold, Schütrumpf, Matthias (Hrsg.): Münchener Anwaltshandlung Strafverteidigung, 2. Auflage 2014, C. H. Beck Verlag München (zitiert: *Bearbeiter*in*, in: MAH Strafverteidigung, §, Rn.).

Müller-Broich, Jan D.: Nomos Kommentar Telemediengesetz, 1. Auflage 2012, Nomos Verlag Baden-Baden (zitiert: *Müller-Broich*, TMG Kommentar) *von Münch, Ingo/Kunig, Philip (Hrsg.)*: Grundgesetz-Kommentar: GG (Band 1), 7. Auflage 2021, C. H. Beck Verlag München (zitiert: *Bearbeiter*in*, in: Münch/ Kunig, GG Kommentar).

Mützel, Daniel: Tausende Kunden im Visier: Polizei schnappt noch immer reihenweise Shiny Flakes-Nutzer, VICE (17.10.2017), abrufbar unter https://www.vice. com/de/article/mb7m9y/tausende-kunden-im-visier-polizei-schnappt-noch-imme r-reihenweise-shiny-flakes-nutzer (letzter Zugriff: 30.01.2022).

Muth, Max: Ermittler im Internet: Oberster Datenschützer kritisiert Darknet-Gesetzentwurf, Süddeutsche Zeitung vom 20.05.2019, abrufbar unter https://www .sueddeutsche.de/digital/darknet-kelber-datenschutz-polizei-1.4453166 (letzter Zugriff: 30.01.2022).

Muth, Max: Wall Street Market: Die Fehler der Darknet-Bosse, Süddeutsche Zeitung (08.05.2019), abrufbar unter https://www.sueddeutsche.de/digital/wall-s treet-market-darknet-verhaftung-administratoren-1.4437605 (letzter Zugriff: 30.01.2022).

Negi, Neelam: Comparison of Anonymous Communication Networks – Tor, I2P, Freenet, International Research Journal of Engineering and Technology (IRJET) 2017, Vol. 04, Issue 07, S. 2542–2544, abrufbar unter https://www.academia.edu /34273621/Comparison_of_Anonymous_Communication_Networks-Tor_I2P_ Freenet, (letzter Zugriff: 30.01.2022), (zitiert: *Negi*, IRJET 2017, Vol. 04 Issue 07, S.).

Nies, Volker: Nach Hacker-Angriff erhöhen Erpresser Druck auf Tegut in Fulda: Sensible Daten im Darknet aufgetaucht, Heise Online (27.05.2021), abrufbar unter https://www.heise.de/news/Nach-Hackerangriff-auf-Tegut-Kundendaten-i m-Darknet-aufgetaucht-6056223.html (letzter Zugriff: 30.01.2022).

Nurmi, Juha/ Niemelä, Mikko S.: Tor de-anonymisation techniques, in: Network and System Security: 11th International Conference 2017, Helsinki, Finnland, S. 657–671.

Oehmichen, Anna/Weißenberger, Björn: Digitaloffensive im Strafrecht! Verbesserte Bekämpfung von Cyberkriminalität durch das IT-Sicherheitsgesetz 2.0?, KriPoZ 2019, 174–182.

Oehmichen, Anna: LG Karlsruhe: Betreiben einer Kommunikations- und Handelsplattform im «Darknet» kann Strafbarkeit wegen fahrlässiger Tötung begründen, FD-StrafR 2019, 415371.

Owenson, Gareth/Savage, Nick: Empirical analysis of Tor Hidden Services, IET Information Security 2016, Vol. 10, Issue 3, S. 113–118.

Paoli, Giacomo Persi/Aldridge, Judith/Ryan, Nathan/Warnes, Richard: Behind the curtain. The illicit trade of firearms, explosives and ammunition on the dark web, RAND Europe 2017, abrufbar unter https://www.rand.org/content/dam/rand/ pubs/research_reports/RR2000/RR2091/RAND_RR2091.pdf (letzter Zugriff: 30.01.2022).

Parkar, Ameya/Sharma, Sagar/Yadav, Sachin: Introduction to Deep Web, International Research Journal of Engineering and Technology (IRJET) 2017, Vol. 04, Issue 06, S. 5650–5653, abrufbar unter https://www.academia.edu/33812143/INT RODUCTION_TO_DEEP_WEB (zitiert *Parkar/ Sharma/Yadav*, IRJET 2017, Vol. 04, Issue 06, S.).

Penkuhn, Christopher: Der ordre-public-Vorbehalt als Auslieferungshindernis im europäischen Auslieferungsverkehr, in: Ambos (Hrsg.), Beiträge zum Internationalen und Europäischen Strafrecht, Band 41, Duncker & Humblot Berlin, zugleich Dissertation, Georg-August-Universität zu Göttingen 2016.

Pesch, Paulina Jo: Cryptopcoin-Schulden. Haftung und Risikoverteilung bei der Verschaffung von Bitcoins und Alt-Coins, C. H. Beck Verlag München 2017; zugleich Dissertation, Westfälische Wilhelms-Universität Münster, 2016/2017.

Piechaczek, Oliver: Gesetz gegen kriminelle Plattformen im Internet schließt Strafbarkeitslücken, DRiZ 2021, S. 218–219.

Pille, Jens-Ullrich: Der Grundsatz der Eigenverantwortlichkeit im Internet, NJW 2018, 3545–3550.

Platzer, Florian: Darknet – Licht im Dunkeln, Darknet-Serie Teil 1/3, IT-Daily (03.05.2021), abrufbar unter https://www.it-daily.net/it-sicherheit/cloud-security/ 28397-darknet-licht-im-dunkeln (letzter Zugriff: 30.01.2022).

Platzer, Florian/Schäfer, Marcel/Steinebach, Martin: Critical traffic analysis on the tor network, in: Proceedings of the 15th International Conference on Availability, Reliability and Security 2020, Article No. 77, 1–10.

Rat der Europäischen Union: Verordnung für den grenzüberschreitenden Zugang zu elektronischen Beweismitteln: Rat legt seinen Standpunkt fest, Pressemitteilung vom 07.12.2018, abrufbar unter https://www.consilium.europa.eu/de/press/press -releases/2018/12/07/regulation-on-cross-border-access-to-e-evidence-council-agre es-its-position/ (letzter Zugriff: 30.01.2022).

Rath, Jürgen: Internationales Strafrecht (§§ 3 ff StGB) – Prüfungsschema, Auslandsbezug, Tatortbestimmung, JA 2006, S. 435–439.

Raidl, Melanie/Schiller, Marie: Riesiges Netzwerk für Pädophile, Süddeutsche Zeitung (02.08.2018), abrufbar unter https://www.sueddeutsche.de/panorama/vor-g ericht-riesiges-netzwerk-fuer-paedophile-1.4078025 (letzter Zugriff: 30.01.2022).

Ransiek, Andreas/Winsel, André: Die Selbstbelastung im Sinne des „nemo tenetur se ipsum accusare"-Grundsatzes, GA 2015, S. 620–638.

Rhumorbarbe, Damien/Staehli, Ludovic/ Broséus, Julian/ Rossy, Quentin/Esseiva, Pierre: Buying drugs on a Darknet market: A better deal? Studying the online illicit drug market through the analysis of digital, physical and chemical data, Forensic Science International 2016, Vol. 267, S. 173–182.

Rörig, Johannes-Wilhelm: Mehr Einsatz gegen Missbrauchsabbildungen im Netz, DRiZ 2018, S. 240–241.

Roggan, Fredrik: Die strafprozessuale Quellen-TKÜ und Online-Durchsuchung: Elektronische Überwachungsmaßnahmen mit Risiken für Beschuldigte und die Allgemeinheit, StV 2017, 821–829.

Roos, Philipp/Schumacher, Philipp: Botnetze als Herausforderung für Recht und Gesellschaft – Zombies außer Kontrolle?, MMR 2014, 377–383.

Rosengarten, Carsten/Römer, Sebastian: Der „virtuelle verdeckte Ermittler" in sozialen Netzwerken und Internetboards, NJW 2012, 1764–1767.

Roßnagel, Alexander: Beck'scher Kommentar zum Recht der Telemediendienste, 1. Auflage 2013, C. H. Beck Verlag München (zitiert: *Bearbeiter*in*, in: Beck OK TMG).

Rudolphi, Hans Joachim: Verteidigerhandeln als Unterstützung einer kriminellen oder terroristischen Vereinigung i.S. der §§ 129 und 129a StGB, in: Frisch/Schmid (Hrsg.), Festschrift für Hans-Jürgen Bruns, zum 70. Geburtstag, 1978, S. 315–339.

Rückert, Christian/Wüst, Marlene: Erlanger Cybercrime Tag 2018: Darknet und Underground Economy, KriPoZ 4/2018, S. 247–256, abrufbar unter https://kripoz.d e/wp-content/uploads/2018/07/rueckert-wuest-tagungsbericht-erlanger-cybercri me-tag-2018.pdf (letzter Zugriff: 30.01.2022).

Rückert, Christian/Goger, Thomas: Neue Waffe im Kampf gegen Kinderpornografie im Darknet. Neuregelung von § 184b Abs. 5 S. 2 StGB und § 110d StPO, MMR 2020, 373–378.

Rückert, Christian: Das Darknet: Blick in eine Schattenwelt. Schaden und Nutzen des „anonymen" Internets, Politische Studien 479/2018, S. 12–21, abrufbar unter https://www.hss.de/download/publications/PS_479_Digitale_Revolution_03.pdf (letzter Zugriff: 30.01.2022).

Rückert, Christian: Neues Darknet-Strafrecht im Bundesrat. Überflüssige Strafnorm mit Risiken und Nebenwirkungen, Legal Tribune Online (15.03.2019), abrufbar unter https://www.lto.de/recht/hintergruende/h/bundesrat-strafrecht-fuer-darkn et-strafbarkeitsluecke-kriminalisierung/ (letzter Zugriff: 30.01.2022).

Rückert, Christian: Mit künstlicher Intelligenz auf Verbrecherjagd: Einsatz von Gesichtserkennungstechnologie zur Aufklärung der „Kapitolverbrechen", VerfBlog, 2021/1/22, abrufbar unter https://verfassungsblog.de/ki-verbrecherj agd/ (letzter Zugriff: 30.01.2022).

Rückert, Christian: Zwischen Online-Streife und Online-(Raster-)Fahndung – Ein Beitrag zur Verarbeitung öffentlich zugänglicher Daten im Ermittlungsverfahren, ZStW 2017, 129 (2); 302–333.

Safferling, Christoph: Keuschheitsproben und Verdeckte Ermittler im Darknet, DRiZ 2018, S. 206–207.

Safferling, Christoph/Rückert, Christian: Das Strafrecht und die Underground Economy, in: Konrad-Adenauer-Stiftung e.V. (Hrsg.), Analysen & Argumente, Ausgabe 291, Februar 2018, abrufbar unter https://www.kas.de/documents/252038/ 253252/7_dokument_dok_pdf_51506_1.pdf/5f5a7ec0-2bb8-6100-6d65-b3ba5 5564d72?version=1.0&t=1539647924448 (letzter Zugriff: 30.01.2022), (zitiert: *Safferling/Rückert*, Analysen & Argumente 291 (2018), S.).

Schermer, Bart W./Georgieva, Ilina/Van der Hof, Simone/ Koops, Bert-Jaap: Legal Aspects of Sweetie 2.0, Tilburg Institute for Law, Technology and Society (TILT), 03.10.2016, abrufbar unter https://research.tilburguniversity.edu/files/13318907/ Sweetie20_report_final_20161003.pdf (letzter Zugriff: 30.01.2022).

Scherschel, Fabian A.: Darknet-Suchmaschine Memex: DARPA legt Projekt-Bausteine als Open Source offen, Heise Online (20.04.2015), abrufbar unter https://www.heise.de/security/meldung/Darknet-Suchmaschine-Memex-DARPA-legt-Projekt-Bausteine-als-Open-Source-offen-2613349.html (letzter Zugriff: 30.01.2022).

Schlund, Albert/Pongratz, Hans: Distributed-Ledger-Technologie und Kryptowährungen – eine rechtliche Betrachtung, DStR 2018, 598–604.

Schönke, Adolf/Schröder, Horst (Hrsg.): Strafgesetzbuch Kommentar, 30. Auflage 2019, C. H. Beck Verlag München. (zitiert *Bearbeiter*in*, in: Schönke/Schröder, §, Rn.).

Schulze, Matthias: Kriminalitätsbekämpfung im Dark Net. Neue Ermittlungsansätze statt Verbote, SWP-Aktuell 28/2019, S. 1–8, abrufbar unter https://www.swp-berlin.org/fileadmin/contents/products/aktuell/2019A28_she.pdf.

Sieber, Ullrich: Straftaten und Strafverfolgung im Internet: Gutachten C zum 69. Deutschen Juristentag, C. H. Beck Verlag München 2012.

Siemens, Ansgar: Leipziger Polizei schnappt Online-Drogenhändler, Spiegel Online (12.03.2015), https://www.spiegel.de/panorama/justiz/leipzig-polizei-ueberfuehrt-web-dealer-shiny-flakes-a-1023174.html (letzter Zugriff: 30.01.2022).

Siemens, Ansgar: Kinderporno-Ermittlungen. Hessens Justizministerin fordert den Tabubruch, Spiegel Online (04.06.2018), abrufbar unter https://www-spiegel-de.proxy.ub.uni-frankfurt.de/panorama/justiz/hessen-justizministerin-fordert-tabubruch-bei-kinderporno-ermittlungen-a-1211011.html (letzter Zugriff: 30.01.2022).

Sierra, Sebastian/Montes-y-Gómez, Manuel/Solorio, Thamar /González, Fabio A.: Convolutional Neural Networks for Author Profiling, Notebook for PAN at CLEF 2017, S. 1–7.

Singelnstein, Tobias: Möglichkeiten und Grenzen neuerer strafprozessualer Ermittlungsmaßnahmen – Telekommunikation, Web 2.0, Datenbeschlagnahme, polizeiliche Datenverarbeitung & Co, NStZ 2012, 593–606.

Singelnstein, Tobias/Derin, Benjamin: Das Gesetz zur effektiveren und praxistauglicheren Ausgestaltung des Strafverfahrens. Was aus der StPO-Reform geworden ist, NJW 2017, 2546–2652.

Sinn, Arndt/Iden, Marcel Patric/Pörtner, Patrick: Alter Wein in neuen Schläuchen oder Paradigmenwechsel beim Begriff der kriminellen Vereinigung (§ 129 Abs. 2 StGB)?, ZIS 2021, S. 435–451.

Sinn, Arndt: Vorverlagerung der Strafbarkeit – Begriff, Ursachen und Regelungstechniken, in: Sinn, Arndt/Gropp, Walter/Nagy, Ferenc (Hrsg.), Grenzen der Vorverlagerung in einem Tatstrafrecht. Eine rechtsvergleichende Analyse am Beispiel des deutschen und ungarischen Strafrechts, Schriften des Zentrums für Europäische und Internationale Strafrechtsstudien, Band 1, Juli 2011, V&R unipress Osnabrück, S. 13–40.

Sinn, Arndt: Ermittlungen im Darknet, in: Gesk, Georg Michael/Sinn, Arndt (Hrsg.), Organisierte Kriminalität und Terrorismus im Rechtsvergleich, Deutsch-Chinesischer Rechtsdialog, Band I, 1. Auflage 2019, Schriften des Zentrums für Europäische und Internationale Strafrechtsstudien, V&R unipress Osnabrück, S. 141–160.

Sinn, Arndt: Illegaler (Online-)Handel. Eine immer noch unterschätzte Bedrohung, Die Kriminalpolizei 2019, S. 18–19.

Sinn, Arndt/Maly, Simon: Zu den strafprozessualen Folgen einer rechtsstaatswidrigen Tatprovokation – Zugleich Besprechung von EGMR, Urt. v. 23.10.2014 – 54648/09 (Furcht v. Germany), NStZ 2015, 379–383.

Sobiraj, Lars: Tor-Exit-Node: Razzia bei Schüler in Niederbayern, Tarnkappe vom 10.02.2019, abrufbar unter https://tarnkappe.info/tor-exit-node-razzia-bei-schuele r-in-niederbayern/ (letzter Zugriff: 30.01.2022).

Soiné, Michael: Die strafprozessuale Online-Durchsuchung, NStZ 2018, 497–504.

Soiné, Michael: Personale verdeckte Ermittlungen in sozialen Netzwerken zur Strafverfolgung, NStZ 2014, 248–251.

Soiné, Michael: Kriminalistische List im Ermittlungsverfahren, NStZ 2010, 596–602.

Soska, Kyle/Christin, Nicolas: Measuring the Longitudinal Evolution of the Online Anonymous Marketplace Ecosystem, Proceedings of the 24th USENIX Security Symposium 2015, S. 33–48, abrufbar unter https://www.usenix.org/system/files/c onference/usenixsecurity15/sec15-paper-soska-updated.pdf.

Spindler, Gerald/Schuster, Fabian (Hrsg.): Recht der elektronischen Medien, 4. Auflage 2019, C. H. Beck Verlag München (zitiert: *Bearbeiter*in*, in: Spindler/Schuster, Recht der elektronischen Medien).

Staatskanzlei des Landes Nordrhein-Westfalen: Nordrhein-Westfalen und Hessen im gemeinsamen Kampf gegen Kinderpornografie, Waffen- und Drogenhandel. Mit einem neuen Gesetz in den Bundesrat, Pressemitteilung vom 15.02.2019, abrufbar unter https://www.land.nrw/de/pressemitteilung/nordrhein-westfale n-und-hessen-im-gemeinsamen-kampf-gegen-kinderpornografie-waffen (letzter Zugriff: 30.01.2022).

Stadler, Thomas: Das geplante IT-Sicherheitsgesetz 2.0, Internet-Law.de (07.04.2019), abrufbar unter https://www.internet-law.de/2019/04/das-geplan te-it-sicherheitsgesetz-2-0.html (letzter Zugriff: 30.01.2022).

Staffler, Lukas/Jany, Oliver: Künstliche Intelligenz und Strafrechtspflege – eine Orientierung, ZIS 2020, S. 164–177.

Stam, Fabian: Die Strafbarkeit des Aufbaus von Botnetzen, ZIS 2017, 547- 552.

Steinebach, Martin/Schäfer, Marcel/Karakuz, Alexander/Brandl, Katharina/Yannikos, York: Detection and Analysis of Tor Onion Services, Proceedings of the 14th International Conference on Availability, Reliability and Security (ARES) 2019, Article No. 66 (zitiert: *Steinebach* et al., in: Proceedings of the 14th International Conference on Availability, Reliability and Security (ARES) 2019, S.).

Steiner, Henning: Anklage im Fall „Hansa Market". Wenn die Polizei einen Darknet-Marktplatz übernimmt, hr-iNFO (21.04.2021), abrufbar unter https://www. hr-inforadio.de/programm/das-thema/anklage-im-fall-hansa-market-wenn-die -polizei-einen-darknet-marktplatz-uebernimmt,darknet-hansa-market-100.html (letzter Zugriff: 30.01.2022).

Sullum, Jacob: The FBI Distributes Child Pornography to Catch People Who Look at It. By its own logic, the government victimized children thousands of times, Reason (08.03.2016), abrufbar unter https://reason.com/2016/08/31/the-fbi-distri butes-child-pornography-to/ (letzter Zugriff: 30.01.2022).

Taeger, Jürgen/Pohle, Jan (Hrsg.): Computerrechts-Handbuch. Informationstechnologie in der Rechts und Wirtschaftspraxis, 36. EL Februar 2021, C. H. Beck Verlag München.

Tanriverdi, Hakan: Deutsche Darknet-Größe: Wie „Lucky" demaskiert wurde, Süddeutsche Zeitung (13.11.2018), abrufbar unter https://www.sueddeutsche.de/dig ital/darknet-amoklauf-muenchen-1.4208802 (letzter Zugriff: 30.01.2022).

Tanriverdi, Hakan: Mutmaßlicher Betreiber der Drogen-Plattform „Silk Road": Drogenhandel, Mordversuch – und den Klarnamen angegeben, Süddeutsche Zeitung (04.10.2013), abrufbar unter https://www.sueddeutsche.de/digital/mut masslicher-betreiber-der-drogen-plattform-silk-road-drogenhandel-mordversuch -und-den-klarnamen-angegeben-1.1786870 (letzter Zugriff: 30.01.2022).

Teichmann, Fabian Maximilian Johannes: Financing terrorism through cryptocurrencies – a danger for Europe?, Journal of Money Laundering Control, October 2018, Vol. 21 No. 4, S. 513–519.

Terre des hommes: Webcam Child Sex Tourism. Becoming Sweetie: a novel approach to stopping the global rise of Webcam Child Sex Tourism, abrufbar unter https://www.tdh.de/fileadmin/user_upload/inhalte/04_Was_wir_tun/Th emen/Sexuelle_Ausbeutung/Research_Webcam-Child-Sex-Tourism.pdf (letzter Zugriff: 30.01.2022).

Terre des hommes: FAQ Webcam-Kinderprostitution, abrufbar unter https://www.td h.de/fileadmin/user_upload/inhalte/04_Was_wir_tun/Themen/Sexuelle_Ausbeu tung/FAQ_Webkam-Kinderprostition.pdf (letzter Zugriff: 30.01.2022)..

Terre des hommes: »Sweetie-Kampagne« zeigt erste Erfolge bei der Strafverfolgung, abrufbar unter https://www.tdh.de/was-wir-tun/arbeitsfelder/sexuelle-gewalt/mel dungen/neue-form-von-kindesmissbrauch-auf-dem-vormarsch-zehntausende-kin der-zu-webcam-prostitution-gezwungen/ (letzter Zugriff: 30.01.2022).

Thiesen, Michael: Wie hoch ist der Preis der Anonymität? Haftungsrisiken beim Betrieb eines TOR-Servers, MMR 2014, S. 803–809.

The Tor Project, Inc.: Return of Organization Exempt From Income Tax (Form 990), abrufbar unter https://www.torproject.org/static/findoc/2017-TorProject-Form99 0.pdf?h=abcabec7 (letzter Zugriff: 30.01.2022).

The United States Department of Justice: South Korean National and Hundreds of Others Charged Worldwide in the Takedown of the Largest Darknet Child Pornography Website (16.10.2019), abrufbar unter https://www.justice.gov/opa/ pr/south-korean-national-and-hundreds-others-charged-worldwide-takedown-lar gest-darknet-child (letzter Zu-griff: 30.01.2022).

Tzanetakis, Meropi: Zum Phänomen der Drogenmärkte im Darknet, in: Tzanetakis/Stöver (Hrsg.), Drogen, Darknet und Organisierte Kriminalität. Herausforderungen für Politik, Justiz und Drogenhilfe, S. 11–21, 1. Auflage 2019, Nomos Verlag Baden-Baden.

Tzanetakis, Meropi: Digitalisierung von illegalen Märkten, in: Feustel/Schmidt-Semisch/Bröckling (Hrsg.), Handbuch Drogen in sozial- und kulturwissenschaftlicher Perspektive, S. 477–492, 1. Auflage 2019, VS Verlag für Sozialwissenschaften.

Tzanetakis, Meropi /von Laufenberg, Roger: Harm Reduction durch anonyme Drogenmärkte und Diskussionsforen im Internet?, in: akzept e.V. Bundesverband für akzeptierende Drogenarbeit und humane Drogenpolitik (Hrsg.), 3. Alternativer Drogen- und Suchtbericht 2016, S. 192–193, abrufbar unter https://alternativer-drogenbericht.de/wp-content/uploads/2016/06/ADSB2016_Bericht.pdf (letzter Zugriff: 30.01.2022).

Van Note, Claire: How OSINT Took Down the Dark Web's Silk Road, Scopenow (22.07.2020), abrufbar unter https://www.skopenow.com/news/how-osint-took-down-the-dark-webs-silk-road (letzter Zugriff: 30.01.2022).

Vogelgesang, Stephanie/Möllers, Frederik/Potel, Karin: Strafrechtliche Bewertung von „Honeypots" bei DoS-Angriffen, MMR 2017, 291–295.

Vogt, Sabine: Das Darknet – Rauschgift, Waffen, Falschgeld, Ausweise – das digitale „Kaufhaus" der Kriminellen?, Die Kriminalpolizei 2/2017, S. 4–7.

Voland, Thomas/Büsch, Philipp: Nächster Versuch – BMI legt neuen Entwurf des IT SiG 2.0 vor, Fachportal politik & kommunikation (18.06.2020), abrufbar unter https://web.archive.org/web/20210225221112/https://www.politik-kommunikation.de/gesetz-des-monats/naechster-versuch-bmi-legt-neuen-entwurf-des-it-sig-20-vor-1781324920 (letzter Zugriff: 30.01.2022).

Volpicelli, Gian M.: The unbelievable tale of a fake hitman, a kill list, a darknet vigilante... and a murder, WIRED (04.12.2018), abrufbar unter https://www.wired.co.uk/article/kill-list-dark-web-hitmen (letzter Zugriff: 30.01.2022).

Wabnitz, Heinz-Bernd/ Janovsky, Thomas/Schmitt, Lothar (Hrsg.): Handbuch Wirtschafts- und Steuerstrafrecht, 5. Auflage 2020, C. H. Beck Verlag München (zitiert: *Bearbeiter*in*, in: Wabnitz/Janovsky/Schmitt, WirtschaftsStrafR-HdB, Kapitel, Rn.).

Wagner, Markus: Entscheidungsanmerkung zur Strafbarkeit wegen fahrlässiger Tötung und fahrlässiger Körperverletzung durch illegalen Verkauf von Waffen (LG München I, Urt. v. 19.1.2018 – 12 KLs 111 Js 239798/16), ZJS 2019, 436–442.

Wandtke, Artur-Axel (Hrsg.): Medienrecht Praxishandbuch, Band 5 (IT-Recht und Medienstrafrecht), 2. Auflage 2011, De Gruyter Verlag Berlin (zitiert: *Bearbeiter*in*, in: Wandtke, Praxishandbuch Medienrecht).

Warken, Claudia: Elektronische Beweismittel im Strafprozessrecht – eine Momentaufnahme über den deutschen Tellerrand hinaus, Teil 2, Beweisverwertung im Zeitalter der digitalen Cloud und datenspezifische Regelungen in der StPO, NZWiSt 2017, 329–338.

Watson, Keith D.: The Tor Network: A Global Inquiry into the Legal Status of Anonymity Networks, Washington University Global Studies Law Review 2012, Vol. 11, Issue 3, S. 715–737, abrufbar unter https://openscholarship.wustl.edu/law_globalstudies/vol11/iss3/6 (letzter Zugriff: 30.01.2022).

Weber, Klaus: Betäubungsmittelgesetz Kommentar, 5. Auflage 2017, C. H. Beck Verlag München.

Weimann, Gabriel: Terrorist Migration to the Dark Web, Perspectives on Terrorism, Vol. 10, No. 3 June 2016, S. 40–44.

Weisser, Niclas-Frederic: Auskunftsverlangen über Postsendungen nach § 99 Abs. 2 StPO – ein Überblick nach der Reform, NZWiSt 2021, S. 372–375.

Weisser, Niclas-Frederic: Zum Betretungsrecht von Wohnungen bzw. Hotelzimmern durch einen nicht offen ermittelnden Polizeibeamten (noeP), NZWiSt 2018, 59–63.

Weisser, Niclas-Frederic: Strafprozessuale Auskunftsersuchen über Postsendungen, wistra 10/2016, 387–391.

Weisser, Niclas-Frederic: Zu den Mitteilungspflichten und -befugnissen von Postdienstmitarbeitern an Ermittlungsbehörden gem. § 39 PostG im innerdeutschen Postverkehr, wistra 1/2018, S. 15–18.

Wiegand, Ralf: Prozess um Kinderporno-Tauschbörse: Anklagen gegen Betreiber von "Elysium", Süddeutsche Zeitung vom 15.05.2018, abrufbar unter https://www.sueddeutsche.de/panorama/prozess-um-kinderporno-tauschboerse-anklagen-gegen-betreiber-von-elysium-1.3980394 (letzter Zugriff: 30.01.2022).

Wittmer, Sandra/ Steinebach, Martin: Verwendung computergenerierter Kinderpornografie zu Ermittlungszwecken im Darknet, in: David, Klaus/ Geihs, Kurt/Lange, Martin/Stumme, Gerd (Hrsg.), INFORMATIK 2019: 50 Jahre Gesellschaft für Informatik – Informatik für Gesellschaft, S. 381–392.

Wittmer, Sandra/Steinebach, Martin: Computergenerierte Kinderpornografie zu Ermittlungszwecken im Darknet. Rechtliche Rahmenbedingungen und technische Umsetzbarkeit, MMR 2019, 650–653.

Wüst, Marlene: Die Underground Economy des Darknets. Die Strafbarkeit des Betreibens „illegaler" Handelsplattformen, Internetrecht und Digitale Gesellschaft, Band 31, Duncker & Humblot Berlin, zugleich Dissertation, Friedrich-Alexander-Universität Erlangen-Nürnberg 2021.

Zeh, Turmandach: Informationstechnische Systeme als Herausforderung des modernen Rechtsgüterschutzes – eine riskante Gratwanderung, in: Zeh/Hoffmann/Biernacik/Brandt/Golla (Hrsg.), Die Internetkriminalität boomt. Braucht das Strafgesetzbuch ein Update?, Schriftenreihe der Stiftung der Hessischen Rechtsanwaltschaft, Band 8, 1. Auflage 2017, S. 1–18.

Zenger, Ralph: Bereitstellung von Fakeshop-Domains. Strafbarkeit des Host-Providers und des Registerbetreibers bei unterlassener Löschung und Dekonnektierung, MMR 2020, 806–810.

Zöller, Mark A.: Strafbarkeit und Strafverfolgung des Betreibens internetbasierter Handelsplattformen für illegale Waren und Dienstleistungen, KriPoZ 2019, 274–281.

Zweites Deutsches Fernsehen (ZDF): Studie zu Cyber-Kriminalität – Hacker bieten Erpressungssoftware zum Mieten, abrufbar unter https://www.zdf.de/nachrichten/digitales/cyber-kriminalitaet-schadsoftware-ransomware-100.html (letzter Zugriff: 30.01.2022).